国家社科基金
后期资助项目
GUOJIA SHEKE JIJIN HOUQI ZIZHU XIANGMU

权力范畴
与马克思的
政治理论

The Category of Power
and Karl Marx's Political Theory

吴永生　著

社会科学文献出版社
SOCIAL SCIENCES ACADEMIC PRESS (CHINA)

国家社科基金后期资助项目
出版说明

后期资助项目是国家社科基金设立的一类重要项目，旨在鼓励广大社科研究者潜心治学，支持基础研究多出优秀成果。它是经过严格评审，从接近完成的科研成果中遴选立项的。为扩大后期资助项目的影响，更好地推动学术发展，促进成果转化，全国哲学社会科学工作办公室按照"统一设计、统一标识、统一版式、形成系列"的总体要求，组织出版国家社科基金后期资助项目成果。

全国哲学社会科学工作办公室

目　录

前　言

　　无论是始终坚持马克思主义指导地位、不断应对全新挑战和攀登全新高度的政治实践，还是日益关注马克思主义原生态、丰富和发展马克思主义的学术研究，都离不开对马克思理论的整体思考和精准把握。尽管马克思理论的研究成果难以胜数，但尚未见到系统思考其权力范畴的成果，更遑论立足该范畴分析其政治理论的著述。而生动的政治实践仍然以类似的面相再现历史问题，或以改头换面的方式迷惑世人，这要求始终坚持并力求发展马克思主义的我们重返马克思的视域和语境，从中找准相关问题的分析起点与思维进路，进而以新的研究成果提升其指导实践的针对性和有效性。就此意义而言，马克思仍然是我们的同时代人①，要求我们在此领域进行更多投入，取得更大成果。

一

　　在继承和发展马克思主义的征程中，我国不仅取得了新民主主义革命和社会主义革命的胜利，而且在社会主义建设方面也取得了世所罕见的成就。而不断扬弃传统的改革开放不仅形成和发展了中国特色社会主义的道路、理论、制度和文化，壮大了我国的综合国力和国际声誉，提升了国人对社会主义的信心和对共产主义的信仰，而且在全球范围内将共产主义运

---

　　① 这也使人想起德里达（Derrida）的那句名言：“地球上所有的人，所有的男人和女人，不管他们愿意与否，知道与否，他们今天在某种程度上说都是马克思和马克思主义的继承人。”详见〔法〕德里达《马克思的幽灵》，何一译，中国人民大学出版社，1999，第127页。

动发展到全新高度，重振了世人对人类社会未来的信心。在此过程中，我国的经济成就自不待言，政治文明和社会建设的成绩也日益受到肯定性评价，以至于曾断言"历史终结"的弗朗西斯·福山（Francis Fukuyama）也在反思其历史观，并基于现实进行相应修正，坦承中国民主政治进程的渐进务实："毫无疑问，中国在追求现代化的过程中，有自己的独特、新颖之处，根本没有必要遵循美国的模式。"① 他甚至认为："'中国模式'的有效性证明，西方自由民主并非人类历史进化的终点。人类思想宝库要为中国传统留有一席之地。"② 同样，其他西方学者也认为，历史上许多尖锐、顽固的社会问题并没有因为资本主义的普遍存在而得到解决，反而在全球化浪潮中蔓延成全球性灾难，以至于在资本主义与社会主义并存的近一个世纪里，"每当资本主义失去控制，市场的力量使其堕入无政府状态之时，社会主义就会挺身而出，用集体的力量扼住这头狂暴的野兽，让社会重新归位。"③ 而中国学者则更加自信地指出："如果中国当初没有自己的坚持，而是亦步亦趋跟随西方的话，中国的命运不会比苏联和前南斯拉夫好，国家大概早就解体了。中国是以西方不认可的方式（即中国模式）而崛起的，今后也会继续以西方不认可的方式成为世界最大的经济体并深刻地影响世界的未来。"④ 在此背景下，世人对社会主义抱以日益增长的期待："如果成为一名社会主义者就是要成为这样一种人，他确信'公益'和'社会正义'事实上是有意义的；如果成为一名社会主义者，就意味着不会容忍成千上万的人遭受掌权者、'市场势力'以及国际金融体制带来的耻辱；如果成为一名社会主义者，就是要成为这样一种人，他或她决定以自己的能力去消除这些不可宽恕的卑贱的生活，那么，社会主义就永远不会消亡，因

① 夏至：《中国没必要遵循美国的民主模式——与国际知名政治学者福山谈世界文明冲突与中国民主》，《商务周刊》2003 年第 7 期。即使在其他场合，福山也在自我反思与自我纠偏中坦言："如果没有在大英图书馆奋笔疾书的马克思，二十世纪的历史可能会相当不同。他对早期资本主义作了系统性的批判。"详见〔美〕弗朗西斯·福山《政治秩序的起源：从前人类时代到法国大革命》，毛俊杰译，广西师范大学出版社，2012，第 464 页。

② 张维为：《在国际比较中解读中国道路》，《求是》2012 年第 21 期。

③ 〔英〕特里·伊格尔顿：《马克思为什么是对的》，李扬等译，新星出版社，2011，第 187 页。

④ 张维为：《中国震撼：一个"文明型国家"的崛起》，上海人民出版社，2011，第 59 页。

为这些渴望永远不会消亡。"① 无疑，这些观点不仅从不同角度证明了社会主义的现实成就、全新高度和道义担当，而且已超越其在意识形态与学术领域的地位和影响，在现实的政治生活和社会发展中不断彰显其生命力以及相应的影响范围，自然能够形成日益广泛的共识，获得越来越多的认同。

当然，无论是我们自己在历史和现实的对比中坚定了对社会主义的信心和对共产主义的信仰，还是他人面对我国的建设成就形成或修正了相关认知，都不能掩盖或否认社会主义有待完善的诸多问题。在改革推进到攻坚克难、亟待全面深化的今天，权力失范及其对政治生活的消极影响应当是这些问题中最为紧迫和最为关键的，即使不是最为根本的。当然，这一问题并不是我国当下独有，更不是社会主义国家才会遭遇的问题。它同样存在于改革开放乃至新中国成立之前，苏东剧变的背后显然也有集权专制、官僚主义等诸多原因，近年的越南知识界也在公开呼吁政府加大改革力度，着手解决贪腐、滥用权力等问题②，更遑论资本主义国家具有制度保障的资本政治化现象。不过，无论历史上或其他国家的权力失范如何普遍或严重，"两个一百年"的奋斗目标和共产主义的崇高理想都要求我们不能回避权力失范问题，或淡化对该问题的关注。而社会主义的建设成就和值得期待的发展空间更加凸显了政治体制改革的重要性和紧迫性，国人也期待在"干部清正、政府清廉、政治清明"的权力生态中追求新的成就和高度，满足日益增长的美好生活需要。为此，党的历代领导人和历届政府都高度重视权力失范的问题，并积极回应民意，不断加大反腐倡廉的力度，以至于正确的世界观、权力观已成为全面从严治党、全面深化改革的主要目标。党的十八届三中全会指出："让人民监督权力，让权力在阳光下运行，是把权力关进制度笼子的根本之策。"③ 党的十九大更是明确强调："凡是群众反映强烈的问题都要严肃认真对待，凡是损害群众利益的行为都要坚决纠正。"④ 而在廉政建设进程中，中共更是拿出壮士断腕、猛药治疴的决心，

---

① 〔英〕布莱恩·巴利：《社会正义论》，曹海军译，江苏人民出版社，2007，第1页。
② 《越南知识界联名提交发公开信要求大幅改革》，环球网，http://world.huanqiu.com/exclusive/2013-09/4389804.html.，最后访问日期：2020年6月18日。
③ 《十八大以来重要文献选编》上，中央文献出版社，2014，第531页。
④ 习近平：《决胜全面建成小康社会　夺取新时代中国特色社会主义伟大胜利——在中国共产党第十九次全国代表大会上的报告》，人民出版社，2017，第66页。

强调"'打铁还需自身硬'是我们党的庄严承诺，全面从严治党是我们立下的军令状"①，力争在健全党和国家监督体系的基础上夺取反腐斗争的最终胜利。其间，空前的反腐力度和成果真实地反映了权力失范的严重程度，但也足以证明我国打击腐败、规范权力运行的坚定决心。在此背景下，如何认识权力是理论研究无法绕行的现实话题，也是规范权力运行、提升其运行绩效的理论基础。因此，无论是为了反思现实权力生态，纠正权力失范，还是为了规范权力运行，提升权力文明程度，都需要在马克思主义的语境中，尽可能系统地思考马克思的权力范畴与政治理论的相关问题，探讨现实中的权力现象与政治生活的互动规律和未来走势。

作为人类特有的存在方式和对象性活动，实践伴随着人类社会的始终。马克思始终坚持以实践为历史起点和逻辑起点，建构人类社会的宏大叙事，实践也因此成为其理论中的基础概念。在其理论体系中，内涵丰富、影响深远的实践不仅推动人类社会不断进步，而且终将促进和实现人类自由全面的发展。作为一种普遍的社会现象，权力肇始于生产生活的需要，反映了伴随实践始终的社会关系和社会属性，是推动实践发展的基本要素和主要动力。但是，权力因其司空见惯于人类社会之中，甚至沉积于社会生活的各个方面，反而淡出了人们的视野。如果说实践是形成人类社会、贯穿其始终的主线，那么权力无疑是隐藏于这条主线之中的脉络，始终以其独特功能形成人类社会的结构和社会发展的动力，其生成、分化和发展的历史也能从一个独特视角反映人类社会的实践轨迹和发展规律。对于高度重视实践的马克思而言，无论是对客观事实的尊重，还是出于建构其革命理论的需要，他都不会也没有回避权力问题，权力也因此成为其理论中的主要范畴。

尼科斯·波朗查斯（Nicos Poulantzas）认为，权力是政治理论中争论最多的主题之一，但"马克思、恩格斯、列宁和葛兰西从未提出过权力的理论概念。"② 的确，面对严峻的革命形势和紧迫的革命任务，马克思没有也不可能像其他权力论者那样，专门对权力进行历史或现实的系统思

---

① 《习近平谈治国理政》第 2 卷，外文出版社，2017，第 161 页。
② 〔希〕尼科斯·波朗查斯：《政治权力与社会阶级》，叶林等译，中国社会科学出版社，1982，第 103 页。

考，但这也并不足以说明他没有相应的投入。事实恰恰相反，权力范畴始终渗透在马克思的政治理论之中，甚至在该理论形成初期，他就注意到权力在人类社会发展中的作用。① 随着马克思政治理论的丰富和完善，权力范畴更加频繁地出现在不同时期的著作中，其中一些著作，如《黑格尔法哲学批判》《论犹太人问题》《德意志意识形态》《共产党宣言》《路易·波拿巴的雾月十八日》《资本论》《法兰西内战》《哥达纲领批判》等，更是因其丰富的权力论述而备受关注。② 不仅如此，其他著作也渗透着丰富的权力观，而且始终将相关主张建立在严肃的历史考察、实证研究和理论论证的基础之上。当然，与其他权力论者不同，马克思没有就权力来研究权力，而是始终在政治生活的背景下，考察其演进规律和更为现实的革命主题，因而需要进行持续深入的投入，以完整把握其权力范畴与政治理论以及两者之间的真实联系。

作为一种常态的社会关系，权力认知的准确性直接关系到人们对待权力的态度和权力运行的科学性。在以马克思主义为指导思想并已取得显著成就的我国，准确把握马克思的权力观以及由此形成的政治理论不仅可以从特定视角再现马克思主义的科学性，而且可用以指导我国的政治文明建设。因此，在资本主义确已无法自圆其说、中国特色社会主义成绩斐然的当下，根据马克思主义的立场观点方法，深入研究权力范畴与马克思的政治理论涉及的系列问题，即使不能为当代所有政治问题提供答案，无疑仍是顺应理论研究趋势、回到马克思的必然要求，也是在政治文明进程中充分发挥马克思主义指导功能的现实路径。

第一，认真研读原著，有利于系统思考马克思的权力观。马克思缺乏对权力的系统研究，但并不能说明他没有认真思考权力问题，或用权力范

---

① 〔英〕戴维·麦克莱伦：《马克思传》，王珍译，中国人民大学出版社，2008，第 9 页。事实上，早在 1844 年的《关于现代国家的著作的计划草稿》中，马克思不仅为权力的系统分析预留了足够的空间，涉及"权力的分析""执行权力""司法权力与法"等方面，而且还为与此相关的政治话题设计了相应的篇幅，如"现代国家起源的历史或者法国革命""人权的宣布和国家的宪法""国家和市民社会""代议制国家和宪章""民族和人民""政党""选举权，为消灭国家和市民社会而斗争"。详见《马克思恩格斯全集》第 42 卷，人民出版社，1979，第 238 页。

② 〔美〕史蒂文·卢克斯：《权力：一种激进的观点》，彭斌译，江苏人民出版社，2008，第 155 页。

畴来建构相关理论，更不能断言他忽视了权力在人类社会进程中的重要作用。事实上，权力范畴始终频繁地出现在马克思不同时期的著作中，而且也明显勾勒出独具特色的权力观。当然，马克思的相关论述极为分散且难窥全貌，明显具有一种相对于其他理论的弱表达色彩，不经过持续投入和深度挖掘，的确难以想象其权力观的完整性。这就要求作者认真研读卷帙浩繁的经典著作，透过较为分散的论述，整理出不同层面的权力观论述，并按照马克思主义的立场观点方式，将相对零散的观点与论述系统化和理论化，为马克思的权力观正本清源，呈现其基本轮廓和真实面貌。

第二，转换分析视角，有利于厘清马克思的权力范畴与政治理论的关系。与众不同的是，马克思在权力范畴上并没有就事论事，而是始终将该范畴放置在社会实践的背景下进行考察，以求从中找寻到变革社会、实现人类解放的现实力量。换而言之，马克思立足实践形成的权力范畴并非只有简单的理论指向，而是以此为逻辑起点，形成完整的理论体系，以认识人类社会的历史进程，指导现实中的革命运动，把握人类社会的未来趋势。因此，从权力视角思考马克思的政治理论，显然有利于理清两者的内在联系，深化对其政治理论的理解，进而把握权力在政治生活中的地位和作用，及其影响政治生活的内在机制。

第三，拓宽研究领域，有利于加强马克思主义学科建设。在认真研读马克思的相关著作、借鉴而不囿于传统研究方法的基础上，密切联系社会实践，重新思考权力的生成和演进机制，研究权力范畴在马克思政治理论中的地位和作用，分析权力在现实政治生活中的影响，必将能够创新研究方法，提升逻辑起点，重构分析体例，拓展学术视野，进而形成关于权力范畴与马克思政治理论的系统思考，彰显马克思在特定背景下革命生涯的现实关注及其政治学说的理论特色，显然有利于拓展马克思理论和马克思主义政治学的研究范围，深化和丰富马克思主义理论研究成果，加强和完善马克思主义学科、专业和课程建设。

第四，密切联系现实，有利于提升马克思主义对政治生活的解释力。如何认识权力的演进历史，如何看待权力在现实生活中的地位和作用及其发展趋势，直接关系到人们对待现实中权力的态度，影响其行为方式。本书在重读马克思的基础上形成的研究成果，必将有利于引导人们立足实践的视角认识权力现象，在实践中把握权力对现实生活的真实影响，反思权力运行的得失，进而引导人们坚定马克思主义的信仰，树立正确的世界观、权力观，并以其应有的社会地位和主体智慧，规范权力运行的方向和目标，同时提升理论研究的解释功能和马克思主义的指导功能，推动廉政治理和民主政治建设，助力国家治理体系和治理能力现代化建设。

二

马克思理论始终是相关研究持续关注的对象。无论在较为宏观的层面，如哲学、经济学、政治学、社会学或历史学等领域，还是在较为微观的层面，如异化、阶级、国家、政党、革命、辩证法、唯物史观、剩余价值等学说，都有极为丰富的研究成果。然而，即使拉尔夫·密利本德（Ralph Miliband）、亨利希·库诺（Heinrich Cunow）、乔恩·埃尔斯特（Jon Elster）、戴维·麦克莱伦（David Mclellan）这样执着的著名学者们也只有关于权力的只言片语，而未见立足权力视角研究马克思政治理论的系统化成果。显然，这一格局的形成不能简单归咎为研究者的疏漏，研究视角和研究难度无疑也是极其重要的原因。就现有的研究成果来看，除了马克思及恩格斯的相关著述，与本书存在较大关联的成果多为马克思主义名义下的成果，并不能直接反映马克思的真实思考。但通过对这些成果的梳理和研读，仍能管窥该领域的研究现状。

第一，关于马克思的权力观。"首先是一个革命家"① 的马克思重点关注的是认识与变革现实，其全部理论思考最终都可归结为这一使命，其权力观也必然要服从于此，并分散在他对现实问题的思考之中，体现出鲜明的问题意识。② 因此，马克思不可能就事论事，也没有对权力予以确切界定，而是根据研究需要时有涉及，而且对政治权力的关注也明显多于经济权力。③ 即使有研究者对苏联的经济权力予以相应关注，但研究目的仍

① 《马克思恩格斯文集》第 3 卷，人民出版社，2009，第 602 页。
② 〔澳〕J. 丹纳赫等：《理解福柯》，刘瑾译，百花文艺出版社，2002；陈志刚等：《现代性批判：权力和资本的不同视角——福柯与马克思现代性批判思想的比较》，《浙江社会科学》2015 年第 1 期。
③ 〔希〕尼科斯·波朗查斯：《政治权力与社会阶级》，叶林等译，中国社会科学出版社，1982；江德兴：《马克思社会化理论与政治权力的演变》，社会科学文献出版社，2005。

在于反思和批判政治权力。① 在此基础上，研究者认为，在马克思的权力观中，原始的公共权力最终异化为"特殊的公共权力"或政治权力，必然要走向权力的分化和结构化，更需要通过普选、低薪、公开、罢免等措施予以制约，直至最终实现其辩证回归。② 还有研究者论证了马克思权力观的当代发展。③ 当然，也有研究者在与吉登斯、哈贝马斯、福柯、尼采等人的比较中呈现马克思权力观的内容和特色。④ 另外，研究者还从经济学的视角分析了马克思的财产权力（或资本权力）的基本内容及其现实意义，探讨了财产权力向货币权力、资本权力演进的机制和影响，阐释了资本权力的重要影响及其自我否定的趋势。⑤ 但这些研究已明显超出马克思的理论视域，其外延也拓展至一般意义上的经济领域。

第二，关于马克思政治理论的可能性与特点。在许多西方学者眼中，马克思的政治理论并不具有确定性，尤其"对政治学的重大问题和理论问题采取了完全缄默和极端敷衍的态度"，因而不属于"真正的政治理论"⑥。同样，国内学者也承认，研究马克思主义政治学原理的一个困难就是缺少能够把该原理说得完整和系统的著作。⑦ 这样，即使零散的论述也是继承多于创新，如马克思对议会制度的批判、其普遍代表权理论，甚

---

① 〔比〕厄内斯特·曼德尔：《权力与货币：马克思主义的官僚理论》，孟捷译，中央编译出版社，2002。
② 周永坤：《一切为了人的自由与解放——马克思恩格斯权力配置思想研究》，《法制与社会发展》2006年第6期；于建东：《马克思〈法兰西内战〉中的权力异化思想及其当代价值》，《伦理学研究》2015年第1期。
③ 尹红英等：《马克思主义公共权力变迁理论及其当代价值》，《学术论坛》2014年第12期。
④ 郭忠华：《资源、权力与国家：解读吉登斯的后马克思主义国家观》，《中山大学学报》（社会科学版）2008年第4期；郗戈：《资本、权力与现代性：马克思与福柯的思想对话》，《哲学动态》2010年第12期；刘军：《从宏观统治权力到微观规训权力——马克思与福柯权力理论的当代对话》，《江海学刊》2013年第1期；林钊：《权力、国家与现代民主批判——马克思与尼采政治哲学的一个比较》，《江汉论坛》2013年第3期。
⑤ 王国清：《马克思两种权力学说与财政分配》，《经济学家》1998年第4期；胡贤鑫等：《财富权力与货币权力——马克思的财富理论及其警示意义》，《经济学家》2010年第10期；刘志洪：《自我扬弃：资本权力的"天命"——马克思的资本权力自我扬弃思想及其启示》，《教学与研究》2016年第4期。
⑥ 〔英〕拉尔夫·密利本德：《马克思主义与政治学》，黄子都译，商务印书馆，1984；〔意〕L.科莱蒂：《〈卡尔·马克思早期著作〉导言》，张战生等译，《马克思主义研究参考资料》1985年第11期。
⑦ 王沪宁：《政治的逻辑——马克思主义政治学原理》，上海人民出版社，2004。

至关于国家消亡的思想能够追溯至卢梭处。① 但学界也都承认，因为政治生活的广泛影响、个人的思维特点和理论风格，马克思力求避免独立、抽象地思考政治问题，建构其政治理论，尤其反对简单地谈论权力、国家等政治概念，因而应在其哲学、经济学理论中解读其中的政治意蕴，发掘其政治主张，建构其政治理论。② 这样，在唯物史观指导下，马克思的政治理论不仅客观存在，而且"大多是特定历史事件和特定环境的产物"，并立足无产阶级的立场，明确指向人类自由全面的发展，具有鲜明的时代烙印和实践特质，更具有强烈的革命气质和超越诉求。③

第三，关于马克思政治理论的内容和结构。对马克思政治理论内容的关注，起初主要以国家问题为核心，以国家和革命为主干展开论述，在此基础上逐渐转向哲学、经济学领域，通过揭示资本主义的理论引诱和经济压迫，拓展出政治理论研究的全新领域。④ 这样，综合已有的研究成果，不难看出，马克思的政治理论从历史事实出发，寄希望于在阶级斗争中成长起来的无产阶级打破旧有的国家机器，建立无产阶级专政，进而为更为持续的社会革命和人类解放奠定基础。⑤ 在此宏观框架下，市民社会、公民教育、国家有机体、国家治理、国家自主性、意识形态等现实问题都得以展开⑥，公正、民主、权利等学术范畴也拥有相应的理论空间。⑦

① 王东等：《从卢梭到马克思：政治哲学比较研究》，《教学与研究》2007 年第 6 期。
② 郁建兴：《马克思的政治哲学遗产》，《中国社会科学》2006 年第 6 期。
③ 王新生：《马克思超越政治正义的政治哲学》，《学术研究》2005 年第 3 期；吴倬等：《马克思政治哲学的价值诉求及其当代意义》，《教学与研究》2007 年第 2 期；白刚：《西方政治思想传统中的马克思政治哲学》，《马克思主义研究》2010 年第 4 期。
④ 张盾：《马克思的政治理论及其路径》，《中国社会科学》2006 年第 5 期。
⑤ 陈周旺：《马克思国家学说的演进逻辑》，《中国人民大学学报》2012 年第 1 期；陈学明：《论中国道路对马克思主义阶级斗争理论的继承和发展》，《马克思主义研究》2015 年第 5 期。
⑥ 王岩：《马克思的"市民社会"思想探析——兼论"市民社会"理论的现代意义》，《江海学刊》2000 年第 4 期；张文喜：《政治哲学视阈中的国家治理之"道"》，《中国社会科学》2015 年第 7 期；李淑梅：《超越对市民社会的直观理解与人类解放——马克思批判费尔巴哈哲学的社会政治取向》，《吉林大学社会科学学报》2016 年第 5 期；聂锦芳：《马克思思想的起源及对其一生的影响》，《社会科学辑刊》2017 年第 3 期。
⑦ 吴忠民：《马克思恩格斯公正思想初探》，《马克思主义研究》2001 年第 4 期；欧阳康等：《马克思民主思想及对当前中国民主建设的启示》，《马克思主义与现实》2009 年第 4 期；谭培文：《马克思〈波拿巴雾月十八日〉中的意识形态理论及其当代意义》，《毛泽东邓小平理论研究》2010 年第 12 期；辛向阳：《民主的辩证法：马克思主义创始人的民主思想》，《国外社会科学》2013 年第 4 期。

第四，关于马克思的权力学说和政治理论的关系及其发展。有研究者认为，权力问题是国家时代决定性的政治问题，阶级斗争、无产阶级革命等问题都可以还原为权力问题，人们都在为权力而斗争。① 虽然这些成果富有启迪，但仍没有为权力范畴留下更多的理论空间，更没有用该范畴来建构马克思的政治理论，个别相关度较高的成果则明显属于马克思主义政治理论的研究领域。② 相比之下，更多的研究成果还是将权力范畴视为马克思政治理论的重要模块，在该理论的框架内思考权力自身的起源、异化、演进、分工、结构、制约和监督等问题。③ 此外，还有许多成果在沿用和发展马克思理论的基础上，运用马克思主义的权力观思考和回答现实的政治问题，尤其是对权力的现实批判、制约监督以及权力社会化、科学权力观的树立等问题。④

上述现状表明，无论相对于马克思其他理论的研究成果，还是相对于本书涉及领域的丰富内容，该领域仍有亟待加强或完善之处：第一，该领域研究成果的稀缺明显影响乃至淡化了对马克思权力范畴的思考，或因现有研究成果的宽泛而遮掩了该范畴的丰富性和深刻性，进而掩盖了该范畴与其政治理论的关系，尤其是前者形成后者的机制和逻辑；第二，相关研究成果多立足国家、社会、阶级、政党、革命、官僚制度、意识形态等视角，并未在整体上把握权力范畴，更遑论其与政治理论关系的研究成果，这就意味着这些成果只能为本书研究提供一些理论启迪，难以在体例创新等宏观方面提供更多借鉴；第三，坚持从政治权力和经济权力的综合视角建构其政治理论，是马克思革命理想理论化的重要特色，而现有研究成果多集中在政治权力领域，经济权力视野中的研究成果仍不多见，且缺乏明确的政治指向，明显制约了马克思政治理论的解释力和马克思主义的指导

---

① 林尚立：《当代中国政治形态研究》，天津人民出版社，2000，第 81 页。
② 李景鹏：《权力政治学》，北京大学出版社，2008。
③ 马郑刚：《马克思对权力拜物教的批判及其启示》，《中共中央党校学报》2001 年第 1 期；戈士国：《思想型权力：马克思意识形态概念的功能学解读》，《马克思主义研究》2010 年第 10 期。
④ 李孝纯：《论马克思主义权力制约观》，《科学社会主义》2000 年第 2 期；李海新：《权力观比较与马克思主义权力观的构建》，《江汉论坛》2005 年第 12 期；周尚文：《马克思主义国家权力观与当代中国》，《科学社会主义》2008 年第 1 期。

功能；第四，正如汉娜·阿伦特（Hannah Arendt）所言："马克思主义思潮不仅传播了真实的马克思学说，同时也在某种意义上遮掩和隐灭了真实的马克思学说"，"因为马克思主义的流传，连马克思自身不存在的东西都会受到赞赏或非难"。① 同样，该领域也存在放大、附加或篡改的成分，一些非马克思（主义）的观点也在马克思（主义）的名义下大行其道。

关于马克思理论的历史命运，悉尼·胡克（Sidney Hook）曾经发人深省地指出："没有一个作者能够使他自己不遭到蓄意的误解"，"几乎每一个具有历史重要性的思想家，都曾因为其拥有信徒而付出了代价；不同的人对他就有不同的理解"。② 为了尽量避免这种现象扭曲本书写作的初衷，作者本着历史和经典著作为正本、后人研究成果为副本的原则，力争在"回到马克思"的过程中，使经典著作的研读自觉回归至相应的历史语境，在语境还原中理解马克思的相关思考。为此，在研读马克思著作、把握其相关主张并密切关注现实的过程中，本书始终坚持从马克思的实践观入手，分析其权力观的一般原理，按照权力分化和演进的时序，分析权力范畴形成其政治理论的内在逻辑，以及该范畴与其主要政治学说的关系。在此基础上，再在特定的历史背景下分析权力影响政治实践的内在机制，进而以相应的篇幅分析当今社会的权力现象和政治生活，凸显马克思政治理论的理论意义和实践价值。

在上述思考的基础上，本书共分五章。其中，第一章以"实践与马克思的权力范畴"为题，分析了实践与该范畴的内在关系，尤其是权力在实践中产生、分化和演进的基本规律。通过梳理马克思生前身后的主要权力观，凸显马克思的权力范畴在权力研究谱系中的地位和特点。在综合人类社会历史事实和唯物史观基本主张的基础上，从实践视角探讨马克思的权力范畴。尽管具有鲜明的人格化特征，但权力并不是人类的主观产物，而是实践过程中共同体形成的内在机制，是实践过程中人类维护和发展自身利益的产物，是

① 〔美〕汉娜·阿伦特：《马克思与西方政治思想传统》，孙传钊译，江苏人民出版社，2007，第 4 页。

② 〔美〕悉尼·胡克：《对卡尔·马克思的理解》，徐崇温译，重庆出版社，1989，第 5、9 页。正因为如此，恩格斯也明确强调："一个人如想研究科学问题，首先要在利用著作的时候学会按照作者写的原样去阅读这些著作，首先要在阅读时，不把著作中原来没有的东西塞进去。"详见《马克思恩格斯全集》第 25 卷，人民出版社，1974，第 26 页。

人类作为"天生的社会动物"无可避免、共生共存的社会现象，因而是一种基于利益诉求的社会关系。在人类社会之初，权力现象起源于实践，具有真实的开放性与公共性，但仍在社会实践中变化和发展。其中，权力异化明显背离了权力的原初规定，但也催生和丰富了政治生活，而权力最终辩证回归其开放性与公共性则体现了人类无限的理性和潜能。因此，权力也就成为各种社会关系的关键要素，连接并沟通所有置身其中的社会主体，任何人都只能设法改变而无法摆脱其影响。作为实践中的历史产物，权力的合理性不只存在于人类社会之初，克服和扬弃了个体意志的分散性，确保了共同体的存续，而且随着共同体的丰富和发展而普遍存在于社会生活的各个领域，延伸至人类社会的遥远未来，现实生活中的政治权力和经济权力也只是丰富、完善而没有改变其主要功能，而且逐渐显现其巨大的发展空间。

第二章以"权力：马克思政治理论的逻辑起点"为题，通过比较不同主张，论证权力范畴作为马克思政治理论逻辑起点的合理性，以及以此为起点形成该理论的整体思路。以王浦劬和李景鹏的相关著作为代表，分别主张从利益和权力的视角研究马克思主义政治理论。本章在综合思考上述主张、整体把握已有资料的基础上，立足人类社会政治生活的历史起点，更加倾向于以权力范畴作为马克思政治理论的逻辑起点，并基于其相关表述予以相应的论证。以此为基础，针对一些研究者对马克思政治理论的质疑，通过分析马克思理论的革命特质和现实关注，确认该理论不仅客观存在，而且从独特视角验证了马克思身为革命家的现实关注和该理论的理论特色，进而主张将该理论划分为四个时期，分别对应其不同时期的革命重心和理论关注。在此基础上，从权力视角论证了该理论关于公共权力演化为政治权力的内在机制，分析了经济权力产生的时代背景、历史价值及其对人类社会的深刻影响，探索了政治权力与经济权力互动的机制与规律以及权力社会化的基本趋势，探讨了人类解放和公共权力历史回归这一辩证否定的演进过程，进而呈现出权力在人类社会中的基础性和永恒性。

第三章以"权力与马克思政治理论的结构"为题，分析了权力范畴与马克思主要政治学说的关系，以此勾勒出马克思政治理论的主要模块和宏观结构。在阶级斗争学说中，基于分工的利益分化既催生了阶级和阶级斗争，反映了阶级分化的程度，又加剧了阶级斗争的对抗性，导致了公共权力的持续异化。在不断发展的阶级斗争推动下，经济权力既在封建社会的阶级斗争中产生，又最终催生了新型的阶级关系和阶级斗争。而权力分化和资本主义社会的阶级斗争明显加快了权力社会化的进程，社会主义社会则延续和强化了这一进程。与此同时，阶级斗争最终催生了国家，并强化了国家的长期存在。随着国家的政治职能和社会职能的此消彼长，政治权力显然无法控制充满活力的市民社会，经济权力最终打败了异质的政治权力，迅速成长为能够有效规范乃至驯服政治权力的新型权力，并和后者共同推动着权力社会化的进程。及至社会主义时期，基础性的经济权力明显锻炼和提升了民众的自主意识和自治能力，保障性的政治权力更是承载着广泛民意，因而持续推动着权力社会化的进程，直至将来国家在更高的发展阶段失去政治职能而趋于消亡。在社会革命学说中，出于巩固和壮大政治权力的需要，统治阶级不得不对被统治阶级的合理诉求有所回应，而这种回应则不可逆转地开启了权力社会化的进程。从资产阶级革命到无产阶级革命，反复的政治革命最终使得人类社会踏上了持续自觉的社会革命之路，社会主义政治权力与经济权力的相互规定和相互促进也将继续推动社会革命，空前激发社会的自主空间和自治能力，进而在权力社会化的进程中，将人类社会引领至全面发展的阶段。

第四章以"权力与资本主义政治"为题，着重分析了资本主义的权力格局与政治生活的关系。前面章节关于资本主义的分析主要基于权力演进的宏观背景和马克思政治理论的整体框架，并没有单独对资本主义社会的权力与政治进行系统思考，也没有用相应的篇幅研究仍在发展中的资本主义的相关问题，更遑论资本主义的权力发展和未来走向。为此，本章首先立足资本主义的生产方式，分析了经济权力的扩张趋势及其双重影响，探讨了政治权力不可避免的保守倾向及其被动社会化的命运。在此基础上，鉴于政治权力与经济权力的并存与互动，本章不仅分析了政治权力支持经济权力扩张的历史轨迹和理论依据，探讨了经济权力规定政治权力的历史事实和现实表现，而且分析了这两种权力的互动对权力社会化的深刻影响，论证了这种互动对资本主义发展趋势和未来命运的影响，进而揭示了资本主义在社会进步和马克思主义批判的推动下，通过社会革命的方式走向社会主义乃至更高社会形态的现实可能性。

第五章以"权力与社会主义政治"为题，着重分析了社会主义社会的权力现象及其对政治生活的重要影响。资本主义社会和社会主义社会在理论上的时序连接和现实中的空间并存，决定了前者的权力现象不可能不对后者产生影响，也决定了后者借鉴前者的历史逻辑和现实可能。事实上，现实中的社会主义并非根植于发达的资本主义，而是在先天不足的环境中与资本主义竞争的结果，因而不仅会再现并长期延续资本主义的权力现象，在借鉴其合理因素中发挥社会主义的制度优势和超越潜能，而且要对这一权力格局的利弊保持清醒认识，以防范权力异化的冲动及其对社会主义的消极影响。为此，本章在对社会主义权力现象进行历史与现实的思考时，着重分析了社会主义的权力结构及其对共产党领导的相应规定。在此基础上，本章分析了特定时空中国家与社会之间的统一性与矛盾性、政治权力与经济权力的并存与角力等问题，强调中国共产党仍要继续弘扬革命精神，不断超越现实中的各种羁绊，用更高的发展目标彰显社会主义的发展空间和巨大潜能。最后，在对历史和现实的总结中，探讨了社会主义权力的应然追求以及社会主义正义的现实状态和提升路径，强调我国应积极顺应权力社会化的趋势，充分调动社会力量，通过更具现实性的权力监督，提升公民素质，以规范权力运行，推动社会主义民主政治的发展。

显然，上述内容环环相扣、逐层递进的研究既有理论的演绎，又有历史的归纳。这样，权力范畴与马克思政治理论的关系不仅可以简明地如图1所示，而且揭示了权力辩证回归的必然趋势，进而在历史与理论的合围和相互印证中证明了共产主义和权力辩证回归的必然性。

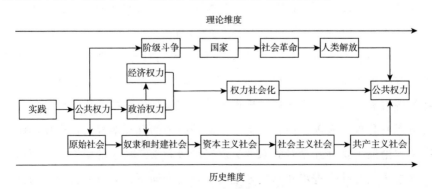

图 1　权力范畴与马克思政治理论的关系

三

本书遵循从概念分析到体系建构的总体思路，在严密的理论演绎和合理的实践观照中，先后研究了实践与马克思权力范畴的关系、该范畴作为马克思政治理论的逻辑起点、权力形成马克思政治理论的内在机制、权力对现实政治的深刻影响等主要问题，力求在凸显权力范畴的方法论意义的同时，在上述问题的起承转合中形成一个结构合理、逻辑严密的写作框架。

离开实践研究权力问题，必将背离马克思思考权力问题的方法，无法区别马克思与其他权力论者的观点和特色，同时制约其权力范畴的解释力和说服力，更无法体现该范畴在其政治理论中的地位和作用，以及马克思主义的指导功能。因此，本书首先研究实践与权力的关系，明确实践作为权力的历史起点和权力在实践中演进的历史轨迹，并以此分析权力在社会发展中的机制和作用，形成较为完整的马克思权力观，为后续其他问题的研究设定逻辑起点，夯实理论基础。

立足实践与权力的关系，自然需要思考权力范畴在马克思政治理论中的地位和作用，进而科学回答该范畴作为马克思政治理论逻辑起点的理论依据、其政治理论的可能性和历史分期、马克思用该范畴建构其政治理论的基本思路等问题。在此基础上，分析权力视角下马克思形成其政治理论的宏观思路，从而将该范畴与其政治理论进行全面合理的对接，形成一个内容丰富的理论框架，为后续问题研究夯实理论基础。

在形成上述框架的基础上，权力范畴与马克思的政治理论存在何种关联，尤其是该范畴如何形成其政治理论的内容与结构，自然是无法回避的问题。这就要求本书按照历史的演进逻辑，尤其是不同历史阶段政治实践的主题，结合相应的权力机制，研究作为权力异化演进理论的阶级斗争学说、作为权力关系组织化理论的国家学说和作为权力演进社会动因理论的社会革命学说，以此贯穿马克思政治理论的主要模块与相应主张，勾勒出其政治理论的宏观结构和丰富内容。

马克思政治理论鲜明的实践特质自然要求本书通过权力透视纷繁复杂的社会实践，关注权力在现实政治中的作用。因此，在完成上述研究任务的基础上，自然需要对权力在资本主义社会中的性质、表现和影响等内容进行研究，以期准确描绘出经济权力不断扩张和政治权力趋于保守的互动关系和辩证发展的趋势，以及资本主义无法逃避、终将被超越的未来命运。在此基础上，同样需要通过理论与现实、国外与国内的比较，着重研究社会主义社会的权力与政治问题，进一步发掘本书的理论意义和实践价值。为此，本书需要分析社会主义经济权力从消除到再现的原因、政治权力的强化及其影响，研究社会主义国家的现实功能及其与社会的关系，探讨其政治权力与经济权力的互动关系，进而从全新视角论证经济权力和政治权力的暂时性以及社会主义与共产主义的同质性，从权力视角分析社会主义民主的现实路径，探讨两种权力最终复归公共权力的内在机制。

在遵循上述研究思路的过程中，就目前掌握的资料以及对这些资料的理解程度而言，以下三方面始终是本书写作过程中着力解决的问题，以期不断提高写作质量。第一，注意区分马克思和其他马克思主义经典作家的相关主张，后者的相关观点主要是作为一种必要的补充，全面呈现而非遮掩前者的真实面目。① 其中，在尽量不混淆马克思和恩格斯相关观点的基础上，注重引用恩格斯的观点来补充和完善马克思的理论，毕竟相对于马克思这位"第一小提琴手"，恩格斯是一位当之无愧、优秀的"第二小提琴手"②，他自然也"被认为是论述马克思的生活和经历的第一个权威"，

---

① 当下学界也有强调马克思的文化权力和社会权力的主张，但就作者研读的体会以及他人研究的结果来看，这些主张只是他们当下的研究成果，当然也可以说是他们丰富与发展马克思主义的成果，但仍缺乏足够的马克思著述的支撑。虽然我们可以将权力进行意识形态权力、经济权力、军事权力和政治权力的区分，甚至还有更详细的分类，但毕竟马克思并没有进行过类似的思考，再何况其权力范畴更多具有方法论意义，他并没有致力于该范畴理论体系的建构。此外，意识形态权力的附着性和弥散性明显，经济权力和政治权力的独立性突出，自然不宜将它们并列使用。需要突出强调的是，在马克思所处的国家与社会明显两分的时代，他并不特别强调区分经济权力和社会权力，对社会权力的理解也与当今研究者存在明显区别，其意识形态理论在很大程度上仍然是政治权力和经济权力合法性的理论依据。基于这样的思考，本书力求"不把著作中没有的东西塞进来"，而是按照马克思权力范畴的本来面目，主要论述政治权力和经济权力这两种总体性权力，并在这两种权力之外和向公共权力回归的视角，应用社会权力这一范畴，而其意识形态理论主要根据行文需要安排在不同章节，以实现与有关论述的有机结合，因为话语必须依附于权力，权力也需要话语为其正名。而这也正是权力研究谱系中马克思发挥承上启下作用的理由之一。

② 《马克思恩格斯选集》第4卷，人民出版社，1995，第667页。

更何况 "'为人们所知的马克思的真相'在很大程度上是被晚年的恩格斯所建构的"。① 第二,任何较为全面、系统地总结马克思权力范畴的尝试,都不能简单地就事论事,而应将该范畴放置到人类社会的实践背景下,宏观考察该范畴对政治生活的重要影响。这就要求在总结马克思权力理论的过程中,不能仅流连于马克思著述的字面含义,而应在此基础上,密切联系人类社会政治生活的历史、马克思所处的时代以及当下的政治实践,进行深度发掘和系统思考,进而丰富和发展马克思的政治理论,提高该理论与马克思主义的说服力和指导功能。第三,在马克思的权力理论中,有关经济权力的观点更为分散,更为隐匿,且与财产权力、货币权力相混杂。因此,必须高度重视其在近代以来对政治实践广泛深远的影响,相关问题的研究也必须以翔实的史料和合乎逻辑的理论演绎为基础,以期准确考察其生成和发展的历史轨迹,凸显其对政治生活的解释功能和实践价值。

本书按照辩证法和唯物史观的要求,遵循学术研究的一般规律,根据研究对象的性质和学科特点,主要采用以下具体研究方法。

第一,文本研究的方法。本书选题的基础理论定位显然不能掩盖其对经典著作的重视,其中必不可少的演绎与归纳也必须建立在文本的准确把握之上。换而言之,无论是马克思的权力范畴或政治理论,还是它们的内在联系,都不是可以臆造的内容,也不是借用二手资料即可完成的任务,进而要求本书在写作过程中结合特定的历史背景,认真研读经典著作以及相关研究成果,仔细梳理相关观点,以便形成合乎逻辑、结构合理的研究框架,实现对选题的准确把握和全面覆盖。

第二,历史和逻辑统一的方法。历史是逻辑的基础和内容,逻辑是历史的抽象和再现。实践在人类社会中的基础地位要求权力研究必须始终立足不断发展的实践,从中认识权力在社会生活中的地位和作用,把握马克思基于权力视角思考政治问题的方法及其政治理论的主要内容,回答权力在政治生活中的作用。这就要求本书既要从历史维度纵览权力在不同社会形态中的重要作用,又要从由此决定的理论维度论证权力在阶级斗争、国

① 〔美〕特雷尔·卡弗:《马克思与恩格斯:学术思想关系》,姜海波等译,中国人民大学出版社,2008,第139~140页。因此,在暂时找不到马克思相关论述的情况下,借用恩格斯的观点也是学界的惯常做法。

家、社会革命等政治学说的主线功能，进而从独特视角"考察资本主义的即将到来的崩溃和未来共产主义的未来的发展"①，描绘出权力最终在共产主义和人类解放的交汇中辩证回归其公共性的发展趋势。

第三，理论联系实际的方法。本书虽为一项基础研究，但也绝非是一种纯思辨的主观建构，其中的系列问题研究自然要求按照马克思的一贯主张，全方位运用理论联系实际的方法。马克思的权力范畴和政治理论不仅立基于浩繁丰富的经典著作和其他研究成果，而且始终关注社会生活和革命实践，并随之不断进行调整和丰富。同样，本书不仅要在研读经典著作的基础上，进行相应的理论梳理和合乎逻辑的学理论证，而且要始终密切联系社会实践，关注权力的现实表现，资本主义和社会主义的生动实践更是要求作者在联系现实中始终秉持问题意识与现实观照，进而立足权力视角解释相关的政治现象，回应世人的现实关切，同时体现马克思理论的解释力，充分发挥其指导社会主义民主政治的现实功能。

第四，学科交叉的方法。本书当然要立足马克思主义的学科定位，借鉴政治学的思维和研究方法，但这样的定位并不能掩盖其广泛的涉猎领域和丰富的理论内涵，因为视野宏大、关注现实的马克思政治理论不仅主要涉及上述两个学科，而且与哲学、经济学、历史学、社会学等学科联系密切。因此，在本书的写作过程中，虽然经常遭遇力有不逮之处，但仍竭尽所能，广泛借鉴其他学科的研究成果，力求达到创新理论体系、深化研究内容、合理解释现实等目标。

四

与本书相关的许多问题，如阶级斗争、国家、政党、政治革命、社会革命、无产阶级专政、人类解放等，作为马克思政治理论的标志性范畴，已取得了许多系统的研究成果。认真研究并消化现有成果的真知灼见已属不易，更遑论在综合这些成果的基础上有所创新。如果说本书具有持续投入的必要性，应当是在理解现有成果的基础上，通过必需的理论借鉴、话语转换与学术重构，以合乎本书语境的研究思路与表达方式，探索权力范

---

① 《列宁选集》第3卷，人民出版社，1995，第186页。

畴形成马克思政治理论的思维进路和内在机制，并从权力视角反思现实中的政治现象，进而在实践基础上丰富马克思主义政治理论。当然，如果说现有成果并没有挤占本书主题的研究价值，显然本书的疏漏也不足以开脱作者的责任，仍需要作者在广泛占有资料、深入研读原著、研究相关成果的基础上，在体例方面有所完善，在观点方面继续深化，以形成能够自圆其说的话语体系。至于这些"创新"是否名副其实，当由各位方家定夺。

第一，本书没有就权力研究权力，而是以人类社会的实践为起点和背景，探讨权力的起源、本质、功能、演进和辩证发展等问题。由于权力是人类实践的客观产物和社会关系的特殊表现，必然要随着实践的发展而发展，并对政治生活产生重要影响。为此，本书不仅在尊重历史事实的基础上描绘了权力分化、演进的基本规律，而且依据这一规律来展望权力发展的基本趋势，即使在分析当今的权力现象时，也坚持用生动的政治生活来丰富和发展马克思主义政治理论，而不是简单以马克思的政治理论来批判和裁剪鲜活的现实。

第二，立足具有实践特质的权力范畴，研究马克思的政治理论，尤其是该范畴形成其政治理论的内在逻辑和基本思路。所有对马克思政治理论可能性的质疑，都认为马克思缺少足够多"大写的"、系统化的政治著作，但本书认为，马克思首先是革命家而非理论家的身份定位，决定了他始终立足生动的政治实践，形成相应的政治主张，而且必然要随着革命主题的变化来变换其理论研究的对象，也就"不可能进行纯科学的探讨"[①]，更遑论苦心孤诣的纯理论建构。这样，马克思的政治理论研究不仅经常因革命活动而中断，而且与哲学、经济学等理论相互交织。也正因为如此，本书写作时始终注意引用马克思的其他理论主张来分析和建构其政治理论，以期逻辑更加严密，结构更加合理，论据更加多元，论证更加充分，内容更加丰满。

第三，立足马克思的权力范畴和政治理论，分析现时代的权力现象和政治生活，以体现其政治理论的现实价值。现有的马克思（主义）权力或政治理论的研究成果也对现实予以相应关注和整体描绘，但始终立足马

① 《马克思恩格斯选集》第2卷，人民出版社，1995，第39页。

克思的权力范畴思考现时代的权力现象和政治生活，尚未见到更具深度的研究成果。而本书始终立足权力的视角，用两章的篇幅对资本主义和社会主义政治实践进行分析，揭示权力视角下的现实政治图景，尤其是经济权力对社会主义政治的深刻影响，进而体现其应有的现实价值。不仅如此，本书还坚持在政治权力和经济权力互动下描绘权力社会化的内在机制与必然趋势，以及权力在异化中发展，并最终复归公共权力的辩证过程。

如果说上述内容在某种意义上勉强称作"创新"的话，那么，在多大程度上实现这一目标，凸显本书的理论意义和现实价值，同样仍是一种挑战。因此，即使本书已经付梓，仍能明显感觉到以下不足之处：第一，面对这样一个只有零星涉足的领域，作者的理论功底明显薄弱，尽管在写作过程中时刻告诫自己要心无旁骛，手不释卷，同时要力戒蹈空之论，但通过旁征博引来完成写作的努力很难说是成功的；第二，本书论述的主要是马克思而非其他人的权力理论，尽管在写作过程中笔者不时提醒自己，注意语境转换和语义表达的顺畅，确保语境和语义的统一性，但要想完全避免这些问题也并非易事；第三，鉴于马克思并没有完整的权力观和系统的政治理论，其中一些话题需要通过其他经典作家的观点来补充和完善，但仍难以避免其相关主张被遮掩或取代的可能，甚至与作者的写作初衷相去甚远。总之，该领域研究成果的缺失在凸显本书价值、增加写作难度的同时，也让作者的理论素养和写作能力捉襟见肘。这样，用一个尚未成为理论共识的权力范畴来分析马克思的政治理论，能否涵盖全部研究内容，并具有足够的解释力和说服力，的确难逃相关质疑，因而在恭请指正的同时，期待这种尝试本身比本书更能得到认可和鼓励。

第一章

实践与马克思的权力范畴

马克思理论坚持以实践唯物主义为指导，其权力观也概莫能外。与其他权力论者不同，马克思一贯反对为理论而理论的主张也在其权力观中得以充分体现。他既没有简单或孤立地建构其权力范畴，也没有羁绊于德国古典哲学"爱好宁静孤寂，追求体系的完满，喜欢冷静的自我审视"① 的传统，而是将权力观始终扎根于真实的人类历史、鲜活的现实生活和勃兴的革命运动。因此，对马克思权力范畴的理解既要在与其他权力观的比较中凸显其理论特色，又要在生动实践和丰富主题中把握该范畴的主要内容，以便为进一步分析建立于该范畴基础上的政治理论完善研究方法，夯实理论基础。

第一节　马克思前后的主要权力观

对于司空见惯的权力，几乎人人都有所思考，但在此基础上作出系统化努力的则寥若晨星，相关成果也多夹杂乃至隐匿在国家、政府、革命等宏观问题的研究之中，这在马克思之前表现得尤为明显。作为特定历史背景下的革命家和思想家，矢志变革现实的马克思首要并始终关注资产阶级统治、无产阶级革命和人类解放等重大问题，一切与此相关的重要范畴和重大问题都会引发其高度关注和深刻思考。但是，更为紧迫的现实关切又使其无法对相关理论问题都能进行系统思考，权力范畴也难免这样的命运。与其他著名的权力论者相比，无论在理论建构方面，还是在现实反思

---

① 《马克思恩格斯全集》第 1 卷，人民出版社，1995，第 219 页。

方面，马克思都没有在权力范畴上进行系统投入，以至于在很大程度上分散乃至转移了后人的关注，甚至明显增加了他们的质疑。事实上，为了提高其理论的解释力和战斗力，马克思始终将权力视为一个理论前提和分析工具加以使用，而非一个学术问题加以研究。而这一方法在延续西方学术传统的同时，又实现了明显超越，因为马克思之前的思想家，如霍布斯（Hobbes）、洛克（Locke）、孟德斯鸠（Montesquieu）、让-雅克·卢梭（Jean-Jacques Rousseau）等人在思考国家与社会的关系时也涉及权力问题，但权力印记尚未表现出来，而其身后的其他研究者，如弗里德里希·威廉·尼采（Friedrich Wilhelm Nietzsche）、马克斯·韦伯（Max Weber）、安东尼奥·葛兰西（Antonio Gramsci）、伯特兰·罗素（Bertrand Russell）、路易·阿尔都塞（Louis Althusser）、米歇尔·福柯（Michel Foucault）、迈克尔·曼（Michael Mann）、丹尼斯·朗（Dennis Wrong）、史蒂文·卢卡斯（Steven Lukes）等，则进一步凸显了权力范畴在政治生活中的地位和作用，开启并强化了权力研究的系统化倾向，同时明显弥补了马克思在此方面的不足。[①] 尽管他们的权力观及方法论不尽相同，在此方面的努力及其理论成就也各有特色，但都不同程度地为本书分析马克思的权力范畴搭建了理论背景，提供了参照标准，丰富了分析视角，增加了理论深度。

一 让-雅克·卢梭的权力观

作为西方政治思想史的主要脉络，从亚里士多德（Aristotle）、波利比乌斯（Polybius）、西塞罗（Cicero）、洛克、孟德斯鸠到联邦党人，始终存在以分权制衡来规范权力运行的学术传统和政治主张。但是，这一拘囿于统治阶级内部分权的政治主张明显排斥了民众的应有地位，也受到了激烈批判。其中，在马克思之前，政治主张和权力观念极具民主倾向和重要影响的思想家，应当首推让-雅克·卢梭。虽然他与同时代的伏尔泰、狄德罗等人齐名，以启蒙思想家名世，但在政治上却更加激进，因为"伏

---

① 学界一直不乏系统的权力研究成果，上述名单还可以增加许多，本书自然难以穷尽这些研究者及其理论特色，即使上述研究者也只能择其要者加以简要评析，以描绘权力研究的谱系和走势，凸显马克思权力范畴的理论特色。

尔泰是旧世界的结束，卢梭是新世界的开始"①。与霍布斯等其他契约论者不同，卢梭认为前国家时代的自然状态是人类的黄金时代，是私有制激发了社会矛盾，催生了国家和法律，以至于生而自由的人们无往不在枷锁之中，异化的国家权力更是遮蔽了人的真实自我："我们现在再也看不到一个始终依照确定不移的本性而行动的人；再也看不到他的创造者曾经赋予他的那种崇高而庄严的淳朴，而所看到的只是自以为合理的情欲与处于错乱状态中的智慧的畸形对立。"② 这样，卢梭就明确指出了国家的现实局限，即"它们给弱者以新的桎梏，给富者以新的力量；它们永远消灭了天赋的自由，使自由再也不能恢复；它们把保障私有财产和承认不平等的法律永远确定下来，把巧取豪夺变成不可取消的权利。从此以后，便为少数野心家的利益，驱使整个人类忍受劳苦、奴役和贫苦。"③ 不仅如此，国家的存续又进一步固化了现实中的不平等和权力的异化："法律与私有财产的设定是不平等的第一阶段；官员的设置是第二阶段；而第三阶段，也就是最末一个阶段，是合法权力变成专制的权力。因此，富人和穷人的状态是为第一个时期所认可的；强者和弱者的状态是为第二个时期所认可的；主人和奴隶的状态是为第三个时期所认可的。这后一状态乃是不平等的顶点。"④ 这样，卢梭就明显超越了同时代人，不仅发现了权力对于人类社会的基础作用，而且从更为基础的经济关系揭示了政治不平等的根源和国家的起源，进而从历史和现实的视角明确了权力异化和国家正义缺失的原因，显示出明显的唯物主义倾向和鲜明的阶级立场。

在此基础上，卢梭还明确区分了利益要求的合法性，以至于他把《社会契约论》一书的题旨规定为"努力把权利所许可的和利益所要求的

---

① 曾枝盛：《卢梭及其在马克思主义中的地位》，《马克思主义与现实》2012 年第 3 期。相对于卢梭激进的政治主张，作为启蒙运动旗手与主将的伏尔泰（Voltaire）则将卢梭的《论人类不平等的起源和基础》视为"诋毁人类的新作"。他在致谢卢梭的赠书信中讥讽道："从来没有人用过这么大的智慧企图把我们变成畜生。读了你的书，真的令人渴慕用四只脚走路了。"详见〔法〕卢梭《论人类不平等的起源和基础》，李常山译，商务印书馆，1962，第 31 页。

② 〔法〕卢梭：《论人类不平等的起源和基础》，李常山译，商务印书馆，1962，第 62~63 页。

③ 〔法〕卢梭：《论人类不平等的起源和基础》，李常山译，商务印书馆，1962，第 128~129 页。

④ 〔法〕卢梭：《论人类不平等的起源和基础》，李常山译，商务印书馆，1962，第141页。

结合在一起，以便使正义与功利二者不致有所分歧。"① 为此，他在历史与现实的批判中明确了现实中的国家权力对于个人的意义，强调了国家的道义责任："要寻找出一种结合的方式，使它能以全部共同的力量来卫护和保障每个结合者的人身和财富，并且由于这一结合而使每一个与全体相联合的个人又只不过是在服从自己本人，并且仍然像以往一样地自由。"② 这样，卢梭就强调用社会契约凝聚和体现公意 (the general will)，并在充满分歧和冲突的众意 (will of all) 向超越个体性和主观性、基于共同利益的公意转变中重构国家与个体的关系，防止众意僭越公意的危险，进而建立"一个道德的与集体的共同体"③，积累和丰富权力的道德内涵和道义基础，体现主权者意志的合法性。在此规定下，基于社会契约的人们便"由自然状态进入社会状态，人类便产生了一场最堪注目的变化；在他们的行为中正义就代替了本能，而他们的行动也就被赋予了前此所未有的道德性"④。由此可见，卢梭并没有在一般意义上简单地否定国家，而是在批判现实的基础上，发现了个人与国家相互需要的历史事实，以及国家对于个人的工具理性，强调了国家权力的道德责任及其发展的基本方向，因而显示出他对历史的深刻洞见、对前人理论的显著超越以及对后世的重要启迪。

不仅如此，卢梭还明确指出，在代表公意的国家中，政府只是沟通公民与主权者的媒介或纽带，即"政府就是臣民和主权者之间所建立的一个中间体，以便使得两者互相适合，它负责执行法律并维持社会的以及政治的自由"⑤，同时以主权者的名义行使被授予的权力，以执行法律、维护公意和保障自由，进而明确批判了政府的现实异化与专制权力的自私和非法，强调了主权在民的合法性与政府的存在依据和现实责任："政府并不是从专制权力开始的。专制权力只不过是政府腐化的结果，是政府的终极点，它使政府又返回到最强者的权力上，而最初政府的建立乃是对最强者的权力的补救方法。"⑥ 显然，遵循这样的批判性思维，"行政权力的受

---

① 〔法〕卢梭：《社会契约论》，何兆武译，商务印书馆，1980，第 7 页。
② 〔法〕卢梭：《社会契约论》，何兆武译，商务印书馆，1980，第 23 页。
③ 〔法〕卢梭：《社会契约论》，何兆武译，商务印书馆，1980，第 25 页。
④ 〔法〕卢梭：《社会契约论》，何兆武译，商务印书馆，1980，第 29 页。
⑤ 〔法〕卢梭：《社会契约论》，何兆武译，商务印书馆，1980，第 76 页。
⑥ 〔法〕卢梭：《论人类不平等的起源和基础》，李常山译，商务印书馆，1962，第137 页。

任者决不是人民的主人，而只是人民的官吏；只要人民愿意就可以委任他们，也可以撤换他们"，而且国家还必须"永远准备着为人民而牺牲政府，却不是为政府而牺牲人民"①，以保证权力的民意基础和道德含量。由此可见，这一对国家保持清醒认识的主张不仅批判了现实中权力异化的严重性，明确了权力异化的超越方向，体现了卢梭权力观的高远意境及其对后世的影响，而且也使人自然联想到马克思对官僚政治和国家的批判，以及立基于上的宏大目标。当然，也正是因为卢梭对国家绝对权力的乌托邦式主张和对个人权利的极端漠视，即"社会公约也赋予了政治体以支配它的各个成员的绝对权力"②，受其鼓舞的法国大革命及其引发的动荡和暴政也被直接归咎于他这位思想先驱，他也因此被贴上激进主义的标签。

综观卢梭的权力理论，尽管其中仍有明显的臆想色彩，但其对国家以及政府和官僚的现实批判和道德期待也包含着国家终将消亡的结论，以至于德拉·沃尔佩（Della Volpe）认为，卢梭"对资产阶级代议制国家进行了激烈的民主主义批判，而马克思后来在一切主要方面不过加以重复而已"③。他甚至认为《黑格尔法哲学批判》"这一著作自始至终渗透着典型的卢梭人民主权思想"④。而科莱蒂（Colletti）更是认为："马克思的政治理论应该大大感谢革命民主思想的先驱们，尤其应该感谢卢梭……马克思对议会制度的批判，他的普遍代表权理论，甚至关于国家消亡的思想都能够追溯到卢梭那里。"⑤ 他甚至直言："就严格意义上的'政治'理论而言，除去对国家消亡的'经济基础'的分析（这自然相当重要）以外，马克思和列宁没有给卢梭增加什么。"⑥ 的确，马克思也曾盛赞过卢梭鲜明的政治立场和坚定的政治主张，而恩格斯更是明确承认他们的相似之处："我们在卢梭那里不仅已经可以看到那种和马克思《资本论》中所遵

① 〔法〕卢梭：《社会契约论》，何兆武译，商务印书馆，1980，第132、81页。
② 〔法〕卢梭：《社会契约论》，何兆武译，商务印书馆，1980，第41页。
③ 转引自〔英〕佩里·安德森《西方马克思主义探讨》，高铦等译，人民出版社，1981，第82~83页。
④ 〔意〕德拉·沃尔佩：《卢梭和马克思》，赵培杰译，重庆出版社，1993，第136页。
⑤ 〔意〕L. 科莱蒂：《〈卡尔·马克思早期著作〉导言》，张战生等译，《马克思主义研究参考资料》1985年第11期。
⑥ Lucio Colletti, *From Rousseau to Lenin* (New York：Monthly Review Press，1972)，p.185.

循的完全相同的思想进程，而且还在他的详细叙述中可以看到和马克思所使用的完全相同的整整一系列辩证的说法：按本性说是对抗的、包含着矛盾的过程，一个极端向它的反面的转化，最后，作为整个过程的核心的否定的否定。"① 后来，普列汉诺夫在评论卢梭与《论人类不平等的起源和基础》时也明确指出："我们这位对唯心主义历史观感到不满的作家朝历史唯物主义方向走了很大的几步。在说明人类文化发展过程方面，卢梭表现出是马克思和恩格斯，而尤其是著名的《古代社会》一书作者美国人摩尔根的最卓越的前辈之一"。② 当然，马克思对卢梭的理论借鉴以及两人部分观点的相似并不意味着他们政治立场和政治主张的趋同。无论在逻辑起点上，还是在政治追求、变革路径上，马克思都实现了历史性超越，毕竟"理性的国家、卢梭的社会契约在实践中表现为，而且也只能表现为资产阶级的民主共和国。18 世纪伟大的思想家们，也同他们的一切先驱者一样，没有能够超出他们自己的时代使他们受到的限制"。③ 相比之下，马克思则走得更远，他在超越卢梭的基础上，把人类社会的发展目标定位在遥远的将来。④

二 安东尼奥·葛兰西的权力观

19 世纪末 20 世纪初，随着资产阶级统治策略的调整，工人运动逐渐表现出从非法走向合法、从体制外进入体制内的趋势，阶级斗争的范围和强度受到有效管控，力度和成效明显式微。在此背景下，许多马克思主义革命家、思想家从不同角度或在不同领域反思斗争策略，创新革命路径。其中，作为杰出的马克思主义者和意志坚定的革命家、理论家，安东尼奥·葛兰西在此方面的成就及其独特的创新性和解释力令人瞩目。葛兰西

---

① 《马克思恩格斯选集》第 3 卷，人民出版社，1995，第 483 页。
② 〔法〕卢梭：《论人类不平等的起源和基础》，李常山译，商务印书馆，1962，第214 页。
③ 《马克思恩格斯选集》第 3 卷，人民出版社，1995，第 356 页。而恩格斯的评价也在马克思处得到验证：我所加上的新内容就是证明了下列几点："（1）阶级的存在仅仅同生产发展的一定历史阶段相联系；（2）阶级斗争必然导致无产阶级专政；（3）这个专政不过是达到消灭一切阶级和进入无阶级社会的过渡……"详见《马克思恩格斯选集》第 4 卷，人民出版社，1995，第 547 页。
④ 〔法〕卢梭：《论人类不平等的起源和基础》，李常山译，商务印书馆，1962，第189 页。

眼中的权力仍然首要集中在政治领域，并对传统的政治权力予以相应的关注，但与强调政治权力强制性与暴力色彩的学术传统不同，出于反思工人运动和创新革命路径的目的①，他更加重视政治权力中的非强制性资源和柔性策略，更加强调利用这种资源、实施这种策略的途径，因为在新的历史时期，尤其在阶级斗争日益复杂、科学技术迅猛发展的背景下，随着资产阶级日益拥有非传统资源和灵活调整统治策略的空间，即在掌握传统政治领导权的基础上，又强化了意识形态的灌输，其诱导性策略的效果远胜于强制性措施，明显改善了统治秩序，持续拓展了资本统治的空间，由此造成的总体性统治对危机与革命更有显著的抵御能力，资产阶级统治也因此得到了显著改善。为此，葛兰西发展②了一个为后世广为引用和发挥的文化领导权或文化霸权（hegemony）的概念，以区别于传统的政治领导权。作为反思工人运动低迷和改进领导策略的结果，这一概念揭示了资产阶级在文化上争取工人认同与支持的动机和可能性，从而使阶级统治尽量免于诉诸暴力或强制，并为统治重心下沉乃至嵌入社会夯实了社会基础。③

在此概念基础上，葛兰西指出："我们目前可以确定两个上层建筑'阶层'：一个可称作'市民社会'，即通常称作'私人的'组织的总和，另一个是'政治社会'或'国家'。这两个阶层一方面相当于统治集团通过社会行使的'霸权'职能，另一方面相当于通过国家和'司法'政府所行使的'直接统治'或管辖职能"。④ 由此可见，在新的历史背景下，他根据政治

① 论及这一点，自然使人联想到马克思从事理论研究的旨趣与风格（详见第二章第二节的论述）。狱中的葛兰西在致亲人的信中写道："我的整个精神结构都是论战性的，因而，对我来说，从事'无关痛痒'的思考或为研究而研究都是不可想象的。我极少为了分析某个特定事物固有的意义而完全沉湎于冥思苦想之中。"详见〔美〕卡尔·博格斯《葛兰西的马克思主义》，伦敦，1976，第17页。

② 这里用"发展"一词，是因为葛兰西并非这一概念的首创者。据佩里·安德森（Perry Anderson）考证，俄国早期马克思主义者早在1883~1884年就提出了这一概念，只不过此时描述的是一种"错位"（dislocation）关系。而葛兰西赋予其逐步明确的新内涵之后，使其广受认同，并成为学界的研究热点。详见周凡《重读葛兰西的霸权理论》，《马克思主义与现实》2005年第5期。

③ 当然，葛兰西在这个概念的外延上并没有舍弃传统的政治领域，而是在外延拓展之后，更多强调日益凸显的间接、柔性的霸权或智识与道德的领导权（intellectual and moral leadership），而不是传统的、屡被强调和广受认同的政治领导权，进而使国家富含文化与伦理的色彩和使命。换而言之，相对于传统的武功，他更加强调了文治的重要性。

④ 〔意〕安东尼奥·葛兰西：《狱中札记》，曹雷雨等译，中国社会科学出版社，2000，第7页。

力量的分化和重组，采取了一种明显有别于马克思的方法，把整个上层建筑划分为"政治社会"和"市民社会"，分别代表政治统治与精神领导，国家也因此在传统的强制基础上获得了基于同意的民意资源，为其强制的甲胄装饰上一件可资证明其合法性的民意外衣。其中，政治社会通过军队、警察、监狱、法庭等传统国家机器或镇压性国家机器行使强制性的政治职能，而市民社会则在各种非政治、非暴力的社会领域中，通过政党、工会、学校、教会等社会组织以及报纸、杂志等意识形态领域的认同和传播，强化统治阶级的意识形态。这样，两者的相互配合和共同作用构成了一种"完整国家"（integral state）或广义的国家，有效地发挥了国家的综合功能，维护了统治秩序，实现了阶级统治的目的。① 由此可见，葛兰西眼中的"市民社会"既不同于亚里士多德和西塞罗从政治意义上加以规定的"市民社会"，也区别于黑格尔笔下处在家庭和国家之间且有浓重伦理色彩的"市民社会"，同样有别于马克思作为经济基础使用的"市民社会"，而是作为上层建筑范畴，指代资产阶级文化领导权得以实现的空间与途径。这样，市民社会也不再局限于传统角色，甚至从国家的对立角色转变为国家意志的支持力量，并作出日益积极的表现，进而成为文化领导权逐渐倚重并重点抢占的阵地。显然，葛兰西的权力观不仅强调了"国家社会化"和"社会国家化"渐趋融合和整体化的趋势，明确了权力社会化的机制和社会权力壮大的必然性，而且也为后世的权力研究提供了理论启迪，以至于路易·阿尔都塞在《意识形态和意识形态国家机器》一文中也明确承认，其意识形态国家机器理论只是丰富和发展了葛兰西在"一些精辟而又零散的笔记"中"有所涉及"的概念②，进而明确了该理论的学术传承和活水之源。

　　既然政治统治已不简单诉诸传统的镇压性国家机器，而是更加寄希望于日常生活化和日益强大的市民社会，葛兰西的文化领导权理论也就不可避免地触及意识形态问题。③ 在上述理论基础上，葛兰西认为，鉴于文化领

---

① 吴永生：《论市民社会的双重角色：基于马克思和葛兰西的启示》，《齐鲁学刊》2012 年第 3 期。

② 陈越：《哲学与政治：阿尔都塞读本》，吉林人民出版社，2003，第 334 页。

③ 这样，他既没有回避历史发展客观必然性和革命实践主体能动性的关系问题，又在特定的时空中强调了主观能动性渐趋中心化的趋势。

导权的重要性，资产阶级越来越注重在教育、宗教、社团、报刊、家庭等日常生活领域建立文化网络，以文化宣传和自我证明的方式强化意识形态控制，从而显著消除了工人革命的冲动，甚至改变了工人运动的基本方向，阶级统治也因此得以基本稳定。这样，随着分析视角的转换，葛兰西的权力观就为意识形态腾让出空前的生长空间，甚至明确了意识形态的权力功能，进而在另辟蹊径中为工人运动找到更具针对性的现实路径。针对资产阶级统治策略的调整，他形象地区分了"阵地战"（war of position）和"运动战"（war of maneuver）两大策略，并鉴于国家与社会的关系明显不同于俄国的结构性差异，认为西欧工人运动的首要目标就是要通过"阵地战"，打破资产阶级意识形态的神秘性和欺骗性，夺取资产阶级建立在市民社会中的文化领导权，进而宣传和推广社会主义思想，有效发动各方面的革命力量，获得革命胜利和政治领导权，最终完成社会的总体变革。这样，葛兰西也就顺理成章地强调了有机的知识分子在文化领导权中的地位和作用，认为这种完全不同于传统、与新阶级同质、引领工人运动的知识分子能够意识到并且充分发挥其在政治、经济、社会领域的指导、组织、教育等功能，并在民众中宣传和普及工人阶级的意识形态，使其认识到自身的地位和使命，进而使这种意识形态成为整个社会的世界观，以"创造更高级的新文明，使'文明'和广大群众的道德风范适应经济生产设备的继续发展"[1]。这样，不断自觉的工人阶级政党就要设法"把广大人民群众提高到符合生产力发展需要从而符合统治阶级利益的一定文化和道德水平"[2]，也必然要在革命成功、取得政权的同时取得精神和道义上的领导地位，并在此基础上"发展出实实在在的新人类"[3]。因此，无产阶级政党只有努力培养自己的有机知识分子，并通过他们对市民社会进行系统的知识与道德的宣传和普及，使民众持续获得批判和超越现实的革命思想，才能在社会生活中确立道德、政治和智力的领导权，革命成果才能持

---

[1] 〔意〕安东尼奥·葛兰西：《狱中札记》，曹雷雨等译，中国社会科学出版社，2000，第198页。

[2] 《葛兰西文选》，中共中央编译局国际共运史研究所编译，人民出版社，1992，第217页。

[3] 〔意〕安东尼奥·葛兰西：《狱中札记》，曹雷雨等译，中国社会科学出版社，2000，第198页。

续巩固，并获得最终的彻底胜利和可持续的社会进步。在此背景下，有机的知识分子和人民、领导者和被领导者、统治者和被统治者将以一种彼此认同、相互配合的"历史集团"，开启并持续完善"社会力量的共有生活"。

由此观之，置身于西方成熟稳固的市民社会以及由此形成的文化氛围之中，葛兰西在反思、重构与超越中形成的权力观具有鲜明的时代特征和明确的革命倾向，独树一帜的研究成果不仅在实践中产生了显著的解释能力和指导作用，尤其是系统强调了文化的权力功能和权力中的文化价值，而且在理论上产生了承上启下的学术转向，明显拓展了权力的研究范围，即从宏观的政治权力拓展到类型更多的综合权力，曾经未受重视的微观权力也开始得到学界的持续关注。而这恰恰也是戴维·麦克莱伦对他的充分肯定："在严肃地分析资产阶级如何得以通过赞成而不是强制来永久地维持它的统治的马克思主义理论家中，葛兰西有着首创者的功绩。"①

三 伯特兰·罗素的权力观

广泛的学术兴趣和研究领域成就了伯特兰·罗素这位"百科全书式的作家"，但也没有影响其对权力问题的系统思考和经典主张，以至于人们在思考权力问题时也无法绕过其理论主张，更是从中受益良多。20 世纪 30 年代法西斯势力极为猖獗、战争阴云密布的欧洲局势，尤其是极度膨胀的国家权力及其肆无忌惮的扩张行径，自然引发了颇具济世情怀的罗素对权力问题的深刻反思，以求解节制和规范权力、引导社会发展的现实答案，为人类未来找寻一条光明道路。因此，鲜明的时代主题、强烈的现实关怀和精辟的学术观点使《权力论：新社会分析》一书以其"真诚而痛苦的智慧"以及经验主义与理想主义交融的色彩，成为罗素学术历程中独特而醒目的印记，也成就了权力研究史上的重要成果。就该书的副标题"新社会分析"（A New Social Analysis）透露出的信息来看，罗素显然认为，之前的社会分析之所以"旧"是因为没有抓住"权力"这把钥匙，他意欲立足权力视角，结合沉重的历史教训和特定的时代背景，另辟蹊径地解剖和反思社会现实，

---

① 〔英〕戴维·麦克莱伦：《马克思以后的马克思主义》，李智译，中国人民大学出版社，2004，第 252 页。

进而提出分析现实问题、思考社会发展的一般范式，以革除现实社会中的种种弊端，将人类共有的权力欲望引导至改造世界、造福社会、引领发展的正轨。这样，罗素的权力观以其对政治、经济、历史、伦理等领域的广泛涉猎和强烈的现实关怀，体现了一种宏大叙事的理论风格。

基于对社会的深刻洞悉和精准把握，罗素认为："在社会科学上权力是基本的概念，犹如在物理学上能是基本概念一样。"[①] 在此基础上，他围绕权力的影响因素和现实表现，着重回答了人们追求权力的综合原因，权力类型与构成权力欲的基础，权力与社会环境、伦理道德的关系以及规制权力的可能途径，进而以其鲜明的学术体系和理论主张体现了其权力观的严密逻辑、系统化体例和现实说服力。在《权力论》中，罗素认为权力如同阳光与空气，共时地弥散在现实生活之中，也历时地存在于人类的古往今来，进而体现了权力作为社会关系的实践特质。当然，现实中的权力更多存在于一种有序的结构化组织之中，并在组织运行中发挥作用，因而常常失效乃至失败于组织分散或瓦解状态之下，使人类陷于无助和不确定，却又在膨胀情况下，极易走向危害人类的极端。在他看来，国家本身并不是权力，而是权力的外化形式和权力运行的现实平台，即国家的独特机制发挥了组织化和系统化功能，才使得权力发挥作用。因此，现代国家在不放弃传统政治权力的同时，更应发挥其组织化和系统化的功能，发挥经济、舆论和信仰的力量。尤其随着社会发展进程的加速，权力类型或组织资源的多样化使得权力越来越不能简单地延续传统的强制方式，而更多诉诸基于认同的合法性，以便用更少的政治资源，获得更久更广泛的统治秩序和治理效果。而在组织化的权力关系之中，每个人都是权力网络中的重要纽结，也都能在其中发挥相应作用。因此，每个参与其中、地位与能力各异的主体都应当通过宗教和道德的手段，消除在竞争中抢优争先、垄断资源的欲望，更应避免各种冲突与对抗，努力促进社会合作，改善社会发展的政治与经济环境。[②]

鉴于惨重的历史教训与严峻的现实形势，权力历来被视为一种"必

---

① 〔英〕伯特兰·罗素：《权力论：新社会分析》，吴友三译，商务印书馆，1991，第4页。

② 〔英〕伯特兰·罗素：《权力论：新社会分析》，吴友三译，商务印书馆，1991，第222～223页。

要的恶"，即既具有组织社会、维持秩序、实现社会利益的积极作用，又难免以权谋私、实行专制和暴政、发动战争等消极影响。为此，罗素在《权力论》中从分析权力欲入手，对相关问题展开讨论。他认为，作为人类的天性，权力欲的诱惑力明显超过财富的魅力，即"当适度的享受有了保证的时候，个人与社会所追求的是权力而不是财富，他们可以把追求财富作为追求权力的手段，他们也可以放弃财富的增加来确保权力的发展。"① 在此诱惑下，人们追求权力的意志长盛不衰，手段不断翻新，也就不可避免地滋生出各种矛盾和冲突。为此，他强调指出："只有认识到爱好权力是社会事务中重要活动的起因，才能正确地解释历史——无论是古代的还是近代的历史"。② 如果对此作进一步分析，罗素无疑在强调，相对于财富之于人的生存意义，权力则意味着生活质量和生命价值，因而属于更高层次的社会资源。换而言之，这种权力欲的深层次原因既在于权力主体对自身地位和价值的更高期待，以及对其能力的充分自信，也在于权力客体内心对危险的恐惧和对安全的渴望，以及由此生成的对权力主体的依赖。这样，这种权力欲广泛存在于不同领域、不同层次的社会关系之中，追求着不同的利益："权力欲的冲动有两种形态：在领袖的身上是明显的；在追随领袖的人身上是隐含的。当人们心甘情愿地追随一个领袖时，他们这样做的目的是依仗这个领袖所控制的集团来获得权力；他们感到领袖的胜利也就是他们自身的胜利。大多数人觉得自身没有能力把他们的集团导向胜利，于是就想获得一个智勇兼备足以成就丰功伟业的首脑"③。在此基础上，他分门别类地论述了教权、王权、革命权力、经济权力、舆论权力等各种权力形态，区分了传统的权力、革命的权力与暴力及其相互转换的可能和路径，以及权力与政体、权力与道德、权力与组织和个人的关系。这样，罗素通过探讨权力欲的基础，论证了人们追求权力的原因；通过分析权力的表现形式，阐述了权力的现实基础和主要构成；通过研究权力与社会环境、伦理道德的关系，探讨了节制权力的可能途径，描述了权力发展的可能方向。

---

① 〔英〕伯特兰·罗素：《权力论：新社会分析》，吴友三译，商务印书馆，1991，第3页。
② 〔英〕伯特兰·罗素：《权力论：新社会分析》，吴友三译，商务印书馆，1991，第3~4页。
③ 〔英〕伯特兰·罗素：《权力论：新社会分析》，吴友三译，商务印书馆，1991，第8页。

相比之下，鉴于特定的历史背景和研究目的，罗素在节制权力方面投入了大量精力，也创新性地提出了综合方案。在此过程中，罗素非常清醒地看到："如果我们把自己局限于政治条件方面，就找不到圆满解决的办法"。① 为此，他从四个方面考察了节制权力的现实路径。在他看来，作为一种具有现实合理性的政治理念，民主主义要建立并完善多数人统治同时保护少数人的机制，尤其要落实为中央与地方、政府与社会以及部门内部的合理分权，力求使极易产生集权专断的"完整权力"（integral power）转变为相互制约与监督的"分散权力"（intercursive power）。当然，这也只是节制权力的必要条件而非充分条件，仍需要在经济、宣传以及心理与教育等领域继续加大投入：在经济方面要实行民主性的社会主义，坚持土地和资本等要素"归于公众的所有权和管理权"，以不断壮大的社会力量制衡政治权力，降低政治权力的资源垄断及其被腐蚀和私利化的风险；在宣传方面要倡导言论自由，弘扬"宽容的精神"，多领域共同培育民主的社会氛围，以健康有力的舆论监督权力，保障权力运行的合理空间；在心理与教育方面引导民众消除冲动、狂热、恐惧、憎恨等负面情绪，树立"平等合作的心理"，以培养合格的公民及其理性生活的科学气质，改善权力运行的社会环境。只有在上述因素的共同作用下，公民才会拥有持续提升的综合素质，明确自身的真实需求和现实制约，才能以自身的规范表现，有效防范权力主体滥用权力、以权谋私等不良现象，杜绝冲突、动荡、战争等负面效应，进而将权力的正能量发挥到极致，实现民主政治与社会持续稳定的发展，全面改善人类社会的发展环境，同时保障个人的平等和自由。为此，国家应当设法"使人们认识统治权以外事物的价值，帮助造就自由社会充满智慧的公民，并且通过公民权和个人创造自由的结合，使人们能够给人类生活带来某些人业已证明可以实现的光明"。② 在此基础上，罗素还充满激情地展望了权力发展的未来，认为随着自身地位和价值的凸显，最终统治人类的不再是暴力和强制，而是人类共同追求幸福的智慧。由此看来，罗素的权力观主要立足特定的时空背景，总结了权

---

① 〔英〕伯特兰·罗素：《权力论：新社会分析》，吴友三译，商务印书馆，1991，第196页。
② 〔英〕伯特兰·罗素：《权力论：新社会分析》，吴友三译，商务印书馆，1991，第244～245页。

力产生和发展的基本规律，进而描绘了权力的立体全貌的同时，揭示了权力和社会之间的永恒联系及其在曲折发展中可能达到的高度，同时为本书分析马克思的权力范畴、论证权力本质与权力发展、探索政治权力与经济权力的功能和互动等问题提供了学术借鉴和理论支撑。

四　米歇尔·福柯的权力观

在政治学说史上，"从柏拉图、亚里士多德到现当代的西方政治哲学家，包括马克思主义的经典作家们，在权力问题上最为关注的是统治权的问题，尤其是国家权力的问题。由谁掌握统治权，如何运用统治权，如何保护、巩固统治权，一直是权力理论的焦点"。[1] 在此学术背景下，如果说葛兰西在探索无产阶级革命新路径中，另辟蹊径地开启了非传统权力形态的研究进程，并为之后的微观权力研究提供了积极启示，那么，更多更持续关注现实中的微观权力，以独特方式解释现实，并取得重大理论成就的，自然非米歇尔·福柯莫属。[2] 福柯不仅是权力研究范式全面转向的典型代表，而且还以其微观权力研究匠心独运的视角和令人瞩目的成就，为权力问题拓展了全新的研究领域，展现了广阔的研究空间。在他看来，当人类从专制政治过渡到民主政治以后，权力的性质出现了明显变化，即从曾经权势者的私有物，逐步转化为"一组确立人们的地位和行为方式、影响着人们日常生活的力量"。[3] 相对于马克思对现代性的批判主要立足政治权力和经济权力，仍属于宏观的权力批判，福柯则透过"权力的眼睛"，发现了无所不在的微观权力，对众多习以为常的现象进行了权力视角的诠释，深化了对社会问题的思考。为此，他指出："在本世纪六十年代，往往把权力定义为一种遏制性的力量：根据当时流行的说法，权力就是禁止或阻止人们做某事。据我看来，权力应该比这个要复杂得多"。[4] 这样，权力就不能简单指向惯常的、宏观的国家权力，因为广泛存在于各

---

[1] 陈炳辉：《福柯的权力观》，《厦门大学学报》（哲学社会科学版）2002 年第 4 期。

[2] 需要强调的是，这种学术研究的转向并不意味着之前并无微观权力，而是说学界并未予以足够或系统的关注。而这一转向恰恰说明了国家与社会的结构分化背景下社会迫使国家完善统治和管理策略的决定性作用，也显示了社会能够自治、渐趋成熟的巨大潜能。

[3] 〔澳〕J. 丹纳赫等：《理解福柯》，刘瑾译，百花文艺出版社，2002，第 56 页。

[4] 〔法〕米歇尔·福柯：《权力的眼睛》，严锋译，上海人民出版社，1997，第 27 页。

个领域、形式复杂多样的微观权力始终以多种非典型的方式渗透到社会之中，构成了社会有机体的运行机制，以至于在最温情的家庭里也少不了权力，学校、工厂、军队或监狱更是如此，更何况每个人在政治生活中根本无法置身于国家权力之外。所以，福柯总是反复以上述机构为例，分析权力的功能与属性。这样，作为一名独具特色的权力论者，福柯在司空见惯的社会现象中抽象出的权力观念以及由此产生的充分说服力，明显超越了人们通常的认知和适用领域，强化了人们对微观权力的现实关注，完成了权力研究从宏观到微观的转向，进而既拓展和创新了权力研究的领域，颠覆了世人的传统观点，又全面解释了权力在社会生活中的基础性作用以及相关的社会现象，回应了社会关切。

　　为此，福柯在归纳历史、洞察现实中分析了权力行使的方式与性质的变迁，即从古代通过酷刑对民众进行肉体惩罚与人身强制，逐步演化为对精神和肉体普遍施加的"温柔的暴力"和精神规训，即"惩罚应该打击灵魂而非肉体"。[①] 在他看来，精神规训远比肉体惩罚更加合乎人性，更能产生普遍威慑和持久效果，自然也合乎社会发展的需要，因为此举"使对非法活动的惩罚和镇压变成一种有规则的功能；它与社会同步发展；它不是要惩罚得更少些，而是要惩罚得更有效些；它或许会减轻惩罚的严酷性，但目的却在于使惩罚更具有普遍性和必要性；使惩罚权力更深地嵌入社会本身"。[②] 这样，在专制政治向民主政治的过渡中，权力也由偏重司惩罚过渡到主攻规训，从而在去强制性中达到使民众臣服和自律的目的，同时也开启了"惩罚的自我节制的新时代"。为此，他一方面批判权力来源单一化和权力运行单向化的理论传统，认为"如果我们在看待权力的时候，仅仅把它同法律和宪法，或者是国家和国家机器联系起来，那就一定会把权力的问题贫困化：权力与法律和国家机器非常不一样，也比后者更复杂、更稠密，更具有渗透性"，另一方面又强调权力来源和运行的多样性及其影响的全面性，指出"当社会变成科学研究的对象，人类行为变成供人分析和解决的问题时，我相信这一切都与权力的机制有关"。[③]

---

① 〔法〕米歇尔·福柯：《规训与处罚》，刘北成等译，三联书店，2003，第17页。
② 〔法〕米歇尔·福柯：《规训与处罚》，刘北成等译，三联书店，2003，第91页。
③ 〔法〕米歇尔·福柯：《权力的眼睛》，严锋译，上海人民出版社，1997，第161、31页。

这样，权力既宏观存在于社会生活的各个方面，表现为生动的社会现象和复杂的社会关系，又微观渗透在相关的个体之间，以不经意的方式存在于生产生活之中，其影响更为普遍和深远，社会也因为无所不在的权力而成为非中心化和无确定主体的"自组织"和权力网络。"也就是说，权力关系深深地植根于社会关系中，它不是凌驾于社会之上的，人们梦想彻底将其根除的补充结构。"① 因此，权力研究不能仅沿用僵化的主客二分的传统视角，因为在人人置身并参与其中、更为日常化的权力网络中，个体经常在主客体之间不断地变换角色，并始终消解着社会联系的单一性和权力关系的稳定性。而这些特点就使得权力具有多元异质的性质，兼具压迫性和生产性的双重功能，进而以一种完全不同于传统政治强制的社会控制方式，在主客体的频繁转换中将个体塑造成地位常易、角色丰富的社会主体。显然，这种权力观不仅挑战和改变了人们的传统权力观，而且也引发了人们对社会共同体中各种关系的反思和重构。

在福柯看来，无论是居于主导地位的马克思主义经济学模式，还是在西方占主流地位的法理主义法权模式，其共同之处就在于坚持权力的经济还原论，没有真正说明甚至遮蔽了权力的本质，尤其是权力与人类社会相生相随的真实关系②，而赖希命题、尼采命题对权力的支配—压抑机制的解释也难以让他满意。为此，他主张将自下而上、由微观到宏观的上升分析作为权力研究的方法论，即"要对权力作上升的分析，也就是说，从最细微的机制入手"。③ 而他所谓"砍下国王的头颅"，也是要求人们不要再纠缠于传统的金字塔式权力结构及其运作机制，将更多精力投向微观权力网络及其政治效应。这样，权力研究应当首先着眼于司空见惯以至于常被忽视的社会现象，从中找寻权力日益显现的规训机制与规范功能。不仅如此，这种主要诉诸精神控制而非肉体惩罚的规训具有权力的机制和功能，也能达到权力的目的，因而可以从监狱管教机制被逐步推广为更加普

---

① 〔法〕米歇尔·福柯：《自我技术：福柯文选Ⅲ》，汪民安译，北京大学出版社，2015，第132页。

② 由此也可以看出，在权力与经济的关系问题上，与罗素一样，福柯也强调了权力相对于经济的广泛性和超越性。

③ 〔法〕米歇尔·福柯：《必须保卫社会》，钱翰译，上海人民出版社，1999，第28页。

遍的社会教育机制，即"权力的行使不断地创造知识，而反过来，知识也带来了权力"。① 在此过程中，哲学、伦理、艺术等也能够广泛地参与其中，以至于全社会成为一幅"铁笼式图景"或"全景式监狱"，进而产生一种"监狱群岛"的规训机制与教化氛围。在这种现代的"科学—司法综合体"中，所有人都在时空切换和角色转换中，有所侧重地成为"惩罚和科学话语的对象"，以至于独立的个体也因此成为一个政治领域，成为一个科学化—技术化权力的作用对象。这样，权力的规训功能不仅存在于监狱、军队这样具有强制暴力的机关，而且渗透在学校、医院、工厂和政府机关等公共领域与社会部门，因为置身其中的"人体是被操纵、被塑造、被规训的。它服从，配合，变得灵巧、强壮"。② 当然，这种规训如欲达到预期效果，还要有规训的系统化配置做后盾和保障，既要有监狱、修道院、学校、军队这样的规训空间，也要有与之配套的等级、纪律与秩序，还要有可供具体实施的控制措施。而这恰恰贯通了微观权力与宏观权力的联系，也彰显了现代科技的优势。由此也不难发现，福柯的权力观在不否认宏观权力的同时，明显具有葛兰西、阿尔都塞的思想印记，并随着社会发展表现出更加明显的微观化、技术化倾向。

综上可见，上升分析方法论建构的"微观权力论"具有"一总三分"的特征。其中，"一总"是反本质主义、反基础主义的总的方法论原则，即反对将权力视为先于其实际表现和效应、具有恒常齐一性质的社会现象，反对以某一普适权力概念为出发点一劳永逸地解答所有现实问题的企图，也即重视差异与个性，主张从"力量"关系亦即权力系统内部多元异质力量相互作用的动态过程考察权力。而这一原则又包括三个具体内容：一是用"战争"模式解释权力关系，以关系的"动态性"和"斗争性"表达客观性；二是把权力看作一种支配性、生产性的力量，从控制和规范的角度理解包括知识在内的各种社会存在物；三是从社会的、历史的和文化的角度解读主体，主张个体有所作为，人的觉悟和反抗是社会演

① 杜小真编选《福柯集》，上海远东出版社，2003，第 280 页。
② 〔法〕米歇尔·福柯：《规训与处罚》，刘北成等译，三联书店，2003，第 154 页。显然，福柯的观点极易使人联想到葛兰西的文化领导权理论，以及权力研究由暗到明的转变趋势。

进的前提和基础。① 这样，权力不仅具有消极否定的意义，尤其是体现在制造矛盾和冲突、阻碍个性发展、掣肘自由正义等方面的劣迹，而且具有积极肯定的功能，即通过监视、管理、引导等措施，将自然个体规训为可以操纵的对象和更具创造潜力的主体。为此，福柯直言："身体也直接卷入某种政治领域；权力关系直接控制它，干预它，给它打上标记，训练它，折磨它，强迫它完成某些任务、表现某些仪式和发出某些信号。这种对身体的政治干预，按照一种复杂的交互关系，与对身体的经济使用紧密相连；身体基本上是作为一种生产力而受到权力和支配关系的干预；但是，另一方面，只有在它被某种征服体系所控制时，它才可能形成为一种劳动力；只有在身体既具有生产能力又被驯服时，它才能变成一种有用的力量"。② 鉴于此，他称其理论为"身体的政治技术学"和"权力的微观物理学"。

不仅如此，相对于暴力强制，精神规训代价更低，效果更佳，因为权力的规训功能"与其说是为了让囚犯们意识到自己的错误，不如说是为了更好地制造出一种可以被当作囚犯来识别和对待的主体"③，以使他们具有接受规训乃至自我约束的意识。换言之，规训的目的就是要通过有别于传统的权力路径，培养出合乎特定社会需要的"温顺、健康的人"。这样，在日益普遍的权力规训下，曾经外在的强制与惩罚逐步转化为日常化、普遍化的自我约束和自我提高，使整个社会更加注重道德与舆论的作用，以至于几乎所有个体都会在最初的抗拒后逐渐调整适应，再到习以为常和主动接受，进而作为其曾经的对立面，成为规训主体。至此，权力一改传统的否定意味和消极特征④，将其肯定色彩和积极功能呈现于世："权力渗透进社会生活的方方面面，它并不局限于正式的政治活动领域或

---

① 薛伟江：《福柯的"微观权力论"与唯物史观之方法论比较——兼论唯物史观的后现代特征》，《哲学研究》2004 年第 3 期。

② 〔法〕米歇尔·福柯：《规训与处罚》，刘北成等译，三联书店，2003，第 27 页。

③ 〔澳〕J. 丹纳赫等：《理解福柯》，刘瑾译，百花文艺出版社，2002，第 58 页。

④ 难能可贵的是，福柯对微观权力持续的重点关注，并未使他失去对权力的宏观把握，他仍能非常清醒地思考微观权力所引发的异化问题，即"不断地使人疏离自己的本质和自己的世界；使人迷恋于他人和金钱的纯粹外表，沉溺于不可自拔的感情和未满足的欲望。"详见〔法〕米歇尔·福柯《疯癫与文明》，刘北成等译，三联书店，2007，第 198 页。

者发生公开冲突的领域。从权力塑造个体行为并且利用他们身体的力量至极限而言，权力也被认为在其作用上是富有成效的而不是压制性的"。① 这样，福柯的权力观不仅在权力研究的视角转换中实现了微观视角、域外视角和底层视角的多方位聚焦②，更加关注那些散漫无形、非本质与非强制的权力，而且在很大程度上消解了人们对权力的传统看法，瓦解了人们批评和否定权力的一贯企图，甚至也松懈了人们根除权力的努力，进而向世人展现了权力之于人类社会的恒常性质和积极意义，同时也为本书将权力本质视为一种与人类社会共始终的社会关系提供了相应的理论支撑。当然，至此也不应忽视，在不诉诸甚至排斥制度变革的情况下，福柯倡导的微观权力与微观政治学仍然"忽视了宏观权力在当代社会的统摄作用，它所表达的不过是西方国家在马克思所主张的无产阶级革命没有希望情况下的一种抗争"。③

第二节　马克思的实践权力观

上述择其要者的分析表明，在逐渐明晰的权力研究谱系中，卢梭的权

---

① D. Garland, *Punishment and Modern Society: A Study in Social Theory* (Oxford: Clarendon Press, 1990), p. 138.

② 栗峥：《现代社会中的权力规训：福柯法律思想的关键词展开》，《社会科学战线》2011年第3期。

③ 陈志刚等：《现代性批判：权力和资本的不同视角——福柯与马克思现代性批判思想的比较》，《浙江社会科学》2015年第1期。需要强调的是，福柯在专注于微观权力时对马克思的批评，事实上更多指向当时法国教条化的马克思主义。相反，在此过程中，他始终对马克思充满敬意，从未怀疑过"历史唯物主义"对于分析20世纪社会、经济和政治等领域的作用。详见〔英〕阿兰·谢里登《求真意志——密歇尔·福柯的心路历程》，尚志英等译，上海人民出版社，1997，第15页。一方面，他始终承认其与马克思的紧密联系："我经常会引用马克思的概念、句子和文章……我引用马克思，但我不说明，不加引号。"详见〔英〕莱姆克等《马克思与福柯》，陈元等译，华东师范大学出版社，2007，第14页。另一方面，他还坚信："即使人们承认马克思主义现在已经消亡，但它将来某一天肯定会复活。我所希望做的……不完全是为一种真正的马克思平反昭雪，但肯定是为了把马克思从教条中解放出来并还其本来面目，因为这种教条长期以来打着传播马克思主义的幌子而将其禁锢并僵化。"详见杜小真编选《福柯集》，上海远东出版社，2003，第512~513页。显然，就福柯的研究而言，他所继承和超越的马克思，无疑主要集中在马克思的权力观，是在日益制度化和僵化的环境中对社会发展的另一种探索，从而印证了本书对马克思权力观和权力观研究谱系的基本判断。

力观仍潜藏在国家的框架和语境中，从人民主权到国家的内在联系和理论演绎体现了权力的基本功能，其中对国家的道德期待在不否认权力消极影响的同时，揭示了权力对于人类的组织化、超越性等积极功能。此后，经过马克思权力观的精准分析和理论铺垫，及至葛兰西思考权力时，显然他已准确把握国家与社会的现实互动以及权力日益凸显的积极功能，并将分析重心聚焦到其时影响深远的文化霸权，进而开启了权力研究的范式转型。而稍后面世的《权力论：新社会分析》因为罗素的广泛涉猎和独特视角而呈现出浓厚的学院派风格，体现了经世济民的情怀，同时揭示了权力作为研究对象的丰富性、深刻性和紧迫性，以及权力研究的实践观照。泊至福柯时期，权力研究的微观化倾向已成洋洋大观之势，不仅国家、政府等传统权力主体逐渐淡出其研究视野，即使作为研究背景也不再清晰，权力作为一种社会关系和生活空间的特质进一步显现，进而形成了政治的权力分析视角，进一步揭示了权力与人类共始终的永恒性。然而，这种分析展示了人类社会的权力机制和无所不在的权力网络，却没有给出谁来超越和如何超越现实的分析，显示了福柯的权力观解释现实又囿于现实的局限性。即便如此，上述分析仍然能够说明，权力研究的学术史总体上存在由暗到明、由弱到强、由宏观到微观的范式转换和演变轨迹，其中，马克思的权力观具有承前启后的关键作用。

在社会科学中，司空见惯的理论范畴往往因为见仁见智而难以形成学术共识，作为一个雅俗共赏且广泛应用的理论范畴，权力也同样无法摆脱这样的命运。为此，迪韦尔热（Duverger）认为："给国家下定义已经不是轻而易举的，要给权力下定义更难上加难"。[1] 塔尔科特·帕森斯（Talcott Parsons）也认为："不幸的是，权力的概念在社会科学中——在政治科学中或者在社会学中——并不是一种已经确定的概念。"[2] 在此窘境中，史蒂文·卢卡斯对权力的理解则精准指出了研究的突破方向：权力

---

[1] 〔法〕莫里斯·迪韦尔热：《政治社会学——政治学要素》，杨祖功等译，华夏出版社，1987，第 14 页。

[2] Talcott Parsons, "The Distribution of Power in American Society," *World Politics* 10 (1957): 139.

是一种"实践的范畴"而非"分析的范畴"①，即权力并非不可分析，而应当联系实践，尤其需要在实践中进行分析。同样，分析马克思的权力范畴，如果仅局限于权力本身，无视其思考权力的方法论，尤其是其革命理想、相关思考的学术传承和在特定时空的革命实践，不仅会扭曲马克思有关思考和论述的真实背景，无法反映马克思作为革命家的实践特色和理论创新，难以与其革命活动相呼应，而且会遮掩权力和实践的关系，无法保证其权力观和政治理论的完整性以及背后的深层动因，制约其权力观的理论深度和现实关注。"社会生活在本质上是实践的。凡是把理论导致神秘主义的神秘东西，都能在人的实践中以及对这个实践的理解中得到合理的解决。"② 显然，这一唯物主义的经典主张对本书思考马克思的权力范畴产生了重要启示，即从实践的角度把握该范畴，一如特里·伊格尔顿（Terry Eagleton）指出的那样："马克思拒绝将权力'具体化'，他从不脱离社会环境孤立地看待权力"。③ 事实上，正是马克思把日常的权力现象立基于唯物主义实践观，才把权力问题从见仁见智的纷争中解放出来，放置在人类实践的宏观背景下加以考察和分析，其理论特色也因此得以充分体现，同时为人们正确认识权力问题提供了科学的方法论。也正是基于这样的方法论，相对于上述权力论者更多从感性角度或特定历史背景进行诠释，以及由此产生系统精致的研究成果，马克思则立足人类社会的宏观背景，扎根于生动实践，尤其是风头正盛的资本主义生产方式和波澜壮阔的无产阶级运动，对权力进行了更为宏观的分析和更具针对性的运用，由此形成的权力范畴的实践特质更加明显，视野更加宏大，眼光更加深邃，影响也更加深远。

一　马克思的实践概念

"真正的思想和科学的洞见，只有通过概念所作的劳动才能获得。"④

---

① 〔美〕史蒂文·卢克斯：《权力：一种激进的观点》，彭斌译，江苏人民出版社，2008，第 54 页。
② 《马克思恩格斯选集》第 1 卷，人民出版社，1995，第 60 页。
③ 〔英〕特里·伊格尔顿：《马克思为什么是对的》，李杨等译，新星出版社，2011，第 206 页。
④ 〔德〕黑格尔：《精神现象学》上册，贺麟等译，商务印书馆，1979，第 48 页。

作为马克思理论体系中的核心概念，"实践"无疑是这样的入口和抓手。作为一个哲学范畴，"实践"被纳入哲学视野并成为核心概念，并不是马克思的首创，上至古希腊的思想家，下至康德、费希特、黑格尔以及青年黑格尔派中的赫斯等人都有这样的主张。但是，马克思的实践观自《1844 年经济学哲学手稿》萌芽之时，就表现出具有超越性的唯物主义倾向，并为后来完备的实践唯物主义奠定了基础，确立了方向。在该书中，马克思通过对青年黑格尔派的清算，肯定了费尔巴哈对黑格尔哲学的批判，进而为自身理论奠定了唯物主义的立场。在马克思看来，虽然费尔巴哈人本主义的唯物主义并没有从根本上批判黑格尔的哲学，但由于其采取了与青年黑格尔派截然不同的立场，不仅超越了青年黑格尔派，而且也部分超越了黑格尔，即"从肯定的东西即从感觉确定的东西出发"，"创立了真正的唯物主义和实在的科学，因为费尔巴哈也使'人与人之间的'社会关系成了理论的基本原则"。① 当然，马克思并没有因为费尔巴哈的理论贡献而全盘接受其理论观点，更没有因为其突破性的理论成就而放弃自身的理论主张，而是在肯定其唯物主义主张的同时，明确批判了他对辩证法的背离，即"对对象、现实、感性，只是从客体的或者直观的形式去理解，而不是把它们当作感性的人的活动，当作实践去理解，不是从主体方面去理解"。② 由于费尔巴哈"仅仅把理论的活动看作是真正人的活动，而对于实践则只是从它的卑污的犹太人的表现形式去理解和确定。因此，他不了解'革命的'、'实践批判的'活动的意义"。③ 这样，其唯物主义最终与人的能动性失之交臂，错过了两者的历史性对接。而从沉重的思想襁褓中成功挣脱出来的马克思不仅准确把握了黑格尔和费尔巴哈的历史性贡献及各自缺陷，而且科学界定了唯物主义的客观性特征，发现了以物质资料生产为历史起点的实践所具有的尊重自然、超越历史和实现自我的中介性特征。在他看来，在实践过程中，人与自然、人与人之间必然产生两种最基本的关系，即物质交换与观念生成的过程。这样，实践不仅具有客观现实性、自觉能动性和社会历史性，而且实现了客观和主观的统

---

① 《马克思恩格斯全集》第 3 卷，人民出版社，2002，第 314 页。
② 《马克思恩格斯选集》第 1 卷，人民出版社，1995，第 54 页。
③ 《马克思恩格斯选集》第 1 卷，人民出版社，1995，第 54 页。

一。其中，产生于实践、沟通主客体的自觉能动性体现了人的主体性特征，进而使得实践成为实现主观需要的客观手段和现实力量。

同样，鉴于马克思理论发展的历史背景与学术谱系，深化对其实践观的理解也离不开他对唯物主义的考察和超越。马克思曾根据处理人与物的关系的不同观点，将唯物主义区分为三种形态。第一种形态即"纯粹的唯物主义"。这在《神圣家族》中就已有详尽的论述，并在《德意志意识形态》中进行了更为准确的表述：这一形态将人及其实践完全等同于一般的物质及其机械运动，以至于"感性失去了它的鲜明的色彩而变成了几何学家的抽象的感性。物理运动成为机械运动或数学运动的牺牲品；几何学被宣布为主要的科学。唯物主义变得敌视人了"。① 第二种形态即费尔巴哈的直观唯物主义。这一形态明显克服了前者混同人与物的做法，即"费尔巴哈比'纯粹的'唯物主义者有巨大的优越性：它也承认人是'感性的对象'"。② 然而，非常遗憾的是，费尔巴哈至此就停止不前了，"他把人只看作是'感性对象'，而不是'感性活动'，因为他在这里也仍然停留在理论的领域内，没有从人们现有的社会联系，从那些使人们成为现在这种样子的周围生活条件来观察人们"③，自然也就看不到实践在人类发展中的全方位影响与决定性作用，结果唯物主义和人类历史成为两种毫不相干的社会存在。在深刻反思、精准评价上述两种形态的基础上，马克思将唯物主义发展到第三种形态，即实践唯物主义阶段。他认为："要从费尔巴哈的抽象的人转到现实的、活生生的人，就必须把这些人作为在历史中行动的人去考察"④，即在实践中考察人类活动和人类社会，实践唯物主义就是"把感性理解为实践活动的唯物主义"⑤。因此，人们所置身的感性世界都是"工业和社会状况的产物，是历史的产物，是世世代代活动的结果"⑥，环境改变和社会发展自然也是实践的结果，社会化人类的未来也只能依赖实践的持续发展。为此，马克思指出："对实践的唯

① 《马克思恩格斯全集》第 2 卷，人民出版社，1957，第 164 页。
② 《马克思恩格斯全集》第 3 卷，人民出版社，1960，第 50 页。
③ 《马克思恩格斯选集》第 1 卷，人民出版社，1995，第 77~78 页。
④ 《马克思恩格斯选集》第 4 卷，人民出版社，1995，第 240~241 页。
⑤ 《马克思恩格斯选集》第 1 卷，人民出版社，1995，第 60 页。
⑥ 《马克思恩格斯选集》第 1 卷，人民出版社，1995，第 76 页。

物主义者即共产主义者来说，全部问题都在于使现存世界革命化，实际地反对并改变现存的事物"。① 这样，实践也就成为马克思实践唯物主义的立足点及其理论首要的基本观点，也即"实践的概念是历史唯物主义的中心范畴：它构成人类和自然、社会和物质、主体和结构、意识与现实的融合与统一"。②

在马克思看来，作为人类独特的存在方式和主体的对象性活动，实践是能动性和受动性的统一。一方面，实践是能动的，即作为一种有意识、创造性的生命活动，实践不仅能够把人与听命于生命本能的动物直接区别开来，而且能够"通过实践创造对象世界，改造无机界，人证明自己是有意识的类存在物"。③ 另一方面，实践又是受动的，是不得不承认并依赖于外部世界的，即实践的能动性不是无中生有或缺乏现实性的想象，而是始终以自然界和人类历史积淀的先在性为基础和前提，因为"没有自然界，没有感性的外部世界，工人就什么也不能创造"，或者说"没有劳动加工的对象，劳动就不能存在"。④ 这样，实践就必须从主客观两个角度加以考量，即既要着眼于人，追求其"内在固有的尺度"，即合目的性的尺度，又要承认和尊重外在的尺度或"一切物种的尺度"，即合规律性的尺度。只有实现了合目的性与合规律性的统一，才能保证实践普遍而长久的存在，进而按照美的要求改造世界，实践也因此作为真、善、美的统一机制和实现动力，成为人的自我发展、自我超越和自我实现的必然选择。由此也说明，仅从能动或受动方面理解现实、对象，就会陷入唯心主义或旧唯物主义：前者"是不知道现实的、感性的活动本身的"⑤，只是把现实当作"想象的主体的想象活动"⑥，而后者仅从"客体的或者直观的形式去理解"⑦ 现实，听命于客观世界的安排，以至于主观能动性窒

---

① 《马克思恩格斯选集》第 1 卷，人民出版社，1995，第 75 页。
② 〔英〕乔治·莱尔因：《重构历史唯物主义》，姜兴宏等译，中国社会科学出版社，1991，第 111 页。
③ 《马克思恩格斯选集》第 1 卷，人民出版社，1995，第 46 页。
④ 马克思：《1844 年经济学哲学手稿》，人民出版社，2000，第 53 页。
⑤ 《马克思恩格斯选集》第 1 卷，人民出版社，1995，第 54 页。
⑥ 《马克思恩格斯选集》第 1 卷，人民出版社，1995，第 73 页。
⑦ 《马克思恩格斯选集》第 1 卷，人民出版社，1995，第 54 页。

息。正是基于这样的批判和改造，马克思把唯物主义和辩证法融汇于基于实践的认识过程，把能动性和受动性统一起来，而没有把实践视为凌驾于人与自然之上的"超自然的创造力"或独立于人之外的物质实体。这样，作为连接主体和客体并使之相互作用的中介，实践使得作为实践哲学的马克思主义与一切非马克思主义彻底区分，并成为变革现实的指导思想。

由于实践形成了人类社会的各种关系，人们也只能在这些关系中从事实践，认识和发展自己，并使这些关系得以发展与完善。无论实践如何变化，人们必须置身于其现实影响之下，只能改变而无法消除这些社会关系。为此，马克思早在 1844 年就非常形象地指出："甚至当我从事科学之类的活动，即从事一种我只在很少情况下才能同别人进行直接联系的活动的时候，我也是社会的，因为我是作为人活动的。不仅我的活动所需的材料——甚至思想家用来进行活动的语言——是作为社会的产品给予我的，而且我本身的存在是社会的活动"。① 而在其他场合，他仍反复强调："个人是社会存在物。因此，他的生命表现，即使不采取共同的、同其他人一起完成的生命表现这种直接形式，也是社会生活的表现和确证"。② 由此可见，从相对独立的科学研究，到社会性更加明显的其他实践活动，如生产劳动、阶级斗争等，都无法摆脱社会关系的时空影响，且有鲜明的实践印记。这样，实践的社会性除了在共时角度表现为日益广泛的社会联系，也同样表现为历时的长期积累："历史的每一阶段都遇到有一定的物质结果、一定数量的生产力总和，人和自然以及人与人之间在历史上形成的关系，都遇到有前一代传给后一代的大量生产力、资金和环境，尽管一方面这些生产力、资金和环境为新的一代所改变，但另一方面，它们也预先规定新的一代的生活条件，使它得到一定的发展和具有特殊的性质"。③ 而随着人类社会的发展，这种社会性在保持其质的稳定性的同时，其量的变化并不会一劳永逸，而是随着实践能力的提高，不断突破之前的时空束缚，推动其辩证发展。也正是在这种意义上，"历史唯物主义有一种简要的表述，认为人类是一个讲求实际的有创造性的类，它拒绝被动地屈服于

---

① 《马克思恩格斯全集》第 3 卷，人民出版社，2002，第 301～302 页。
② 《马克思恩格斯全集》第 42 卷，人民出版社，1979，第 122～123 页。
③ 《马克思恩格斯全集》第 3 卷，人民出版社，1960，第 43 页。

物质和社会生活的困难。"① 特别需要强调的是，不断提高的实践能力往往赋予人以日渐独立的趋势，但这种独立化只是一种表面现象，是日益发展的生产力为主体全面发展创造条件的结果。如果说这种独立性是一种外在的、感性的现象，其背后则是更加发达的生产力以及更加紧密和合理的社会化联系。换而言之，实践的独立化是其社会化程度不断提高的必然结果和外在表现，而社会化则是独立化的内在动因和实践基础。在这一趋势的持续推动下，尤其随着实践手段的丰富、实践空间的拓展和实践能力的提升，人类自然能够不断认识和摆脱客观规律对实践的制约，在更大空间里获得全面发展的可能。由此可见，实践的社会性始终贯穿着人类历史，反映并不断提升人的社会性，无限接近其类本质。这样，实践范畴在马克思的理论体系中始终是一个总体性范畴，也为其全部理论提供了坚实的理论基石，其对权力问题的思考自然也要遵循这一范畴的基本规定。换而言之，马克思在实践的背景下思考权力问题，最终形成了独具特色的权力观。而这也正好印证了列宁对马克思的评价："马克思的方法首先就在于：要在特定的具体情况下，在规定的具体环境中，去估计历史过程的客观内容。"②

不仅如此，"马克思首先是一个革命家。他毕生的真正使命，就是以这种或那种方式参加推翻资本主义社会及其所建立的国家设施的事业，参加现代无产阶级的解放事业，正是他第一次使现代无产阶级意识到自身的地位和需要，意识到自身解放的条件。"③ 显然，这种身份定位、角色自觉和使命担当使得马克思的大多数思考都有明确的政治考量，即不仅在实践的宏观梳理中把握人类社会的历史规律和发展趋势，而且在资本主义的深刻批判中寻找突破方向、革命力量与实践路径。就此而言，"马克思的'实践'在根本上是一种具有鲜明的政治内涵的概念，它所要回答的核心问题同样是：如何创造一种自由的社会生活共同体，使所有的人在此社会生活共同体中实现真正的自由。通过实践活动改造与人的本性不相符合的

---

① 〔美〕大卫·施韦卡特：《超越资本主义》，宋萌荣译，社会科学文献出版社，2006，第15页。

② 《列宁全集》第18集，人民出版社，1986，第107页。

③ 《马克思恩格斯选集》第3卷，人民出版社，1995，第777页。

社会政治关系，并建立一个'自由人的联合体'，这构成了马克思'实践'概念的核心内容和根本旨趣"。① 这样，生成和发展于实践的权力不仅不会从实践中消失，而且必然在实践中逐渐生动和丰富，尤其在资本主义生产方式中产生广泛深远的影响，进而彰显了权力在政治生活中的基础地位和关键作用。因此，"从权力关系来理解马克思的新唯物主义哲学不仅能够在权力的对抗性维度透视马克思哲学的革命性指向，同时能够在权力的整合性维度洞察马克思哲学和二十世纪哲学的权力范畴的对接。"②

二　作为实践要素的权力

根据历史与逻辑的关系，如欲说明权力的现在，就要说明其过去；若要预测权力的未来，就要探究其产生和演进的历史，唯有如此才能使相关论证具有充分的历史与理论依据。从目前掌握的资料来看，马克思确实未明确系统地界定权力范畴，更没有用足够的文字论证权力起源、异化和演进等问题，但相关的零散表述仍能勾勒出他在权力问题上的主要主张与思想深度。其中，在《路易斯·亨·摩尔根〈古代社会〉一书摘要》中，马克思在对古代社会的研究中明显渗透着较为系统的思考，可以作为他关于权力起源和政治权力产生的主要观点③，并在恩格斯所著的《家庭、私有制和国家的起源》一书中得到更为明确系统的体现。鉴于马克思与恩

---

① 贺来：《论马克思实践哲学的政治意蕴》，《哲学研究》2007 年第 1 期。
② 刘临达：《论马克思新唯物主义中的权力观念》，《江苏社会科学》2017 年第 2 期。
③ 马克思对路易斯·亨·摩尔根（Lewis Henry Morgan）研究成果的借鉴，尤其是对前国家时期社会生活的真实还原，应当是他那个时代颇为普遍的研究方法和学术传统，甚至在他之前的学者，像卢梭这样的思想家在研究人类自然状态时也是如此："毫无疑问，十八世纪的哲学家们利用了旅行家的记述，并尽量加以美化，来证明人没有基督教也能成为善良的人；证明一切社会和政治制度都能比当时的哲学家所攻击的基督教给予人们以更多的幸福。但是，那些旅行家们的记述也是以真实事实为依据的：他们描写了在原始共产社会里生活的人们的情况，他们在那些人身上发现了一些在我们的社会里已经失去了的美德。"详见〔法〕卢梭《论人类不平等的起源和基础》，李常山译，商务印书馆，1962，第 37~38 页。而越来越多的史料在证实当时落后生产生活场景的同时，也证明了这种研究方法的合理性："人类的物质文化在过去的 200 年中发生的变化远甚于前 5000 年。18 世纪时，人类的生活方式与古代埃及和美索不达米亚人的生活方式相同。"详见〔美〕斯塔夫里阿诺斯《全球通史：从史前史到 21 世纪》，吴象婴等译，北京大学出版社，2012，第 479 页。

格斯的学术分工，以及恩格斯在论述和建构马克思理论的权威性时，"在本书中有关的地方"直接引用了《路易斯·亨·摩尔根〈古代社会〉一书摘要》的观点，决定了恩格斯的写作在很大程度上是在执行马克思的遗言，以完成其未竟事业。① 因此，该书关于权力起源、异化和演进的观点能够代表马克思的相关主张，即使将其视为马克思的权力观也不能算是牵强附会。

根据上述两本著作的相关述论，蒙昧时期的人们过着一种没有家庭、群居杂交的原始生活，从事采集、捕鱼、打猎等生产活动。在获取天然产物的过程中，尤其在像猎捕大型猛兽这样危险的生产活动中，无论是出于生存自保的需要，还是基于血缘亲情的考虑，人们不仅要按照一定方式，将分散的个体组织起来，而且还进行基于自然因素的分工，以形成更高效率和更大力量，获取更多的生存机会。迨及"学会畜牧和农耕的"野蛮时代，基于自然分工的协作更显必要，"平原上的畜牧生活"以及特殊条件下的生产活动进一步催生了原始的管理活动，较大规模的社会共同体开始萌芽于日常的生产和交往之中。及至家庭出现，基于实践的社会关系更趋稳定，以至于"家庭起初是唯一的社会关系。"② 而在之后的历史进程中，无论在家庭内部，还是在家庭基础上形成的氏族、胞族和部落中，人类实践开始逐步催生更为稳定的权力关系。在家庭方面，普那路亚家庭对两性关系的限制直接推动了氏族的产生，并在野蛮时代的低级阶段得到了充分发展。对于氏族这样稳定的社会组织而言，其中的权力关系显然要比打猎这样的活动更为稳固持久，以至于氏族"构成地球上即使不是所有的也是大多数野蛮民族的社会制度的基础，并且在希腊和罗马我们还由氏族直接进入了文明时代。"③ 在氏族中，尤其是在对偶制家庭阶段，进一步稳定的家庭关系使得权力关系更加稳定。起初，妇女统治着共产制家庭的生产和经济，并支配着其他资源，但是，随着劳动方式的变化和生产力的发展，男女地位开始发生颠覆，尤其"当财产开始大量产生和传财产

---

① 《马克思恩格斯选集》第 4 卷，人民出版社，1995，第 1~2 页。
② 《马克思恩格斯选集》第 1 卷，人民出版社，1995，第 80 页。
③ 《马克思恩格斯选集》第 4 卷，人民出版社，1995，第 35 页。

于子女的愿望把世系由女系改变为男系时，便第一次奠定了父权的真正基础。"① 随着母权制被推翻，妇女遭受了具有世界历史意义的颠覆性失败，明确强化了财产私有化的倾向，也意味着家庭权力从此转入男人手中，并长期控制着包括奴隶在内的家庭成员，支配着家庭财产。这不仅明显反映了权力和利益的天然联系，而且还延续着权力的作用机制。② 在此基础上，社会关系开始丰富和复杂起来，由此也充分说明，"社会不是由个人构成，而是表示这些个人彼此发生的那些联系和关系的总和"。③ 正因为如此，人类不仅在实践基础上生成了自我更新、逐渐复杂的共同体，而且体现了作为类存在物的天然社会性，为此，马克思做出了经典的论断："人即使不像亚里士多德所说的那样，天生是政治动物，无论如何也天生是社会动物。"④ 所以，当马克思得出"社会生活在本质上

---

① 《马克思恩格斯全集》第 45 卷，人民出版社，1985，第 366~367 页。就此意义而言，男权制是生产力发展的结果，更是财产私有化的结果。而历史学家认为，女权与男权的颠倒也有其合乎历史逻辑的生理因素："随着犁、灌溉技术和诸如冶金术之类的新工艺的出现，所有这一切都起了变化。先进的新型农业为文明提供了经济基础，但同时破坏了妇女在经济上的独立地位，因而也破坏了她们在社会上的独立地位。妇女们发现要参与新的农业是非常困难的，因为新的农业要求人们照料拖重物的牲畜、砍伐树木、维护灌溉渠道、保养犁和其他农具，而这类工作并不适合女人做，因为它们要么太繁重，要么会让她们无法长时间地照看小孩。"如果说此时的变化尚源自生理的差距，那么，之后的变化显然体现出鲜明的人为因素："既然妇女们被束缚于'家内'活，男人们就不但获得了对新的农业和新的行业的垄断，而且还获得了对国家中一些新的职位的垄断。他们成为议会、法院和军队中的领导人。就这样，男人们最后垄断了经济权力、政治权力和军事权力，而妇女们则开始居于从属地位，变得十分顺从，变成后来所称的'弱势性别'。当欧洲人于十五世纪进行海外扩张时，发现食物采集部落（如拉布拉多的蒙大格拉斯—纳斯卡比印第安人社会）中的妇女们与男人们一起享有令欧洲人难以企及的平等，这并非偶然的。"详见〔美〕斯塔夫里阿诺斯《全球通史：从史前史到 21 世纪》，吴象婴等译，北京大学出版社，2012，第 58 页。由此也说明，在经济活动所具有的分化机制作用下，政治活动则进一步明确并强化了性别的自然差异，更在长远意义上贬抑了妇女的地位和作用。
② 不过，此时这种联系仅存在于家庭内部，而非阶级之间，因而还不是政治现象，自然也与政治权力无关。由此也说明，就其起源而言，权力就是一种"自然发生的共同体的权力"，是一种暂未沾染政治色彩的社会关系。详见《马克思恩格斯选集》第 4 卷，人民出版社，1995，第 94 页。
③ 《马克思恩格斯全集》第 30 卷，人民出版社，1995，第 221 页。
④ 马克思：《资本论》第 1 卷，人民出版社，2004，第 4 页。应当看到，这一判断明显超越了亚里士多德对人类历史真实性的把握，因为亚里士多德关于"人是天生的政治动物"的命题是在国家与社会混沌状态下作出的，权力也主要以政治权力的形式存在于城邦之中，自然也意味着政治永恒的结论。而马克思的目光不但深邃得多，强调了政治的历史性，而且也意味着权力终将辩证回归的必然趋势。

是实践的"① 结论时，不仅指明了实践与社会共同体的密切联系，而且也为其社会共同体理论奠定了基石。其中，作为一种社会关系和实践社会性的集中体现，权力不仅在分散个体的基础上催生和稳定了社会共同体，而且协调了意见的分歧和利益的矛盾，因而作为实践的核心要素，推动了社会共同体的持续发展。

在氏族内部，随着生产技能的提高，氏族成员共有的财富不断增加，加之越来越多收编入族的奴隶，人口和财产的组织和管理日益成为必要。② 在此过程中，为了协调氏族乃至部落联盟内部的利益分歧，维护社会利益，常态化的公共权力作为一种"自然发生的共同体的权力"③ 也因此应运而生。这样，作为一种盛行的习俗，"氏族选举一个酋长（平时的首脑）和一个酋帅（军事领袖）"④，以加强氏族的日常管理。虽然"他们都是才力出众的人，但是在氏族中并没有特殊的权力"⑤，因为包括他们在内的全体成员都是自由人，都有获得保护的权利和保护他人的义务，谁都不能要求任何特权，其中由血亲纽带结合起来的氏族严格遵循着自由、平等、博爱这些没有明确表达，却始终得到有效遵守的道德原则。这样，"酋长在氏族内部的权力，是父亲般、纯粹道义性质的；他手里没有强制的手段"，而且"氏族可以任意罢免酋长和酋帅。这仍是由男女共同决定的。被罢免的人，此后便像其他人一样成为普通战士，成为私人。此外，部落议事会也可以甚至违反氏族的意志而罢免酋长"。⑥ 不仅如此，

① 《马克思恩格斯选集》第 1 卷，人民出版社，1995，第 60 页。
② 此时的奴隶并非是具有平等地位的社会成员，而是可以任意支配的公共财产，且尚未成为普遍现象，因此管理奴隶的权力仍不是政治权力。或者说，此时的主人和奴隶尚未意识到奴隶作为人的地位和作用，自然不会诉诸法律和意识形态的手段予以固化。只有当这种行为普遍化和组织化，社会分工具有强制性，管理奴隶的权力才具有政治色彩，人类才进入奴隶社会。进而言之，只有人对人的统治和人为色彩明显的社会分工，才催生了公共权力的异化和政治权力的产生。由此也说明，人对物的管理最终取决于人对人的统治，甚至只是人统治人的中介和依赖。
③ 《马克思恩格斯选集》第 4 卷，人民出版社，1995，第 94 页。
④ 《马克思恩格斯选集》第 4 卷，人民出版社，1995，第 84 页。
⑤ 《马克思恩格斯全集》第 45 卷，人民出版社，1985，第 409 页。同样，也有研究者从人类学的角度，生动描述了美洲土著社群非战争时期的权力关系和印第安酋长权力的非强制性。详见〔英〕约翰·格莱德希尔《权力及其伪装：关于政治的人类学视角》，赵旭东译，商务印书馆，2011，第 38~44 页。
⑥ 《马克思恩格斯选集》第 4 卷，人民出版社，1995，第 84 页。

即使在由各个氏族酋长和酋帅组成、讨论公共事务的部落议事会上，包括妇女在内的其他成员也都有权加入讨论，并自由发表意见。此时，看似平常的社会生活已出现非常明显的权力现象和极其平等的权力关系："在有些部落中间，有一个最高的首领，但他的权力很小。他是酋长之一，当需要紧急行动时，他应当在议事会召集会议作出最后决定之前采取临时的措施。这是一种具有执行权力的官员的微弱萌芽"。① 由此可见，从个体到家庭，再到氏族和部落，社会共同体的扩大不仅在化分散为集中的过程中显示出权力的整合功能，而且也在解决分歧和矛盾中明显体现出相应的协调功能，即使原始、真实的公共权力也无法摆脱这两种功能的互动与平衡。当然，此时的权力功能还是原始和初步的，手段和力量仍无法与其日后表现相提并论，而且在利益尚未分化、执掌权力的不确定性、共同体内部轮番为治等多种因素的共同作用下，又恰好真实地体现了权力的公共色彩。而在恩格斯总结的易洛魁人部落联盟的十个基本特点中，无论是个体或部落之间，还是部落联盟议事会中的酋长之间同样都享有平等的权力②，也充分证明了原始社会权力关系中淳朴而真实的开放性与公共性。

综观马克思的权力起源观，不难发现，自人类出现以来，人们就开始有目的并永无止境地为利益而奋斗，同时一直在探索和创新利益实现的手段。随着实践的发展和丰富，最初因共同的实践需要而萌芽的权力关系也始终处在分化和演进之中，而且在政治权力和政治社会出现之前，表现出一种后世难以置信的开放性与公共性："这种十分单纯质朴的氏族制度是一种多么美妙的制度呵！没有大兵、宪兵和警察，没有贵族、国王、总督、地方官和法官，没有监狱，没有诉讼，而一切都是有条有理的。一切争端和纠纷，都由当事人的全体即氏族或部落来解决，或者由各个氏族相互解决。"③ 因此，后人显然不能就此断言此时并无权力关系，但也肯定不是我们所理解或置身其中的权力关系，因为"部落、氏族及其制度，都是神圣而不可侵犯的，都是自然所赋予的最高权力，个人在感情、思想

---

① 《马克思恩格斯选集》第4卷，人民出版社，2009，第107页。
② 《马克思恩格斯选集》第4卷，人民出版社，1995，第92~93页。
③ 《马克思恩格斯选集》第4卷，人民出版社，1995，第95页。

和行动上始终是无条件服从的。"① 在这原始而真实的公共权力中，各种
社会事务都由习惯来决定，由不确定人员执掌，因而轮番为治的权力系统
也只是发挥协调功能，根本不能垄断或世袭，更遑论暴力强制、以权谋私
等现象。换而言之，此时权力的运行目的和运作方式充分体现了集体的真
实意志，因而具有全面的开放性与公共性。相比之下，一俟利益分化的长
期化和定型化，以及阶级的形成和阶级利益的出现，人类社会便走进了政
治社会，开启了政治生活，权力也逐渐被少数人攫取和垄断，并开始向
"特殊的公共权力"或政治权力转变，以至于时至今日，无论人们如何标
榜其执掌的权力，其开放性与公共性皆是有限的，甚至还有明显的虚假
性，因为相对于之前的氏族以"纯粹人身性质"的血缘关系为基础，国
家只能是以"地域和财产为基础的政治组织"②，具有明显狭隘的利益取
向乃至以权谋私的冲动。此外，权力与实践的密切联系也在利益追求中不
断分化和丰富，也使其更具社会属性，因而不是人类生命本能的体现，而
是天然的社会关系和社会发展的基本动力。因此，如果说不断发展的实践
推动着权力的演化，那么，无论人类社会发展到何种程度，权力现象都不
可能消失，在永恒伴随中发挥着相应的功能，以确保人类在实践中以更合
理的组织形式和更统一的社会力量不断发展。也正因为如此，实践不仅构
成了权力现象的发源地和权力关系的社会基础，而且也成为权力演进的永
恒时空和权力发展的动力之源，不同阶段的实践也必然对应着不同程度的
权力文明。

　　需要明确的是，马克思主要是通过对印第安人、希腊人、罗马人和德
意志人的历史考证，向世人展现了权力的起源及其向政治权力过渡的基本
轨迹，并没有考察其他国家或民族的历史。这样，随着历史学和人类学的
发展和交融，"摩尔根有一些假说便被动摇，甚至站不住脚了。"③ 因此，
马克思关于人类社会起源和初期发展的观点的确也存在一定的局限性，更
无法囊括并合理解释所有国家和民族的历史，尤其没有兼顾到中国、阿兹
特克、印加和祖鲁等文明的独特性。面对这些例外，现在的理论研究也形

---

① 《马克思恩格斯选集》第 4 卷，人民出版社，1995，第 96 页。
② 《马克思古代社会史笔记》，人民出版社，1996，第 200~201 页。
③ 《马克思恩格斯选集》第 4 卷，人民出版社，1995，第 17 页。

成基本共识，即这种例外的起源模式并没有经历过西方社会的氏族、胞族、部落和部落联盟这样或类似的原始阶段，而是走上了一条可以称之为截然相反的酋邦模式。① 在这种起源模式中，社会共同体规模更大，社会分化更为明显，唯一的最高首领掌握着最后的决定权，并不存在集体性质明显的权力，权力的社会性并没有得到充分的培养和发展。在此模式下，"虽然有分工，但并不是社会性的大分工，而只是父系大家族内的自然分工，商品生产也不发达……这种阶级分化的形成，除了家族内部以父权为代表的不平等之外，当时的家族与家族之间，以及宗族与宗族之间，也出现了分化和不平等"。② 当然，即便如此，酋邦模式仍然是特定时空下实践的产物，其中也不乏权力的整合和协调功能，有所不同的是，这种模式的强制性明显而平等性不足，因而其开放性与公共性相对稀缺，封闭与专制的色彩更为明显，社会化进程也将更加曲折。由此可见，虽说马克思主要立足西方历史，思考权力起源、演化与异化等问题，相关观点也没有兼顾和涵盖所有民族的历史，并不具有普遍意义，但对权力功能与属性的分析仍然具有普适性。不仅如此，马克思始终坚持从实际出发，历史地考查权力起源的方法论既遵循了他一贯的立场，也反映了历史的真实，因而也客观反映了权力起源的宏观轮廓和主要轨迹。此外，从马克思关于权力起源的探索历程来看，他也不断从其他民族的历史中汲取理论启迪，及时修正其理论观点：在 19 世纪 70 年代之前，他将"亚细亚生产方式"视为人类社会的"原生状态"，其他形态，如古罗马和日耳曼的生产方式都是从前者发展而来。③ 但是，当他在接触到人类学最新的研究成果后，又及时将人类社会的"原生状态"上溯到原始的氏族公社，并以此为历史起

---

① 研究表明，中国早期社会就走上了一条完全不同于西方氏族部落的酋邦模式，其中"权力结构呈现为一种金字塔形，即有一个人拥有整个社会的最高权力"，以至于"向国家转化后，在政治上便继承了个人统治这份遗产，并从中发展出人类最早的专制主义政治形式"。详见谢维扬《中国早期国家》，浙江人民出版社，1995，第 182、222 页。这样，酋邦模式甫一面世就是一种无集体性质、个人主导的社会共同体，其权力现象具有明显的集权倾向和专制性质，这与部落联盟模式对权利的强调和保护，以及由此形成的较为浓厚的民主色彩形成了鲜明对比，进而从源头规定了东西方社会截然不同的政治演进模式，也解释了东方社会民主进程更为曲折的文化基因和历史根源。

② 《政治学概论》编写组：《政治学概论》，高等教育出版社、人民出版社，2011，第 42 页。

③ 《马克思恩格斯全集》第 13 卷，人民出版社，1962，第 22 页。

点，向人们描述了权力起源的大体轮廓。由此可见，在权力起源问题上，马克思并没有先入为主，固守己见，也没有落入"西方中心论"的窠臼，即使主要立足于美洲和欧洲的原始图景，也没有以此取代人类社会的原始全貌，进而说明马克思始终坚持从人类社会的实践中把握权力起源的主张，而没有延续以一种原型抽象出来的理论模式来论证权力起源，这在明显体现其不同于其他权力论者的同时，也充分表现出尊重历史、实事求是的理论品格。

上述分析表明，作为一种兼具主客观性的社会关系，权力体现了实践的基本要素和内在机制，因而具有随实践发展而发展，并影响实践的社会属性。从实践的视角审视权力的一贯表现，尤其是权力的原始表现对其本质的揭示，可以从以下两个角度加以分析。首先，在社会层面或终极意义上，尤其就其起源与未来以及各种表象的实质而言，权力是一种网络化的社会关系，即权力是一种没有中心化节点的网络结构，每个个体在整个网络中都是同等重要的存在，也是能动性和受动性的有机统一。如前所述，权力并非是自然现象或自然共同体的本能表现，而是实践基础上社会共同体的基本要素和遵循辩证发展规律的社会现象。虽然实践是主客体的中介和对象化活动，也是权力产生和发展的基础和环境，但权力并不是主客体关系的产物和表现，而是主体之间关系的反映，即"人们在生产中不仅仅影响自然界，而且也互相影响。他们只有以一定的方式共同活动和互相交换其活动，才能进行生产。为了进行生产，人们相互之间便发生一定的联系和关系；只有在这些社会联系和社会关系的范围内，才会有他们对自然界的影响，才会有生产"。① 不仅如此，这种关系也不是主体之间固守原始本能的体现，而是不同主体在实践中不断超越原始本能、彰显和完善其本质的动态过程，体现了他们相互影响、相互塑造的能力，否则，不仅最为基础的物质生产无法进行，立基于此的其他社会实践将失去根基，而且实践主体也将随之丧失其起码的自主性，直至停滞为只能听命于原始本

---

① 《马克思恩格斯选集》第 1 卷，人民出版社，1995，第 344 页。正是因为权力是一种最初由不同主体构成的社会关系，而非简单的主客体关系，更非一般意义上的对象化活动，自然内含开放、平等、自由、民主等社会基因，规定了权力的开放性与公共性，当然也赋予全民参与权力运行的权利。

能的生物群体，甚至沦为一种毫无意义的存在。正因为如此，马克思非常经典的主张"人是最名副其实的政治动物，不仅是一种合群的动物，而且是只有在社会中才能独立的动物"①，事实上就包含了权力的社会属性，即只有在权力网络中才能更好发展和完善人的社会性。而后世对此也予以高度评价："社会权力关系的出现往往在社会理论中得到承认。从亚里士多德到马克思都作了这样的断言，人（man）（不幸的是妇女极少在内）是社会动物，仅仅凭借合作就能实现目标，包括对自然的控制权。"② 也就是说，当人们基于一种共同目的形成社会共同体时，权力也就自然而然地产生，反映了共同体内部的基本关系和共同追求。为此，我们自然"应该将权力理解为众多的力的关系，这些关系存在于它们发生作用的那个领域，无疑我们应该这样为权力定名了：权力，不是什么制度，不是什么结构，不是一些人拥有的什么势力，而是人们赋予某一个社会中的复杂的战略形势的名称。"③ 而阿伦特更是明确指出，权力"所对应的人类能力不仅仅是行动的能力，而且是共同行动的能力。权力绝对不是某个人的所有物；它属于某个群体并且只有在这个群体聚集在一起的情形下才能维持其存在。当我们谈到某个人'拥有权力'的时候，我们实际上是说他被一定数量的人授予以他们的名义行动的权力"。④

此外，作为一种社会关系，权力还是一种历史性的社会存在，具有在时间维度上不断演进的内在机制，因为现实生活中的各种需要使人类区别于其他动物，又推动着这种社会关系随着实践的变化而逐渐趋于多样化，并进行持续的吐故纳新。所以，超越特定的时空，马克思对资本主义生产方式的批判也在相当大程度上生动反映了权力的动态社会性："黑人就是黑人。只有在一定的关系下，他才成为奴隶。纺纱机是纺棉花的机器。只有在一定的关系下，它才成为资本。脱离了这种关系，它也就不是资本了，就像黄金本身并不是货币，砂糖并不是砂糖的价格一样"。⑤ 这样，

① 《马克思恩格斯选集》第 2 卷，人民出版社，1995，第 2 页。
② 〔英〕迈克尔·曼：《社会权力的来源》第 1 卷，刘北成等译，上海人民出版社，2002，第 7 页。
③ 杜小真编选《福柯集》，上海远东出版社，1998，第 345 页。
④ H. Arendt, *On Violence* (London: Allen Lane, 1970), p. 44.
⑤ 《马克思恩格斯选集》第 1 卷，人民出版社，1995，第 344 页。

特定时期的生产关系实际上也是权力发展到一定时期的综合结果，以至于日益多元的交往总是对应着日益丰富的社会关系，也就意味着各种各样的权力网络及其动态特征。为此，马克思也曾简明扼要地指出，不同时期的权力关系对应着不同的政治实践和社会关系，"在为时较短的文明时期中在很大程度上统治着社会的财产因素，给人类带来了专制政体、帝国主义、君主制、特权阶级，最后，带来了代议制的民主制"。① 如果再做进一步探究，便不难发现，"在政治领域中，活动社会性以权力为媒介，围绕着政治参与互动程度，即政治权力社会化的程度，由量而质地固化为一定的政治制度"。② 而在量变与质变的轮番主导与持续推动下，权力也将必然由长期异化走向异化的最终消失。

其次，立足政治层面或现实角度，权力则更多表现为一种立体的层级化利益关系，即在权力逐渐被认知的相对长时间内，总是直观地表现为现实的利益诉求，或通常可以还原为特定主体的利益追求，进而以规模不一的金字塔型组织形式呈现在世人面前。③

第一，"每一个社会的经济关系首先是作为利益表现出来。"④ 从权力的起源来看，原始的公共权力与其说是每个自主个体的本能反应，毋宁说是在严酷环境下不得不收敛和约束其生命本能、让渡个人权力的结果，也是他们在此环境下的必然选择，因为在生活资料匮乏的情况下，个体生命根本无法维系，更无法从事物质生产，遑论持续发展和创造历史。因此，女权制最终让位于男权制这样的历史变革，显然也是利益关系的调整，或者说，正是男性在生产生活中不断凸显的地位和作用，才最终将女权制送进了历史博物馆。基于同样的道理，在既无剩余产品又

---

① 《马克思恩格斯全集》第 45 卷，人民出版社，1985，第 558 页。
② 江德兴等：《重返马克思的制度视域——论马克思制度分析的一般框架》，《东南大学学报》（哲学社会科学版）2008 年第 1 期。
③ 应然的权力应当是分散的，甚至是均质的，但在实然状态下仍然存在集中化乃至团块化的机制。换而言之，作为利益关系的权力并未摆脱社会关系的规定，但主要代表特定历史阶段的特殊诉求，只有在生产力充分发展、人类社会能够妥善处理各种关系的时候，权力才能摆脱直观狭隘的利益表象，回归为代表和实现平等、自由的纯粹社会关系。此外，这种金字塔状的结构必然产生权力主客体的格局，对应着统治与被统治、管理与被管理的关系，因而直观地反映了权力的现实表现，也契合了人们对权力的直观印象。
④ 《马克思恩格斯全集》第 18 卷，人民出版社，1964，第 307 页。

无私有制的社会环境中，氏族内部只能存在公共权力，即使酋长也只能是公共权力的行使者而非垄断者，更非所有者，从而排除了公共权力私利化的可能，因为即使偶尔的私利化企图也会遭到普遍的轻视乃至排斥。① 而在之后不断发展和丰富中，权力的利益诉求则更加明显。一方面，个体的利益诉求通常更加现实，因而也更加直接，以至于"人们为之奋斗的一切，都同他们的利益有关"。② 另一方面，随着各种组织规模和形式的日益多样化，其利益的倾向性渐趋明显，权力关系也因此变得更加丰富和复杂，直至捐税改变了权力的原始形态而具有了政治的性质③，人类社会也因此进入阶级社会，开启了政治生活。当然，在特定时空中，不同类型的权力所反映的利益关系也会有所不同，如在前资本主义社会，利益关系主要由政治权力进行调整，而资本主义生产方式下，"没有任何政治的、宗教的和其他的伪装。这是纯粹的货币关系。资本家和工人。对象化劳动和活的劳动能力。不是主人和奴仆，教士和僧侣，封建主和陪臣，师傅和帮工等等之间的关系"。④ 也就是说，在资本主义生产方式的冲击和洗礼下，原先利益关系中宗教和伦理色彩掩盖下的政治权力逐步让位于更为直接的经济权力。而在之后的进程中，经济权力并没有代偿政治权力的全部功能，而且与政治权力共同发挥着权力功能，同时加快了权力社会化的进程。时至今日，尽管权力在不同场合下也存在其他的类型与表现，但它与利益的关系仍然是最为现实和最受认同的，以至于研究者认为："根据对权力属性的已有认识，可以做出如下推论：一定社会或国家的实有权力的总量取决于属于公共机关所有的财富的总量；不同国家机关行使的权力的数量取决于其直接支配的财富的数量"。⑤

　　第二，利益诉求必然引发对权力的争夺。马克思曾经指出："凡是有某种关系存在的地方，这种关系都是为我而存在的。"⑥ 不仅如此，他还更为详细地写道："在任何情况下，个人总是'从自己出发的'，但由于

① 《马克思恩格斯选集》第 4 卷，人民出版社，1995，第 107 页。
② 《马克思恩格斯选集》第 1 卷，人民出版社，1995，第 187 页。
③ 《马克思恩格斯选集》第 4 卷，人民出版社，1995，第 171 页。
④ 《马克思恩格斯全集》第 32 卷，人民出版社，1998，第 149 页。
⑤ 童之伟：《再论法理学的更新》，《法学研究》1999 年第 2 期。
⑥ 《马克思恩格斯文集》第 1 卷，人民出版社，2009，第 533 页。

从他们彼此不需要发生任何联系这个意义上来说他们不是唯一的，由于他们的需要即他们的本性，以及他们求得满足的方式，把他们联系起来（两性关系、交换、分工），所以他们必然要发生相互关系。但由于他们相互间不是作为纯粹的我，而是作为处在生产力和需要的一定发展阶段上的个人而发生交往的，同时由于这种交往又决定着生产和需要，所以正是个人相互间的这种私人的个人的关系、他们作为个人的相互关系，创立了——并且每天都在重新创立着——现存的关系。"① 显然，"为我而存在的"社会关系是一种基于利益分配的关系，因而是一种以"我"为中心建构起来的利益关系，必然引发人们争做不同规模权力金字塔的塔尖，以期获得更为持久的最大化利益。同样，历史上的各种冲突乃至大规模的阶级斗争，无疑都是不同历史时期不尽相同的利益关系的客观要求和现实反映。② 相对于其他共同体，国家之所以能够在极广泛的范围内发挥其影响，拥有其他力量无法比肩的政治权力，也是因为国家掌控着无人企及的经济资源，承载着人们更快增加利益的期待。即使当下，无论是在阶级或国家之间，还是在阶级或国家内部，围绕权力展开的各种争夺，最终仍能与利益追求联系起来。所以，学界认为："权力以属于公共机关所有之财富为其物质承担者，公共机关所有之财富与权力之间的正相关关系很明显，国家机构、官吏、军队、警察、法庭的数量、质量等体现权力强弱的客观指标，都是同国家从社会抽取的财富的多少相对应的，也只能靠这些财富来维持；没有相应的财富做保障，法律赋予国家无论多少权力都是没有意义的。"③ 以此推论，将来财富的满足能力使其对个体的影响力逐渐式微，私欲的狭隘性必将逐渐淡化和消退，权力也将超越利益的狭隘性，着眼人类的全面发展，进而也使自身运行在合乎人类本性的轨道上，并在公共精神的普遍彰显中辩证回归其公共色彩。

---

① 《马克思恩格斯全集》第 3 卷，人民出版社，1960，第 514~515 页。
② 就此意义而言，权力与利益的紧密关联强化了权力现象对权力本质的遮蔽，制约了人类对权力本质的把握，使得权力更多呈现工具理性，而非价值理性。事实上，就权力与人类的永恒关系而言，权力发展最终仍将着眼于人的全面发展，而非其他非人的因素。
③ 童之伟：《再论法理学的更新》，《法学研究》1999 年第 2 期。

三　实践与权力的分化

实践与权力之间既存在本源和派生的关系，又具有相互影响的关系，即实践决定权力的生成和发展，权力也反作用于实践的特定形态，推动和丰富实践的发展。由此可以说，实践是权力无法选择的外部环境和运行平台，权力既在其中萌芽生长，又不断地变革和发展实践；权力是实践无法摆脱的社会脉络和动力机制，实践需要权力保障其社会性和持续发展。因此，没有权力的实践和脱离实践的权力既无法想象，也不可能存在。如前所述，原始社会只有公共权力而无政治权力，建立在阶级分化和固化基础上的政治权力必然出现在原始社会走向解体的进程中，即"在氏族的基础上不可能建立政治社会或国家"①。而这也是恩格斯在《共产党宣言》1888 年英文版序言中明确表达的观点："人类的全部历史（从土地公有的原始氏族社会解体以来）都是阶级斗争的历史，即剥削阶级和被剥削阶级之间、统治阶级和被压迫阶级之间斗争的历史。"② 就其最初的形态而言，社会成员大致能够平等地分享权力，即使在某个时空中存在不平等的可能，也会在其他时空中予以弥补和纠偏。但是，随着氏族等血亲团体逐步瓦解，作为社会关系的利益开始以日益显性的影响发挥空前作用，也受到人们空前关注和持续追求。由此也说明，当物质生产发展到一定的历史阶段时，有所剩余的物质财富催生了私有观念和财产意识，加剧了社会差异和利益纷争，激发了维护既定利益格局的阶级权力，并逐步显现出政治的色彩，也即列宁所说的："政治就是各阶级之间的斗争"。③ 这样，原始社会末期的权力异化作为政治权力的萌芽，预示着原始社会的解体与政治生活的面世。由此可见，人类社会进入阶级社会，便出现了政治现象，政治不仅和阶级结下了不解之缘，而且也明显地改变着权力的性质，也即"原来意义上的政治权力，是一个阶级用以压迫另一个阶级的有组织的暴力"。④ 这样，

---

① 《马克思恩格斯全集》第 45 卷，人民出版社，1985，第 438 页。
② 《马克思恩格斯选集》第 1 卷，人民出版社，1995，第 257 页。
③ 《列宁选集》第 4 卷，人民出版社，1995，第 308 页。
④ 《马克思恩格斯选集》第 1 卷，人民出版社，1995，第 294 页。

政治开始与经济密切相连，并逐步成为经济的集中表现，甚至成为追逐利益的急先锋，权力也因此不可避免地发生了畸变，其开放、公共的原始形态也随着实践的发展而不断受到侵蚀，并长期处于明显缺失的状态。

在原始社会，"一开始就存在着一定的共同利益，维护这种利益的工作，虽然是在全体的监督之下，却不能不由个别成员来担当"。① 显然，这不仅说明了公共权力的真实性，而且也指明了权力与个体利益之间的天然联系及其演进的历史依据。不过，由于此时的社会共同体尚未完全自治，并无分化的张力，自然"丝毫没有今日这样臃肿复杂的管理机关"②，更不会出现权力私利化现象。但是，不断发展的社会分工、权力的人格化色彩仍然不可避免地催生了个人或家庭利益与集体利益之间的矛盾，阶级开始破天荒地出现在社会生活之中。③ 这样，当渐趋明朗化的阶级分化最终引发阶级斗争时，人类开始进入政治社会，以国家为核心的各种政治现象开始出现。所以，马克思明确指出："正是由于私人利益和公共利益之间的这种矛盾，公共利益才以国家的姿态而采取一种和实际利益（不论是单个的还是共同的）脱离的独立形式，也就是说采取一种虚幻的共同

---

① 《马克思恩格斯选集》第3卷，人民出版社，1995，第522页。
② 《马克思恩格斯选集》第4卷，人民出版社，1995，第95页。
③ 早在启蒙运动时期，卢梭已经表达了这样的观点："金属冶炼和农耕一方面创造了富人阶级，另一方面也创造了穷人阶级。这两大阶级的利益的敌对关系引起了国家的产生。国家处在富人的掌握中，富人得到国家生活的一切好处。因此国家是人类不平等扩大的新的泉源。"详见〔法〕卢梭《论人类不平等的起源和基础》，李常山译，商务印书馆，1962，第234~235页。而之后日益丰富的史料也证明："人类最初生活在乐园中这一观念是有某种史实根据的。就经济关系和社会关系而言，文明到来以前的诸部落民族在获得生活所必需的自然资源方面享有自由和平等的权利。经济平等和社会地位相等是新石器时期村社的特征。但是，当诸部落民族成为农民之后，他们就不再享有自由获得土地的权利，也不再享有自己的全部劳动成果。他们的特定义务因地区的不同而不同，但无论在哪里，其结果都是一样的。在按国家、教会、地主和高利贷者的要求支付完租税之后，农民剩下的劳动过程只有一半或更少，仅够他们勉强维持生存。"详见〔美〕斯塔夫里阿诺斯《全球通史：从史前史到21世纪》，吴象婴等译，北京大学出版社，2012，第193页。如果继续往前追溯，则不难发现，由农耕文明引发的定居生活不仅引发了生产生活的集中化与城市化，而且催生了宗教和军事首领与其他人的分化和分裂，阶级就此萌生，社会差异则无可避免，而且全面扩大。

体的形式"。① 这样，随着政治生活的定型和强化，公共权力也在逐步瓦解，进而表现为重点维护和巩固阶级利益的政治权力，其社会性越来越成为一种虚幻乃至虚假的外部特征："随着社会本身进入一个新阶段，即阶级斗争阶段，它的有组织的社会力量的性质，即国家政权的性质，也不能不跟着改变（也经历一次显著的改变），并且它作为阶级专制工具的性质，作为用暴力长久保持财富占有者对财富生产者的社会奴役、资本对劳动的经济统治的政治机器的性质也越来越发展起来"。② 这样，作为日益同社会相脱离的力量，国家不可避免地成为有产者实行阶级统治的工具。基于这样的历史事实，即使是亨廷顿这样政治立场鲜明的学者也不否认国家的阶级实质："如果完全没有社会冲突，政治制度便没有必要存在"。③ 而应运而生的国家"不仅保障单个人新获得的财富不受氏族制度的共产制传统的侵犯，不仅使以前被轻视的私有财产神圣化，并宣布这种神圣化是整个人类社会的最高目的，而且还给相继发展起来的获得财产从而不断加速财富积累的新的形式，盖上社会普遍承认的印章……它不仅使正在开始的社会分裂为阶级的现象永久化，而且使有产者阶级剥削无产者阶级的权利以及前者对后者的统治永久化"。④ 显然，国家的产生不但没有消除社会差异和利益冲突，反而以其貌似公正、实则异化的身份维护和延续着

---

① 《马克思恩格斯全集》第 3 卷，人民出版社，1960，第 37~38 页。研究发现，在前农业社会，"传统信仰仍然根深蒂固，相信每年神灵都会供给他们猎物。跟其他狩猎采集族群一样，他们没有积谷防饥的观念。"但是，进入农业社会之后，积谷防饥乃至泽被后世的观念也随着社会财富增加而萌生，催生并固化了先人的私有观念和贪欲，以至于"在农业社会我们会发现统治者可以私占剩余的食物，并开始进行阶层化及专门化，促成政治国家的产生。"当然，"若少了之后的农业革命、定居生活，甚至劳动分工，文化演进就不可能产生如此复杂的现代文明，以及与其相当的人类天性。农耕使部分人类免于在环境中挣扎觅食。没有农业，也就不会有城市、国家、科学，更不会有市长、模特儿、职业军人或飞行员等职业。农业革命把人类带入一段无论在速度或是程度上，都是史无前例的文化改革。"详见〔美〕保罗·R. 埃立克《人类的天性：基因、文化与人类前景》，李向慈等译，金城出版社，2014，第 210、201、219 页。所以，农耕文明催生了政治生活，有其历史必然性，不应因人类社会后来的复杂性和曲折性而被视为社会陷阱，更不应成为历史虚无主义的渊薮。

② 《马克思恩格斯选集》第 3 卷，人民出版社，1995，第 118~119 页。

③ 〔美〕塞缪尔·亨廷顿：《变革社会中的政治秩序》，李盛平等译，华夏出版社，1988，第 10~11 页。

④ 《马克思恩格斯选集》第 4 卷，人民出版社，1995，第 107 页。

社会的不公现象，甚至用强制的手段加剧和固化了悬殊的利益分化，以保障有产者长期享有与其财富相匹配的政治权力。由此可见，"一切政治权力起先都是以某种经济的、社会的职能为基础的，随着社会成员由于原始公社的瓦解而变为私人生产者，因而和社会公共职能的执行者更加疏远，这种权力不断得到加强"。① 这样，政治权力就开始从公共权力中分离和独立，并表现出明显的利益倾向和直观的暴力色彩，而国家则为政治权力的发展和完善提供了基本框架，人类社会也因此在分化明显、利益悬殊的环境中获得了持续快速的发展。②

自人类社会进入国家时代，在更为丰富的实践推动下，权力在发展中反复进行着量变和质变，"如果从宏观角度来把握，这两种形式也即通常意义上的和平改良和暴力革命；而如果从微观视角来观察，则恰如制度学派的学者所指称的那样有诱致性变迁与强制性变迁两种途径"。③ 其中，在早期的政治社会中，随着曾经普惠的社会利益的明显式微和利益差别的日渐悬殊，脱胎于野蛮时代的文明时代在政治权力的庇护下，"几乎把一切权利赋予一个阶级，另方面却几乎把一切义务推给另一个阶级"④，以至于不断翻新的意识形态也无法弥合日益加剧的社会分化，近乎对立的利益差别不断酿成普遍的社会对抗。在此过程中，尽管统治阶级也会尽其所能，不断完善其统治方式，但生产资料私有制决定了政治权力始终掌握在有产阶级手中。在奴隶社会，政治权力完全掌控在奴隶主阶级内部，被剥夺一切的奴隶完全被排除于政治生活之外，根本无法置喙，更遑论分享政治权力。为此，马克思指出："在古罗马，阶级斗争只是在享有特权的少数人内部进行，只是在富有的自由民与贫穷的自由民之间进行，而从事生

---

① 《马克思恩格斯选集》第 3 卷，人民出版社，1995，第 526 页。

② 就目前掌握的资料来看，具有政治生活的社会发展速度明显快于其他无政治生活或政治化程度较低的社会。由此可见，"就这点看来，国家并不是黑猩猩统治体系的直系后裔，而是一个全新的社会发现。"详见〔美〕保罗·R. 埃力克《人类的天性：基因、文化与人类前景》，李向慈等译，金城出版社，2014，第 238 页。因此，现实需要对国家进行不可或缺的反思与批判，但不应全面怀疑乃至彻底否定国家的合理性，更不可鼓吹无政府主义。

③ 江德兴等：《重返马克思的制度视域——论马克思制度分析的一般框架》，《东南大学学报》（哲学社会科学版）2008 年第 1 期。

④ 《马克思恩格斯选集》第 4 卷，人民出版社，1995，第 178 页。

产的广大民众，即奴隶，则不过为这些斗士充当消极的舞台台柱"。① 在封建社会，虽然劳动者仍然没有或仅拥有少量的生产资料，但与封建主已不再是隶属关系，因此能够和国家发生不同程度的关系，其与封建主个人的关系则有所松动或下降到次要地位。也正因为如此，政治权力开始部分接纳身为被统治阶级的普通民众，国家和民众之间的关系因权力有所起色的开放性与公共性而逐渐复杂，国家的职能也因此变得丰富起来。当然，对于当下颇受推崇的"文化权力"或"意识形态权力"，马克思在不同场合下也有所考虑，但他始终认为："占统治地位的思想不过是占统治地位的物质关系在观念上的表现，不过是以思想的形式表现出来的占统治地位人的物质关系。"② 换而言之，这种具有从属性质的权力虽能不同程度地影响政治权力，但仍然无法改变政治权力的主导地位。③ 因此，在生产力尚不足够发达的情况下，封建社会的人们置身于能够左右一切的政治权力影响之下，社会生活的各个方面仍被打上浓厚的政治色彩。在此背景下，权力主客体之间的对抗既表现为主体利用其掌控的政治权力，强化对客体的压迫，又表现为客体在忍无可忍的情况下通过周期性的政治革命进行激烈抗争，人类社会依然置身于利益分化严重、阶级矛盾尖锐、阶级斗争惨烈的历史阶段，甚至还表现出明显的循环色彩。在此过程中，无论是奴隶主和奴隶之间的斗争，还是地主和农民之间的斗争，"首先是为了经济利益而进行的，政治权力不过是用来实现经济利益的手段"。④ 这样，利益争夺使得政治权力最终成为阶级斗争的首要目标。因此，"两大社会阶级之间的斗争，必然会成为政治斗争。中等阶级即资本家阶级同土地贵族之间的长期斗争就是这样，工人阶级同上述那些资本家之间的斗争也是这样"。⑤ 而这一主要追求政治权力，或通过追求政治权力占有其他利益的

---

① 《马克思恩格斯选集》第 1 卷，人民出版社，1995，第 581 页。

② 《马克思恩格斯选集》第 1 卷，人民出版社，1995，第 98 页。

③ 也正是在此意义上，本书主要将分析重心集中在政治权力和经济权力，而没有对学界热衷的文化权力进行单独分析，即使一些被附加在马克思名下的关于社会权力的研究成果仍可以归结为政治权力或经济权力，毕竟马克思并没有用这一范畴独立分析政治现象，更未用其建构政治理论。

④ 《马克思恩格斯选集》第 4 卷，人民出版社，1995，第 250 页。

⑤ 《马克思恩格斯全集》第 25 卷，人民出版社，2001，第 499 页。

斗争格局，一直持续到资本主义生产方式的萌芽，才因为经济权力的产生而发生明显的变化。

不应否认的是，即使在阶级矛盾尖锐的前资本主义社会，为了掩饰和减少社会对抗，统治阶级也会设法诉诸日渐齐备和多样化的意识形态手段，淡化政治权力的暴力色彩，以丰富和完善其对社会的控制。为此，前资本主义社会主要依赖"空前复杂的社会的和政治的等级制度"①，而在资本统治的产生、确立和普及过程中，被淡化的政治权力则逐渐由经济权力来弥补，后者在分化和承担前者传统功能的同时，开始超越政治权力的强制色彩，以其形式上的平等、自由、民主等价值诉求来证明资本主义制度的合理性，为资本统治提供意识形态辩护。如果联系前文，也就不难发现，基于权力的本质及其与实践的内在关系，此时的"人类实践活动从一个领域向另一个领域转化，是一种社会关系向另一种社会关系转化，同时也是一种权力形式向另一种权力形式的转化"。② 这样，在资本主义生产方式显现其强大能量的背景下，经济权力开始进入马克思的理论视野。早在1844年，马克思就已开始认识到："资本是对劳动及其产品的支配权力。资本家拥有这种权力并不是由于他的个人的特性或人的特性，而只是由于他是资本的所有者。他的权力就是他的资本的那种不可抗拒的购买的权力"。③ 及至写作《德意志意识形态》时，他开始明确区分"政治权力"和"经济权力"："对于资产者来说，他们占绝对统治，或他们的政治权力和经济权力为其他阶级所限制，都'没有区别'"。④ 1847年，他在《道德化的批评和批评化的道德》一文中又指出："无论如何，财产也是一种权力。例如，经济学家就把资本称为'支配他人劳动的权力'。可见，在我们面前有两种权力：一种是财产权力，也就是所有者的权力，另一种是政治权力，即国家的权力"。⑤ 十年之后，他在《〈政治经济学批判〉导言》中又用一句非常精练的语言准确地表达了资本和经济权力的

---

① 《马克思恩格斯选集》第3卷，人民出版社，1995，第445页。
② 江德兴等：《实践范畴与马克思主义的总体逻辑》，《思想理论教育导刊》2008年第2期。
③ 《马克思恩格斯文集》第1卷，人民出版社，2009，第130页。
④ 《马克思恩格斯全集》第3卷，人民出版社，1960，第218页。
⑤ 《马克思恩格斯全集》第4卷，人民出版社，1958，第330页。

关系："资本是资产阶级社会的支配一切的经济权力"。① 由此可见，马克思主要是在资本主义生产方式的语境中使用经济权力这一范畴，而不是宽泛的财产权力或货币权力。② 这样，在马克思的笔下，经济权力集中产生于国家与社会的结构分化，是市民社会逐步挣脱国家控制的历史结果，是阶级关系明朗化、资本统治普遍化背景下新型的权力形态。③

立足特定的历史背景，权力分化和经济权力的产生显然主要取决于以下两方面因素。一方面是商品经济。虽说中世纪的超经济强化和巩固了自然经济的地位，但在专制政治和自然经济之外，商品经济仍然获得了空前的成长空间和长足发展，进而创造和巩固了逐渐独立于封建政权的资本主义生产方式。不仅如此，随着生产力的发展，商品经济不断突破地域限制，由一国走向全球。在此背景下，他们仍然无法获得长久稳定的利益保障，进而逐渐产生了摆脱政治权力强制的诉求。所以，马克思指出："工场手工业资本——才发展为由大工业和普遍竞争所引起的现代资本，即变为抛弃了共同体［Gemeinwesen］的一切外观并消除了国家对所有制发展的任何影响的纯粹私有制"。④ 这样，市民社会开始在逐渐壮大中开始了与国家的分离进程，国家也因此独立存在于市民社会之外，为商品经济和资本统治腾让出更多稳定的生长空间。另一方面是政治革命。商品经济凸显了资产阶级的经济地位，但难以保证其长期稳定地占据这种地位，因为此时的"资产阶级在政治上还没有形成一个阶级。国家的权力还没有变

---

① 《马克思恩格斯选集》第 2 卷，人民出版社，1995，第 25 页。显然，马克思主要在资本主义生产方式下使用"经济权力"这一范畴，大致类似于他偶尔提及的"资本权力"，但仍明显有别于他笔下的"财产权力"和"货币权力"，毕竟后者具有更广阔的时空。此外，"经济权力"能够与"政治权力"相对应，反映资本主义生产方式下国家与社会之间结构分化的事实。

② 后人往往将马克思的经济权力泛化成为一切经济的力量，甚至超出经济领域而指代国家管理经济的力量。这一现象在学术研究中虽不鲜见，但也明显混淆了权力和权利、经济权力和政治权力的关系，已不再是马克思的经济权力范畴，更不应冠以"马克思"的名分。

③ 然而，至今这一思想仍未得到足够重视和充分研究，更未充分发挥其实践价值，以至于当乔纳森等人将资本理解为权力时，认为自己作出了一个重要的理论创新，并被其他研究者视为资本理论乃至整个政治经济学的重大变革。详见 Jonathan Nitzan，Shimshon Bichler，*Capital as Power*：*A Study of Order and Creorder*（New York：Routledge，2009），pp. 5-7。

④ 《马克思恩格斯选集》第 1 卷，人民出版社，1995，第 131 页。

成它自己的权力"。① 换而言之，资产阶级作为"第一个没有政府的有产阶级"②，根本不可能为其经济上的优势提供制度保障，稳定掌握其利益和命运，更无法为资本统治保驾护航。所以，这一状况必然要求资产阶级诉诸政治革命，以便将自身从政治等级中、将私人生活从政治生活中解放出来，同时巩固商品经济的发展成果，并为经济权力谋求更多的发展机会和自主空间。这样，经过长期形式多样的政治革命，资产阶级最终不仅摆脱了封建势力的全面控制，而且获得了更多的政治权力，经济权力也因此获得了可靠的政治保障、充足的生长空间和明显完备的独立形式，并为其后来更加强劲的发展夯实了基础。

需要强调的是，经济权力只是淡化了传统的统治方式，即"罗马的奴隶是由锁链，雇佣工人则由看不见的线系在自己的所有者手里"③，却没有改变资本主义生产方式的私有制性质和两大阶级日益对抗的存在方式，以至于"资本来到世间，从头到脚，每个毛孔都滴着血和肮脏的东西"。④ 此外，由于"资本不是一种个人力量，而是一种社会力量"⑤，从人对人的依赖到人对物的依赖的进步性不但没有消除阶级对抗的经济基础，反而在更广范围内褪去各种传统的掩饰，将利益关系置换为能力差别，将阶级剥削简化为经济对抗，阶级矛盾也因此变得更加简单、直接和理所当然，经济权力也因此暴露出人受制于资本的本质与经济暴力的色彩。所以，马克思指出："从封建社会的灭亡中产生出来的现代资产阶级社会并没有消灭阶级对立。它只是用新的阶级、新的压迫条件、新的斗争形式代替了旧的"。⑥ 这样，即使在当今的资本主义社会中，工人阶级有所改善的生存状况也没有改变生产资料的私有制性质，由经济权力引发的社会矛盾仍无明显减少，资本的贪婪本性给人类社会留下的创伤依然非常严重，由此也说明经济权力只是对政治权力的分化、补充和平衡，并没有

---

① 《马克思恩格斯全集》第 4 卷，人民出版社，1958，第 330 页。
② 〔美〕乔恩·埃尔斯特：《理解马克思》，何怀远等译，中国人民大学出版社，2008，第 390 页。
③ 《马克思恩格斯全集》第 44 卷，人民出版社，2001，第 662 页。
④ 《马克思恩格斯选集》第 2 卷，人民出版社，1995，第 266 页。
⑤ 《马克思恩格斯选集》第 1 卷，人民出版社，1995，第 287 页。
⑥ 《马克思恩格斯选集》第 1 卷，人民出版社，1995，第 273 页。

从根本上改变私有制的传统，仍在以另一种权力异化形式，与政治权力一起更加巧妙和灵活地维护资本主义的私有制。联想到马克思所说的："如果从物那里夺去这种社会权力，那么你们就必然赋予人以支配人的这种权力"①，也就意味着，如果从人那里夺取这种权力，那么物也就历史性地拥有支配人的权力，以确保用另一种方式维系权力功能。由此可见，在特定的发展阶段，政治权力和经济权力就形成了对立统一的关系。一方面，政治权力越强大，越会抑制经济权力的生存空间，扩张其人统治人的现象，相反，经济权力就会对政治权力进行有效的抵制，甚至控制乃至决定政治权力，普及物支配人的现象。另一方面，政治权力与经济权力不同权重的组合，形成了各有特色的权力格局，共同维护着资本主义制度。基于这样的基本规定，也就不难理解，在生产力并不发达，甚至明显落后于资本主义的社会主义社会，无论是基于提高效率、发展生产的考虑，还是出于培养人们平等、权利、民主等政治意识的需要，都无法消除政治权力和经济权力，而且需要它们在互动中推动社会发展，以实现对资本主义的全面超越。当然，它们之间相互依存、相互影响的关系不应重蹈资本主义的覆辙，尤其要防范经济权力操纵政治权力、败坏社会风气的劣迹，确保社会主义向共产主义的平稳过渡。

第三节 权力功能与社会发展

马克思关于权力起源、本质、分化和演进的基本观点，不仅客观反映了权力的基本面相及其发展的一般规律，而且也有助于在权力视角下宏观描绘人类社会的未来走势。遵循马克思的相关观点，结合权力在人类社会中的生动表现，也就不难发现，随着实践发展，权力始终以其独特功能，不断展现其与人类社会无法分离的状态，仍在伴随并推动着人类社会的发展。

一 权力：实践中的功能分析

在马克思的语境中，权力是人类实践的媒介、结果和动力，体现了主

---

① 《马克思恩格斯全集》第30卷，人民出版社，1995，第107页。

观性与客观性的有机统一，具有鲜明的社会属性。这种社会属性主要体现在权力对人类社会的影响上，尤其是作为社会关系的媒介，发挥着整合功能和协调功能，不断改变着个体的存在方式和交往范围，丰富和发展着他们的社会属性，满足着他们不断发展的利益诉求。首先，权力具有整合功能，"即把分散、独立的活动联合成一个有机整体，或者把分散的个人联合成为一个社会共同体"。① 进而言之，就是按照特定需求，遵循相应机制，将相对分散的个人或少数人及其拥有的资源整合到规模不一、目标有别的共同体中，以发挥明显优于分散状态的整体优势，实现其更多更持久的利益。按照马克思的权力观，在人类之始，尚未遭受到异化权力的个体具有相应的自主权，能够主宰其命运。出于生存和生育的本能，两性之间组成了家庭，由此产生的家庭权力使得家庭关系逐步稳定和成熟起来。尽管这种权力在马克思的权力观中并无明显强调，却在权力起源方面有其合理性与解释力，体现了权力原初状态的真实面目。虽然这种权力也存在从女权制到男权制的转移过程，但并没有消失或衰减，其不平等性在相当长的时间内却有明显加强的趋势，以至于时至今日，两性的家庭地位和社会地位的平等性已回归到空前高度，这一格局仍以不同方式存在。但是，家庭内部的权力关系仍不能有效应对不断增长的人口，也不能显著改善严峻的生存状况，因而要求人们不断突破家庭的束缚，拓展权力的存在空间和影响范围。这样，以家庭为核心单元，根据血亲关系连接更多的家庭，形成人口更多、规模更大的氏族，以至于氏族中的权力现象渐趋复杂，权力层次明显多样，家长的部分权力也因此不得不让渡给氏族，家庭成员开始以氏族成员的身份平等地出现在社会生活之中。因此，即使当下的学界仍坚信："亲属共同体为前国家社会提供了一种模型，其根基于体现在习俗上的共同同意的权威而不是体现在法律上的权力关系"②，进而更多体现了权力的道德内涵和道义力量，而不是日后更为明显的外在强制。不仅如

---

① 江德兴等：《实践范畴与马克思主义的总体逻辑》，《思想理论教育导刊》2008年第2期。整合功能对统一意志和整体利益的强调必然要求权力由个别人或少数人执掌，但由此引发的不作为、以权谋私等问题必然要求相应的权力在整合的同时加强基于平等、着眼公平的协调，更要以政治参与予以及时有效的应对。

② 〔英〕约翰·格莱德希尔：《权力及其伪装：关于政治的人类学视角》，赵旭东译，商务印书馆，2011，第33页。

此，随着生产力的发展和社会关系的复杂化，从家庭到氏族的权力演进趋势仍在继续，并陆续发展成规模更大的部落和部落联盟。这样，每当出现一种更高层次、更大规模的社会共同体，也就意味着次一级的社会共同体不得不让渡其部分或全部的权力，社会成员也就逐渐获得更普遍的交往和更稳定的利益。在此背景下，"部落始终是人们的界限，无论对别一部落的人来说或者对他们自己来说都是如此：部落、氏族及其制度，都是神圣而不可侵犯的，都是自然所赋予的最高权力，个人在感情、思想和行动上始终是无条件服从的"。① 就此意义而言，无论此时的权力类型如何单一，权力功能的发挥范围如何狭窄，其开放性与公共性却无可置疑，进而证明了整合功能在实践和价值上的合理性。也正因为如此，其他权力论者也明确强调了权力的整合功能，如西塞罗认为："没有权力，便不可能存在任何家庭、市民社会、种族、整个人类，也不可能存在整个物质自然界和宇宙本身"。② 伯特兰·罗素也认为："纯粹的精神权力，如柏拉图和伽利略的权力，不需要任何相应的社会机构也可以存在。不过按照通常的情况，即使是这种权力，如果不由一个教会、一个政党或某种类似的社会组织来进行宣传，也不会成为重要的权力。"③ 而丹尼尔·贝尔（Daniel Bell）的观点则更加明确："社会不是自然形成的，而是建构起来的，它用一整套专横规则来规范社会关系，以免文明的脆壳破碎。"④ 由此可见，虽然时代不同，立场也迥异，但人们仍都认同权力化个体为集体、化分散为集中的功能，即使人类社会之初的公共权力也不会因为其平等、自由的诉求而丧失整合功能，只是尚无基于私利的暴力强制⑤，却将权力本质及其社会化机制表现

---

① 《马克思恩格斯选集》第4卷，人民出版社，1995，第96页。

② 〔古罗马〕西塞罗：《论共和国论法律》，王焕生译，中国政法大学出版社，1997，第255页。

③ 〔英〕伯特兰·罗素：《权力论：新社会分析》，吴友三译，商务印书馆，1991，第112页。

④ 〔美〕丹尼尔·贝尔：《资本主义文化矛盾》，严蓓雯译，江苏人民出版社，2007，第3页。

⑤ 没有基于私利的暴力强制，也就意味着没有阶级斗争和国家，但并不等于没有强制，至少还有舆论或道德的压力，因为权力的整合功能必须以强制为后盾，否则，整合将形同虚设，更遑论基于此的协调功能。为此，列宁指出："把强制权力当作国家的特征是完全不对的，因为在人类的任何共同生活中，无论在氏族制度或家庭中都有强制权力，但在那里并没有国家。"详见《列宁全集》第1卷，人民出版社，1984，第380页。

得最为直接和真实，也呈现了权力辩证发展的现实路径和可能达到的高度。

随着生产力的发展，原始社会末期的利益分化催生了阶级和阶级斗争，权力开放性与公共性的流失则不断瓦解着传统的社会共同体。"这种自然形成的共同体的权力必然要被打破，而且也确实被打破了。不过它是被那种使人感到从一开始就是一种退化，一种离开古代氏族社会的纯朴道德高峰的堕落的势力所打破的。最卑下的利益——无耻的贪欲、狂暴的享受、卑劣的名利欲、对公共财产的自私自利的掠夺——揭开了新的、文明的阶级社会；最卑鄙的手段——偷盗、强制、欺诈、背信——毁坏了古老的没有阶级的氏族社会，把它引向崩溃。"① 而迈克尔·曼也认为，阶级、国家的最终面世"普遍地结束了一种古朴的自由，而开始了以永久的、制度化的、有界限的集体和个体性权力为代表的强制和机会"。② 这样，随着原始社会的解体，曾经的氏族、胞族、部落和部落联盟等共同体开始在权力的异化和政治化中让位于国家这样规模更大的政治共同体。在此过程中，"由一定家庭的成员担任氏族公职的习惯，已经变为这些家庭担任公职的无可争辩的权利；这些因拥有财富而本来就有势力的家庭，开始在自己的氏族之外联合成一种独特的特权阶级；而刚刚萌芽的国家，也就使这种霸占行为神圣化"。③ 随着公共权力的式微，私利化乃至私有化的国家开始拥有君临天下的力量，因国家而强化的政治权力更是以一种空前方式，肆无忌惮地维护着统治阶级的利益，即"国家权力作为阶级社会中的一种公共权力，它是形成政治共同体的整合力量"。④ 在此背景下，政治权力完全颠覆了此前权力的存在方式，不断突破氏族、部落和部落联盟的界限，用其不可或缺的统治工具（如官吏、军队、警察、法律等）及

---

① 《马克思恩格斯选集》第 4 卷，人民出版社，1995，第 96~97 页。即使福山这样的右派人物也认为："从族团和部落层次的社会迈入国家层次的社会，在某种意义上，代表人类自由的一大挫折。"详见〔美〕弗朗西斯·福山《政治秩序的起源：从前人类时代到法国大革命》，毛俊杰译，广西师范大学出版社，2012，第 436 页。

② 〔英〕迈克尔·曼：《社会权力的来源》第 1 卷，刘北成等译，上海人民出版社，2002，第 51~52 页。

③ 《马克思恩格斯选集》第 4 卷，人民出版社，1995，第 109 页。

④ 江德兴等：《马克思社会化理论与政治权力的演变》，社会科学文献出版社，2005，第 13 页。

其派生的意识形态维护国家的存在。其中，个体既是规模较小共同体的成员，又是国家的国民。国家既可以对次级的共同体行使权力，又可以通过特定方式直接对国民行使权力，从而使权力在不同场合下以不同的方式存在，其整合功能达到一个空前的高度。与此同时，与国家空前强大的整合功能形成鲜明对比的是，国家背景下的个体越来越失去其自主权，也越来越不能掌握自己的命运，权力开始形成不同质地、不同密度的网络，并且作为一种强大的异己力量，将原子化的个体强行纳入不同规模的共同体，即"社会是由多重交叠和交错的社会空间的权力网络构成的"。① 这样，即使当下获得空前权利的人们也无法否认，"现代社会中的政治'自主'是一种虚幻"②，因为这种自主性不仅被政治权力巧妙地操控着，而且也无法与前国家时代的个人自主性同日而语，以至于长期置身于政治生活中的人们也不得不接受这一事实："国家的本质特征，是和人民大众分离的公共权力"。③

当然，在此后的阶级社会中，主要以国家为载体的政治权力总体上仍能保持其对社会的有效整合，但也会因时空变化而改变其整合方式。恩格斯在论述国家起源时曾经指出，随着生产力的发展，原始社会末期货币的社会影响彻底埋葬了人们之前的财产观念，以至于"在这种财富本身的化身面前，其他一切财富形式都不过是一个影子而已。以后货币的权力再也没有像在它的这个青年时代那样，以如此原始的粗野和横暴的形式表现出来"。④ 正是因为相对于以往，此时的财产意识和私有观念迅速膨胀，有产者开始利用其财产优势掌控国家，形成统治阶级。因此，此时的货币权力显然不同于以往的公共财产和公共权力，但也只是之后经济权力的原生形态，其深刻影响则完全被掩盖在专横的政治权力之下。⑤ 这样，当封

---

① 〔英〕迈克尔·曼：《社会权力的来源》第1卷，刘北成等译，上海人民出版社，2002，第1页。
② 〔英〕约翰·格莱德希尔：《权力及其伪装：关于政治的人类学视角》，赵旭东译，商务印书馆，2011，第30页。
③ 《马克思恩格斯选集》第4卷，人民出版社，1995，第116页。
④ 《马克思恩格斯选集》第4卷，人民出版社，1995，第166~167页。
⑤ 在人类社会早期，货币以一种辅助的方式存在于社会生活之中。即使在中世纪早期，因贸易稀少，它仍处于少人使用的境地。但到了中世纪晚期，随着新大陆与新航线的发现，经济繁荣、商业竞争与技术进步极大凸显了货币的重要性，进而削弱了传统的政治秩序与封建行会，为欧洲日后的迅猛崛起提供了能量。详见〔美〕斯塔夫里阿诺斯《全球通史：从史前史到21世纪》，吴象婴等译，北京大学出版社，2012，第393~394页。

建社会"建立了空前复杂的社会的和政治的等级制度，从而在几个世纪内消除了一切平等观念"①，并不是说此时并不存在货币权力，而是说此时的货币权力仍然没有摆脱政治权力的强力控制，根本无法表现出应有的相对独立性，更遑论其日后脱胎换骨的惊人一跃。但是，任何统治阶级也阻挡不了物质资料生产的革命性力量，劳动者的社会地位也因为生产力的进步而不断凸显。在封建社会末期，资本主义生产方式的萌芽和发展不仅最终埋葬了政治权力的世袭制度，淡化了它的强制色彩，而且也不断打破被统治阶级对统治阶级的人身依附，赋予其越来越多的自由和权利。这样，这一生产方式最终不仅催生了合乎社会发展需要的平等观点和权利意识，而且也改变了国家对社会的控制方式。在马克思的相关著述中，我们可以发现，在封建社会末期，出于阶级内部争权夺利、巩固王权的需要，国王也曾非常重视，甚至主动颁布相关法律，支持资本主义生产方式的发展，从而在丰富货币权力功能的基础上催生了经济权力，改变了无产阶级的传统命运。随着资本主义生产方式的发展和确立，无产阶级的历史地位也上升到一个空前的高度。在此背景下，市场机制逐步将传统的生产方式吸纳到商品生产的体系中，商品和货币更是作为全球化的力量，一举突破政治权力的传统极限，将人类社会逐渐联合成全球规模的共同体。这样，货币以其内在的整合机制，把相互独立的个人联合成一个共同体，创造出更加全面的社会关系和更加广阔的自由空间。② 然而，即使如此，经济权力也只是意味着资产阶级改变了统治的方式和手段，而不意味着他们已经放弃了阶级利益，也不意味着他们已决意消灭资本主义私有制，解放无产阶级。所以，马克思指出："旧剥削者的剥削或多或少带有家长制的性质，因为这主要是政治权力的手段。现在代替旧剥削者出现的，则是残酷的拼命要钱的暴发户了"。③ 在此背景下，作为对政治权力的补充和完善，

① 《马克思恩格斯选集》第 3 卷，人民出版社，1995，第 445 页。
② 江德兴：《马克思的现代社会发展理论》，东南大学出版社，1994，第 81 页。所以，当哈耶克（Hayek）说"钱是人们所发明的最伟大的自由工具之一"时，他不过是立足新的时代背景，重申了权力的整合功能和马克思的相关主张，同时也揭示了自由的辩证发展过程。详见〔英〕弗里德利希·冯·哈耶克《通往奴役之路》，王明毅等译，中国社会科学出版社，1997，第 88 页。
③ 《马克思恩格斯文集》第 7 卷，人民出版社，2009，第 675 页。

经济权力只是掩盖和淡化了政治权力的直接性和强制性，因而更加契合资产阶级鼓吹的平等、自由、民主等政治价值观。也正因为经济权力的巧妙和政治权力的策略以及两者的相互配合，资本主义意识形态具有空前的虚幻性和欺骗性，以至于不同视角的理论批判也难以改变人们对资本主义的迷恋，反复的阶级斗争和社会危机仍没有彻底打破其比较稳定的社会状态。同样，社会主义虽然从根本上颠覆了私有制的传统，但是为了改变落后的生产力，培育与社会主义相匹配的社会意识，巩固和完善社会主义制度，仍需要大力发展市场经济，以消除人们对经济权力的迷恋和对政治权力的敬畏。因此，除了制度差别，社会主义仍应延续资本主义的权力格局，以共同发挥权力的整合功能。这样，人类社会自古以来的历史真实地反映了权力的整合功能："我们只要考察一下作为现代资产阶级社会基础的那些经济关系，即工业关系和农业关系，就会发现，它们有一种使各个分散的活动越来越为人们的联合活动所代替的趋势"。① 以此推论，根据辩证否定的基本规律，即使将来权力完全再现其公共性，也不会丧失其整合功能，但将会在消除其外在强制和异化色彩的基础上形成更为合理的社会共同体，人们将会在道德的感召下，自愿融合到各种合乎自身发展的共同体之中。

其次，权力具有协调功能，即"权力承担实践活动的指挥，利益的协调和分配等功能"。②"按照纯粹的本质意义上的权力观点，权力应该是全体成员共同拥有共同行使，并能真正体现社会成员的共同意志和共同利益的政治力量"③，但是"共同意志和共同利益"并不能满足差异明显的个性化需求，或者说，即使权力的整合功能能够实现"共同意志和共同利益"，也难以满足成员的个性化需求，也必然制约共同体长期存在的价值和可能性。由此也说明，通过整合功能将个体连接成不同规模的社会共同体，并不是权力的最终目的，毕竟此举仍无法实现个体的现实需求，更遑论发挥更大潜能，实现更加全面的发展。虽然没有整合功能，权力无法

---

① 《马克思恩格斯选集》第 3 卷，人民出版社，1995，第 224 页。
② 江德兴等：《实践范畴与马克思主义的总体逻辑》，《思想理论教育导刊》2008 年第 2 期。
③ 〔美〕丹尼斯·朗：《权力论》，陆震纶等译，中国社会科学出版社，2001，第 123 页。

实现更深层次的目的，但仅有这一功能，也不意味着这一目的能够自动实现，因为共同体内部的矛盾和冲突会更加多样和复杂，如不予以有效应对，共同体仍会处于无序和动荡之中，甚至会土崩瓦解。尤其随着人类社会的发展，在主体性的实践中，实践目的日渐复杂宏大，实践手段不断扩大丰富，这不仅意味着实践中应用工具的能力日渐分化，而且对实践客体的认知出现明显分歧，实践的目的也就更加难以统一。而在此后相当长的发展阶段，即使生产力水平显著提高，实践中的分歧也不是逐渐缩小，而是日益扩大。这种日益扩大的分歧不仅意味着矛盾和冲突极易使得实践无法进行，而且还导致形成于实践的社会关系濒临破裂，或破坏既有的实践成果。由此可见，当权力发挥了整合功能之后，只有继续发挥其协调功能，满足个体或局部的利益诉求，将利益矛盾控制在一定范围内，防止和减少可能的冲突与内耗，形成促进社会发展的合力，才能适当淡化现实中整合功能的集中和强制色彩，完整体现权力的现实价值。不仅如此，如果说整合功能存在机械整合和有机整合的区别，显然，协调功能也有形式协调和实质协调的区分，因为机械整合主要依靠强制力而较少顾及民意，必然导致偶尔的协调也是形式大于实质，只有基于广泛民意和充分协商的有机整合才能调动民众参与的积极性，催生具有真实效果的实质协调。由此也说明，整合功能只是权力必要的基础性功能，或者是权力功能的手段要件，相比之下，其协调功能更具终极价值，是权力的发展性功能和目的要件，因为"整合功能作为基础性功能，既为协调功能奠定了基础，又对其提出了更高要求；协调功能作为发展性功能，既是对整合功能的延续，又是对其成果的巩固和发展。双重功能就在互补与平衡中确保了共同体的存续、发展及其合法性"。①

---

① 吴永生：《权力功能与权力监督刍议》，《新疆社会科学》2015 年第 2 期。这也自然使人联想起梁启超的名言："人非群则不能使内界发达，人非群则不能与外界竞争。故一面为独立自营之个人，一面为通力合作之群体。"进而言之，"内界发达"必然能够"与外界竞争"，"与外界竞争"仍要取决于"内界发达"，这也必定要求权力更加重视协调功能，以尊重和发展个性，进而意味着"故事有一人之力所不能为者，则政府任之。有一人之举动妨及他人者，则政府弹压之。"详见梁启超《饮冰室合集之十》，中华书局，1989，第 1、2 页。只有这样的权力，才能形成真正的社会，其中的个人才会成为真正的社会人，进而使权力发展走向正道。

就权力的起源而言，如果没有协调功能，原始的渔猎农耕将无法有效开展。而这一功能又在之后催生了生产中的平等分工，决定了人们在财物分配中的平等地位，进而催生了人们融入集体的积极性和更多更大规模的人类协作，推动了人类更快的发展。由此可见，权力从来就不是一种独立的社会现象，甫一面世便出现在最为原始的生产生活之中，以双方乃至多方的自愿协作而非整合功能的强制性表现其有机社会性。所以，有研究者指出："集体事业如果要取得成功，就必须有一些人发号施令，另一些人服从命令"。① 不仅如此，这种协调功能还能在调动个体或局部的能动性中形成远大于自然力量的集体力量，实现共同体更为强大和明显的整体效应："只要指挥者有能力，乌合之众也可以成为战斗英雄，若无能力，战斗英雄照样会成为乌合之众。这不仅军队如此，民族、阶级、政党之中，情形也都一样"。② 而在此后更大规模的共同体中，随着分工的日益丰富和发达，权力的协调功能也就更加显现，尤其在国家产生之后，作为阶级统治工具的国家也不能完全忽视被统治阶级的利益。当马克思说国家的职能"既包括执行由一切社会的性质产生的各种公共事务，又包括由政府同人民大众相对立而产生的各种特殊职能"③，也就说明"各种公共事务"并不完全排斥被统治阶级的利益。相反，为了更好地维护自身利益，统治阶级还不得不随着生产的发展，及时缓和社会矛盾，适当兼顾被统治阶级的利益，否则，激烈的阶级斗争和社会冲突也会打破特定的共同体，甚至造成两败俱伤。所以，在国家存在的背景下，"这第三种力量似乎站在相互斗争着的各阶级之上，压制它们的公开的冲突，顶多容许阶级斗争在经济领域内以所谓合法形式决出结果来"。④ 当然，由于"文明时代最有势力的王公和最伟大的国家要人或统帅，也可能要羡慕最平凡的氏族酋长所享有的，不是用强迫手段获得的，无可争辩的尊敬"，而统治阶级只能更多依赖政治权力，以至于"文明国家的一个最微不足道的警察，都

---

① 〔英〕伯特兰·罗素：《权力论：新社会分析》，吴友三译，商务印书馆，1991，第8页。

② 〔德〕奥斯瓦尔德·斯宾格勒：《西方的没落》，陈晓林译，黑龙江教育出版社，1988，第537页。

③ 《马克思恩格斯全集》第25卷，人民出版社，1974，第432页。

④ 《马克思恩格斯选集》第4卷，人民出版社，1995，第169页。

拥有比氏族社会的全部机构加在一起还要大的'权威'。"① 这样，对人类历史的简单回顾，也就揭示了这样一条基本规律，即随着时间的推移，统治阶级不得不由形式到实质，逐步放松对社会的控制，或者说更加注意适当节制自身的私欲，以体现对被统治阶级和社会利益的尊重。不仅如此，为了更好地发挥权力的协调功能，统治阶级也会随着生产生活的需要，对国家机关进行必要的分工，以提高协调的精准性和有效性，应对利益多元化和复杂化的趋势。这样，即使在特定时空下，可能出现的由分散到集中的反向调整，其中也必定出于协调利益、缓和矛盾的暂时需要，而不是整合功能的惯性使然，更不会改变协调功能的目的性价值。由此可见，作为权力社会化的内在机制，权力的协调功能又在一定程度上淡化了整合功能的强制色彩，进而缓和或弥补了整合功能对个体或局部利益的侵害，并在人类社会中持续发挥着更为积极的意义，保障了权力永恒的开放性与公共性。

相对于政治权力，经济权力则以其明显有别于前者的方式，显示其独特的协调功能。作为一种基于资本逻辑的权力，经济权力以一种明显有别于传统强制的手段，极为有效地化解了政治权力固化的等级制度，将两大阶级的利益矛盾协调至空前合理的程度，使社会共同体的内部结构更趋合理，因为其机制就在于商品交换双方"作为交换的主体，他们的关系是平等的关系"②，"除了平等的规定以外，还要加上自由的规定。尽管个人A需要个人B的商品，但他并不是用暴力去占有这个商品，反过来也一样，相反地他们互相承认对方是所有者，是把自己的意志渗透到商品中去的人格"。③ 当然，在此过程中，经济权力的价值取向更加明显，始终要服从和服务于资本增值的目的，也就必然导致财富与贫困的两极分化。这一结果必然使得资产阶级面临两种选择，一种选择是继续服从资本逻辑，听任两极分化的加剧，结果必然是随着生产资料的集中，受到严重制约的社会化大生产持续蓄积力量，直至炸毁其资本主义外壳，消灭资产阶级和资本主义制度。另一种选择则要求资产阶级痛苦地变革其传统的利益观，

---

① 《马克思恩格斯选集》第4卷，人民出版社，1995，第172页。
② 《马克思恩格斯全集》第30卷，人民出版社，1995，第195页。
③ 《马克思恩格斯全集》第30卷，人民出版社，1995，第198页。

并立足更为宏观的视角，适当限制资本的贪婪本性，兼顾无产阶级的利益。而现在越来越多的事实表明，后一种选择在自我反思和制度约束中日渐成为共识。也正是在此层面上，国家既在阶级冲突中产生，又在控制冲突中存续，因而内在地昭示着国家控制阶级对立、协调利益矛盾和改善利益格局的历史使命和自主空间。由此观之，在风起云涌的阶级斗争和无产阶级革命的背景下，马克思关于资本主义终将被埋葬的预言虽未完全成为现实，但也不能否认其中的科学依据，更不能断言其理论的错误，其中最根本的原因无疑是资产阶级不得不实施的被动调整，尤其是加强和完善了权力的协调功能，进而在适当进行利益补偿的同时，化解了无产阶级革命的诱因和动力。由此可见，国家干预主义一改资本主义的传统，归根到底仍然是阶级斗争的结果和利益协调的需要，自然也是经济权力与其背后的政治权力共同发挥协调功能的结果。同样，鉴于现实社会主义的各种客观要求，社会主义国家在实行市场经济的同时，也要注重规范经济权力，激发其内在的协调机制，即既要防止其加剧现实中的利益分化、侵蚀政治权力的风险，又要调动其培养自由、民主、法治等政治意识的内在机制。就此意义而言，作为一种更加持续的协调功能，社会主义国家的宏观调控既是对无产阶级革命的践诺，又是对社会主义制度的回应，自然也是对未来社会的积极探索。

上述关于权力双重功能的分析，从独特视角反映了人类社会的发展规律和基本走势。就权力的整合功能而言，甫一面世的政治权力表现出一种简单、粗野的强制性和压迫性，以两大阶级利益极端对立的形式维持着社会共同体的暂时存在，而周而复始的阶级斗争则不断缓和利益分化与阶级对立的程度。及至经济权力的出现，政治权力的强制性整合或机械整合逐渐失去了意识形态的合理性，要求资产阶级重建更为合理的意识形态体系，应运而生的经济权力所宣扬的平等、自由、民主、人权等价值观无疑具有这样的历史功能。当经济权力超越政治权力，成为社会关系的新型媒介，尤其在全球范围内形成空前规模的共同体时，其反人性的严重后果又对更为合理的社会形态提出了现实要求，以社会主义的政治权力来减少经济权力的负面影响乃至超度资本主义也就成为大势所趋。① 尽管这种减少已体现出空前的合理性，但政治权力和经济权力仍无法完全消除其负面影响，进而要求其在未来的发展中全面接受民意的考量和纠偏，以不断提升的社会性，逐步回归真正的公共权力，进而以一种超政治和超经济的形式，催生全面发展的人类社会。遵循类似的历史逻辑，在国家面世之初，权力的协调功能一改其曾经的真实性，体现出明显的虚幻性，即这种协调功能更多是一种基于个人意志或自以为是的协调，因而明显有违其应有的平等、包容、协商等价值诉求。但是，暴力催生暴力的惨痛教训也迫使这种协调功能逐步回归其应有的状态，后一种社会形态的相对合理性也使得这一功能逐步名副其实。及至当下，尽管政治权力和经济权力的协调功能仍未完全消除强制或虚幻色彩，仍有明显的完善空间，但已经不断彰显出权力中不可根除且具有强大生命力的公共性，而且还以其空前成就昭示着更加广阔的发展空间。这样，人类社会的历史进程不仅明显描绘出这两种功能去暴力化和强制性的发展趋势，而且也呈现出此消彼长的良性互动，即相对于整合功能及其开放性的工具理性，随着时代的发展，人们会日益自觉地遵循社会规律，主动服从其中的协调机制，不断张扬其公共性的价值追求，为所有人赢得自由全面的发展空间。因此，在此规律的支配下，当下民众不仅应当立足社会关系的视角，自觉培养其社会意识，主动提升自身行为的社会价值，而且应当根据权力的应有功能，理性审视其现实作为，以其规范行为引领权力走上正确的发展方向，全面彰显权力的公共性。

二　权力功能引领的社会发展

恩格斯在《论权威》一文中曾借用蒸汽纺纱、铁路交通、远行航船等实例，说明权力功能的现实意义及其与人类社会共始终的永恒价值。② 而经验事实也同样说明，离开了权力，最基本的生活生产也将因不同主张

---

① 在理论层面上，社会主义当然可以（历史上也曾）彻底铲除经济权力，以消除其滋生的异化现象。但在现实层面上，不仅社会主义缺乏应有的生产效率和发展成果，而且公众也缺乏相应的民主法治素质，仍需要经济权力在实践中进一步加以培育。换而言之，当下的经济权力仍有明显的生长空间，社会主义完全应当主动利用其现实合理性，更加充分地彰显自身的优越性。

② 《马克思恩格斯选集》第 3 卷，人民出版社，1995，第 224~227 页。

而引发混乱，甚至使社会陷入停顿乃至倒退，更遑论其他更加复杂的社会活动。根据上述权力演进的基本逻辑，无论是为了有效化解政治生活中的矛盾，还是理性处理社会生活中的分歧，人类都需要充分发挥权力功能。然而，人类对权力的认知和社会发展则要曲折得多。就经济权力而言，资本主义一贯主张的"人性恶"和个人主义的价值观为资本的存在和资本逻辑的普及提供了沃土。他们不仅认为，"如果你认真地研究了自然选择的方式，你就会得出结论，凡是经过自然选择进化而产生的任何东西，都应该是自私的"[1]，"对整个物种来说，'普遍的爱'和'共同的利益'等在进化论上简直是毫无意义的概念"，而且非常露骨地强调，"靠每天劳动为生的人，只有贫困才能激励他们去工作，缓和这种贫困是明智的，想加以治疗则未免愚蠢……要使社会幸福，使人民满足于可怜的处境，就必须使大多数人既无知又贫困。"[2] 这样，社会达尔文主义的意识形态就把生命本能贴上自私的道德标签，资本对增值的疯狂追求也被作为天经地义的现象受到追捧，资本主义生产方式也因此获得了意识形态的合理性与在全球流行的强势话语。然而，在资本主义生产方式下，生产力和生产关系之间无法调和的矛盾最终进入到激烈对抗的程度，以至于不得不通过一次

---

[1] 〔英〕里查德·道金斯：《自私的基因》，卢允中等译，吉林人民出版社，1998，第3页。

[2] 〔英〕里查德·道金斯：《自私的基因》，卢允中等译，吉林人民出版社，1998，第5页。只要不囿于社会达尔文主义的视野，也就不难发现，"人性恶"的观点只看到了人的生命本能，而忽视了人自主能动、不断超越自我的潜能。事实上，正是基于这样的潜能以及日益理性的文化熏陶，人类才从较晚出现的物种，迅速成长为地球的主宰、万物的灵长，并日益加速的发展非常真实地展现了这一潜能。而相关研究也从科学的角度，对此进行了尖锐批评："尽管道金斯有本名著《自私的基因》，但是基因终究是没有目标的，无从自私，也没有人类或动物的心理特征。请不要忘记，基因只不过是化学亚基结合成一长条的化学分子，用以决定氨基酸的序列，经由复杂的生化机制形成蛋白质，不带任何的情感因素在内。"而在历史研究的角度，"从一万年前，农业文明开始，人类的演化就具高度文化性，因为文化上的演化远比遗传演化更快速，一些常见的恶习，特别是在美国，不是高估遗传演化对行为的影响力，就是低估文化演化对行为的重要性。"详见〔美〕保罗·R.埃力克《人类的天性：基因、文化与人类前景》，李向慈等译，金城出版社，2014，第23页。因此，"人性恶"的观念与其说是生理遗传，毋宁说是文化积淀与传统惯性，或者说基因遗传虽然是先天的，但原始而影响甚微，而文化传承虽然是后天的，却更为重要。正因为如此，即使宣扬"理性的自私"的客观主义伦理学也承认，"人也不能按照动物的方式来生存，不能拒绝理智而依靠具有创造性的人作为其牺牲品来生存。这样的劫掠者也许能够暂时实现其目标，但却必须以毁灭为代价：毁灭他们的受害者以及他们自己。"详见〔美〕安·兰德等《自私的德性》，焦晓菊译，华夏出版社，2014，第13页。

又一次的经济危机予以调节。这样，在反复遭受经济危机之后，资产阶级也不得不进行自我调整，直至国家干预主义在理论和实践两方面都取得了意想不到的成就。但是，基于政治权力的国家干预主义并没有而且也无意改变原有的人性假设，而是在此假设原封不动的基础上，从最表层的方面局部调整生产关系，更不可能在生产力和生产关系的关系中改变其内在的冲突机制，个人主义仍然是资产阶级顶礼膜拜的价值观，资本逻辑仍然是他们深信不疑的信条，资本仍然是支配一切的经济权力。而这些观念与体制不仅建构了资本主义的宏观框架，而且渗透到生产生活的细微环节，根植于世人的内心深处，进而成为当今社会继续前行的羁绊。

当然，在全球化和不同制度相互比较的背景下，悬殊的利益分化、激烈的社会矛盾、严重的生态危机、顽固的恐怖主义等现实问题也在迫使资产阶级进行更加深刻的思考，并在体制内进行有限的制度调整。当下，诸如社群主义、生态主义、女权主义等各种社会思潮，在持续反思和批判资本主义的同时，也在改变着传统的世界观和价值观，悄然营造着一种全新的价值取向和社会风气。在此背景下，能否就此断言经济权力已经开始式微乃至消亡，显然为时尚早，但经济学、心理学和社会学等学科的最新研究也在逐步形成理论共识，并承认以下的发展趋势，即基于人的社会性以及由此产生的精神追求，随着生产的不断发展和财富的持续增长，个体的较低需要得到满足后，必然追求更高层次的需求，直至进入自我实现的成熟状态。在此进程中，更多关注较高需求的人们自然会在支持政府公共福利政策、主动帮助弱势群体中彰显其社会属性和社会价值，弱势群体摆脱困境的机会也将随之增加，基于较低需求的利益矛盾也将越来越具有解决的机会，人类社会自然也因此更加稳健地迈向更高的社会形态。同样，当我们分析经济权力在资本主义制度下的现实表现和未来趋势之后，再来反思其在社会主义制度下的表现，我们也必须承认，无论是与发达资本主义相比，还是与社会主义的应然状态相比，社会主义的基础和现实都为市场经济留下了长期存在的空间，仍需要经济权力中的竞争与效率机制来激发社会发展的活力与动力，而以资本逻辑为基本动力的全球化浪潮也让经济权力在更广范围内找到了存在的理由。事实上，以马克思主义为指导思想的社会主义并不全面排斥个人利益，同时也承认"'历史'并不是把人当做达到自己目的的工具来利用的某种特殊的人格。历史不过是追求自己目的的人的活动而已"①，但它也始终坚持"人的本质不是单个人所固有的抽象物，在其现实性上，它是一切社会关系的总和"。② 这样，随着生产力发展，物质财富在人们生活中的地位将明显降低，"管理上的民主，社会中的博爱，权利的平等，普及的教育，将揭开社会的下一个更高的阶段，经验、理智和科学正在不断向这个阶段努力"。③ 因此，社会主义绝不能因为经济权力的重要性与现实存在而放任其负面影响的蔓延，相反，全球化引发的全球范围内不公正、非正义的现象已经反复印证了社会主义的空前合理性，加速了社会主义价值在全球范围的推广，进而要求社会主义综合运用各种手段，在鼓励和引导中对经济权力兴利除弊，确保经济权力服务而不拖累社会主义，进而做出更为广泛、更为持续的示范效应。这样，我们就有理由相信，经济权力必将悄然淡出我们的视野，转变成任何人都能拥有而又不会独享的公共权力，从而实现权力辩证否定的过程。也正是在这一意义上，未来社会"将是古代氏族的自由、平等和博爱的复活，但却是在更高级形式上的复活"。④

与经济权力相比，政治权力也存在类似的发展趋势和未来归宿。虽说国内的矛盾和冲突、国际的角力和纷争都为政治权力提供了存续的理由和空间，但并不能因此否认或改变政治权力最终趋于消亡的客观趋势。按照马克思的最初设想，发达国家的无产阶级通过暴力革命的形式，推翻资产阶级政权，建立无产阶级专政的国家，逐步废除官僚制度，并以此在全球范围内推广共产主义的积极影响，也就开启了国家消亡的进程。为此，马克思曾以巴黎公社为例，阐述了无产阶级专政背景下官僚废除的可能路径。首先是实行普选制，"公社是由巴黎各区通过普选选出的市政委员组成的"，其他公职人员，如警察、法官等以同样的方法产生，并且随时可以罢免。随着传统特权的逊位，"从公社委员起，自上至下一切公职人

① 《马克思恩格斯全集》第 2 卷，人民出版社，1957，第 118~119 页。
② 《马克思恩格斯选集》第 1 卷，人民出版社，1995，第 56 页。
③ 《马克思恩格斯选集》第 4 卷，人民出版社，1995，第 179 页。
④ 《马克思恩格斯选集》第 4 卷，人民出版社，1995，第 179 页。

员，都只能领取相当于工人工资的报酬。"① 其次是实行地方自治，"公社将成为甚至最小村落的政治形式，常备军在农村地区也将由服役期限极短的国民军来代替。每一个地区的农村公社，通过设在中心城镇的代表会议来处理它们的共同事务"。② 经过这样的综合措施，"公社实现了所有资产阶级革命都提出的廉价政府这一口号，因为它取消了两个最大的开支项目，即常备军和国家官吏。"即使如此，政治权力也不会因此放缓其消亡的脚步，因为"无论廉价政府或'真正共和国'，都不是它的终极目标，而只是它的伴生物"。③ 这样，这些综合措施将逐步消除政治权力长期被膜拜、被追求的光环，国家也会在此进程中最终走向消亡，从而转变成"自由人的联合体"，即"每个人的自由发展是一切人的自由发展的条件"。④

当然，鉴于无产阶级革命的形势及其经验和教训，马克思非但没有否认国家的现实价值和政治权力继续发挥作用的现实空间，而且在与无政府主义的激烈交锋中予以重点强调。面对无政府主义不断变化的论战策略，尤其是为了驳斥巴枯宁"权威＝国家＝绝对祸害""破坏一切教会和一切国家，打倒神权和人统治人的权力"⑤ 等政治幻想，马克思在《所谓国际内部的分裂》等文章中严厉批判了无政府主义的主张，指出国家逐步消亡的基本趋势，即"在无产阶级运动的目的——消灭阶级——达到以后，为了保持为数极少的剥削者对由生产者组成的社会绝大多数的压迫而存在的国家政权就会消失，而政府职能就会变成简单的管理职能"。⑥ 而恩格斯到了 1883 年在致菲·范派顿的信中仍明确强调："马克思和我从 1845年起就持有这样的观点：未来无产阶级革命的最终结果之一，将是称为国家的政治组织逐步解体直到最后消失。这个组织的主要目的，从来就是依靠武装力量保证富有的少数人对劳动者多数的经济压迫。随着富有的少数人的消失，武装压迫力量或国家权力的必要性也就消失。同时我们始终认为，为了达到未来社会革命的这一目的以及其他更重要得多的目的，工人

---

① 《马克思恩格斯选集》第 3 卷，人民出版社，1995，第 55 页。
② 《马克思恩格斯选集》第 3 卷，人民出版社，1995，第 56 页。
③ 《马克思恩格斯选集》第 3 卷，人民出版社，1995，第 58 页。
④ 《马克思恩格斯选集》第 1 卷，人民出版社，1995，第 294 页。
⑤ 中共中央马恩列斯著作编译局资料室：《巴枯宁言论》，三联书店，1978，第 76、52 页。
⑥ 《马克思恩格斯全集》第 18 卷，人民出版社，1964，第 53 页。

阶级应当首先掌握有组织的国家政权并依靠这个政权镇压资本家阶级的反抗和按新的方式组织社会。这一点在 1847 年写的《共产党宣言》的第二章末尾已经阐明。"① 不仅如此，即使在实现无产阶级专政以后，必不可少的国家和政治权力"既是为了镇压剥削者的反抗，也是为了领导广大民众即农民、小资产阶级和半无产者来'调整'社会主义经济"。② 显然，这不仅体现了马克思国家学说的现实价值，而且也反映了国家的未来命运与国家消亡的前提条件和漫长进程。当下的社会主义实践也同样证明，面对以不同方式存在的旧社会痕迹，社会主义国家仍需努力消除"资产阶级权利"，限制与缓和利益冲突，直至生产力高度发达，自治能力显著提升的公众不再需要依赖政府机关进行利益调整，并在公共事务中逐渐发挥自治作用，政治管理自然也会逐渐跃升为真正的公共管理，政治权力也必然回归为真正的公共权力。

现当代的国际形势也在说明，曾经革命浪潮风起云涌的资本主义国家并无明显的革命迹象，各种阶级矛盾与社会冲突也没有从根本上动摇资本主义制度，但这一现状只能说明资本主义国家的未来可能不会完全被马克思言中，并不意味着政治权力就因此中断向公共权力复归的进程。事实上，与传统资本主义相比，当代资本主义已发生明显变化，在国家干预主义的影响下已局部出现了社会主义的特征，而遵循资本逻辑的全球化更是将资本主义无法改变的弊端推向全球，更加激发了世人对社会主义价值观的认同和向往，从而迫使维护私有制的政治权力逐步淡化其阶级统治的色彩，更多观照社会的整体和长远利益。就此意义而言，如果说我国不仅成功跨越了资本主义的"卡夫丁峡谷"，而且以其世所罕见的成就，彰显了社会主义制度的优越性和生命力，那么，已经觉醒和更多将会觉醒的民众必然会以更大的革命精神和革命力量，持续推动资本主义社会以一种全新的方式进入社会主义社会，甚至跨过社会主义阶段，直接进入更高层次的社会形态，也并非毫无可能。这样，即使资本主义国家不发生政治革命，

---

① 《马克思恩格斯选集》第 4 卷，人民出版社，1995，第 656 页。
② 《列宁选集》第 3 卷，人民出版社，1995，第 131 页。为此，列宁还明确指出："无政府主义是绝望的产物。它是失常的知识分子或游民的心理状态。"详见《列宁选集》第 1 卷，人民出版社，1995，第 288~289 页。

在持续提升的公民素质和日益普遍的公共精神推动下，更为深刻的社会革命仍将稳定推动权力社会化的进程。而在理论层面上，作为超越资本主义的社会主义的确可以而且应当消除经济权力的影响，毕竟正是经济权力长期维护了资本对劳动的统治，导致了人的片面发展，但在社会主义产生和存在的现实背景下，理当明显优于资本主义的生产力并不存在，人的精神境界也未发展到不再计较个人得失、足以维系社会主义应有效率的程度，因而仍然需要经济权力来提升社会主义效率，以实现生产力和生产关系的相对平衡。但是，这一现实理由也不会长期存在，人类更不会因此而止步不前。以马克思主义为指导思想的社会主义社会仍将努力挣脱现实束缚，尤其随着生产力和经济因素影响的逐步下降，经济权力内含的竞争和效率机制必将因为人们普遍追求自我实现而逐步让位于他们在各自岗位上的自觉奉献。届时，不仅经济权力毫无存在的必要，政治权力也会因此逐渐失去统治和管理的色彩，并作为一种纯粹的社会自治力量，由全民共有、共享。当然，届时的公共权力仍将发挥着权力的基本功能，即仍要维护社会共同体的存在，并更加高效地协调各种矛盾，但此时已基本依靠人们的自我约束和完善的社会调节机制，根本无须动用强制手段。① 这样，实现辩证复归的权力必将重新显现其公共性的道德光辉和社会价值，因为"政治国家以及政治权威将由于未来的社会革命而消失，这就是说，公共职能将失去其政治性质，而变为维护真正社会利益的简单的管理职能"。② 显然，当人们无须听命于强制色彩浓厚的政治权力，也不再膜拜令人屈辱的经济权力，而只是在日益回归其社会性的基础上听从其内心的呼声，他们自然能够进入一种真正意义的个性自由状态，也自然能够实现最大限度彰显其潜能的全面发展。③

---

① 因此，就权力的永恒性而言，当下学界关于"国家理性""国家理由"的讨论正酣，也可以在类推中追问"权力理性"，但根本无须追问"权力理由"，至少在哲学层面或终极意义上理当如此。

② 《马克思恩格斯选集》第3卷，人民出版社，2012，第277页。

③ 福山也认为："现代民主的兴起为所有人提供自决机会，以承认相互的尊严和权利为基础。因此，它只是在更大更复杂的社会里，恢复当初迈入国家时所失去的。"详见〔美〕弗朗西斯·福山《政治秩序的起源：从前人类时代到法国大革命》，毛俊杰译，广西师范大学出版社，2012，第436页。

第二章

权力：马克思政治理论的逻辑起点

在初步界定马克思权力范畴的基础上，探讨该范畴与其政治理论的关系也就成为本书合乎逻辑的后续话题。面对相关的理论分歧，合理分析马克思政治理论的逻辑起点自然是无法绕行的理论基础，尤其当该逻辑起点主要存在利益说和权力说的不同主张，而且各有其合理性，而当权力说的研究成果又通常将权力当作前提而非议题对待时，自然需要补充令人信服的理论依据。这就要求本书必须对此予以充分思考，以确保论证更具科学性，其他后续问题的研究更具立论基础，整体论证框架更具逻辑依据。同时，针对一些研究者对马克思政治理论的质疑，本书自然也应合理分析该理论的学术特点，论证其分期依据和马克思在不同时期的革命重心和理论关注，以新的论据和论证回应有关质疑。在此基础上，从权力视角研究马克思的政治理论关于公共权力异化为政治权力、经济权力的产生和权力社会化、人类解放和公共权力的历史回归这一辩证否定的演进过程和发展规律，从而将权力范畴与马克思的政治理论进行全面合理的对接，形成一个基本框架，以便为后续其他问题的研究奠定理论基础。

第一节　利益或权力：逻辑起点之争

历史是生动的逻辑，是逻辑的基础和内容；逻辑是简化的历史，是历史的抽象和凝练。具体而言，"任何社会科学都无法去原原本本地记录历史，它必须把历史过程加以逻辑的处理。这种处理就在于将真实生活中的偶然性、曲折性去除掉，让历史变得较为平直，并从这种平直中找出必然的逻辑线索。"① 而在长期实践的基础上，人们也逐步认同以下规律，即 "要建立理论体系，就必须先确定一个最基本的范畴作为逻辑起点，这样，全部理论才能从起点开始逐步展开"。② 为此，黑格尔曾做过原创性的论述，即逻辑起点 "不可以任何东西为前提……不以任何东西为中介，也没有根据；不如说它本身倒应当是全部科学的根据"，或者说，"最初的东西又同样是根据，而最后的东西又同样是演绎出来的东西；因为从最初的东西出发，经过正确的推论，而到最后的东西，即根据，所以根据就是结果"。③ 换而言之，作为理论体系最简单、最直接和最抽象的初始性规定，逻辑起点是理论形成和发展的细胞和原点，必然对理论具有最初和最基本的内在规定性，以至于这一规定即使在思维主体、思维对象和思维方式等方面不尽相同，也不会产生明显差异，更不会被彻底否定，马克思的政治理论同样也不能摆脱这样的规定。有所不同的是，基于思维的主客体与时空的差异，这个逻辑起点可能是一个范畴，或是一个问题。回归到本书主题，学界对马克思政治理论的许多方面尚未完全达成共识，其逻辑起点方面也是如此，其中具有较大影响的观点主要有利益说和权力说，并在此基础上形成了不同思路、不同风格的马克思主义政治理论。

一 利益说的理论依据及逻辑困惑

利益在人类社会中的基础地位和直接影响，尤其是其与政治的密切关联，自然会引发人们在实践中基于政治视角，思考和追求不同层次和不同领域的利益，当然也会引导学界立足利益视角，分析和建构政治理论，描绘利益与政治理论的前世今生和因果关系。主张将利益视为马克思主义政治理论逻辑起点的代表人物，当属王浦劬教授，由他主编并产生广泛影响

---

① 严强：《政治理论的范畴体系》，《江海学刊》2000 年第 4 期。同时，该文主张以 "政治关系" 为逻辑起点，建构一般意义上的政治理论，但未见有系统的学理分析。虽然该文并不完全适用于诠释马克思的政治理论，但也不妨碍本书从关系维度思考权力本质和从权力视角建构马克思政治理论的尝试。

② 冯振广等：《逻辑起点问题琐谈》，《河南社会科学》1996 年第 4 期。

③ 〔德〕黑格尔：《逻辑学》上卷，杨一之译，商务印书馆，1966，第 56 页。

的《政治学基础》更使这一主张得以普及。该书一开始就在中外思想家
对利益的强调中明确了利益在人类社会中的重要作用，并由此引申出马克
思等经典作家对利益的思考。该书认为，早在19世纪40年代中期，在唯
物史观的指引下，马克思就明确强调了利益在实践中的重要性，并对政治
生活产生了深远影响："因此我们首先应当确定一切人类生存的第一个前
提，也就是一切历史的第一个前提，这个前提是：人们为了能够'创造
历史'，必须能够生活。但是为了生活，首先就需要吃喝住穿以及其他一
些东西。因此第一个历史活动就是生产满足这些需要的资料，即生产物质
生活本身，而且这是这样的历史活动，一切历史的一种基本条件，人们单
是为了能够生活就必须每日每时去完成它，现在和几千年前都是这样"。[1]
因此，对利益，尤其对物质利益的追求，在持续推动社会发展的同时，不
仅加剧了利益分化，催生了各种政治现象，开启并固化了政治生活，而且
推动着政治生活的逐步深化与不断发展。具体而言，在利益的驱使下，人
们不仅不会停止物质资料的生产，而且不会停留在特定的生产能力和生产
水平，因而必须通过提升生产力、改善生产关系来满足其利益诉求。为
此，人们不仅要"像野蛮人为了满足自己的需要，为了维持和再生产自
己的生命，必须与自然搏斗一样，文明人也必须这样做；而且在一切社会
形式中，在一切可能的生产方式中，他都必须这样做"。[2] 同时，"为了进
行生产，人们便发生一定的联系和关系；只有在这些社会联系和社会关系
的范围内，才会有他们对自然界的关系，才会有生产"。[3] 起初，这种社
会关系主要基于血缘关系，从家庭逐步发展到氏族、胞族、部落和部落联
盟等规模不一的共同体。及至野蛮时期，基于生产发展、超越自然分工的
社会分工既巩固了发展成果，增加了剩余产品，又催生了财产意识和私有
观念，逐步凸显的利益差别导致原本人人平等的社会共同体开始出现阶级
和阶级矛盾，随之出现的阶级斗争不仅意味着政治生活的面世，而且破天
荒地催生了国家以及相应的国家机器，以便既能维护有产者的既得利益，

---

[1] 《马克思恩格斯选集》第1卷，人民出版社，1995，第78～79页。
[2] 《马克思恩格斯文集》第7卷，人民出版社，2009，第928页。
[3] 《马克思恩格斯全集》第6卷，人民出版社，1961，第486页。

又能确保社会共同体的延续。① 由此可见，国家的面世彻底改变了权力性质及其存在空间，进一步固化了权力的政治属性，以至于此时的权力已不再是"自然发生的共同体的权力"，而是一种"特殊的公共权力"②，即一种形式上而非真正的公共权力，或者是一种完全异化并组织化的公共权力。从此，在国家的框架内，主要存在于奴隶主和奴隶、地主和农民、资本家和工人之间的阶级斗争，一直是人类社会政治生活的主要旋律：统治阶级始终用国家机器来维护自身利益，辅之以渐趋全面的法律与渐具解释力的意识形态；被统治阶级则通过风起云涌的革命运动反复打破国家机器，为自身赢得更多渐趋稳定与可预期的生存和发展空间。当然，为了维护与平衡眼前利益和长远利益、局部利益和整体利益，统治阶级不仅要兼顾被统治阶级的暂时或局部利益，而且要及时体现出相应的自主性，处理阶级内部不同阶层和集团的利益矛盾，从而使得国家不同程度地具有社会职能。及至社会主义社会，这种社会职能则上升到空前的高度，同时着眼统治秩序的政治职能则在范围和强度上下降到历史的最低点，而且这种此消彼长的互动趋势必将随着政治生活的民主化与合理化而持续下去。③

在上述基础上，该书认为，人们对自身利益的关注及其实现路径之间的差异既激化了横向利益矛盾，即个人之间、阶层之间、阶级之间、民族之间、国家之间的矛盾，又滋生了纵向利益矛盾，即个人与其所在的集体、阶层、阶级、民族和国家等共同体之间的矛盾。这些基于利益差别的矛盾作为一种社会现象，不仅成为政治生活的常态主题和政治发展的动力机制，而且内在地规定着政治生活的基本方式和政治发展的基本趋势。这样，矛盾不断的利益关系在政治生活中不仅占有重要地位，而且对政治行为产生决定性的影响。为此，该书对相关内容进行了系统论述。首先，该书分析了利益在政治关系中的地位和作用，其中，第一，"利益是人们结

① 所以，卡尔·施密特（Carl Schimitt）也认为，"国家概念以政治的概念为前提。"不仅如此，"国家似乎是某种政治性的东西，而政治则是某种属于国家的东西——这显然是一个令人不快的循环。"详见〔德〕卡尔·施密特《政治的概念》，刘宗申等译，上海人民出版社，2015，第21、23页。这样，政治催生了国家，加快了国家发展，而国家也成为政治生活的最常见领域和最强势主体。

② 《马克思恩格斯选集》第4卷，人民出版社，1995，第96、167页。

③ 王浦劬：《政治学基础》，北京大学出版社，2005，第11页。

成政治关系的出发点"，因为"利益是人们结成政治关系的原始动机，而政治关系不过是人们用来满足自己利益要求的特殊途径。"第二，"利益关系是政治权力和政治权利形成的基础和条件"，即共同利益催生了超越其他社会力量、具有主导性的政治权力，保障了特定社会成员的正当权益，而利益矛盾则凸显了政治权力和政治权利的深层根源和现实依据。第三，"利益的内在矛盾决定了政治权力和政治权利的特征"，不同时空中的利益关系最终必然通过政治权力与政治权利的内容和特征表现出来，两者的互动与变迁也对应着不同的利益关系。① 其次，该书还论证了利益在政治生活中的地位和作用，其中，第一，"利益是社会成员政治行为的动因"，即人们关注乃至直接参与政治活动，都是出于维护正当利益或追求更多利益的需要。第二，"利益是一切社会政治组织及其制度的基础"，即"社会一切政治组织及其制度都是围绕着特定的利益而建立起来的，同时也是为其所由以建立的社会成员的利益服务的"。第三，"利益是社会政治心理和政治思想的源泉"，即"作为观念而存在的政治心理和政治思想，来自于人们的政治利益，反映着人们的利益内容和利益要求，并服务于特定的政治利益。"第四，"利益运动是政治发展的根本动力"，即"不同个人、群体之间的利益矛盾，同一群体中不同成员利益与群体利益之间的矛盾发展以及利益本身内容和层次的发展提高，都会引起社会政治关系的变化发展，从而引起政治生活的变化和发展"。②

正是因为该书事实上确立了利益作为马克思主义政治理论的逻辑起点，也就揭示出该书由此生成的建构逻辑与理论体系：对利益的追求既产生了政治斗争、政治统治、政治管理、政治参与等政治行为，又形成了国家、政党、政治社团以及个人等利益主体组成的政治体系；既生成了基于利益诉求的政治心理、政治意识和政治思想等政治文化，又推动了政治革命、政治改革、政治社会化和政治民主等政治行为及其发展形式，进而以其对人类社会政治生活的全面思考和系统分析，形成了独具特色的马克思主义政治学理论。这样，立足利益范畴，也就清晰地描绘出马克思主义政

---

① 王浦劬：《政治学基础》，北京大学出版社，2005，第52~53页。
② 王浦劬：《政治学基础》，北京大学出版社，2005，第53~54页。

治学理论的基本框架。以该范畴为逻辑起点，该书以利益关系和利益矛盾为内在机制，重点探讨了政治权力和政治权利这两种最宏观的政治关系。在此基础上，为了实现自身利益，处于不同层次政治关系中的人们诉诸不同的政治行为，从统治阶级的政治统治和政治管理，到更多力量参加的政治斗争和政治参与，都在不同程度地丰富和发展了各自的政治行为，共同孕育着更加精致复杂、渐具包容性和生命力的政治生态。而基于各自利益、持续的政治行为必然催生国家、政党和政治社团等规模不一、作用不等的政治共同体，以体现和维护各种政治主体的利益诉求，不断提升政治民主，持续推动政治发展。同样，基于不同的利益诉求，不同阶级、阶层或集团必然形成不同的政治心理和政治思想，并作为一种内在机制为政治社会化提供了持续的发展动力，推动着政治革命、政治改革和政治民主等不同形式的政治发展，人类社会也在曲折的发展中更加注重实现普通民众的正当诉求，为其确认了渐受认同的社会地位，预设了广阔的发展空间，进而为政治发展注入了持续、强劲的动力。

主张以利益为逻辑起点，建构马克思主义政治理论，的确是一种建设性的尝试，具有更为直观的说服力，也产生了广泛的学术影响。然而，相对于利益的基础性和永恒性，无论在理论视角，还是在事实层面，人类社会都不可能也没有天然地置身于政治生活之中，同样也无任何充足理由证明人类社会将永远生活在政治之中，因为"政治现象是历史地产生因而也会历史地消亡的社会现象，而不是永恒的社会现象。就是说，它是随着阶级和国家的产生而产生，并且随着阶级和国家的完全消亡而根本改变自己的形态"。① 换而言之，政治生活只是人类社会特定阶段的现象，利益也只是在此阶段与政治发生联系，成为政治主体实现其追求的手段，并通过不断发展的政治生活辩证实现人的自由个性和全面发展。这样，按照逻辑起点的基本规定，利益说仍缺乏足够的自洽性，至少其与政治生活并不会永远并存。此外，按照马克思的一贯观点，人们的社会活动都与其利益有关。这样，就终极起点而言，无疑所有学科都源自人类社会的实践，尤其是物质资料生产的需要，因为这是人类社会最为根本的利益。按照这样

---

① 李景鹏：《权力政治学》，北京大学出版社，2008，第10页。

的逻辑，其他学科，至少所有社会科学应该和政治理论一样，都可以以利益为逻辑起点，那么，基于同样逻辑起点的诸多学科显然也就失去了相对独立的学科特色，也就失去了区分的必要。① 再者，按照黑格尔的理论规定，逻辑起点"是无规定性的单纯的直接性，而最初的开端不能是任何间接性的东西"②，而且"应当是抽象的开端"③。这样，虽然以利益为逻辑起点具有必需的抽象性，也的确符合"无规定性的单纯的直接性"的要求，但仍背离了"最初的开端不能是任何间接性的东西"的规定，自然也就模糊了不同领域的学科界限和理论特色，进而说明该范畴作为马克思主义政治理论的逻辑起点已初步明确了思维进路，但仍需沿此方向追问更为直接和精准的依据，尤其需要进一步反思和精准化，以准确描述学科中研究对象、理论体系相对独立的学术空间和话语体系。

二 权力说的内在逻辑及本书主张

相对于利益说的论证逻辑以及上述困惑，对照逻辑起点的理论规定，李景鹏教授的《权力政治学》作为"一本力求用马克思主义观点、方法来分析政治现象的著作"④，采取了"政治权力分析方法"⑤，形成了"以

---

① 事实上，在探索客观世界不同领域一般规律基础上形成的不同学科是实践的积极成果及其理论形态，更是基于人类社会更合理发展的目的，自然都是实现利益追求的主要途径，只不过不同学科选择了不同的思维方式与研究范式，从而决定了学科间具有标志性的逻辑起点、基本范畴与理论体系。而政治生活中的权力直接体现了不同主体之间的相互作用和各种关系，利益应当是权力关系的沉潜、基础和动力。否则，在肯定利益基础性的同时，也混淆了政治学的学科特色及其相对于其他学科的独立性。

② 〔德〕黑格尔：《小逻辑》，贺麟译，商务印书馆，1980，第 189 页。

③ 〔德〕黑格尔：《逻辑学》上卷，杨一之译，商务印书馆，1966，第 58 页。

④ 李景鹏：《权力政治学》，北京大学出版社，2008，初版序言。其实，他在 1996 年就已撰文指出："马克思主义揭示的世界发展的宏观理论是完全正确的，但是它缺乏一个中观和微观层次的、具有普遍意义的、适合于一般人分析具体事物的分析工具以及与之相适应的理论框架。这就需要寻找适合于这个要求的分析概念，并在此基础上形成一个中、微观层次的理论框架。"如果"用政治权力这一概念工具去研究和分析政治现象，既符合于马克思主义宏观理论的精神，又能如实地反映事物存在的基本状态。因此，马克思主义不但不应排斥政治权力概念，而是应该把它吸收进来作为自己在中、微观层次上的基本分析工具，并以此来建立马克思主义新的政治学体系，即体现着'实然'研究方法的政治学体系。"详见李景鹏《论权力分析在政治学研究中的地位》，《天津社会科学》1996 年第 3 期。

⑤ 李景鹏：《权力政治学》，北京大学出版社，2008，再版序言。

分析政治权力的运动为核心"① 的理论框架，为本书的视角转换和进一步思考提供了有力支撑，也从另一视角弥补了利益说的微瑕。该书认为，相对而言，作为人类社会的常态现象和永恒追求，利益的确是政治生活的追求目标，甚至是政治生活和政治现象最现实、最深厚的基础，但将其视为政治理论的逻辑起点，仍缺乏足够的理论和史实依据，毕竟政治生活只是历史长河中特定时期内的特有现象，一种短暂得多的社会现象，以至于在没有政治生活的情况下，对利益的追求仍将继续。② 而一旦没有政治生活和政治现象，自然不会催生或发展政治理论，更无须追问政治理论逻辑起点这样的问题。为此，该书明确指出："在人类历史上，政治一开始就是围绕着国家权力而展开的，表现在人们攫取、维护、建设、执行、制约国家权力的全部活动和关系中"。③ 也就是说，政治首先表现为各阶级之间的斗争，阶级斗争和国家等现象则意味着政治开始集团化、组织化地出现于社会生活之中，此时对利益的争夺更是首先表现为对权力（尤其是政治权力）的争夺，因为"人们为实现共同利益而施加影响的活动，仅凭经济手段或仅仅局限于经济领域之中是无法达到目的的。因此，争取实现集团利益的活动一开始就要踏入政治的领域，并将他们所采取的政治手段和方式作为他们实力的一部分而向有关的国家部门施加影响"。④ 这样，"权力及其运行"也就"反映了政治现象的最核心的问题"，是"最能反映政治现象的特征并直接地将政治现象同其他社会现象区别开来的最主要的东西"。⑤ 同样，汉娜·阿伦特也认为，在国家时代，"权力问题就成了决定性的政治问题，人的生活整个领域，都不是作为生活领域，都成了围

① 李景鹏：《权力政治学》，北京大学出版社，2008，第1页。
② 同样，马克思也强调指出："一切政治权力起先都是以某种经济的、社会的职能为基础的，随着社会成员由于原始公社的瓦解而变为私人生产者，因而和社会公共职能的执行者更加疏远，这种权力不断得到加强。"详见《马克思恩格斯选集》第3卷，人民出版社，1995，第526页。其中，"阶级同阶级的斗争就是政治斗争"，至此才有的政治现象显然已远远落后于人类对利益追求的历史。详见《马克思恩格斯选集》第1卷，人民出版社，1995，第193页。
③ 李景鹏：《权力政治学》，北京大学出版社，2008，第11页。强调权力在政治中的基础地位和关键作用，中西方都有悠久的学术传统，从韩非子、马基雅弗利、马克斯·韦伯到哈罗德·拉斯韦尔等都有类似主张。
④ 李景鹏：《权力政治学》，北京大学出版社，2008，第8页。
⑤ 李景鹏：《权力政治学》，北京大学出版社，2008，第10、11页。

绕‘谁统治谁’这样一个问题决一雌雄的那种权力斗争的领域"。①

　　事实上，利益说也承认，作为马克思主义政治学具有代表性的流派，权力说甚至更加符合政治学的学科特质和理论规定性，因为"政治学的研究对象是'社会公共权力'，政治学就是研究这种权力的获得和运用的科学"，"把政治归结为权力或以权力为中心的活动，在某种程度上涉及了政治的核心内容"。② 不仅如此，他们还认为："政治本质上是人们在一定经济基础上，围绕着特定利益，借助于社会公共权力来规定和实现特定权利的一种社会关系"。③ 显然，当利益说在不放弃甚至尝试新的思维和观点以完善自身周延性的同时，也对权力说的主张予以如此的认同，无疑符合唯物史观的相关观点："'历史'并不是把人当做达到自己目的的工具来利用的某种特殊的人格。历史不过是追求着自己目的的人的活动而已"。④ 在政治生活中，权力无疑是人们实现利益追求的最可靠手段，不仅"权力给政府以活力，国家的中心问题就成了如何积聚权力"，而且"政治被认为是进行权力争夺的场所，权力不再被认为是可以达到其他结果的工具，它自己就成为所要达到的目标"。⑤ 因此，根源于此的政治理论自然应当将权力设定为政治理论的逻辑起点，更何况这并不违背"最初的开端不能是任何间接性的东西"的理论规定。毫无疑问，在前阶级社会，

①　〔美〕汉娜·阿伦特：《马克思与西方政治思想传统》，孙传钊译，江苏人民出版社，2007，第38页。显然，这也是政治学更多同行的观点，如波朗查斯就认为："权力的概念是由阶级实践的领域所构成的。的确，每当马克思或者恩格斯在提到权力或权威的概念时，在提到与此有关的概念，例如统治的概念，等等，他们总是在阶级关系领域内探讨这些概念。"甚至他直言："阶级关系就是权力关系。阶级和权力的概念是同类的概念，它们所包含的领域是由社会关系所确定的领域。"详见〔希〕尼科斯·波朗查斯《政治权力与社会阶级》，叶林等译，中国社会科学出版社，1982，第103页。

②　王浦劬：《政治学基础》，北京大学出版社，2005，第15页。

③　王浦劬：《政治学基础》，北京大学出版社，2005，第16页。当然，权力说也"认为权力和利益乃是政治现象中的两个最主要、最关键的问题。"详见李景鹏《权力政治学》，北京大学出版社，2008，第9页。但是，结合马克思的主张，即"政治运动，即目的在于用一种普遍的形式，一种具有普遍的社会强制力量的形式来实现本阶级利益的阶级运动"，显然，无论在历史上，还是在理论上，在政治领域中权力比利益更具关键作用，而且也符合唯物史观的基本原理。详见《马克思恩格斯选集》第4卷，人民出版社，1995，第604页。

④　《马克思恩格斯全集》第2卷，人民出版社，1957，第118~119页。

⑤　〔美〕莱斯利·里普森：《政治学的重大问题：政治学导论》，刘晓等译，华夏出版社，2001，第67页。

人们有着直接、现实的利益追求，但只有在阶级社会和政治生活中，对利益的追求和维护才主要甚至首先表现为对政治权力的占有，毕竟政治权力才是实现经济利益的最可靠手段。因此，只有当人类产生并动用政治权力，或者说当原初状态的公共权力沾染上政治色彩，异化为政治权力时，才开启了真正的政治生活。也正是基于这样的史实，恩格斯在《反杜林论》和《家庭、私有制和国家的起源》中也明确指出，原始社会为了保护共同体的利益而赋予个别成员相应的公共职位，其权力则是为了解决争端、制止个别人越权、监督用水、执行宗教职能等，[①] 虽然已初具"国家权力的萌芽"，但并不是政治行为，因为此时既无明显的利益冲突，也无外在的强制机关，社会秩序主要依靠习俗和氏族首长的权威，即使氏族首长也是"站在社会之中"，而不是"某种处于世界之外和超乎世界之上的东西"。[②]

另外，立足历史和逻辑的关系，将利益设定为马克思政治理论的逻辑起点同样值得商榷。黑格尔在其《哲学史讲演录》中有一段被普遍认可和广泛征引的表述："我认为：历史上的那些哲学系统的次序，与理念里的那些概念规定的逻辑推演的次序是相同的。我认为：如果我们能够对哲学史里面出现的各个系统的基本概念，完全剥掉它们的外在形态和特殊应用，我们就可以得到理念自身发展的各个不同的阶段的逻辑概念了。反之，如果掌握了逻辑的进程，我们亦可以从它里面的各个主要环节得到历史现象的进程。"[③] 在此基础上，马克思立足辩证唯物主义，抛弃了上述文字中的唯心主义内容，对其中的合理成分进行了科学改造，使之成为科学的理论和方法，并在其之后的理论研究中得到广泛运用，进而形成了恩格斯介绍的马克思在《政治经济学批判》中一直坚持的研究方法："历史从哪里开始，思想进程也应当从哪里开始，而思想进程的进一步发展不过是历史过程在抽象的、理论上前后一贯的形式上的反映；这种反映是经过修正的，然而是按照现实的历史过程本身的规律修正的"。[④] 不仅如此，这段文字后来还被世人简化为一种"历史与逻辑相统一"的方法，并在

---

① 《马克思恩格斯选集》第 3 卷，人民出版社，1995，第 522 页。
② 《马克思恩格斯选集》第 4 卷，人民出版社，1995，第 173 页。
③ 〔德〕黑格尔：《哲学史讲演录》第 1 卷，贺麟等译，商务印书馆，1959，第 34 页。
④ 《马克思恩格斯选集》第 2 卷，人民出版社，1995，第 43 页。

社会生活和理论研究中得到广泛遵循。这样，经过唯物主义的改造，这一方法在实践中得到了验证、运用和发展，即实践形成的历史以自身的真实引领逻辑的进路，逻辑在历史的进程中进行自我修正和自我完善，并反映历史的一般规律。由此可见，立足马克思主义的基本方法，结合马克思所强调的"一切阶级斗争就是政治斗争"等相关主张，显然马克思不仅不会背离这一方法，而且必然将其政治理论的历史和逻辑起点共同延伸至政治生活的起点，即阶级和阶级斗争的出现，尤其是原始的公共权力开始异化的时期。因此，当我们回归本书的主题时，自然应当把权力（尤其是开始异化的政治权力）视作马克思政治理论当然的历史起点，进而成为其当然的逻辑起点。①

显然，一旦权力被确立为马克思政治理论的逻辑起点，不仅能一改利益说造成的逻辑困惑及其对政治学学科特色的遮掩，而且能够在满足直接性和抽象性要求的基础上，符合逻辑起点的其他标准。第一，逻辑起点"离开开端而前进，应当看作只不过是开端的进一步规定，所以开端的东西仍然是一切后继者的基础，并不因后继者而消灭"。不仅如此，"在一切后继者的发展中，都是当前现在的、自己保持的基础，是完全长留在以后规定的内部的东西。"② 换而言之，作为理论体系展开的基础和依据，逻辑起点为之后的理论演绎提供了理论原点，而且自始至终具有基础的规定性，不会因时空变化而消失。在马克思的政治理论中，从阶级斗争、政治统治到无产阶级革命和专政，无不围绕政治权力展开论述，反映了权力范畴与马克思政治理论的内在联系。对此，恩格斯也曾明确指出："凡是阶级对阶级的斗争，其斗争的直接目的都是政治权力；统治阶级保卫自己的政治上的统治地位，也就是说要保住它在立法机关中的牢靠的多数；被统治阶级首先争取一部分政治权力、然后争取全部政治权力，以便能按照他们自己的利益和需要去改变现行法律"。③ 第二，"逻辑开始之处实即真

① 同样，林尚立的主张也非常直接："我们完全可以把政治权力看作是政治生活的中轴，也就是说政治权力是政治生活的逻辑起点。"详见林尚立《当代中国政治形态研究》，天津人民出版社，2000，第81页。

② 〔德〕黑格尔：《逻辑学》上卷，杨一之译，商务印书馆，1966，第56页。

③ 《马克思恩格斯全集》第25卷，人民出版社，2001，第499页。

正的哲学史开始之处"①，即逻辑起点和历史起点相一致。按照马克思的政治理论，人类社会的政治生活起于"真正的公共权力"的异化和政治权力的产生，不同时期、不同规模的阶级斗争推动着权力的演进和分化，随着阶级和国家的消亡，权力的异化色彩必将消失，直至最终融合、复归至人人共享的公共权力，形成"自由人的联合体"，实现人类自由全面的发展。这样，人类的政治生活起源于政治权力的产生，又终结于政治权力的消亡，同样验证了逻辑起点的另一个重要特征，即"对于科学说来，重要的东西倒并不很在乎有一个纯粹的直接物作开端，而在乎科学的整体本身是一个圆圈，在这个圆圈中，最初的也将是最后的东西，最后的也将是最初的东西"。②

也许正是基于这样的考虑，《权力政治学》在最一般意义上使用权力这一范畴，即"根据自己的目的去影响他人行为的能力"。③ 在此基础上，作者将政治权力定义为"某一政治主体依靠一定的政治力量，为实现某种利益或原则而在实际政治过程中体现出的对一定政治客体的制约能力"。④ 这样，作为马克思主义政治理路的逻辑起点和方法论，权力范畴本身就包含着丰富的结构要素，如"第一，权力主体；第二，目的性（即利益）；第三，权力资源（主要是各种强制性的力量资源，亦包括各种非强制性的力量资源）；第四，权力作用的对象（即权力客体）；第五，权力主体对权力客体的一定作用方向和方式；第六，一定的权力格局（即权力作用的结果）；第七，权力关系的稳定程度"。⑤ 显然，这些因素以其高度凝练的表述，更加精准地涵盖和解释了主要政治现象，也更加全面地反映了政治生活的动态过程。同样，基于这一逻辑起点和方法论，该书从政治权力主体、政治权力行为、政治权力关系和政治权力运行机制四个维度对政治现象展开分析，便形成一个完整的权力分析框架。其中，

---

① 〔德〕黑格尔：《小逻辑》，贺麟译，商务印书馆，1980，第191页。
② 〔德〕黑格尔：《逻辑学》上卷，杨一之译，商务印书馆，1966，第56页。
③ 李景鹏：《权力政治学》，北京大学出版社，2008，再版序言。
④ 李景鹏：《权力政治学》，北京大学出版社，2008，再版序言。
⑤ 李景鹏：《权力政治学》，北京大学出版社，2008，再版序言。该书将利益视为政治权力的目的，显然没有排斥利益在政治生活中的基础地位，同时也包含了政治权力基于利益追求的辩证否定的发展过程，意味着政治权力必将复归真正的公共权力的前景。

"政治权力主体所涉及的是政治权力能量的源泉问题"，包括各种政治主体的结构、功能、类型及相互转化等；"政治行为所涉及的是权力如何作用于客体以及客体对主体的反作用问题"，包括政治行为产生的条件和过程，政治行为和政治心理的关系，以及政治行为的各种模式等；"政治关系所涉及的是各种政治实体之间以政治行为为中介所形成的特定格局"，即这种格局内含的客观实在性及其形成的现实条件，以及各种政治行为的各种模式等；而"政治权力运行机制则是要研究政治权力运行的总规律，包括政治权力运行的原理、政治权力能量形成的机制、结构和功能转化的机制、政治行为的运行机制等"。① 更为可贵的是，这一理论框架并没有停留在一般的理论分析上，对我国当下的现实政治，尤其是和权力现象紧密关联的政治问题，如民主的运行机制、利益结构的变迁机制、和谐社会的建设机制、政治文明的形成机制、社会发展的竞争机制等，都以相应篇幅进行了积极回应，进一步证明了权力始终贯穿并影响人类社会的政治生活，印证了马克思的政治理论生发于政治权力这一主张的合理性，初步证明了权力辩证否定的发展并将在更高层面再现其最初面相的必然趋势。②

第二节 马克思政治理论的分期与述要

在我国民主政治进程中，理论与实践都需要对马克思的政治理论进行系统深入的思考，即使是其历史分期这样的"纯学术"问题，也因此具有相应的理论和实践意义，需要学界作出相应的理论思考，因为此举能够重塑和完善对马克思革命生涯及其理论重心的认识，深化对其政治理论的认识，彰显该理论的解释力和指导功能。但是，这一领域表现出的集体失语或语焉不详的现状，无论对于实践还是理论而言，显然都是一种不足和遗憾。当然，这种情感的流露首先需要一个前提，即马克思的政治理论的确存在。如果如一些研究者所言，马克思根本就没有"一个真正的政治

① 李景鹏：《权力政治学》，北京大学出版社，2008，再版序言。
② 相对于该书的逻辑起点和理论主张，本书并不是一般意义上的重复研究，因为本书不只是简单运用马克思主义的立场观点方法，而是在此基础上尽量回归马克思的思想历程、理论关注和政治主张，因而更是马克思主义政治理论的"源"而非"流"。

理论"，上述看法充其量是传统的思维惯性乃至个人偏见，甚至是无知的表现；相反，这就意味着一种机会、一种挑战，需要本书作出回应，以丰富该理论的学术内涵，并为深入研究相关问题夯实基础。

一 马克思政治理论的可能性与分期

就目前的研究现状而言，马克思政治理论的可能性问题并不是一个时尚的学术话题，虽时有提及，但也始终没有形成一个令人信服的定论，对此问题的肯定或质疑都持有对方难以完全否认的论据，却又没有彻底说服对方的系统理由。肯定派通常坚持传统的观点，认为马克思理论的三个组成部分分别对应其哲学、经济和政治理论，其政治理论的可能性无可置疑。长期以来，这种观点借助教科书等官方渠道的宣传和普及，不仅被绝大多数民众接受，而且也作为一个前提，受到学界的广泛认同，并规定着众多研究者的思维方式和研究路径，日益成为相关研究的理论前提和论证依据。而质疑派则不同程度、不同角度地对马克思政治理论的可能性提出疑问，如科莱蒂认为："马克思主义缺少一个真正的政治理论"①，而密利本德也认为："所能得到的马克思主义经典著作，对政治学的重大问题和理论问题采取了完全缄默和极端敷衍的态度。从一个段落、一个短语、一个暗示或一个隐喻中所能挤出的东西是有限的"。② 显然，他们的质疑也并非无道理，至少与学界对其作为思想家的期待相去甚远，尤其当现时代的一些政治问题已无法一如既往地从马克思理论中找寻到答案，甚至一些经典命题还以一种截然相反的面相呈现在世人面前时，这样的质疑自然不乏采信者，进而使得原本无须讨论的问题也成为莫衷一是、见仁见智的争议性话题。

显然，认真思考质疑派的观点，也就不难发现，他们强调的"真正的政治理论"，实际上沿用的是学界常用的主题鲜明、体例完整、内容明确、逻辑严密的系统性标准，也即理论风格鲜明的学院派标准。基于这一标准，上述质疑确有一定的道理，即使肯定派也不否认："研究马克思主义政治学原理的一个困难就是没有一本像《资本论》那样完整的著作，可以把马克

---

① Lucio Colletti, *From Rousseau to Lenin* (New York: Monthly Review Press, 1972), p. 185.

② 〔英〕拉尔夫·密利本德：《马克思主义与政治学》，黄子都译，商务印书馆，1984，第4页。

思主义政治经济学的原理说得较为完整和系统"①。更具说服力的是，质疑派的一些论据甚至在马克思本人的学术主张中也能得到不同程度的印证。例如，马克思深谙德国古典哲学"爱好宁静孤寂，追求体系的完满，喜欢冷静的自我审视"的风格，对此所持的批判态度自然也会使他力戒单一追求理论的系统和完满，与理论研究相关的一切思考皆应随社会生活和革命实践的变化而变化。而马克思早年就主张"少发些不着边际的空论，少说些漂亮话，少来些自我欣赏，多说些明确的意见，多注意一些具体的现实，多提供一些实际的知识"②，同样说明其在理论研究中也会设法避免贪大求全、脱离实际的窠臼，更多关注更为紧迫的现实问题。换而言之，并不愿囿于书斋学者的人生抱负必然要求马克思辩证地思考和解决问题，自然反对将政治理论与哲学、经济理论截然分开，更不会以传统的系统性标准建构其政治理论。相反，与其政治理想和革命实践相关的理论都会不同程度地进入他的研究视野，以便从更为宏大的视角，更具针对性地分析现实的政治问题及其解决方案。因此，在马克思著作中找不到正面、系统阐述其政治思想的主观迹象和研究成果，并不能作为怀疑乃至否定其政治理论可能性与政治主张一贯性的充分理由，但也需要本书重新转换视角，深入思考马克思的思想历程及其政治理论的理论特色，以回应相关质疑。

根据马克思一贯的学术主张，超越传统的系统性标准，重新思考其政治理论的可能性问题，该理论独有的理论特色则使上述肯定进一步丰富和深化，使相关质疑更难具有充分理由。

首先，马克思的政治理论并没有完整地独立成书，而是与其他理论相互交织。即使质疑派也承认："最一般地说，马克思主义从一开始就坚持认为把社会整体的政治、经济、社会和文化各部分分割开来是不符合实际和武断的。因此，例如把'经济学'看作是独立于'政治学'的想法，是一种意识形态的歪曲和没有实际意义的。没有什么'经济学'这样的东西，只有'政治经济学'，在这里'政治'因素是一个永远存在的组成部分。"同时，他们还承认："政治是社会冲突，特别是阶级冲突的无所

① 王沪宁：《政治的逻辑——马克思主义政治学原理》，上海人民出版社，2004，写作说明。
② 〔德〕弗·梅林：《马克思传》，樊集译，人民出版社，1965，第62页。

不在的表现形式，并且进入一切社会关系，不管人们怎样称呼它们。政治的这种普遍存在性使它失去了自己的特性，看起来使它不便于进行独特的论述，除非是对其过程和制度作纯形式上的描绘，而这正是马克思主义者所力求避免的"。① 显然，这一观点并不是否认马克思政治理论可能性的论据，倒是在某种意义上准确描述了它的理论特色，进而变相承认了它的真实存在。的确，无论是因为"没有哲学我就不能前进"② 而徜徉于哲学的海洋，还是因为思考现实的利益矛盾而长期关注经济学，马克思始终没有舍弃其政治抱负和对政治问题的思考，甚至把这样的思考建立在其他理论的基础之上，因为他认为，政治难以从自身找寻到超越现实的答案，如果政治问题仅"在政治的限度内思考。它越是敏锐，越是活跃，就越不能把握社会罪恶"。③ 而恩格斯也认为，马克思的经济学"本质上是建立在唯物主义历史观的基础上的"④，而唯物史观和剩余价值论的发现最终使"社会主义变成了科学"⑤，也充分明确了政治理论和哲学、经济理论的内在关联。也正因为如此，马克思也坦承这种学科交叉或整体性的研究方法及其成就，如相对于前人对阶级和阶级斗争进行的经济分析，他则从政治视角重新解释这些经济现象所蕴含的政治属性。⑥ 而时至今日，学界仍然认为，马克思"不屈不挠地关注经济问题，那不过是为了削弱经济对人类的控制力"。⑦ 因此，更有研究者一语道破质疑派的思维缺陷与理

① 〔英〕拉尔夫·密利本德：《马克思主义与政治学》，黄子都译，商务印书馆，1984，第8页。

② 《马克思恩格斯全集》第40卷，人民出版社，1982，第13页。

③ D. McLellan, *Karl Marx's Selected Writings*（Oxford：Oxford University Press, 1977），p. 125.

④ 《马克思恩格斯选集》第2卷，人民出版社，1995，第37~38页。

⑤ 《马克思恩格斯选集》第3卷，人民出版社，1995，第740页。

⑥ 《马克思恩格斯选集》第4卷，人民出版社，1995，第547页。为此，波朗查斯也认为："对于历史循环论学派而言，马克思主义是整个成长'创生'的科学，而政治活动则是历史的动力，因此，归根到底马克思主义是一种政治科学，或者甚至可说是一种'革命的科学'，也就是相当于简单的阶段发展的成长。"详见〔希〕尼科斯·波朗查斯《政治权力与社会阶级》，叶林等译，中国社会科学出版社，1982，第30~31页。正因为马克思的宏大视野和远大抱负，熊彼特也高度肯定马克思的政治主张与历史贡献："纯粹的科学上的成就，即使比马克思的成就远为完满，也决不会赢得像马克思主义在今天赢得了的历史的不朽性。"详见〔美〕熊彼特《资本主义、社会主义和民主主义》，绛枫译，商务印书馆，1979，第11页。

⑦ 〔英〕特里·伊格尔顿：《马克思为什么是对的》，李杨等译，新星出版社，2011，第234页。

论根源："西方学界盛行'马克思没有政治理论'的看法，这很大程度上是因为把压迫和对抗性问题限定在纯政治领域，而对经济领域的权力压迫问题不予追究"。① 这样，就马克思理论的整体性而言，不同部分的成型和成熟也就存在明显的发展顺序，经济理论因哲学的成型而成型，政治理论又因哲学和经济理论的成熟而成熟，但这并不意味着前者的成型和成熟之后，才开始后者的形成和发展，即马克思的政治理论并不是在哲学和经济理论成熟或退场之后才成为议题的，而是在它们在场的情况下同时建构的，三个主要领域相互影响的理论几乎是齐头并进地产生和相续地成型、成熟。显然，这一特点决定其政治理论更为分散和隐匿，普遍渗透在整体的理论体系之中，与其他理论融汇成相对独立、不可分割的整体。这样，"即使对原著进行最仔细的阅读，也不可能产生一个顺畅的、和谐的、首尾一贯和没有疑问的马克思主义政治理论"②，自然也就不足为奇，进而说明"从政治哲学与经济学的立体结构中论证人类解放的目标，探讨实现人类解放的手段和途径，是马克思政治思想也是他的全部思想的主题"。③ 显然，这也就充分说明，政治理论才是马克思理论的目的与核心。即便如此，仅以政治学的思维和标准来思考马克思的政治理论，不仅会贬低该理论的现实关注和人文关怀，而且会低估其宏大抱负和高远意境，以至于"把马克思当作一般的经济学家来阅读，在某种程度上必定误解他的思想"。④ 同样，如果坚持这样的方法论，即使《资本论》及其手稿也会处在政治理论研究者的视野之外。⑤

其次，马克思的政治理论多是对革命实践的积极回应而不是书斋里的主观建构。恩格斯曾一再强调马克思的革命家身份："像他自己说的那

---

① 张盾：《马克思的政治理论及其路径》，《中国社会科学》2006年第5期。

② 〔英〕拉尔夫·密利本德：《马克思主义与政治学》，黄子都译，商务印书馆，1984，第7页。

③ 郁建兴：《马克思的政治哲学遗产》，《中国社会科学》2006年第6期。

④ 〔英〕戴维·麦克莱伦：《马克思思想导论》，郑一明等译，中国人民大学出版社，2008，第73页。同样，有研究者认为："马克思主义经济理论从来都不具有经济上的重要性……这种理论在政治上的用途，仅仅是证明革命目标——特别是生产资料国有化计划——合理性的一个理由。"详见〔美〕亚当·普热沃尔斯基《资本主义与社会民主》，丁韶彬译，中国人民大学出版社，2012，第225页。

⑤ 郁建兴：《马克思国家理论与现时代》，东方出版中心，2007，第25页。

样，他的确是一个革命者。为雇佣工人阶级摆脱现代资本主义经济生产制度的桎梏而斗争，这是他真正的爱好，从来还没有过一个像他那样积极的战士。"① 而列宁也明确指出："马克思的全部理论，就是运用最彻底、最完整、最周密、内容最丰富的发展论去考察现代资本主义。自然，他也就要运用这个理论去考察资本主义的即将到来的崩溃和未来共产主义的未来的发展。"② 由此可见，"在他的一生中，革命是他一贯倾斜的重心，作为思想家的马克思不过是作为革命家的马克思的观念写照而已"。③ 因此，即使西方学者也不否认："马克思并未将自己限制在理论上和写作上。在他的一生中，为组织和鼓动工人们，他将知识活动同各种尝试结合起来"。④ 的确，马克思身处一个社会思潮频出、革命高潮迭起的时代，鲜活的政治生活在激发其灵感、深化其思考的同时，也必然会影响甚至干扰其理论思考的系统性，使其不可能关注所有的政治主题，或对各个领域平均用力，也难以持续关注和研究某些问题，更无法按照系统性标准来建构其政治理论。换而言之，当时的革命环境要求马克思必须根据革命实践的需要，及时转换其理论重心，进而凝聚成极具针对性但非系统、均质的政治理论。在此背景下，一方面，作为革命家而非书斋学者的马克思并没有因为理论研究而置身于革命活动之外，自然也不是"唯恐烧着自己手指的小心翼翼的庸人"。⑤ 他不仅活跃在各种无产阶级组织和运动之中，而且还长期直接领导这些组织和运动，穷其一生的经济理论研究也曾因此被迫中断，更遑论立基于此的政治理论。这样，相关问题的研究因革命运动的变化而中断，或与新的实践主题相互交织，自然会影响其政治理论的系统性。即使如此，事关无产阶级革命和人类解放的主题始终活跃在马克思的理论视阈之中，他在革命活动中不仅始终自觉维护无产阶级的利益，而且始终注重发挥其哲学和经济理论的政治功能。因此，即使专业政治学家

① 《马克思恩格斯全集》第 19 卷，人民出版社，1963，第 373 页。
② 《列宁选集》第 3 卷，人民出版社，1995，第 186 页。
③ 张奎良：《马克思关于世界革命预言与现实反差原因初探》，《学术交流》2016 年第 7 期。
④ 〔美〕斯塔夫里阿诺斯：《全球通史：从史前史到 21 世纪》，吴象婴等译，北京大学出版社，2012，第 537 页。
⑤ 《马克思恩格斯选集》第 4 卷，人民出版社，1995，第 262 页。

并不接受他的研究方法和理论体系，但也不能忽略其政治立场和理论主张。① 另一方面，作为一个极其明显的理论特色，马克思的政治著作"大多是特定历史事件和特定环境的产物"②，鲜明的现实感和时代特色说明许多政治主题并不源自其理论建构的需要，而是主要取决于革命进程中特定的历史事件、社会思潮和理论主张，《黑格尔法哲学批判》《哲学的贫困》《1848 年至 1850 年的法兰西阶级斗争》《路易·波拿巴的雾月十八日》《法兰西内战》《哥达纲领批判》等无疑都是这样的理论成果。由此可见，马克思的关注重点始终随着革命主题和论战重心的变化而进行主动调整，并及时做出针对性的回应，也就不可能沿袭学院派风格，长期耕耘于同一主题，更不可能苦心孤诣地构思其政治理论，许多比较隐晦和零散的政治思想也只有根据历史事件或论战对象而散布在不同主题的论述之中。因此，马克思的政治理论也就更多表现为大量的"小写"或广义的政治著述，而不是较少的"大写"或狭义的政治学专题论著。

立足上述的理论特色，重新思考马克思政治理论的形成轨迹，显然可以发现一条明显的思维进路，即从阶级斗争到社会革命、从资产阶级专政到无产阶级革命、从政治解放到人类解放的脉络，而且关注重心也逐步从前者转移到后者，这样，马克思就在历史发展的整体进程中形成其政治理论的完整逻辑，其中，不仅存在阶级斗争、无产阶级革命和专政这样的鲜明主线，而且也活跃着民主、法治、平等、人权、自由、正义等价值期待，并从不同角度共同构成其政治理论的整体结构和完整内容，其中也始终可见权力作为逻辑起点所发挥的主线功能。③ 然而，即使上述分析具有足够的说服力，如果仅从政治理论自身出发，对该理论进行历史分期，仍难找到合适的依据，即使勉为其难也无法产生应有的说服力。相反，继续

---

① 〔英〕戴维·麦克莱伦:《马克思传》，王珍译，中国人民大学出版社，2008，第 440 页。
② 〔英〕拉尔夫·密利本德:《马克思主义与政治学》，黄子都译，商务印书馆，1984，第 3 页。
③ 当然，上述分析也说明，首先作为革命家的马克思的政治理论也确有一些空白点和分叉处。所谓空白点是指马克思的政治理论并非刻意建构，既不可能集中于一处进行系统论述，也难以在综合各种著述后形成一贯、完整的理论主张；而分叉处自然指马克思原有思考，却最终因其他问题而放弃研究或没有形成书面成果的领域。这样，本书自然不能推卸以下责任，即坚持马克思主义的立场观点方法，用恩格斯以及其他经典作家的观点予以补充、完善和发展，以求全面、立体地展现权力视阈中马克思的政治理论。

从马克思理论的整体性出发，结合其理论特色，在其三个主要部分的关系中调整分析视角，却能产生新的启发，形成新的结论。上述分析表明，马克思的政治理论以其哲学和经济理论为基础，并与它们相续成型、成熟，哲学和经济理论的相关成就自然应当成为政治理论历史分期的确切依据和重要坐标，尤其是前者的代表性成就（如唯物史观和剩余价值理论等）更是成为后者发展的理论基础和重要标志，后者的阶段性特征也因此而清晰起来。这样，《德意志意识形态》的问世不仅标志着马克思完成了唯物史观的建构，而且意味着其政治理论具有深厚的哲学基础和科学的方法论而进入成型期。此后，在其哲学理论的指导下，政治理论在革命实践和理论研究中进入了一个新的阶段，"1857~1859年文稿"的形成则夯实了唯物史观的经济学基础，建构于哲学和经济学基础之上的社会主义理论也发展成为一门科学，其政治理论也因此进入成熟阶段。最后，在革命实践和理论研究的双重推动下，马克思的哲学和经济理论继续发挥其政治功能，其他一些标志性的理论成就使其政治理论更趋系统和完善。因此，本书以此三个节点，将马克思政治理论的发展历程划分为四个阶段，即孕育期（1845年以前）、成型期（1845~1857年）、成熟期（1857~1867年）和完善期（1867年之后），每个阶段不仅具有相应的标志性理论成就，而且能够反映不同阶段革命实践的时代主题，进而明确勾勒出马克思思想发展的历史轨迹及其政治理论的基本框架。

二 马克思政治理论的分期述要

（一）马克思政治理论的孕育期

资本主义生产方式和科学技术的迅猛发展、阶级矛盾迅速激化和无产阶级作为独立的政治力量登上历史舞台，构成了马克思政治理论孕育、成型、成熟和完善的社会背景。置身其中的马克思自青年时代就以改造世界、造福社会为己任，立志选择"最能为人类福利而劳动的职业"①，并强调"我们的任务是要揭露旧世界，并为建立一个新世界而积极工作。"② 这反

---

① 《马克思恩格斯全集》第40卷，人民出版社，1982，第7页。
② 《马克思恩格斯全集》第1卷，人民出版社，1995，第414页。

映了他关注人类命运的政治抱负和消除私有制、维护人民利益的革命志向。建立新世界，自然需要揭露旧世界，只有彻底揭露旧世界，才能科学发现新世界，因此"要对现存的一切进行无情的批判"①。与其他青年黑格尔派耽于纯理论批判不同，当马克思发现理性批判与经验事实之间的反差，便将对宗教的批判上升为对政治的批判。起初，深受黑格尔影响的马克思也把国家看成道德理性的最高表现，但在现实反差中很快认识到这一国家观的谬误和乏力，转而摒弃国家理性主义的幻想，将理论批判转向现实批判，猛烈抨击普鲁士政府的自私和专制，坚定维护人民的习惯权利，进而将其关注重心逐步转向经济学领域。而在《莱茵报》被查封之后，被迫从社会舞台退回书房后形成的《克洛茨纳赫笔记》则为其后续研究夯实了理论基础。

《黑格尔法哲学批判》开始把国家和法归结为市民社会，标志着马克思向唯物史观迈出了十分重要的一步，因而成为"马克思政治思想乃至全部思想发展的转折点"。② 马克思在该文中指出，现代国家不可能实现甚至制约了人的普遍本质和社会利益，只有人民才能在政治生活中具有基础性地位，发挥决定性作用，因而"必须使国家制度的实际承担者——人民成为国家制度的原则"。③ 虽然此时的马克思还没有明确提出科学社会主义的旗号，但"关于民主、阶级和推翻国家的观点开始成形"④，有关人类解放的论述已经成为其政治理论的基本主张和高远追求，并构成科学社会主义的核心内容。正因为如此，有研究者认为该文"标志着马克思从唯心主义转向唯物主义，从革命民主主义转向共产主义的一个里程碑"⑤，因而构成了

---

① 《马克思恩格斯全集》第47卷，人民出版社，2004，第64页。
② 郁建兴：《马克思的政治哲学遗产》，《中国社会科学》2006年第6期。而其他研究者也认为："这篇评论标志着马克思从哲学到政治革命家的转变。从哲学角度进行的分析使他意识到，工人阶级也就是无产阶级将被迫作出反抗，最终将解决私有财产的问题，并摆脱所遭受的压迫。"详见郎咸平等《资本主义精神和社会主义改革》，东方出版社，2012，第64页。
③ 《马克思恩格斯全集》第3卷，人民出版社，2002，第72页。
④ 〔英〕戴维·麦克莱伦：《马克思思想导论》，郑一明等译，中国人民大学出版社，2008，第11页。
⑤ 王沪宁：《〈黑格尔法哲学〉批判和马克思主义政治学》，《政治学研究》1987年第5期。

马克思"最系统的论述政治理论的著作"①。移居巴黎之后，马克思更加关注现实的政治生活。在《论犹太人问题》中，马克思通过宗教问题揭示了政治解放的局限性，并将批判矛头直指私有制，明确了资产阶级革命和共产主义革命的本质区别，阐明了人类解放的内容和性质，但仍没有明确推翻资本主义社会的力量和途径。② 而在之后的《〈黑格尔法哲学批判〉导言》中，马克思论述了人类解放的历史必然性及其实现的前提和动力，并要求将"对天国的批评变成对尘世的批评，对宗教的批评变成对法的批评，对神学的批评变成对政治的批评"。③ 在此基础上，马克思强调无产阶级作为社会变革的决定性力量，必须接受革命理论的武装，成长为全新的革命力量，以便"哲学把无产阶级当作自己的物质武器，同样，无产阶级也把哲学当作自己的精神武器"。④

此后，马克思开始尝试在批判德国古典哲学、资产阶级政治经济学和空想社会主义的基础上，综合阐释自己的理论主张。作为这一尝试的初步结果，《1844 年经济学哲学手稿》分析了异化劳动的经济原因，强调了实践的现实功能和革命机制，提出要以共产主义运动来消灭私有财产，消除异化现象，进而成为其思想发展的重要转折点。虽说此时马克思已开始从经济学的角度解剖市民社会，但仍未彻底摆脱唯心史观的影响，以至于多年后他还反思自己"对费尔巴哈的迷信现在给人造成一种非常滑稽的印象"。⑤ 而"超出费尔巴哈而进一步发展费尔巴哈观点的工作，是由马克思于 1845 年在《神圣家族》中开始的"。⑥《神圣家族》强调了人民作为实践主体的历史地位，批判了"历史的发源地不在尘世的粗糙的物质生

① Shlomo Avineri, *The Social and Political Thought of Karl Marx* (Cambridge：Cambridge University Press, 1968), p. 41.

② 有研究者认为，马克思的"早期论文《论犹太人问题》也许是近两百年来关于政治哲学的最重要和最有影响的作品之一，但对那些缺少相关的哲学和政治学背景知识的人来讲，它实际上是难以读懂的"。详见〔英〕乔纳森·沃尔夫《当今为什么还要研究马克思》，段忠桥译，高等教育出版社，2006，第 3 页。

③《马克思恩格斯选集》第 1 卷，人民出版社，1995，第 2 页。

④《马克思恩格斯选集》第 1 卷，人民出版社，1995，第 15 页。

⑤《马克思恩格斯全集》第 31 卷，人民出版社，1972，第 293 页。

⑥《马克思恩格斯选集》第 4 卷，人民出版社，1995，第 241 页。

产中"① 的观点，从而初步勾勒出唯物史观的基本框架。作为这项工作的继续，一个月之后包含新世界观天才萌芽的《关于费尔巴哈的提纲》开始正面批评旧唯物主义和唯心主义各自的片面性，突出实践的能动性和革命性，强调其在"解释世界"的同时更应注重"改变世界"，以实现超越历史与现实、解放全人类的目的。至此，马克思彻底摆脱了费尔巴哈唯心史观的束缚，唯物史观已经呼之欲出，也即列宁所说的："马克思在1844—1847 年离开黑格尔走向费尔巴哈，又超过费尔巴哈走向历史（和辩证）唯物主义"。②

（二）马克思政治理论的成型期

作为马克思政治理论的哲学基础，《关于费尔巴哈的提纲》标志着马克思与费尔巴哈的彻底决裂，但是，考虑其理论的表现形式、主要内容、内部结构及相互关系，把《德意志意识形态》作为马克思政治理论成型的依据，自然更为合理。而恩格斯也特别强调该文的政治理论色彩："我们两人已经深入到政治运动中；我们已经在知识分子中间，特别在德国西部的知识分子中间获得一些人的拥护，并且同有组织的无产阶级建立了广泛联系。我们有义务科学地论证我们的观点，但是，对我们来说同样重要的是：使欧洲无产阶级，首先是使德国无产阶级相信我们的信念是正确的。"③ 这样，作为马克思思想发展的历史和逻辑的结果，该文在全面超越黑格尔和费尔巴哈的同时，也完成了对以往哲学及其过去哲学信仰、政治观点的总清算，建构了唯物史观的成熟结构和主要内容，论述了共产主义取代资本主义的历史必然性，从而为其政治理论的成型和发展夯实了哲学基础，为无产阶级革命提供了强大的思想武器。至此，"历史唯物主义方法论的奠定，不仅使马克思本人能在政治研究上做出重大建树，使马克思对政治规律比他人有更为真灼的见解，而且也使马克思对社会政治生活的未来发展做出了合乎历史进程的预见"。④ 从此，在唯物史观的引领下，马克思更加坚定地诉诸实践，更加关注革命问题、现实生活和社会发展，

---

① 《马克思恩格斯全集》第 2 卷，人民出版社，1957，第 191 页。
② 《列宁全集》第 55 卷，人民出版社，1990，第 293 页。
③ 《马克思恩格斯全集》第 21 卷，人民出版社，1965，第 248 页。
④ 王沪宁：《〈黑格尔法哲学批判〉和马克思主义政治学》，《政治学研究》1987 年第 5 期。

并从中找寻变革现实的力量和路径。

《哲学的贫困》是马克思运用成熟的唯物史观研究经济活动的理论成果。在该文中，他阐明了政治经济学研究的对象、方法和范畴，分析了资本主义的机制和矛盾，强调了无产阶级革命的必要性，论证了共产主义运动的必然性和历史意义，进而标志着马克思的政治经济学开始产生。后来，马克思在回忆其经济思想的形成过程时指出："我们见解中有决定意义的论点，在我的 1847 年出版的为反对蒲鲁东而写的著作《哲学的贫困》中第一次作了科学的、虽然只是论战性的概述"。① 此后，《共产党宣言》运用唯物史观总结了阶级斗争的历史，分析了资产阶级的产生、发展和灭亡的必然性，即资产阶级的成长、成熟也推动着无产阶级的发展、壮大，以至于"资产阶级用来推翻封建制度的武器，现在却对准资产阶级自己了"②，直至资本主义终将灭亡和共产主义必然胜利，进而论述了无产阶级的历史地位及其政党的性质、特点、基本纲领和基本策略等重要思想，并坚称"共产党人不屑于隐瞒自己的观点和意图。他们公开宣布：他们的目的只有用暴力推翻全部现存的社会制度才能达到"。③ 毫无疑问，这部作为马克思为数不多"大写"的政治著作，构成了"马克思预言的核心"④，标志着马克思主义的正式诞生，并成为日后指导工人运动的纲领性文件，同样也成为"马克思主义政治学建立的开山之作"，"是马克思主义政治学的第一个纲要"，并"为马克思主义政治学奠定了理论基础"。⑤ 鉴于这样的地位和作用，马克思之后的多数著述都是对《共产党宣言》不同部分的深化和完善。同样，鉴于该文的影响，即使到了 1873 年，恩格斯在《论住宅问题》一文中还予以重申和强调："德国科学社会主义的精神……无产阶级必须采取政治行动，必须实行无产阶级

① 《马克思恩格斯选集》第 2 卷，人民出版社，1995，第 34 页。而列宁则明确把《哲学的贫困》和《共产党宣言》并列为"成熟的马克思主义的最初著作。"这意味着这两部著作都已经呈现出马克思理论的整体特色，更标志着唯物史观走向成熟。

② 《马克思恩格斯选集》第 1 卷，人民出版社，1995，第 278 页。

③ 《马克思恩格斯选集》第 1 卷，人民出版社，1995，第 307 页。

④ 〔英〕戴维·麦克莱伦：《马克思思想导论》，郑一明等译，中国人民大学出版社，2008，第 75 页。

⑤ 王惠岩：《政治学原理》，吉林大学出版社，1989，第 20~21 页。

专政作为达到废除阶级并和阶级一起废除国家的过渡。这种观点在《共产党宣言》中已经申述过并且以后又重述过无数次"。① 而列宁也明确指出："这部著作以天才的透彻而鲜明的语言描述了新的世界观，即把社会生活领域也包括在内的彻底的唯物主义、作为最全面最深刻的发展学说的辩证法、以及关于阶级斗争和共产主义新社会创造者无产阶级肩负的世界历史性的革命使命的理论。"② 至此，在马克思的组织和影响下，欧洲工人运动以《共产党宣言》为战斗檄文，从自发走向自觉，从自在走向自为，逐步发展到全新高度。

19 世纪 40 年代末 50 年代初，马克思还以这一时期法国各阶级的政治表现为对象，进一步验证、丰富和发展了唯物史观及其政治主张。其中，为总结欧洲革命的经验教训和指导即将到来的革命高潮，他在《1848 年至 1850 年的法兰西阶级斗争》中分析了法国革命的原因、动力、性质和过程以及非无产阶级的特点，指明了这次革命的意义和无产阶级革命的目的，论证了革命武装、革命联盟、无产阶级专政的重要性，强调了无产阶级夺取政权以后的经济改造任务，进一步验证和发展了唯物史观。而之后的《路易·波拿巴的雾月十八日》则分析了资产阶级革命的历史局限性和资产阶级专政的反动本质，重申了无产阶级革命的必然性及其专政的重要性，并首次提出了打碎资产阶级国家机器的重要结论，为其之后的相关政治主张奠定了理论基础。此后，马克思又恢复了一度中断的经济理论研究，数年之后取得的重大理论成就则为其政治理论的发展提供了科学且坚实的经济学支撑。

（三）马克思政治理论的成熟期

作为马克思恢复经济理论研究的重大成就，"1857～1859 年文稿"（主要指《〈政治经济学批判〉导言》《政治经济学批判（1857～1858 年手稿）》《〈政治经济学批判〉序言》《政治经济学批判。第一分册》）的立场、主题、内容、结论、方法及其在马克思理论体系中的地位和作

---

① 《马克思恩格斯选集》第 3 卷，人民出版社，1995，第 199 页。
② 《列宁选集》第 2 卷，人民出版社，1995，第 416 页。

用，反映了马克思政治经济学成熟形态的整体意义。① 其中，《〈政治经济学批判〉导言》明确了政治经济学研究的对象和方法，将政治经济学从资产阶级的精神桎梏下解放出来，粉碎了资本主义制度万古长存的神话，揭示了革命作为历史推动力的经济根源，为无产阶级推翻资本主义制度提供了锐利武器。而《政治经济学批判（1857~1858年手稿）》不仅基本建立起劳动价值理论和剩余价值理论，而且还对资本主义以前各社会形态和共产主义经济规律进行了精辟论述，进而立足人类社会总体进程的宏观视角，揭示了资本主义生产方式产生、发展和灭亡的客观趋势，标志着马克思经济理论的成熟。而马克思本人也很重视这一成就，晚年时仍然认为"它是十五年的、即我一生的黄金时代的研究成果"。② 在这组文稿中，简短的《〈政治经济学批判〉序言》更加凝练地论述了唯物史观的基本原理，构成了这组文稿极富价值、极为闪光的部分，因为在革命实践和理论研究的推动下，该文对唯物史观的基本问题和实质做出了完整概括和经典表述，科学描述了经济、政治和文化的相互关系，从而准确揭示了人类社会的发展规律，也显著发展了马克思的政治理论。在《政治经济学批判。第一分册》中，更加全面、完善的剩余价值理论实现了政治经济学的彻底革命，提升了政治经济学的高度和境界，自然也进一步发展了马克思的政治理论。对此，恩格斯曾作出高度评价："它使明亮的阳光照进了经济学领域，而在这个领域中，从前社会主义者像资产阶级经济学家一样曾在深沉的黑暗中摸索……科学社会主义就是以此为起点，以此为中心发展起来的"。③ 由此可见，这组文稿不仅以其经济成就证明了唯物史观的科学性、真实性和客观性，而且标志着马克思的"两大发现"的完成及其政治理论的成熟。

在著述相对较少的20世纪60年代，经过长期系统的努力，影响深远、被称为"工人阶级的圣经"的《资本论》仍然延续马克思一贯的经济分析方法，也没有刻意剖析资本主义的政治生活。即便如此，我们仍应

---

① 梁中堂：《一组处于马克思理论文献核心位置的文稿——纪念马克思"1857~1859年文稿"产生150周年》，《兰州商学院学报》2010年第2期。

② 《马克思恩格斯〈资本论〉书信集》，人民出版社，1976，第137页。

③ 《马克思恩格斯选集》第3卷，人民出版社，1995，第548页。

高度重视其中的政治意蕴，因为通过严密、系统的实证研究和逻辑演绎，马克思论证了资本主义生产方式的产生和发展，揭露了资本主义制度下经济不平等的原因与经济权力的本质和政治属性，揭示了资本主义社会两极分化的必然性，即"在一极是财富的积累，同时在另一极，即在把自己的产品作为资本来生产的阶级方面，是贫困、劳动折磨、受奴役、无知、粗野和道德堕落的积累"。① 在这种规律作用下，"生产资料的集中和劳动的社会化，达到了同它们的资本主义外壳不能相容的地步。这个外壳就要炸毁了。资本主义私有制的丧钟就要响了。剥夺者就要被剥夺了"。② 显然，在无产阶级运动蓬勃发展的背景下，《资本论》极大地激发了他们的阶级意识、政治觉悟和革命精神，其政治批判和政治动员的资源、力量和效果也达到了新的历史高度。至此，也就不难发现，从《1844 年经济学哲学手稿》到《资本论》，20 多年的间断性研究并没有明显影响马克思经济理论研究主题的连续性，其远大的政治理想、坚定的政治立场及其经济理论相对于政治理论的基础地位，证明了马克思一贯的政治立场及其政治理论内在的连贯性，并在一定程度上丰富和发展了肯定派的论据，自然也充分回应了相关观点对马克思政治理论的质疑。

（四）马克思政治理论的完善期

相对于之前的研究重心，"马克思生命中最后 15 年的作品主要是政治方面的，原因在于马克思对国际的参与以及社会主义政党的成长"。③ 显然，这一结论主要不是指马克思在这一时期政治著述的数量，而是指相对于其他领域、继续完善且不断明确的政治主张，因为他将关注重心和更多精力投向了人类社会的未来，明显弥补了之前的阶段性和零散性，进而勾勒出其政治主张的一贯性和政治理论的完整性。在巴黎公社之前，有关国家的本质、无产阶级革命和专政等思想已构成马克思政治理论的主要组成部分，但在如何对待旧的国家机器等问题上，有关理论设想尚待在实践

---

① 《马克思恩格斯选集》第 2 卷，人民出版社，1995，第 259 页。
② 《马克思恩格斯全集》第 44 卷，人民出版社，2001，第 874 页。
③ 〔英〕戴维·麦克莱伦：《马克思思想导论》，郑一明等译，中国人民大学出版社，2008，第 96 页。显然，这一观点不仅回应了对马克思政治理论的相关质疑，而且印证了前文关于其理论特色与分期依据的相关分析。

中进一步检验和发展。《法兰西内战》在总结巴黎公社经验和教训的基础上，批评了公社对反动派的"宽宏大量"，强调了革命暴力和政治策略的极端重要性，并提出一个著名的论断："工人阶级不能简单地掌握现成的国家机器，并运用它来达到自己的目的"。① 这样，马克思此前提出打碎旧的国家机器的思想，经过巴黎公社的检验与完善，也就变得更加成熟。与此同时，马克思还进一步发展了无产阶级革命和专政的学说，论述了无产阶级取得政权后的各项政策。这样，该文在进一步丰富马克思革命理论的同时，也表达了他的建设理论，因为他不仅提出了破坏旧世界的革命路径，而且明确了建立无产阶级专政、建设新社会的具体措施，其社会革命的思想乃至政治理论的内容和体系也因此更加丰富。

相对于其他政治著作，《哥达纲领批判》明确将理论视角延伸到无产阶级革命之后。在该文中，马克思根据资本主义发展的客观规律与巴黎公社之后阶级斗争的发展趋势，不仅区分了共产主义社会的两个阶段，论证了这两个阶段不同的分配原则，而且首次提出一个著名论断："在资本主义社会和共产主义社会之间，有一个从前者变为后者的革命转变时期。同这个时期相适应的也有一个政治上的过渡时期，这个时期的国家只能是无产阶级的革命专政"。② 这样，关于过渡时期的科学论断进一步丰富了无产阶级夺取和建设政权的理论设想，完整表达了过渡时期无产阶级专政的全部学说，即过渡时期无产阶级的现实任务并不是废除国家，而是实行完全区别于传统的无产阶级专政，以便巩固革命成果，持续发展生产力，为国家消亡创造和完善物质、政治和精神等条件。鉴于这样的理论高度，有研究者认为，《哥达纲领批判》"处于马克思思想的核心"，"是马克思最重要的理论文献之一"。③ 由此可见，"如果说在《论犹太人问题》中马克思提出的'从政治解放到人类解放'的理想构成了他的全部政治思想的主题，那么，只是到了《哥达纲领批判》，这一社会理想及其实现的途

---

① 《马克思恩格斯选集》第 3 卷，人民出版社，1995，第 52 页。
② 《马克思恩格斯选集》第 3 卷，人民出版社，1995，第 314 页。
③ 〔英〕戴维·麦克莱伦：《马克思传》，王珍译，中国人民大学出版社，2008，第 285、406 页。

径、条件才得到了集中的论述，马克思的政治思想才臻于完成"。① 这样，经过《哥达纲领批判》的发展和完善，马克思政治理论的体系更加完整，内容更加丰富，结构也更加合理。至此也就不难发现，尽管马克思的政治理论并不具备恒定的研究对象、全面完整和风格一致的论述等常规意义上的理论特征，但在漫长的研究过程中，他始终立足人类社会的整体进程，关注波澜壮阔的革命实践，也得益于哲学和经济理论的支撑，因而有其独具特色的理论框架和学术风格，同时也从一个独特视角展现了马克思作为革命家的宽广眼界以及由此决定的改造世界、解放全人类的政治抱负和高远追求。为此，有研究者指出："马克思政治哲学的基本观念具有内在的逻辑关联，不仅表现为马克思思想形成的时间延展，也表现为马克思思想整体的核心特质，即其理论具有广义政治哲学的现实旨趣。而这种现实性正是其理论具有持久生命力的原因所在，梳理马克思政治哲学的整体脉络并生发其时代精神，对当代社会进步与人的发展均具有重要的现实价值"。②

至此，无论是马克思政治理论的形成过程和研究成果，还是其明显有别于学院派的政治主张和理论特色，不仅体现了作为思想家的马克思在人类历史演进、资本主义批判、无产阶级革命、社会发展和人类解放等相关领域的广泛涉猎、学术积累和理论创新，而且从独特视角再现了作为革命家的马克思始终关注社会现实、同情无产阶级遭遇、积极投身并领导无产阶级运动的革命精神和人文关怀。正是这样的理论特色、人文关怀和担当意识，使马克思的政治理论很快得到无产阶级的广泛认同，对无产阶级政党的成长、无产阶级运动的方向和路径等方面产生重大影响，并对之后的思想文化、资本主义批判、国际共产主义运动乃至社会发展产生全球性的深远影响。而这样的过程和特色在近乎两个世纪后的今天，对包括本书写作在内的马克思主义理论研究同样具有重要的启发意义。一方面，在现代科技、全球化和市场经济等多种因素的共同作用下，在时空完全变化了的当下中国研究马克思主义，发掘其解释力和说服力，发挥其指导功能，需要总体把握人类社会的前世今生和发展趋势，需要真切认知现代科技在经

① 郁建兴：《马克思主义政治理论：是否可能与何以可能》，《哲学研究》2000 年第 10 期。
② 臧峰宇：《马克思政治哲学的基本观念与当代启示》，《中国人民大学学报》2008 年第4 期。

济、政治、文化和社会领域的革命性影响，也需要持续关注晚近资本主义和国际共产主义运动的新问题和新趋势。这也意味着，如果不从日新月异的变化中理解和把握当今时代和本国国情，我们不仅会背离马克思政治理论的宏大视角和实践品质，制约马克思主义的指导功能，而且会重蹈教条主义或经验主义的覆辙，制约中国特色社会主义的创新性和生命力。另一方面，在中国特色社会主义事业达到空前高度，并对国际共产主义运动乃至全球发展产生空前影响的今天，面对卷帙浩繁且迅猛增长的学术资源，所有矢志于马克思主义理论的研究者都应秉持虚心学习和勇于批判的态度，从整体性中把握马克思主义理论的精髓。只有秉持虚心学习的态度，才能把握马克思主义的立场观点方法，梳理出马克思主义理论研究的学术谱系，了解相关研究者的关注和主张，同时为勇于批判提供学术积累和思想武器。同样，只有坚持勇于批判的态度，才能挣脱教条主义和经验主义的束缚，寻找新的生长点和突破口，在强化问题意识的过程中实现思想解放和理论创新，同时明确体现理论研究的努力方向和实践价值。

第三节　马克思政治理论的权力逻辑

自马克思辞世以来，"形形色色的马克思主义如此繁杂，有时竟难以捉摸，想要对它作出很全面的把握必定会流于肤浅"，尽管如此，"把马克思主义思想的发展脉络描摹出来"，并进行理论总结和宏观把握是绝对必要的。① 按照本书的逻辑，在初步把握马克思的权力范畴、明确肯定其政治理论可能性、详细论证该理论历史分期、理论特色及其形成过程的基础上，随之而来的任务自然是追问两者之间的关系，尤其是两者之间的真实联系、权力范畴以及形成其政治理论的内在机制，以提高和丰富马克思政治理论的解释力和说服力，同时以更为合理的体例提升本书的学术价值。通过这样的追问，也就不难发现，权力范畴，尤其是其不同时期的形式与结构，不仅作为一个充满生命力和解释力的学术概念，完全可以重构

① 〔英〕戴维·麦克莱伦：《马克思以后的马克思主义》，李智译，中国人民大学出版社，2004，第1页。

马克思的政治理论，而且也逃不过辩证否定的历史命运，无论其曾经如何的生动、丰富乃至显赫，也必将全面复归其纯真的公共色彩，实现"更高形式上的复活"。

一　从个人权力到公共权力

在马克思看来，作为人的本质特征和实践主体性的标志，自主性表明人在影响其存在和发展的主客观因素方面具有独立、自决的能力，由此决定的"自主活动就是对生产力总和的占有以及由此而来的才能总和的发挥"。① 进而言之，"所谓'自主活动'，作为一种实践自由，不仅意味着人的主观上的自由，即按照自己的意志和意愿进行活动，而且还意味着客观上的自由，即能够自由地支配从事自由活动所需要的各种外部社会条件，将各种外部社会条件置于自己的控制和支配之下"。② 在此规定下，作为自主活动的主体，人"应当是具有自立（能力）、自主、自律和自由性质的个人，即普遍具有独立人格的人"③。显然，这种理想状态从特定视角反映出人类社会的原始状态，反衬出现实的异化程度，但也指明了人类的追求目标和发展空间，明确了人们皆应具有依照其意志和能力从事实践的"原有力量"或个人权力。自人类社会面世以来，以物质资料生产为主要内容的实践既是生产活动，也是生命活动的本身和人的本质要求，人的劳动力和劳动产品都归劳动者个人所有或支配，体现出一种原始、完满的个人所有制，进而说明"自由的、有意识的活动"就是人类的本质特性和自主性的最高形式。正是在此意义上，马克思指出："在发展的早期阶段，单个人显得比较全面，那正是因为他还没有造成自己丰富的关系，并且还没有使这种关系作为独立于他自身之外的社会权力和社会关系同他自己相对立"。④ 换而言之，此时的个人权力因为简单的社会关系而能够普遍存在，因而也具有真实性。但是，在原始社会的生产生活中，即

---

① 《马克思恩格斯选集》第 1 卷，人民出版社，1995，第 129 页。
② 侯才：《马克思的自由观：自主活动——重读〈德意志意识形态〉》，《中国图书评论》2010 年第 8 期。
③ 高清海：《人的"类生命"与"类哲学"》，吉林人民出版社，1998，第 387 页。
④ 《马克思恩格斯全集》第 46 卷上册，人民出版社，1979，第 108 页。

使真正的个人所有制也无法使人们像后人一样，意识到个人权力的道德内涵和可贵之处，而满足于极端落后的生产力水平，因为具有自主空间的个人根本无法有效应对极端恶劣的环境，其自为能力也受到严重制约，进而迫使其放弃自身原始的自主性，在有所让渡中和其他个体进行更为密切的联合，形成不同规模的共同体。与此同时，生命的本能必然导致家庭的出现，人的自主性也必然注入更多社会因素，受到相应的制约和丰富，进而在质与量上产生了明显而复杂的变化。即使如此，这种社会性也不会因此停滞不前，个体之间的联系仍将随着生产生活的需要而不断拓展和深化。这样，"家庭起初是唯一的社会关系，后来，当需要的增长产生了新的社会关系而人口的增多又产生了新的需要的时候，这种家庭便成为从属的关系了"。① 也就是说，两性的结合只是人类的生理和生存本能，少数人的联合也不能显著改变其被动状态，进而要求结成人数更多、规模更大的共同体，以显著增长、远大于个体之和的集体力量改造外部世界，或应对其他共同体的威胁，进而保证个体与共同体的生存和发展。所以，马克思特别强调社会关系在人类生存和发展中的重要作用："社会关系的含义在这里是指许多个人的共同活动，至于这种活动在什么条件下、用什么方式和为了什么目的而进行，则是无关紧要的"。② 而恩格斯也明确指出："为了在发展过程中脱离动物状态，实现自然界中的最伟大的进步，还需要一种因素：以群的联合力量和集体行动来弥补个体自卫能力的不足。"③ 这样，人类社会先后出现规模不断扩大的氏族、胞族、部落和部落联盟等社会共同体，明显改变了自身曾经独立因而十分脆弱的生产生活状况，以至于"我们越往前追溯历史，个人，从而也是进行生产的个人，就越表现为不独立，从属于一个较大的整体：最初还是十分自然地在家庭和扩大成为氏族的家庭中；后来是在由氏族间的冲突和融合而产生的各种形式的公社中"。④ 由此也说明，即使那些"虚幻的共同体"并非一开始就是个人自由发展的限制，其中的异己性也极其有限，因而是个人自我保全的社会母

① 《马克思恩格斯选集》第 1 卷，人民出版社，1995，第 80 页。
② 《马克思恩格斯选集》第 1 卷，人民出版社，1995，第 80 页。
③ 《马克思恩格斯选集》第 4 卷，人民出版社，1995，第 30~31 页。
④ 《马克思恩格斯全集》第 46 卷上册，人民出版社，1979，第 21 页。

体，更是其须臾不可脱离的现实前提，自然也不同于国家等政治共同体的异己力量。所以，这样的共同体"是与他们的个性相适合的条件，对于他们来说不是什么外部的东西"。①

然而，各种规模的共同体在改善生产生活状况的同时，也必然要求个体放弃或部分放弃其自主的个人权力，并作为共同体的有机构成，以尽可能少的内耗和尽可能多的合力维系共同体的常态存在和正常运转，进而诞生了原始而真实的公共权力。言其原始，是因为这种权力的最初结构和运行机制极其简单，甚至仅是出于生命的本能，并无后世令人窒息的复杂动机，其影响的广度和深度自然也极其有限，与之后所谓的公共权力根本无法相提并论，更不存在任何的世袭垄断和贪婪欲求；言其真实，则是因为个体能够对权力的产生和运行施加不加任何先决条件和限制的影响，即使酋长在氏族内部的权力也是纯粹的道德力量，并没有任何强制手段，置身其中的人们完全可以分享，从而证明了权力作为社会关系的本质规定。也正因为如此，马克思将这样的原始共同体称为"自然形成的共同体"。当然，公共权力在保障和发展个人生产生活的同时，也必然改变个人权力的存在状态，即个人不仅要放弃或让渡自身的权力，而且要选择特定的个人或机构来行使这一权力，以统一意志和集中力量来实现更广泛或更长远的利益。当然，这种由少数人掌握的权力只是整合与协调的需要，且明确指向基于广泛共识的社会利益，因而并不必然导致后来的种种弊端，因为共同体的首领仍无后世认为是人之天性的私欲，其有限权力也在全方位的监督中面临随时被褫夺的可能。不仅如此，由于每个人皆有执掌权力的机会，此时的权力自然能够在不确定的权力主体和确定的权力运行的统一中体现公共意志，维护社会利益，因而能够反映公共权力的独特价值和道义力量。正是个人权力和公共权力的天然同一，个体也对共同体产生了天然依赖，"正像单个蜜蜂离不开蜂房一样，以个人尚未脱离氏族或公社的脐带这一事实为基础"。② 虽然这种依赖因为人类社会进入阶级社会而有所变化，但并没有发生根本变化，有所不同的是，人们不再依赖氏族、部

① 《马克思恩格斯选集》第 1 卷，人民出版社，1995，第 123 页。
② 《马克思恩格斯全集》第 44 卷，人民出版社，2001，第 388 页。

落，转而依赖农村公社、城市公社和行会，以至于"在过去的历史时代，自然联系等等使他成为一定的狭隘人群的附属物"。① 这样，公共权力和社会利益之间相互制约、相互促进的关系有效维护了权力的开放性与公共性，体现了权力的道德内涵和正义形象，但也为之后的政治权力（尤其是国家权力）的萌芽和壮大奠定了现实基础，暴露了权力异化的现实程度。

毋庸讳言，即使此时追求社会利益的公共权力肯定也会对个人利益和个人意志造成一定的损害，因为个体成员以共同体的存在为前提，其个性就得服从集体意志，甚至消融在集体行动之中，也就必然制约其自由发展的程度。为此，马克思也不否认原始共同体对个性发展的制约，当然只是落后生产造成的制约，即"并不是专制的桎梏（如傻瓜梅恩所理解的），而是群体即原始共同体的给人带来满足和乐趣的纽带——从而是个性的片面发展"。② 但是，如果说"社会为了维护共同的利益，最初通过简单的分工建立了一些特殊的机关"③，那么，随着生产力的发展，管理的专门化和"特殊的机关"的面世不仅意味着阶级产生以及有产者对特殊利益的追求，而且明显侵蚀了公共权力的开放性与公共性，激化了利益矛盾与社会冲突，作为维护有产者利益工具的国家最终也应运而生，明显加剧了公共权力的异化，即"和人民大众分离的公共权力"。虽然此时国家仍以公共权力的面貌出现在人们面前，但已是一种异化的公共权力，主要或最终仍要维护有产者的利益，也就必然排斥多数人置喙权力的可能性。不仅如此，在持续膨胀的私欲推动下，这种权力拥有的强制性开始以暴力的方式打压而不是通过协调方式满足绝大多数人的意愿，其开放性与公共性也因此变得极其有限和虚假。由此可见，阶级社会中的政治共同体给人类带来的不是自由而是束缚，不是个性的发展与张扬而是扭曲与泯灭，不是人的全面发展而是自我异化。这样，"阶级、社会、国家这些历史范畴的形成和发展，掩盖了劳动者个人作为社会生产力主体和社会生产关系主体的历史本质。劳动者个人往往作为被统治阶级及其成员而存在，失去了个性

---

① 《马克思恩格斯全集》第 46 卷上册，人民出版社，1979，第 18 页。
② 《马克思恩格斯全集》第 45 卷，人民出版社，1985，第 646 页。
③ 《马克思恩格斯选集》第 3 卷，人民出版社，1995，第 12 页。

和独立性，甚至失去了做人的尊严和地位"。① 所以，立足宏观的视角，个体和共同体之间的矛盾在原始社会并不突出，只是后来的发展才严重限制甚至束缚了个人的自主性，原来与共同体成员个性相适应的条件又变成了新的桎梏，最终导致这一桎梏在反复重构中不断更新，渐趋精密牢固，并辅以渐趋完善的意识形态的劝慰，以至于个体无法挣脱，直至最终放弃挣脱的努力，甚至将其视为自身生存的前提予以接受。在此背景下，政治权力的存续还分化了社会结构，原本平等的社会成员开始分化并固化为权力的主客体，其中，"政治权力始终被处于统治地位的个人或阶级所掌握，国家则是统治阶级权力的组织形式，而人民大众则是处于权力客体的地位"。② 这一格局在之后的长期发展中顽固存续，其封闭性也未发生实质变化，以至于权力社会化作为一种发展趋势和理论结论，至今也只是初现端倪，仍有相当漫长的征程有待探索，更遑论其完全公共化的高远意境。

但是，权力异化及其给人类社会造成的负面影响并不能掩盖其历史的积极作用，毕竟"只有在共同体中，个人才能获得全面发展其才能的手段，也就是说，只有在共同体中才可能有个人自由"。③ 换而言之，这是个人在不够发展和片面发展时可以拥有和不得不接受的存在方式，是其生存和进一步发展的历史前提和社会基础，也是其获得更高层次自主性的必经之路，因而可以说是人类社会在特定发展阶段不得不承受的代价。在此规定下，历史地考察人类社会的政治生活，显然任何人都不能否认，后一种社会形态中的人们在渐趋合理的历史进步中越来越多地获得了政治权利，同样也证明了个人权力和公共权力的对立统一及其互动趋势。因此，各种共同体虽然在规模、结构、功能等方面有所差别，但始终不能缺少公共权力。换而言之，不同历史时期的公共权力只有多寡之分，而无有无之别，进而保证了人类发展的未来及其在曲折中不断发展的希望和值得期待的图景，同时也说明开放性和公共性不仅与权力相生相伴，而且浑然一体，任何力量也不能将两种属性截然分开，更无法将其从权力中剔除。这

---

① 徐兴恩等：《"重建个人所有制"的现代解读》，《马克思主义与现实》2001 年第 6 期。
② 江德兴等：《马克思社会化理论与政治权力的演变》，社会科学文献出版社，2005，第 14 页。
③ 《马克思恩格斯文集》第 1 卷，人民出版社，2009，第 571 页。

样，在并不纯正乃至异化的公共权力推动下，人类社会也逐渐摆脱了生产落后、进步缓慢的阶段，并怀着自由发展的追求，踏上了曲折坎坷而又充满希望的历史征程。①

二 市民社会与国家的分离

在理论层面上，国家的面世即意味着国家与社会的分化，但此时已堕入苦难的社会显然不能也无意在巨变中为自己保留或争取足够的自主空间，因而只是一种初步的功能分化，社会尚无主动争取其自主性的主体意识，直至发端于中世纪后期的文艺复兴和宗教改革显著加快了资本主义生产方式的发展进程，推动并固化了国家与社会的结构分化。曾有研究者诙谐地写道："从前，有一对秀发白肤的孪生兄弟，一名文艺复兴，一名宗教改革，不堪鞭笞辱骂，起而反抗其恶毒、然而衰老的继母，中世纪的公教教会。"② 首先，文艺复兴以复兴古典知识的形式，开启了一个新的知识世界，以"大写的人"促成了西方社会由神本主义向人本主义的转变，催生了以"现实的人"为主体的近代个人主义，为资本统治下的商品生产、阶级关系乃至社会生活扫除了思想束缚。其次，继文艺复兴而来、以路德和加尔文为领袖的宗教改革则揭露了教会的欺骗性，将其推下神坛，使得个人成为其信仰乃至全部生活的主宰，促成了西方社会由集体本位向个人本位的转变，因为"真理不再需要请权威来肯定，真理只需要内心的思想来肯定"。③ 所以，就其性质而言，宗教改革作为使旧的神学世界观适应于改变了的经济条件和新阶级的生活方式的反复尝试，④ "给资产阶级的现代统治打下基础"⑤。在文艺复兴和宗教改革的共同作用下，城市的出现和居民在城市的聚集不仅代表着一种新型的生产生活方式，而且

---

① 按照霍布斯、黑格尔等人的观点，面对相互敌视和对抗的人类，作为第三方、应运而生的国家不仅有效避免了人类悲剧，而且将人类引导至渐趋良性的发展轨道，因而具有天然性与永恒性，但这一主张始终缺乏可资佐证的史实。而在史料和事实的支撑下，马克思则突出强调了国家的社会性与阶段性，即国家作为人类社会的特有现象，只是脱胎于社会并在一定条件下和相当长时间内独立于社会。

② 〔美〕布林顿：《西方近代思想史》，王德昭译，华东师范大学出版社，2005，第4页。

③ 〔英〕罗素：《西方哲学史》上册，何兆武等译，商务印书馆，1963，第20页。

④ 《马克思恩格斯全集》第21卷，人民出版社，1965，第546页。

⑤ 《马克思恩格斯选集》第4卷，人民出版社，1995，第262页。

"意味着西欧封建社会中一种体制外异己力量的产生。开始时，这种异己力量还是微弱的，但随着商品货币关系的发展和城市经济力量的壮大，城市居民作为西欧封建社会的体制外的异己力量的作用就越来越明显"。[1]这样，诸多因素的共同作用逐步唤醒了社会的自主意识，也瓦解了封建制度的专制统治，社会才最终以其与国家的结构分化及其突出表现，[2] 开启了西方的近代化进程，并引发了学界的普遍关注，"市民社会"这一范畴便是这种关注的理论自觉和显著标志。

市民社会是西方学术史上，尤其是近代以来法学、政治学、历史学、社会学等领域重要的理论范畴和分析框架。不同于亚里士多德等人在政治意义上对"市民社会"的规定，也有别于黑格尔将"市民社会"置于家庭和国家之间并赋予其浓重伦理色彩的做法，马克思在唯物史观的基础上，利用阶级分析方法考察人类历史，形成了国家工具主义的市民社会理论，即国家的形成与发展源自市民社会的需要，国家是市民社会中统治阶级实现自身利益的工具，即"随着分工的发展也产生了单个人的利益或单个家庭的利益与所有互相交往的个人的共同利益之间的矛盾"，"这些始终真正地同共同利益和虚幻的共同利益相对抗的特殊利益所进行的实际斗争，使得通过国家这种虚幻的'普遍'利益来进行实际的干涉和约束成为必要"。[3] 换而言之，正是这样追求私利的"现实的人"通过各自的特殊利益凝结为普遍诉求，才推动着国家的产生和发展，并反映了"市民社会决定国家"的历史真实："家庭和市民社会本身把自己变成国家。它们才是原动力"[4]，"政治国家没有家庭的自然基础和市民社会的人为基

---

① 厉以宁：《资本主义的起源》，商务印书馆，2004，第 81 页。

② 为此，马克思指出："在十五世纪时，封建制度在整个西欧都处于十分衰败的状态。在封建地区中，到处都楔入了有反封建的要求、有自己的法和武装的市民的城市；它们通过货币，已经在一定程度上使封建主在社会方面甚至有的地方在政治方面从属于自己；即使在农村中，在农业由于特别有利的条件而得到发展的地方，旧的封建桎梏在货币的影响下也开始松弛了"。详见《马克思恩格斯全集》第 21 卷，人民出版社，1965，第450~451 页。从城市到农村的巨大变革也同样得益于文艺复兴和宗教改革，因为发端于城市的文艺复兴意味着城市居民的觉醒，后者则唤醒了城市之外更多人的觉悟。所以，学界认为，16 世纪前后新大陆的发现、文艺复兴和宗教改革具有深远的世界性影响，构成了近代和中世纪的分水岭。

③ 《马克思恩格斯选集》第 1 卷，人民出版社，1995，第 84~85 页。

④ 《马克思恩格斯全集》第 1 卷，人民出版社，1956，第 251 页。

础就不可能存在。它们对国家来说是必要条件"。① 显然，这在批评黑格尔"国家决定市民社会"的理性主义、纠正市民社会和国家关系的同时，也揭示了国家维护统治阶级利益的本质及其和市民社会对立的根本原因，暴露出它的历史阶段性、现实局限性和最终消亡的历史命运。需要注意的是，马克思是在广义和狭义两种意义上使用市民社会这一范畴的，如以下两段文字所述，从广义的市民社会到狭义的市民社会，这一历史过程不只是时间的流逝和思维的转向，也是人类实践的丰富和发展的真实反映，更是马克思基于历史和现实的深刻洞见，其中公共权力的异化、分化和辩证发展更是市民社会演进的必然结果和生动展现。

马克思在"市民社会决定国家"的基础上明确指出："市民社会这一名称始终标志着直接从生产和交往中发展起来的社会组织，这种社会组织在一切时代都构成国家的基础以及任何其他的观念的上层建筑的基础。"② 也就是说，自从原始共同体衍生出国家，便标志着市民社会与国家的分离，或社会与政治的分离，也即"随着社会利益分化为私人利益和公共利益两大相对立的体系，整个社会就分裂为市民社会和政治国家两个领域。前者是特殊的私人利益关系的总和，后者则是普遍的公共利益关系的总和"。③ 在此背景下，市民社会自然普遍以广义的面相发挥作用，即主要作为"上层建筑的基础"，为国家的存续提供人力资源和财力支撑，尚不能彰显其作为社会主体的基础地位，更不能自觉到自身决定国家的真实作用，自然遑论以其能动性对国家提出相应规定。由此可见，这种分离更多基于功能意义而非结构意义，因为前资本主义的市民社会与国家几乎一直处于胶着乃至浑然一体的状态，被国家牢牢控制，并无明显的主体意识和自主能力，更遑论基本的主体自觉。一方面，国家自产生之日起就吸附于市民社会，并通过"巨额国债和苛捐重税"④ 从中攫取其存在和发展的物质资料，即使血缘、宗教、暴力等因素也只能遮掩而无法割断这种依赖关系。为此，西达·斯考切波（Theda Skocpol）指出："任何国家都是首

---

① 《马克思恩格斯全集》第 3 卷，人民出版社，2002，第 12 页。
② 《马克思恩格斯选集》第 1 卷，人民出版社，1995，第 130~131 页。
③ 梁慧星：《民法总论》，法律出版社，1996，第 26 页。
④ 《马克思恩格斯选集》第 3 卷，人民出版社，1995，第 53 页。

先和主要从社会索取资源，利用这些资源来创立和维持的强制组织和行政组织"。① 当然，国家并非简单地被动依赖市民社会，也会根据时空特点调整其策略和手段。就其总体趋势而言，国家主要依靠强制手段攫取所需的物质资料，市民社会的消极抵制或激烈反抗在加剧国家物质依赖的同时，也会迫使其设法淡化自身的强制色彩，减少其物质需求，以便赢得起码的配合和认同。另一方面，自从社会分裂为不同的阶级，原来居民自发的武装已失去现实可能，国家必然要寻求一种"特殊的公共权力"，以有效维系起码的统治秩序。最初的国家往往因为人们生性自由而遭到顽强抵抗，以至于诉诸更具强制力的手段和措施，即"构成这种权力的，不仅有武装的人，而且还有物质的附属物，如监狱和各种强制设施，这些东西都是以前的氏族社会所没有的"。② 尤其在阶级冲突尖锐化的时期，这种公共权力更会不断加强，以确保国家意志的实现。当然，这样的加强只是一定阶段的产物，并不会成为一种持续强化的趋势，因为国家也非常清楚自身的尴尬境地，即无视社会的正当诉求和发展趋势而强行控制市民社会，极易陷入前者压迫后者、后者仇视前者的恶性循环，直至最后国家在普遍民愤和激烈抗争中土崩瓦解。因此，国家也会设法超越阶级统治的狭隘眼界，以其日益明显的自主性努力实现阶级利益和社会利益、政治职能和社会职能的此消彼长与动态平衡。这样，在社会发展进程中，国家越发展、越成熟，就越要设法隐匿其暴力色彩，淡化其阶级属性，凸显其社会意义，进而综合运用各种手段向市民社会证明自身的合法性以及双方利益的趋同性乃至一致性。当然，在不同的历史阶段，诉诸合法性的手段也有一个发展和完善的过程：在前资本主义时期，宗教和伦理的色彩浓郁，而资本主义和后资本主义社会则在合理借鉴历史的基础上，诉诸经济和政治的努力更加明显。③

　　正是因为人类社会始终存在不断克服和超越旧有形态的机制，马克思

---

① 〔美〕西达·斯考切波：《国家与社会革命》，刘北成译，（台北）桂冠图书股份有限公司，1998，第33页。

② 《马克思恩格斯选集》第4卷，人民出版社，1995，第171页。

③ 吴永生：《论市民社会的双重角色：基于马克思和葛兰西的启示》，《齐鲁学刊》2012年第3期。

曾对其中的规律作过精辟论述："已成为桎梏的旧交往形式被适应于比较发达的生产力，因而也适应于进步的个人自主活动方式的新交往形式所代替；新的交往形式又会成为桎梏，然后又为别的交往形式所代替。由于这些条件在历史发展的每一阶段都是与同一时期的生产力的发展相适应的，所以它们的历史同时也是发展着的、由每一个新的一代承受下来的生产力的历史，从而也是个人本身力量发展的历史"。① 在此过程中，"旧的市民社会直接具有政治性质，就是说，市民生活的要素，例如，财产、家庭、劳动方式，已经以领主权、等级和同业公会的形式上升为国家生活的要素……它们以这种形式规定了单一的个体对国家整体的关系，就是说，规定了他的政治关系，即他同社会其他组成部分相分离和相排斥的关系"。② 及至中世纪，在货币和商业等因素影响下，从农村逃亡出来的农奴或自由民成为新型城市中的个体市民，并在基于生存和自卫而联合反对农村贵族的过程中形成各种具有地域性的市民团体，以至于新兴的城市与自由的市民之间相互促进与共同努力，逐步侵蚀并最终瓦解了封建制度，催生并巩固了市民社会。这样，个体市民与其生活环境和劳动方式之间形成了双向的良性互动，即 "市民创造了这些条件，因为他们挣脱了封建的联系；同时他们又是由这些条件所创造的，因为他们是由自己同既存封建制度的对立所决定的"。③ 不仅如此，随着商业的不断扩大和交通的不断完善，各个城市间不断加深的联系密切了个体市民的联系，地域性的市民团体最终成长为具有独立意识和平等诉求的市民阶层，进而在超越自然联系的基础上连接成全面多样的社会关系。至此，市民社会的地位和作用上升至空前高度，而且具有了结构与功能的双重独立性，也即马克思对市民社会的狭义界定："'市民社会' 这一用语是在 18 世纪产生的，当时财产关系已经摆脱了古典古代的和中世纪的共同体 [Gemeinwesen]。真正的市民社

① 《马克思恩格斯选集》第 1 卷，人民出版社，1995，第 124 页。
② 《马克思恩格斯全集》第 3 卷，人民出版社，2002，第 186 页。也正是在此意义上，此时的市民社会主要立足广义的层面，仍未有明显的结构独立性。
③ 《马克思恩格斯文集》第 1 卷，人民出版社，2009，第 569 页。而熊彼特也认为："资本主义萌芽于社会的封建状态之中不仅仅是事实问题，它对资本主义的逻辑是不可缺少的。"详见〔美〕熊彼特《资本主义、社会主义和民主主义》，绛枫译，商务印书馆，1979，第 25 页。

会只是随同资产阶级发展起来的"。①

和古代"政治国家就是国家的内容"不同，"现代的国家则是政治国家和非政治国家的相互适应"。② 换而言之，资本主义生产方式下的市民社会虽然还不能彻底抛弃国家，但也开始挣脱国家的长期束缚，逐渐成长为不受国家直接干预，甚至还有法律保护的领域，原来结合在一起的经济、政治以及各种社会事务逐步开始分离，原先政治上并不平等的社会成员经过政治解放获得空前平等的政治权利，原本个人对等级或特权的屈从和依附关系开始解体，国家也不得不在被迫接受和动态调整中与市民社会形成新的平衡。对此，马克思比较了政治解放前后的差别："虽然个人之间的关系表现为较明显的人的关系，但他们只是作为具有某种［社会］规定性的个人而互相交往，如封建主和臣仆、地主和农奴等等，或作为种姓成员等等，或属于某个等级等等……在货币关系中，在发达的交换制度中（而这种表面现象使民主主义受到迷惑），人的依赖纽带、血统差别、教育差别等等事实上都被打破了，被粉碎了（一切人身纽带至少都表现为人的关系）；各个人看起来似乎独立地（这种独立一般只不过是幻想，确切些说，可叫作——在彼此关系冷漠的意义上——彼此漠不关心）自由地互相接触并在这种自由中互相交换"。③ 这样，以交换关系为中介的市民社会成为社会发展的产物，就具有了必然性与合理性："毫无疑问，这种物的联系比单个人之间没有联系要好，或者比只是以自然血缘关系和统治服从关系为基础的地方性联系要好"。④ 与此同时，在这种日益独立化和个体化的交往和相互联系中，生产力开始成长为真正强大的社会力量，使市民社会获得持续生长的动力。在此环境中，由于资本主义私有制摆脱了政治权力的强制，市民社会开始以和国家并列的身份，独立于国家之外，并作为全新的政治力量，显著开启了国家渐受制约、盛极而衰的进程。这样，"在大工业和竞争中，各个人的一切生存条件、一切制约性、一切片面性都

---

① 《马克思恩格斯选集》第 1 卷，人民出版社，1995，第 130 页。
② 《马克思恩格斯全集》第 3 卷，人民出版社，2002，第 41 页。
③ 《马克思恩格斯全集》第 46 卷上册，人民出版社，1979，第 110 页。
④ 《马克思恩格斯全集》第 46 卷上册，人民出版社，1979，第 108 页。

融合为两种最简单的形式——私有制和劳动"。① 在此背景下，为了最大限度地增值，资本到处寻找商机，甚至不顾乃至蓄意突破既有的社会规范，将成文法律践踏在地。而劳动者为了改善自身的生产生活条件，也开始自由选择可以充分发挥其潜能的工作，资本和劳动力能够以空前的效率和效益进行结合，形成空前合理的生产关系，进而推动生产力以空前的速度向前发展。当然，在此过程中，人的异化也因此达到空前的程度，以至于他们普遍失去了作为社会主体的意义，沦为生产和财富的工具。所以，马克思在肯定市民社会进步性的同时，又将它推上历史的被告席上："古代的观点和现代世界相比，就显得崇高得多，根据古代的观点，人，不管是处在怎样狭隘的民族的、宗教的、政治的规定上，毕竟始终表现为生产的目的，在现代世界，生产表现为人的目的，而财富则表现为生产的目的"。② 这样，在资本的普及和推动下，资本主义生产方式最终以赤裸冷酷的金钱关系挤占乃至代替了其他能够体现人之本质的传统社会关系，自然也日益背离了人的本质。在此规定下，政治国家最终成为支持、扩大和巩固资产阶级利益的工具，市民社会则成为一种独立于国家的自治领域与全新力量。这样，政治解放催生的权力社会化全面突破了传统权力对资产阶级的全面控制，资产阶级不仅获得了更多的政治权力，其经济权力也因此获得了空前的成长空间和明显完备的独立形式。

然而，经济权力只是淡化而未改变或放弃传统的统治方式，即相对于等级制的政治强制，经济权力明显强化了资本家对雇佣工人看似平等的经济强制，因为它不仅没有改变私有制，而且用一种貌似合理的新型方式为私有制辩护，进而达到美化和巩固私有制的目的，自然也无法改变资本主义生产方式的对抗性质，同时也说明"在现代，物的关系对个人的统治、偶然性对个性的压抑，已具有最尖锐最普遍的形式"。③ 不仅如此，由于资本本质上是一种社会力量而非个人力量，从人对人的依赖到人对物的依赖的进步性同样也不能消除阶级对立和社会对抗的经济基础，进而揭示了

① 《马克思恩格斯选集》第 1 卷，人民出版社，1995，第 127 页。
② 《马克思恩格斯全集》第 46 卷上册，人民出版社，1979，第 486 页。
③ 《马克思恩格斯全集》第 3 卷，人民出版社，1960，第 515 页。

资本统治的荒谬结果："工人生产得越多，他能够消费的越少；他创造价值越多，他自己越没有价值、越低贱"。① 所以，马克思明确指出其局限性，即经济权力只是改变了压迫条件和斗争形势，根本不可能消灭阶级对立。换而言之，随着经济因素的增加，政治权力逐渐让位于经济权力，政治斗争更多表现为经济斗争，以至于时至当下，研究者仍认为经济权力是一种"模糊的经济强迫"（dull economic compulsion），因为在此背景下，"工人并没有其他切实的选择，只有接受资本家对工资劳动的规训，并对其规训习以为常，这表面上看起来似乎又是'正常的'以及'自然而然的'"。② 这样，即使在当今的资本主义生产关系中，工人阶级有所改善的生存状况也没有实质性地改变其传统地位，更没有改变生产资料私有制，由经济权力引发的利益矛盾和社会对抗仍无明显减少，资本的贪婪本性给人类社会留下的创伤依然非常严重，进而说明经济权力只是对政治权力的分化、补充和平衡，并不能从根本上改变私有制的传统，仍无法实现对历史的主动超越，更遑论人的自由全面的发展。在此环境中，不仅劳动者无法主宰自己的命运，"资本家完全同工人一样地处于资本关系的奴役下，尽管是在另一方面，在对立的一极上"。③ 受其影响，"我们的一切发现和进步，似乎结果是使物质力量成为有智慧的生命，而人的生命则化为愚钝的物质力量"④，人类也因此被包裹在看似幸福的襁褓中，甚至丧失自我批判的勇气，难以迈出继续前行的脚步，更遑论准确知晓其真正追求、坚定诉诸知行合一的伟大实践。至此，我们也就不难发现，"马克思的实践哲学是与其市民社会批判不可分割地联系在一起的。其基本旨趣是通过市民社会批判，揭示'个人主体性'与'社会共同体'分裂的现实的社会政治根源，改变这种分裂得以产生的世俗的社会政治基础，并寻求一种能够和解和统一这一矛盾的社会政治制度的理想图景"。⑤

① 《马克思恩格斯全集》第 42 卷，人民出版社，1979，第 92 页。
② 〔英〕约翰·格莱德希尔：《权力及其伪装：关于政治的人类学视角》，赵旭东译，商务印书馆，2011，第 25 页。
③ 《马克思恩格斯全集》第 49 卷，人民出版社，1982，第 49 页。
④ 《马克思恩格斯选集》第 1 卷，人民出版社，1995，第 775 页。
⑤ 贺来：《论马克思实践哲学的政治意蕴》，《哲学研究》2007 年第 1 期。

三　政治解放与权力社会化

人类进入封建社会，在迎来生产力显著增长的同时，仍面临着诸多阻碍社会进步的因素。其中，财产、家庭、劳动方式不仅以领主制、等级制和同业公会的形式存在，而且上升为政治生活的主要因素，等级和特权将人与人之间的社会差别固化为政治差别，严重掣肘社会进步，资本主义生产方式所需要的平等、自由、人权等政治价值更是受到严重阻碍，缺少足够的成长空间。因此，通过政治革命，将市民社会从国家的全面控制中解放出来，以顺应生产力发展与社会进步的需要，尤其满足资本对劳动力的需求，释放资本的成长空间，也就成为社会发展的迫切要求。而封建势力的顽固保守、商品经济相对于自然经济的历史进步性使得资产阶级革命成为一种历史必然，由此带来的政治解放使得人类社会取得了空前的进步，商品经济和价值规律倡导的平等、自由等价值也必然反映在政治制度和法律原则上。在此背景下，劳动力对资本的依附作为一种新型的生产关系，彻底改变了此前长期存在的等级制和人身依附，显著深化了人对物的依赖，由此造成的劳动力和资本的全面对接在解放所有社会成员的同时，也推动了生产力的巨大发展，充分彰显了资本主义生产关系的空前合理性。这样，不同阶段、不断升级和渐趋彻底的政治革命不仅实现了政治与宗教、国家与市民社会的分离，而且打碎了特权和等级对社会的全面禁锢，消灭了市民社会的政治性质。对此，马克思曾作出这样的评价："只有法国大革命才完成了从政治等级到社会等级的转变过程，或者说，使市民社会的等级差别完全变成了社会差别，即在政治生活中没有意义的私人生活的差别。这样就完成了政治生活同市民社会的分离"。①

国家和市民社会的结构分化不仅意味着封建势力的专制统治失去了存在依据，国家事务逐步成为公共事务和民主得以扎根的领域，而且消除了人与人之间的政治差别，释放了长期受到遏制的社会活力，即"政治革命消灭了市民社会的政治性质。它把市民社会分割为简单的组成部分：一方面是个体，另一方面是构成这些个体的生活内容和市民地位的物质要素

---

① 《马克思恩格斯全集》第3卷，人民出版社，2002，第100页。

和精神要素。它把似乎是被分散、分解、溶化在封建社会各个死巷里的政治精神激发出来，把政治精神从这种分散状态中汇集起来，把它从与市民生活相混合的状态中解放出来，并把它构成为共同体、人民的普遍事务的领域，在观念上不依赖于市民社会的上述特殊要素。特定的生活活动和特定的生活地位降低到只具有个体意义。它们已经不再构成个体对国家整体的普遍关系。公共事务本身反而成了每个个体的普遍事务，政治职能成了他的普遍职能"。① 如果对这段文字作进一步的分析，显然政治解放至少具有以下三方面的积极影响。经济上，人与人之间平等的关系使得自由交换得以实现和普及，商品生产的范围和规模达到空前的高度，直至在全球范围内占据主导地位。在此背景下，人们具有追求财富的同等权利，其社会地位的变动也随之常态化，而非传统社会长期的固化和世袭。政治上，随着专制制度的灭亡，特权和等级失去了立足之地，国家与社会一体化的状态最终瓦解，阶级关系因快速的利益分化而更加简单明确，人的个性也因此打上鲜明的阶级烙印，人们在政治领域取得了平等的地位，民主政治也因显著的权力社会化开启了历史进程。文化上，自由、平等、民主等政治价值开始深入人心，资产阶级的个人主义精神和利己主义欲望受到更为广泛的追捧，甚至成为一种颇具解释力、说服力和社会基础的意识形态，因为"货币从它表现为单纯流通手段这样一种奴仆身分，一跃而成为商品世界中的统治者和上帝"。② 这样，政治解放作为一大历史进步和"人类解放的最后形式"③，以其空前合理性为更高的社会形态创造了经济、政治和文化条件，明显加快了社会发展的步伐。

无论是主观目的，还是客观结果，资产阶级主导的政治解放显著开启了政治权力社会化的进程。在前资本主义时期，不同时空下的权力的确也存在不同进度的发展，但总体上因为王权的反复更替而无实质性变化，政治权力完全集中于封建势力之手。相比之下，由于政治解放确立了议会的立法权，限制了长期专断的王权，因而具有监督权力、反对专制的进步意义，也明显加快了权力分化的速度，由此制度化的"三权分立"作出了

① 《马克思恩格斯全集》第 3 卷，人民出版社，2002，第 187 页。
② 《马克思恩格斯全集》第 46 卷上册，人民出版社，1979，第 171 页。
③ 《马克思恩格斯全集》第 1 卷，人民出版社，1956，第 429 页。

突破性的历史贡献。立法机关不仅一改行政机关独揽权力的传统角色，而且使得行政权力的自主空间受到明显压缩。但是，"三权分立"最初存在于阶级之间的历史进步性也在时过境迁中逐步萎缩为阶级内部的分权。随着资产阶级统治地位的确立和巩固，尤其当资产阶级和无产阶级的矛盾日益显现时，这种突破性并没有走得更远，而是渐趋形式化，行政权再次获得了相对于立法权和司法权的主导地位，甚至不再听命于立法权，反而成为立法权和司法权的操纵者，进而强化了资产阶级统治的保守性。这种保守在阶级关系上表现为国家机关再次盘踞在社会之上，延续着对被统治阶级的传统惯性，即使再年轻的民主共和国也逐步暴露出资产阶级轮流执政以掠夺无产阶级的实质。当然，尽管如此，经过政治解放逐步成型的"三权分立"仍然巩固了资产阶级革命的成就，权力社会化的大门只能越开越大，其中内在的反专制机制和功能既有效监督和规范了权力运行，又在更长远的视角对人类的民主进程产生了深远影响。更为重要的是，权力社会化不仅充分证明了马克思的权力观，否定和颠覆了长期盛行的国家主义权力观，而且坚定了民众对权力在更高形态上全面再现其公共性的信心，进而加速了权力辩证否定的发展进程。

如果说"三权分立"是政治解放和权力社会化的最初成果，又是巩固这一成果的制度保障，那么，随着社会发展，尤其是无产阶级革命的推动，权力社会化的进程则更加明显。其中，巴黎公社实行的选举、低薪、政务公开、罢免等综合措施明显加强了对权力异化的防范，保证了巴黎公社的无产阶级性质，从而在首创"议行合一"的同时，有效落实了民众意志，有力维护了社会利益，并开启了"人民群众把国家政权重新收回"① 的首次尝试，为之后的苏联、中国等国家的权力组织原则提供了宝贵的理论启示和实践经验。其中，随着时空的转移，在坚持"议行合一"基本精神和借鉴苏联实践得失的基础上，我国更具特色的人民代表大会制度强调和实行的不再是立法机关、行政机关或立法权、行政权合二为一，而是行政机关、监察机关和司法机关集中统一于立法机关，是立法权的全

---

① 《马克思恩格斯选集》第3卷，人民出版社，1995，第95页。

权性和至上性以及行政权、监察权和司法权对其负责、受其监督的单向性。① 这样，我国在发展和完善"议行合一"的过程中，就突出了民意作为国家权力终极来源的地位，强调了立法权、行政权、监察权和司法权的同源性及其对人民负责、受人民监督的特点，该原则也因此表现出科学的结构化、广泛的代表性和旺盛的生命力，② 权力社会化也因此在更为合理的制度保障中开启了新的征程。

当下，发达的传媒和日益常态化、制度化的社会组织更是将权力社会化推进至全新高度。受其影响，在一些民主传统悠久、民主意识浓厚的国家，民众不仅在立法上具有创制权和复决权，而且能够对一些重大的公共政策进行公决。所以，有研究者指出，权力的社会化更为明显地发生在现代国家，"其产生的主要原因在于，一是民主和科学的发展使国家的阶级镇压职能逐渐衰退，社会管理职能逐渐增强；二是市场经济的发展推动了社会多元化格局的形成，加之民主政治发展的建设，促使一部分国家权力向民间社会组织转移；三是在经济全球化的发展趋势下，超国家组织及其超国家权力的作用在国际经济、政治舞台上的作用日益扩大"。③ 与此背景与趋势相对应，许多发展中国家也有长足进步。我国民众不仅同样具有立法上的建议权、听证权，而且还有各种机会直接参与一些重要基本法律草案的讨论，《立法法》更是明确规定了"保障人民通过多种途径参与立法活动"的原则和办法。这样，随着市场经济的发展、社会组织的发展和民主权利的落实，即使在"最具扩张性和侵略性的"行政权力方面，社会也能够通过参权、委托、授权、还权等方式，广泛地参与和分享行政权力。同样，已经升级和强化的监察权不仅意味着国家的政治自觉和主动作为，而且为民众进行权力监督提供了空前的制度保障，体制内外两种力量的并存和相互配合，必将显著加快权力社会化的进程，提升权力运行的规范性。更为可贵的是，作为国家机关的司法机关不只是简单地维护国家

① 吴永生：《监督模式的演进与民主监督的转型》，《理论探讨》2012 年第 5 期。
② 多年来，围绕"议行合一"和人民代表大会制度的关系展开的争论一直没有淡出研究视野。其实，尊重民意，将民置于空前的高度，是双方的共同追求，在此前提下，两者有所区别既是正常的，也是必要的。
③ 林喆：《权力的分化及国家权力的社会化》，《政治与法律》2001 年第 2 期。

意志和法律权威，也逐渐成为社会的维权机关和法治的维护力量。不仅陪审员制度和律师制度等已成为社会抗衡或校正司法权力的重要机制，而且法院和法官也常常与民众共同抵制不当不法的行政行为。由此可见，遵循人类发展的总体规律，"国家逐步部分地还权于社会，权力趋于多元化与权力走向社会化，则已是无可否认的现实进程"。① 在此趋势下，曾经封闭乃至世袭的权力系统日益表现出开放性，为有意进入权力系统并通过自身努力获得升迁的民众提供了更多机会，进而为权力的公共性注入了强劲持续的动力。这样，"从社会发展的远景看，国家权力的完全社会化，将是人类历史发展的必然归宿"。②

综上所述，政治权力曾经专横和曲折的发展进程并不能否定或改变其社会化的必然趋势，当下屡遭诟病的失范现象也无法消除或转移越来越多的关注，更无法逃避渐受约束的趋势。这样，权力社会化的历史、现状和未来说明其至少具有两方面的含义，或者在结构和功能上具有两方面的应有规定。第一，"就政治权力的结构而言，政治权力社会化是指，政治权力主体与客体的分裂消失，权力主体即是权力客体，权力客体即是权力主体，政治权力作为一种社会权力，真正回归人民，回归社会"。③ 在当下的政治生活中，渐趋合理的制度设计和日益成熟的技术支持不仅保障了传统的权力客体通过建设性的政治参与，推动政治权力社会化的进程，而且使得他们通过日益常态化和制度化的政治参与，规范权力运行，引导权力发展，显现出主体客体化和客体主体化的无限空间，即权力客体的政治参与、运行被监督渐成常态，并从形式逐步走向实质，以至于权力运行的规范性持续提升。第二，"就政治权力的职能而言，政治权力的社会化是指，随着阶级利益的分化、冲突的淡化和消失，政治权力治理纯粹公共事务的职能不断扩大，而处理、协调阶级利益、国土安全等的职能即统治职能逐渐淡化直至消失，政治权力作为一种公共权力，逐渐失去其政治的涵

---

① 郭道晖：《权力的多元化与社会化》，《法学研究》2001 年第 1 期。
② 郭道晖：《权力的多元化与社会化》，《法学研究》2001 年第 1 期。
③ 江德兴等：《马克思社会化理论与政治权力的演变》，社会科学文献出版社，2005，第 15 页。

义而演变为纯粹的公共权力的过程"。① 尽管现实中国家的政治职能尚未完全消失，甚至在特定时空中还会逆势强化，但在民主、法治、自由、人权等政治价值的规定下，这也只是暂时或局部的现象，根本无法改变或阻碍权力社会化的趋势，以至于只有在社会职能乃至社会利益的支撑下，权力才能获得起码的认同和配合。就此趋势而言，权力社会化显然已呈现方兴未艾、令人期待的发展趋势，其公共化不再是一种理论想象，愈发具有明显的现实迹象，其公共性也从曾经的乌托邦逐步具备了坚实的现实基础，承载着越来越多的民意期待，呈现日益广阔的发展空间。

论及权力社会化，显然主要针对但又不简单地局限于政治权力。事实上，经济权力也在其对应领域，以其独有方式直接制衡着政治权力，又通过壮大社会力量而间接制衡政治权力，进而推动着权力社会化，巩固着政治职能和社会职能此消彼长的发展趋势。一方面，经济权力显著改变着权力的传统色彩。自人类社会开启政治生活以来，权力的不断异化逐步强化了权力的阶级化、暴力化乃至妖魔化色彩，但作为与政治权力一度对立、后又长期并存和相互支撑的权力形式，经济权力不仅有效对抗了政治权力的专横和暴戾，而且还使得政治权力受到空前制约。其中，随着经济权力的不断膨胀和资产阶级专政的巩固，政治权力彻底改变了传统的地位和作用，并最终沦为服从和服务于经济权力的政治力量，从而决定了政治权力再也无法延续其传统的强势，甚至因为经济权力的开放性而改变其曾长期封闭的传承机制，使得更多社会成员拥有影响乃至执掌政治权力的可能，进而为权力社会化注入了新的动力。另一方面，经济权力持续强化着社会的自主空间。经济权力的现实弊端并不能掩盖其历史进步性，尤其当这种进步性得到普遍认可时，也就获得了更为持久的支持和普及，广泛深厚的社会基础使得民众在此利好下进一步挖掘其潜在的进步性，其中的自由、民主、公平、人权等内在机制使其获得了空前的尊严和地位，进而激发其以强大的内在活力，坚定维护既得的发展利好，执着拓展更可预期的利益空间。在此背景下，尽管经济权力的弊端仍会顽固存续，但也说明政治权

① 江德兴等：《马克思社会化理论与政治权力的演变》，社会科学文献出版社，2005，第15页。

力再也无法遏止其具有扎实社会基础的活力机制。这样，在经济权力的推动下，不断拓展的社会自主空间自然会持续压缩政治权力的传统领域，甚至迫使其再也不能肆意强调其政治职能，进而将统治职能压缩并包裹在管理和服务职能之中，以顺应社会的发展趋势，有效回应民意诉求，为自身赢得更多的民意认同与合法性资源。①

四　人类解放与公共权力的复归

经济权力对政治权力的有力抵制及其功能的合理分担，也在一定程度上体现了政治解放的进步性，巩固了政治解放的成果。即便如此，马克思仍然从劳资地位平等、无强买强卖的表象中看到了其中的"自然必然性"和"无声的强制"："原来的货币占有者作为资本家，昂首前行；劳动力占有者作为他的工人，尾随于后。一个笑容满面，雄心勃勃，一个战战兢兢，畏缩不前，像在市场上出卖了自己的皮一样，只有一个前途——让人家来鞣"。② 基于这样的深刻洞察，马克思自然不会像其他理论家那样，思想的步伐就此停留并满足于政治解放，即使他充分肯定政治解放的历史贡献，也对其现实成就保持清醒的头脑，而且不止一次地强调其历史局限性："政治解放不是彻头彻尾、没有矛盾的人的解放方式"③，因此"我们不要在政治解放的限度方面欺骗自己"。④ 他甚至还明确指出："政治解放的限度一开始就表现在：即使人还没有真正摆脱某种限制，国家也可以摆脱这种限制，即使人还不是自由人，国家也可以成为自由国家。"⑤ 由此可见，政治解放也只是让"上帝的归上帝，恺撒的归恺撒"，因而并不是彻底的人类解放，更没有实现所有人的自由发展，因为政治解放后的国家看似赋予所有人平等的政治地位，但这种平等地位又因为现实财产的有无和多寡而变得毫无平等可言，具有明显的虚假性和欺骗性。不仅如此，有限的政治解放只是资产阶级的自我解放，只能巩固和发展"资产阶级

---

① 同样，经济权力不仅是政治权力社会化的动力机制，而且也为其自我否定和辩证发展设置了伏笔。这方面的详细分析可参见本书第四章第二节。
② 《马克思恩格斯文集》第 5 卷，人民出版社，2009，第 205 页。
③ 《马克思恩格斯全集》第 3 卷，人民出版社，2002，第 170 页。
④ 《马克思恩格斯全集》第 1 卷，人民出版社，1956，第 430 页。
⑤ 《马克思恩格斯全集》第 3 卷，人民出版社，2002，第 170 页。

权利"，不断抗争的民众虽然摆脱了政治等级，却又因世俗生活的不平等而置身于更加悬殊的利益分化和更加明显的阶级关系之中。为此，马克思一语道破政治解放的致命缺陷："历史的发展使政治等级变成社会等级，以致正如基督徒在天国是平等的，而在尘世则不平等一样，人民的单个成员在他们的政治世界的天国是平等的，而在社会的尘世存在中却不平等"。①

立足马克思的权力观，这种不平等主要表现为以下两个方面。一方面，通过政治革命获得的政治权力并没有实现资产阶级允诺的全民共享和人人平等，无论在国家层面，还是在政党层面，资产阶级凭借其资本牢牢控制着经济权力，并借此巧妙控制着政治权力，进而维护和追求更大的利益预期。在此背景下，阶级矛盾和阶级斗争不可避免地趋于简单和明朗，因为"在那些资产阶级已经夺得政治权力的国家里，政治统治已成为资产阶级对整个社会的阶级统治，而不是个别资产者对自己的工人的统治"。② 另一方面，政治解放后的政治权力仍然延续其狭隘的政治取向，甚至用更加隐蔽、虚伪的方式强化着资产阶级的利益。虽然政治解放实现了"自由竞争以及与自由竞争相适应的社会制度和政治制度、资产阶级的经济统治和政治统治"③，但其目的仍在于能够"把工资强制地限制在有利于赚钱的界限内"④，以自由和平等为前提的经济权力并没有明显改进无产阶级的处境，无处不在的异化劳动更是将无产阶级无情地抛进被剥削、被掠夺的漩涡之中，商品拜物教和资本拜物教也在不断侵蚀人们的纯良本性，甚至丧失反思与超越现实的意识和勇气。所以，马克思一针见血地指出："现代的资产阶级财产关系靠国家权力来'维持'，资产阶级建立国家权力就是为了保卫自己的财产关系"。⑤ 由此可见，资本主义社会的政治权力和经济权力具有明显的共同诉求，即在相互支持和相互配合中共同维护资本主义私有制。这样，无论资产阶级如何掩饰和淡化，其阶级

---

① 《马克思恩格斯全集》第 3 卷，人民出版社，2002，第 100 页。
② 《马克思恩格斯全集》第 4 卷，人民出版社，1958，第 330 页。
③ 《马克思恩格斯选集》第 1 卷，人民出版社，1995，第 277 页。
④ 《马克思恩格斯选集》第 2 卷，人民出版社，1995，第 263 页。
⑤ 《马克思恩格斯全集》第 4 卷，人民出版社，1958，第 331 页。

统治充其量也就是政治权力和经济权力的结合；无论政治权力如何鼓吹民主，无论经济权力如何貌似公平，只要政治权力最终听命于资本统治的逻辑，经济权力主导经济制度和分配制度，社会对抗的经济基础就无法彻底消除，资产阶级就无法将政治解放推向深入和彻底。此外，资本的内在逻辑不仅延续了资本拜物教，而且强化了商品拜物教和货币拜物教，置身其中的人们不仅没有摆脱各种异化形式，而且还明显臣服于更为直接的经济联系，以至于"资产阶级撕下了罩在家庭关系上的温情脉脉的面纱，把这种关系变成了纯粹的金钱关系"。① 这样，人们不仅因这种经济联系而忽视了社会关系中的道德诉求和人性光辉，而且也会因为现实中的本能满足和虚假丰富而停止追求更高的发展阶段。所以，矢志超越异化现实的马克思自然不会满足于政治解放的历史贡献，而且他明确指出："留恋那种原始的丰富，是可笑的，相信必须停留在那种完全空虚之中，也是可笑的"。② 由此可见，不消灭资本主义，就无法彻底消除私有制，更无法消除现实世界的种种弊端。显然，只有继续诉诸全面彻底的无产阶级革命，才能消除上述问题，实现更为远大的人类解放。也正因为如此，马克思号召无产阶级"用暴力推翻全部现存的社会制度"③，在突破人对人的依赖基础上，进一步突破人对物的依赖，同时在主观层面上高举"批判的武器"，努力挣脱各种精神桎梏，彰显自由个性，也即他指出的："共产主义革命就是同传统的所有制关系实行最彻底的决裂；毫不奇怪，它在自己的发展进程中要同传统的观念实行最彻底的决裂"。④

就人类社会的发展趋势而言，"任何一种解放都是把人的世界和人的关系还给人自己"。⑤ 但在私有制社会，这种发展趋势并不能掩盖更不能否认其在现实中的局限性。在马克思看来，政治解放尚未真正恢复人应有的社会地位和自主空间，因为政治解放在将人从等级制中解放出来的同时，却保留甚至强化了资产阶级对无产阶级的剥削，仍然制约着人的全面

① 《马克思恩格斯选集》第 1 卷，人民出版社，1995，第 275 页。
② 《马克思恩格斯全集》第 46 卷上册，人民出版社，1979，第 109 页。
③ 《马克思恩格斯选集》第 1 卷，人民出版社，1995，第 307 页。
④ 《马克思恩格斯选集》第 1 卷，人民出版社，1995，第 293 页。
⑤ 《马克思恩格斯全集》第 1 卷，人民出版社，1956，第 443 页。

发展和社会的持续进步。作为对政治解放的超越，人类解放显然不能再保留任何形式的私有制，以免其中任何形式的不平等和不公正影响全体成员的全面发展，即使暂时存在的"资产阶级权利"也要及时加以防范，最终更要退出历史舞台，因为"要不是每一个人都得到解放，社会本身也不能得到解放"。① 显然，结合马克思的一贯立场，这一主张至少包含以下内容。

一方面，消灭私有制首先要依赖生产力的巨大发展，没有发达的生产力作支撑，政治权力的压迫性和经济权力的剥削性就无法消除，人们对权力的迷恋、对私利的渴求和对欲望的放纵仍会导致权力异化，人类解放也就无法成为现实。所以，马克思特别强调生产力之于人类解放的重要意义："当人们还不能使自己的吃喝住穿在质和量方面得到充分保证的时候，人们就根本不能获得解放。'解放'是一种历史活动，不是思想活动，'解放'是由历史的关系，是由工业状况、商业状况、农业状况、交往状况促成的"。② 也就是说，生产力的巨大发展不仅能有效根除民众对物质利益的渴求，甚至能消除长期以来广受认同的私有观念，改变其思维方式和行为方式，而且极大调动民众的积极性，使其能够按照自己的兴趣和特长，持久释放其巨大潜能，进而在持续推动生产进步和社会发展的同时，使自身的全面发展成为可能。这就是马克思描述的令人向往的场景："在共产主义社会里，任何人都没有特殊的活动范围，而是都可以在任何部门内发展，社会调节着整个生产，因而使我有可能随自己的兴趣今天干这事，明天干那事，上午打猎，下午捕鱼，傍晚从事畜牧，晚饭后从事批判，这样就不会使我老是一个猎人、渔夫、牧人或批判者。"③ 也正因为如此，时至1875年，马克思仍满怀信心地展望道："在随着个人的全面发展，他们的生产力也增长起来，而集体财富的一切源泉都充分涌流之后，——只有在那个时候，才能完全超出资产阶级权利的狭隘眼界，社会才能在自己的旗帜上写上：各尽所能，按需分配！"④

① 《马克思恩格斯全集》第20卷，人民出版社，1971，第318页。
② 《马克思恩格斯选集》第1卷，人民出版社，1995，第74~75页。
③ 《马克思恩格斯选集》第1卷，人民出版社，1995，第85页。
④ 《马克思恩格斯选集》第3卷，人民出版社，1995，第305~306页。

另一方面，只有当不断觉悟的人类努力挣脱对经济权力的迷恋和对政治权力的敬畏，才能摆脱其自然生存的状态，推动社会关系的彻底变革。在马克思看来，经济权力和剥削现象存在明显的因果关系，或者说，因为经济权力的普遍存在所以剥削现象更加普遍，甚至具有意识形态的合理性。在此背景下，无论是为了维护经济权力的诉求，还是为了适当缓和剥削程度，以图更为长远的利益，政治权力不仅要继续存在，而且要持续发挥作用。而这种现象又将意味着权力在一定程度上不可避免地异化，不平等、不公正现象仍将顽固存在。正是基于这样的思考，马克思将人类解放寄希望于赤贫的无产阶级，认为"只有完全失去了整个自主活动的现代无产者，才能够实现自己的充分的、不再受限制的自主活动，这种自主活动就是对生产力总和的占有以及由此而来的才能总和的发挥。过去的一切革命的占有都是有限制的；各个人的自主活动受到有局限性的生产工具和有局限性的交往的束缚，他们所占有的是这种有局限性的生产工具，因此他们只是达到了新的局限性"。① 同样，只有在无产阶级占有制下，"自主活动才同物质生活一致起来，而这又是同各个人向完全的个人的发展以及一切自发性的消除相适应的。同样，劳动向自主活动的转化，同过去受制约的交往向个人本身的交往的转化，也是相互适应的。随着联合起来的个人对全部生产力的占有，私有制也就终结了"。② 而在生产力和生产关系的相互作用和共同推动下，随着异化因素的消失，人类必然实现人性的彻底复归和对其本质的真正占有，同时也将彻底解决人与自然、人与他人、人与社会的矛盾。这样，"人在一定意义上才最终地脱离了动物界，从动物的生存条件进入真正人的生存条件。人们周围的、至今统治着人们的生活条件，现在受人们的支配和控制，人们第一次成为自然界的自觉的和真正的主人，因为他们已经成为自身的社会结合的主人了。人们自己的社会行动的规律，这些一直作为异己的、支配着人们的自然规律而同人们相对立的规律，那时就将被人们熟练地运用，因而将听从人们的支配。人们自身的社会结合一直是作为自然界和历史强加于他们的东西而同他们相对立

---

① 《马克思恩格斯选集》第 1 卷，人民出版社，1995，第 129 页。
② 《马克思恩格斯选集》第 1 卷，人民出版社，1995，第 130 页。

的，现在则变成他们自己的自由行动了。至今一直统治着历史的客观的异己的力量，现在处于人们自己的控制之下了。只是从这时起，人们才完全自觉地自己创造自己的历史；只是从这时起，由人们使之起作用的社会原因才大部分并且越来越多地达到他们所预期的结果。这是人类从必然王国进入自由王国的飞跃"。①

综上所述，人类解放就是要在自然关系与社会关系两个层面消除人类的被奴役状态，进而确保人类能够全面把握和理性驾驭这些关系。这样，与社会形态历史嬗变具有内在一致性且具有综合规定和高远意境的人类解放必然要求人类社会作出坚定的努力，"只有当现实的个人同时也是抽象的公民，并且作为个人，在自己的经验生活、自己的个人劳动，自己的个人关系中间，成为类存在物的时候，只有当人认识到自己的'原有力量'并把这种力量组织成为社会力量因而不再把社会力量当做政治力量跟自己分开的时候，只有到了那个时候，人类解放才能完成"。② 由此可见，人类解放消灭了私有制以及各种与之相生相伴的异化现象，政治权力和经济权力也将因毫无现实价值而随之消亡。但是，如果因此认为人类将彻底摆脱权力的影响，或能够消灭权力，显然又是一种错误，因为权力与人类共始终，不同历史时期具有不同的结构和功能，但作为一种社会关系所具有的共性规定却是无法消除的，毕竟整合功能已远离曾经的暴力强制，但也不会完全消失，舆论和道德仍会继续发挥类似作用，更加频繁的协调功能也会因众人的普遍自律而更加有效和持久，因而也更加真实。进而言之，在人类解放的社会环境中，一方面，人们既能平等自由地获取社会产品，又会承认和尊重他人的权利，市场经济中的经济权力自然就会因产品充裕而失去存在的理由。所以，马克思明确指出："共产主义并不剥夺任何人占有社会产品的权力，它只剥夺利用这种占有去奴役他人劳动的权力"。③另一方面，随着经济权力的消亡，基于利益差别的阶级现象早已销声匿迹，原本用以维护统治阶级利益的政治权力也因此失去了立足之地。换而言之，"当阶级差别在发展进程中已经消失而全部生产集中在联合起来的

---

① 《马克思恩格斯选集》第 3 卷，人民出版社，1995，第 757~758 页。
② 《马克思恩格斯全集》第 1 卷，人民出版社，1956，第 443 页。
③ 《马克思恩格斯文集》第 2 卷，人民出版社，2009，第 47 页。

个人的手里的时候，公共权力就失去政治性质"。① 与此相对应，国家的政治职能自然再无存在的必要，其社会职能也将去除其中的政治考量，日益壮大和成熟的社会组织最终必将接手国家的双重职能，表现出普遍的自律意识，发挥出强大而理性的自治能力。显然，当权力不再负载个人或阶级的利益诉求时，也就不会存在以权谋私或肆意膨胀的可能，进而转化为一种纯粹的社会关系，权力的异化现象也就不复存在。这样，权力从原始的公共权力出发，经过阶级社会的异化与分化，将在长期的对立统一中再次复归至更高形态、更加纯粹的公共权力，成为人类社会自我管理、自我服务的社会工具，人类社会也就从原始的共同体，经由虚幻的共同体，最终实现其全面发展，并进入真正的共同体，即"自由人的联合体"。

---

① 《马克思恩格斯全集》第 1 卷，人民出版社，1995，第 294 页。

第三章

权力与马克思政治理论的结构

"由于人们在不同的时代所面临的主要问题是不同的，因此需要政治发挥作用的侧重点、着力点就会有所不同，从而人们对政治进行解释时所强调的内容就不同。"① 在政治生活中，随着生产力的发展和生产关系的渐趋合理，也因为阶级斗争的持续，国家的政治职能与社会职能出现了此消彼长的趋势。在此背景下，与国家两大职能对应的统治和治理这两条主线始终或明或暗地贯穿于马克思的政治理论，并在不同时空下受到不同程度的强调，勾勒出两大职能动态消长的互动趋势。在统治这条主线上，阶级的产生、阶级斗争的常态化不可避免地催生了国家，凸显了国家的政治职能。即使如此，国家与社会的辩证关系也无法扼杀国家社会职能的萌芽和发展，而且逐渐表现出令人期待的发展趋势。国家与社会的角力不仅反复积累着阶级矛盾，不断催生着政治革命，持续推动着社会革命，而且开启了权力社会化的进程，并最终导致无产阶级革命和专政，在更高层面上启动了国家消亡的征程。而在治理这条主线上，随着权力社会化进程的加速，政治权力与经济权力的并存与互动，不仅推动与巩固着国家与社会的结构分化，而且更加凸显了社会对于国家的基础性地位和决定性作用。不断觉醒的社会不仅日益鲜明地向国家宣誓其应有的地位和作用，而且随着两种权力日渐良性的互动，逐步将被国家攫取并长期占有的权力收归己有，进而巩固着权力社会化的成果。当然，统治与治理并不是相互独立，而是在此消彼长中共同存在于社会的发展进程，其中后者从未在实践中缺

① 李景鹏：《权力政治学》，北京大学出版社，2008，第2页。

位，是前者发展到一定历史时期才凸显作用并被关注的实践形式，并越来越成为一种常态的政治行为，以至于人们始终坚信它能够代表人类社会的发展方向。在此互动格局的规定下，国家的消亡不仅意味着阶级统治的彻底结束，而且意味着社会完全具有自治和自主的可能，权力也必将实现真正的社会化。为此，本章立足权力的视角，通过研究阶级斗争、国家、社会革命等这些最能代表马克思主张的政治学说、最具马克思风格的理论模块和极具建构功能的理论节点，展现权力演进的基本轨迹，勾勒马克思政治理论的主要内容和基本框架，进而在时间次序和理论逻辑的统一中，体现这一范畴作为该理论的逻辑起点和核心范畴的地位和作用，以及它们对政治生活的准确描绘，对人类社会演进过程和发展趋势的宏观把握。

第一节　阶级斗争：权力异化的演进

根据马克思的权力观，公共权力的异化起始于生产力的有限发展和利益矛盾的滋生，源自社会的分化和阶级的产生。而出于维护统治阶级利益的需要，权力不仅需要进行相应的阶级化、集团化乃至个人化，而且需要进行超自然、超个体的资源配置，自然会催生空前的政治组织。因此，如果说国家是政治权力最为集中的体现和最为常见的载体，那么，阶级斗争无疑是政治权力的最初动因和极其隐蔽的历史主线，进而要求本章遵循历史与逻辑相统一的原则，从阶级斗争这一政治行为入手，梳理和论证权力演进形成阶级斗争又受其影响的内在机制，为马克思的其他政治学说奠定理论基础，同时形成其政治理论的基本框架。

一　利益分化与阶级关系

在西方学术史上，从古希腊和中世纪的自然唯物主义，到近代的人本唯物主义，社会发展逐步突出人的地位，人的价值也日渐受到重视。及至马克思时期，他把费尔巴哈关于人作为"感性对象"发展至"感性活动"，强调人的社会性存在和能动的实践主体地位，进而认为人的本质是"一切社会关系的总和"。① 即使他说"黑人就是黑人。只有在一定的关

---

① 《马克思恩格斯文集》第 1 卷，人民出版社，2009，第 505 页。

系下，他才成为奴隶"①，显然也是在强调黑人作为奴隶的社会属性和历史特征。在政治生活中，阶级关系无疑是各种社会关系中极为重要却较为隐蔽的一种，以至于长期被更为表象的等级关系所遮蔽，甚至直接等同于更为直观的经济关系，或简化为后致性因素的个体化差异。而阶级关系一经发现，即产生空前的解释力和说服力，以至于阶级分析最终成为理解和研究人类社会的重要方法，对后世产生深远影响的社会形态理论也是基于阶级关系的理论结晶。正因为如此，即使当代西方研究者也认为，"'正统的马克思主义'理论有其自身的政治维度，但是这与一种特殊的以阶级为基础的社会变迁的理论结合在一起"。②

尽管"阶级在马克思的历史观中显然具有无比的重要性"③，而且和权力一样，也在其著作中频繁出现，但他同样没有予以明确的定义和系统的研究，即使他也曾试图作这样的努力，却因天不假年而未有最终成果。对此，凯尔森（Kelsen）也流露出遗憾之情："看起来似乎很奇怪，但事实上却是如此，即在马克思的著作中对于阶级这个概念没有明确的定义，而这个概念在他的理论中却起着决定性的作用。马克思在他的未完成的著作《资本论》的最后一章中，专门讨论这个问题，但也仅仅提出了一些初步的意见而已"。④ 尽管如此，较为分散的论述仍然能为后世勾勒出比较清晰的轮廓，形成了马克思主义研究的重要领域，也为理解特定时空下的社会发展和本书写作提供了相应的理论支撑。关于阶级斗争学说，马克思曾客观评价前人的理论贡献："至于讲到我，无论是发现现代社会中有阶级存在或发现各阶级间的斗争，都不是我的功劳。在我以前很久，资产阶级历史编纂学家就已经叙述过阶级斗争的历史发展，资产阶级的经济学家也已经对各个阶级作过经济上的分析"。⑤ 而相关学术史也表明，从梭伦时代开始，古希腊就已把国内的斗争看成是等级阶层之间的斗争，只是

---

① 《马克思恩格斯选集》第 1 卷，人民出版社，1995，第 344 页。
② 〔英〕约翰·格莱德希尔：《权力及其伪装：关于政治的人类学视角》，赵旭东译，商务印书馆，2011，第 66 页。
③ 〔英〕戴维·麦克莱伦：《马克思思想导论》，郑一明等译，中国人民大学出版社，2008，第 182 页。
④ 〔奥〕凯尔森：《共产主义的法律理论》，王名扬译，中国法制出版社，2004，第 35 页。
⑤ 《马克思恩格斯选集》第 4 卷，人民出版社，1995，第 547 页。

还没认识到经济因素的基础作用。而中世纪的经院哲学在此基础上把阶级的划分看成是需求的增长和满足这种需求的分工。法国大革命之后，米涅（Mignet）、亨利·德·圣西门（Henri de Rouvroy）以及被马克思称为"阶级斗争之父"的奥古斯丁·梯也里（Augustin Thierry）等人也对资本主义社会的阶级状况进行了研究，并为马克思的阶级理论奠定了基础。此外，资产阶级经济学家弗朗斯瓦·魁奈（Francois Quesnay）开始用"阶级"代替封建社会惯用的、政治色彩浓厚的"等级"，以分析更加丰富、更加复杂的社会关系，从而实现了研究视角和分析方法的转换，真实反映了生产和生活方式的变化趋势。① 这样，随着古典政治经济学的发展和成熟，大卫·李嘉图（David Ricardo）"终于有意识地把阶级利益的对立、工资和利润的对立、利润和地租的对立当作他的研究的出发点，因为他天真地把这种对立看作社会的自然规律。这样，资产阶级的经济科学也就达到了它的不可逾越的界限"。② 而工资、利润和地租的对立只是人类社会特定阶段的产物，其实质是资本主义社会工人、资本家和地主三大阶级的利益对立。这样，系统且合乎逻辑的历史演绎对马克思阶级斗争学说的形成产生了重要影响。在此基础上，马克思将资本主义社会划分为三个主要阶级，即"单纯劳动力的所有者、资本的所有者和土地的所有者，——他们各自的收入源泉是工资、利润和地租，——也就是说，雇佣工人、资本家和土地所有者，形成建立在资本主义生产方式基础上的现代社会的三大阶级"。③ 而在之后不断深化的工业革命推动下，土地所有者也随着生产力的发展而进一步分化为资产阶级和无产阶级，并为马克思的阶级斗争学说提供了鲜活史料和现实依据。

和资产阶级理论家不同，马克思并没有满足于历史编纂学家只用阶级斗争的观点解释历史的做法，也没有停留在经济学家对资本主义阶级关系和阶级斗争的经济分析，而是在将阶级视为"经济范畴的人格化"④ 基础上，进一步探究阶级斗争的一般规律，并将这种分析拓展和延伸到人类社

---

① 王浩斌：《阶级范畴与历史唯物主义的"物"概念》，《教学与研究》2009 年第 11 期。
② 《马克思恩格斯选集》第 2 卷，人民出版社，1995，第 106 页。
③ 《马克思恩格斯选集》第 2 卷，人民出版社，1995，第 587 页。
④ 《马克思恩格斯文集》第 5 卷，人民出版社，2009，第 10 页。

会的政治领域，为其政治理论铺设了历史主线。在马克思看来，有所发展的生产力是阶级产生的历史前提，而生产力发展水平不足又是阶级存在的客观原因。具体而言，在原始社会，财产的公有制、共同劳动和产品的平均分配根本不可能产生剩余产品，因而也就没有利益分化和阶级产生的可能，更遑论阶级统治。及至原始社会末期，在有所发展的生产力推动下，随着社会分工和私有财产的出现，阶级现象开始萌芽，人类社会也因此进入利益悬殊、冲突频仍的奴隶社会。由此可见，阶级是社会分工的必然产物，即"在分工的范围内，私人关系必然地、不可避免地会发展为阶级关系，并作为这样的关系固定下来"。① 当然，需要强调的是，这里的分工已经是基于生产有所发展且有所需要的社会分工而不是自然分工，其中已有明显的人为因素，② 因为社会分工通过所有制直接催生阶级的产生，进而成为权力演进的内在动力。不过，"［在古代人那里，］财富不表现为生产的目的……人们研究的问题总是，哪一种所有制方式会造就最好的国家公民"。③ 只是到了近代，随着资本主义生产方式的普及，所有制的重要作用才在生产、分配和消费中逐渐发挥出决定性的作用，进而显示出所有制对权力分化和阶级关系的重要影响。

首先，分工决定了所有制形式，又在其影响下不断发展。作为生产关系的基本要素，"所有制是对他人劳动力的支配"④，进而决定了人们在分配、交换和消费中的关系。但是，所有制的变化仍然可以追溯到并归结为分工的变化。在人类社会早期，男权对女权的胜利对所有制具有决定性影响，只不过此时的自然分工尚不具有后来浓厚的社会印记和蓄意的政治算计。在此基础上，有所发展而不够发达的生产力将自然分工发展为社会分工，进而决定了人们不同的生产生活地位。所以，马克思既突出强调了社会分工相对于自然分工的质变，"分工只是从物质劳动和精神劳动分离的

---

① 《马克思恩格斯全集》第 3 卷，人民出版社，1960，第 513 页。
② 马克思将分工分为"自然分工"和"社会分工"，其中自然分工"起初只是性行为方面的分工，后来是由于天赋（例如体力）、需要、偶然性等等才自发地或'自然形成'分工。"详见《马克思恩格斯选集》第 1 卷，人民出版社，1995，第 82 页。
③ 《马克思恩格斯全集》第 30 卷，人民出版社，1995，第 479 页。
④ 《马克思恩格斯选集》第 1 卷，人民出版社，1995，第 84 页。

时候起才真正成为分工"①，又明确指出了分工的重要影响，"分工的阶段
依赖于当时生产力的发展水平"②，"任何新的生产力，只要它不是迄今已
知的生产力单纯的量的扩大（例如，开垦土地），都会引起分工的进一步
发展"。③ 这样，基于更高效率和利益差别的分工最终改变了原始的公有
制，进而在相当长的时间内将所有制与私有制画上等号："与这种分工同
时出现的还有分配，而且是劳动及其产品的不平等的分配（无论在数量
上或质量上）；因而产生了所有制……所有制是对他人劳动力的支配。其
实，分工和私有制是相等的表达方式，对同一件事情，一个是就活动而
言，另一个是就活动的产品而言"。④ 在此历史背景下，私有制在政治生
活中逐渐发挥出基础性乃至特定条件下的决定性作用。这样，结合不同社
会形态的具体表现，也就不难看出，发展水平不同的生产力决定了人们在
生产中的地位与分工，进而对应着不同的所有制形式。为此，马克思指
出："一个民族的生产力发展的水平，最明显地表现于该民族分工的发展
程度"。⑤ 随着所有制形式的变迁，劳动者的身份呈现规律性的变化，或
者说，统治者和被统治者的地位呈现此消彼长的趋势，同时也反映了所有
制的相应变化及其对人的外在强制程度，因为"只要特殊利益和共同利
益之间还有分裂，也就是说，只要分工还不是出于自愿，而是自然形成
的，那么人本身的活动对人来说就成为一种异己的、同他对立的力量，这
种力量压迫着人，而不是人驾驭着这种力量"。⑥ 也正因为如此，马克思
强调指出："分工发展的各个不同阶段，同时也就是所有制的各种不同形
式。这就是说，分工的每一个阶段还决定个人的与劳动材料、劳动工具和
劳动产品有关的相互关系"。⑦ 受此影响，分工的性质变化必然引发社会
关系的变化，为阶级划分提供最基本的依据，即"分工的规律就是阶级

---

① 《马克思恩格斯选集》第 1 卷，人民出版社，2012，第 162 页。
② 《马克思恩格斯选集》第 1 卷，人民出版社，1995，第 135 页。
③ 《马克思恩格斯选集》第 1 卷，人民出版社，1995，第 68 页。
④ 《马克思恩格斯选集》第 1 卷，人民出版社，1995，第 83~84 页。
⑤ 《马克思恩格斯选集》第 1 卷，人民出版社，1995，第 68 页。
⑥ 《马克思恩格斯选集》第 1 卷，人民出版社，1995，第 85 页。
⑦ 《马克思恩格斯选集》第 1 卷，人民出版社，1995，第 68 页。

划分的基础"。① 这样，上述相关论述便可以相当清晰地描绘出分工之于所有制乃至阶级关系的基础地位和深远影响，进而指出了阶级的阶段性特征："阶级的存在仅仅同生产发展的一定历史阶段相联系"②，"如果说阶级的划分根据上面所说具有某种历史的理由，那也只是对一定的时期、一定的社会条件才是这样"。③ 而在资本主义制度下，私有制固化分工的机制和强制性更加明显："起初，工人因为没有生产商品的物质资料，把劳动力卖给资本，现在，他个人的劳动力不卖给资本，就得不到利用。它只有在一种联系中才发挥作用，这种联系只有在它出卖以后，在资本家的工场中才存在。工场手工业工人按其自然的性质没有能力做一件独立的工作，他只能作为资本家工场的附属物展开生产活动"。④ 而在资本主义生产方式下，分工的优势也得到空前凸显："一个骑兵连的进攻力量或一个步兵团的抵抗力量，与每个骑兵分散展开的进攻力量的总和或每个步兵分散展开的抵抗力量的总和有本质的差别，同样，单个劳动者的力量的机械总和，与许多人手同时共同完成同一不可分割的操作（例如举起重物、转绞车、清除道路上的障碍物等）所发挥的社会力量有本质的差别"。⑤ 而时至当下，人们更是以各自的切身经历感受着分工在生产生活中的重要作用，并努力在分工中，进而在生产生活中争取更有利的地位，以至于在权力关系中也同样表现出类似的机制。

　　其次，所有制催生权力分化，并决定阶级关系的变化。在特定所有制的规定下，社会成员必然要归属不同的阶级，进而规定其在生产、分配和消费中的地位，以及相应的思维方式和行为方式。而国家的面世更是将这种社会关系制度化与合法化，进而将社会生活发展为政治生活，正如马克思所说的那样："物质劳动和精神劳动的最大的一次分工，就是城市和乡村的分离……随着城市的出现，必然要有行政机关、警察、赋税等等，一句话，

---

① 《马克思恩格斯选集》第 3 卷，人民出版社，1995，第 632 页。
② 《马克思恩格斯文集》第 10 卷，人民出版社，2009，第 106 页。
③ 《马克思恩格斯选集》第 3 卷，人民出版社，1995，第 632 页。
④ 马克思：《资本论》第 1 卷，人民出版社，2004，第 417 页。
⑤ 《马克思恩格斯文集》第 5 卷，人民出版社，2009，第 378 页。

必然要有公共的政治机构 [Gemeindewesen]，从而也就必然要有一般政治。"①
这样，"从第一次社会大分工中，也就产生了第一次社会大分裂，分裂为
两个阶级：主人和奴隶、剥削者和被剥削者"。② 遵循这一历史演进机制，
人类社会长期保持着阶级分化的格局，并对应着相应的权力格局。为此，
马克思曾用以下文字描述基于分工的所有制和阶级的关系："'几千年来
地球上一切民族的情况都是这样'!!! 在埃及有过劳动和分工，因此有等
级；在希腊和罗马有过劳动和分工，因此有自由民和奴隶；在中世纪有过
劳动和分工，因此有封建主和农奴、行会、等级等等。在我们这个时代也
有劳动和分工，因此也就有阶级，其中一个阶级占有全部生产工具和生活
资料，另一个阶级只有出卖自己的劳动才能生存，而出卖劳动也只有当购
买劳动能使雇主阶级发财时才有可能"。③ 由此进行更凝练的抽象，所有
制与阶级关系、政治生活的联系也就更加明晰："随着社会本身进入一个
新阶段，即阶级斗争阶段，它的有组织的社会力量的性质，即国家政权的
性质，也不能不跟着改变（也经历一次显著的改变），并且它作为阶级专
制工具的性质，作为用暴力长久保持财富占有者对财富生产者的社会奴
役、资本对劳动的经济统治的政治机器的性质也越来越发展起来。每一次
新的人民革命总是使国家机器管理权从一些统治阶级手中转到另一些统治
阶级手中，在每次这样的革命之后，国家政权的压迫性质就更充分地表现
出来，并且更无情地被运用，因为大革命所许下的、在形式上已作出保证
的那些诺言只有使用暴力才能打破。此外，后来陆续发生的革命所带来的
变化，只是给予资本势力日益增长这个社会事实以政治上的肯定，因而越
来越直接地把国家政权本身交给工人阶级的直接的敌人"。④ 当然，虽然
马克思尤为强调所有制的决定性作用，但同时也不否认共同的生活方式、
教育程度以及明确的自我意识等其他因素的相互作用与现实影响："数百

---

① 《马克思恩格斯选集》第 1 卷，人民出版社，1995，第 104 页。越来越多的史学研究成
　果证明，以城乡分离为重要的时间节点，往前可以追溯至农耕文明的出现，因为农耕文
　明催生了积谷防饥的财产意识、私有观念和私有财产，形成了阶级关系，往后则明显加
　快了"公共的政治结构"和阶级斗争。
② 《马克思恩格斯选集》第 4 卷，人民出版社，1995，第 161 页。
③ 《马克思恩格斯全集》第 6 卷，人民出版社，1961，第 221 页。
④ 《马克思恩格斯选集》第 3 卷，人民出版社，1995，第 118~119 页。

万家庭的经济生活条件使他们的生活方式、利益和教育程度与其他阶级的生活方式、利益和教育程度各不相同并互相敌对，就这一点而言，他们是一个阶级"。① 但是，这些因素更多发挥掩饰、固化和传承等作用，远没有所有制影响深刻。这样，国家就成为生产资料占有者对其他人进行统治的工具，其最终目的就是维护统治阶级的利益，必然导致国家不可避免地成为日益与社会相脱离的力量，顽固延续着权力政治化的惯性，因而也不可避免地沾染上相应的虚假性与欺骗性。

不仅如此，恩格斯在《反杜林论》中也重申了上述观点，进而显示出他们在所有制和权力关系方面的一贯立场："剥削阶级和被剥削阶级、统治阶级和被压迫阶级之间的到现在为止的一切历史对立，都可以从人的劳动的这种相对不发展的生产率中得到说明……只要实际劳动的居民必须占用很多时间来从事自己的必要劳动，因而没有多余的时间来从事社会的公共事务——劳动管理、国家事务、法律事务、艺术、科学等等，总是必然有一个脱离实际劳动的特殊阶级来从事这些事务；而且这个阶级为了它自己的利益，从来不会错过机会来把越来越沉重的劳动负担加到劳动群众的肩上"。② 稍后，他再次强调："社会分裂为剥削阶级和被剥削阶级、统治阶级和被压迫阶级，是以前生产不大发展的必然结果。只要社会总劳动所提供的产品除了满足社会全体成员最起码的生活需要以外只有少量剩余，就是说，只要劳动还占去社会大多数成员的全部或几乎全部时间，这个社会就必然划分为阶级"。③ 显然，这种基于"不大发展"的分工与所有制及其相互影响必定顽固延续着悬殊的利益差距，规定着人们的阶级关系与权力格局。当然，在阶级斗争面世的相当长时间内，由于国家与社会尚未产生明显的结构分化，阶级斗争不仅在相对稳定的等级之间展开，甚至长期表现为等级问题，④ 掩盖了所有制的决定性作用，而且主要围绕政

① 《马克思恩格斯选集》第 1 卷，人民出版社，1995，第 677 页。
② 《马克思恩格斯选集》第 3 卷，人民出版社，1995，第 525 页。
③ 《马克思恩格斯选集》第 3 卷，人民出版社，1995，第 632 页。
④ 其实，最初马克思也没有严格区分等级和阶级。如在《〈黑格尔法哲学批判〉导言》中，他在回答"德国解放的实际可能性到底在哪里呢"这一问题时就表述得很模糊："就在于形成一个被戴上彻底的锁链的阶级，一个并非市民社会阶级的市民社会阶级，形成一个表明一切等级解体的等级，形成一个由于自己遭受普遍苦难而具有（转下页注）

治权力进行，即它始终以争夺政治权力为首要目的，以稳定实现其经济利益。而着眼于狭隘经济利益的政治权力又必然在反复异化中滋生和延续着不同形式的阶级斗争，在政权易手中重复着同一种性质的阶级关系和利益关系。尤其"在奴隶社会和封建社会中，奴隶与奴隶主之间、农奴和封建主之间的斗争，虽然是社会的基本的阶级斗争，但它并不直接地构成政治生活的内容。只有当这种斗争在统治阶级的意识和行为中反映出来的时候，它才间接地进入政治生活。正因为如此，才造成了社会的等级划分对于阶级关系的掩盖，限制了人们对阶级现象的认识"。①换而言之，此时被统治阶级的政治身份并不明晰，甚至是在统治阶级明确其身份的同时，才由后者以其对应乃至对立的身份逐步明确下来，自然会长期处于身份模糊乃至无意识之中，无法洞察其处境的真实性，更不会产生超越历史循环的意识和能力。

二 经济权力与阶级斗争

上述分析表明，阶级是阶段性的历史产物，但在最初的阶级社会中，阶级关系被各种更为直观、更具政治色彩的等级关系遮掩，自然无法被准确把握，而统治阶级也毫无例外地通过政治权力来维护统治秩序与自身利益。从历史事实和前文征引的观点来看，这种做法不仅直接简单，而且与特定的历史阶段和生产力水平相对应，并与被统治阶级的认知水平和行动

（接上页注④）普遍性质的领域，这个领域不要求享有任何特殊的权利，因为威胁着这个领域的不是特殊的不公正，而是一般的不公正，它不能再求助于历史的权利，而只能求助于人的权利，它不是同德国国家制度的后果处于片面的对立，而是同这种制度的前提处于全面的对立，最后，在于形成一个若不从其他一切社会领域解放出来从而解放其他一切社会领域就不能解放自己的领域，总之，形成这样一个领域，它表明人的完全丧失，并因而只有通过人的完全回复才能回复自己本身……社会解体的这个结果，就是无产阶级这个特殊等级。"详见《马克思恩格斯选集》第1卷，人民出版社，1995，第14~15页。显然，在此时的马克思看来，无产阶级不过是一个"特殊等级"，但到了写作《哲学的贫困》时，他已明显认识到"等级"和"阶级"的差别："劳动阶级解放的条件就是要消灭一切阶级；正如第三等级即市民等级解放的条件就是消灭一切等级一样。"而恩格斯在为该文1885年德文版加注时也强调指出："这里所谓等级是指历史意义上的封建国家的等级，这些等级有一定的和有限的特权。资产阶级革命消灭了等级及其特权。资产阶级社会只有阶级，因此，谁把无产阶级称为'第四等级'，他就完全违背了历史。"详见《马克思恩格斯选集》第1卷，人民出版社，1995，第194页。

① 李景鹏：《权力政治学》，北京大学出版社，2008，第12页。

能力相适应。当然，这种外在的、更具传统惯性的联系并不能掩盖和否定阶级现象中的经济色彩。阶级关系虽然也常常表现为政治关系和思想关系，但归根到底还是经济关系，列宁也是在此层面上定义阶级的："所谓阶级，就是这样一些大的集团，这些集团在历史上一定的社会生产体系中所处的地位不同，同生产资料的关系（这种关系大部分是在法律上明文规定了的）不同，在社会劳动组织中所起的作用不同，因而取得归自己支配的那份社会财富的方式和多寡也不同。所谓阶级，就是这样一些集团，由于它们在一定社会经济结构中所处的地位不同，其中一个集团能够占有另一个集团的劳动"。①

虽然阶级是一个经济范畴，但阶级之间的互动必然表现为政治活动，进而使得阶级斗争成为一个政治范畴。从阶级的产生到阶级斗争的普遍化，阶级关系呈现为一幅生动的历史画卷。在原始社会，基于血缘关系而形成的社会共同体使得人们相互依附成一个具有特定结构的整体，其中，"部落、氏族及其制度，都是神圣而不可侵犯的，都是自然所赋予的最高权力，个人在感情、思想和行动上始终是无条件服从的。这个时代的人们，虽然使人感到值得赞叹，他们彼此并没有差别，他们都仍依存于——用马克思的话说——自然形成的共同体的脐带"。② 也就是说，一切有血缘的人，加上由群婚造成的数量更多的亲属，形成一种基于血缘关系和自然情感的共同体，"以群的联合力量和集体行动来弥补个体自卫能力的不足"，从而"在发展过程中脱离动物状态，实现自然界中的最伟大的进步"。③ 当然，当时被视为神圣的血族关系作为一种特定的意识形态，也明显掩盖了古代国家维护统治阶级利益的目的和实质，这样，"血族关系在资本主义以前的阶级社会中的作用是显而易见的：它渗透到以自然经济为基础的各种剥削关系之中，继续造成人们之间普遍的依附关系，以至于等级制仍是遗存到阶级社会中的血族关系，进而掩盖了其中的剥削关系"。④ 换而言之，此时人与人之间的关系既存在经济层面的阶级关系，

---

① 《列宁选集》第 4 卷，人民出版社，1995，第 11 页。
② 《马克思恩格斯选集》第 4 卷，人民出版社，1995，第 96 页。
③ 《马克思恩格斯选集》第 4 卷，人民出版社，1995，第 30~31 页。
④ 赵明：《试论人身依附关系和等级制的社会根源》，《史学理论研究》1996 年第 1 期。

又存在血缘和政治层面的等级关系，而后者的影响更为直接、久远和重要，也就明显掩盖了前者的真实存在和世人的准确认知，即使后来逐步瓦解的血族关系也只是改变了人的依附形式而没有改变其依附实质，即由原始社会中地位平等的人们基于血缘和情感的自愿和习惯的相互依附关系，变成了对主宰其命运的人（如奴隶主、封建主）乃至虚幻共同体（如国家）的依附。当这种依附关系具体化、固定化并得以世袭时，也就形成了等级制度，凸显和强化了政治权力的生存空间和存在价值。为此，马克思明确指出："在过去的各个历史时代，我们几乎到处都可以看到社会完全划分为各个不同的等级，看到社会地位分成多种多样的层次。在古罗马，有贵族、骑士、平民、奴隶，在中世纪，有封建主、臣仆、行会师傅、帮工、农奴，而且几乎在每一个阶级内部又有一些特殊的阶层"。①这样，作为政治范畴的等级不仅具有特殊内涵，而且与作为经济范畴的阶级存在相互交织的复杂关系："等级是一个政治法律范畴，是指由法律规定或认可的具有一定特权和专利的社会集团。等级和阶级的区别在于：等级比阶级的外延狭窄，等级不是一切阶级社会而仅仅是奴隶社会和封建社会所具有的；从根本上说，阶级反映的是人们之间的经济关系，而等级则是按照地位、身份、门第、职业对社会成员所进行的划分，反映的是人们之间的政治法律关系。当然，阶级与等级又有联系。一个阶级中往往包含着不同的等级，一个等级中也可以包含不同的阶级。例如，法国大革命时期的'第三等级'就包含了资产者、无产者、农民和小资产阶级"。②

如果说前资本主义阶级关系背后的利益关系被等级制所掩盖，那么，在资本主义生产方式的推动下，传统的等级制再也无法阻止资本逻辑产生的巨大影响，一切超经济的社会关系开始失去继续存在的理由，并逐渐代之以赤裸裸的金钱关系，进而表现为明显的阶级关系。为此，马克思反复强调这种变化及其影响。③ 也正是因为如此，原本依靠政治权力维持的等

---

① 《马克思恩格斯选集》第 1 卷，人民出版社，1995，第 272~273 页。

② 李秀林等：《辩证唯物主义和历史唯物主义原理》，中国人民大学出版社，2004，第 108 页。

③ 事实上，综合马克思的相关论述，其阶级范畴和市民社会范畴一样，也可进行广义与狭义的区分。其中，广义的阶级起源于原始社会的解体，长期存在于政治生活之中，并在前资本主义时期被等级身份遮掩。当马克思说"至今一切社会的历史都是 （转下页注）

级制再也无法发挥其传统的功能，或者说，依附在传统等级制上的非经济因素再也无法适应和解释现实的变化，也就必然导致阶级关系明朗化和阶级意识的普遍觉醒，进而要求基于资本逻辑的经济权力为资本主义社会提供合法性资源，经济权力也因此成为政治权力式微背景下资产阶级的利益补偿机制及其意识形态的证明，成为与资产阶级的政治权力相互补充和相互支撑的权力形式，进而形成空前合理的权力格局。

在前资本主义生产方式下，鉴于自然经济的空间分割与等级制的身份固化和政治束缚，阶级斗争往往以暂时或局部的斗争形式存在，而且通常表现为个人或少数人的行为，因而不会成为一个共性问题，更不会常态影响统治秩序，自然也难以成为当时政治生活的主要内容。不仅如此，即使在资本主义生产方式下，不断增长的工人数量最初也不具有明显的阶级意识，也不可能有效壮大其阶级力量，因为此时"数量上的优势被他们的分散状态所破坏。工人的分散状态之所以造成并继续存在，是由于他们之间的不可避免的竞争"。① 事实上，在资产阶级作为封建势力革命力量时期，无产阶级并没有表现出应有的阶级面貌，而是作为资产阶级的同盟军与封建势力开展斗争的，因为"在这个阶段上，工人是分散在全国各地并为竞争所分裂的群众。工人的大规模集结，还不是他们自己联合的结果，而是资产阶级联合的结果，当时资产阶级为了达到自己的政治目的必

（接上页注③）阶级斗争的历史"，就是在此层面上使用这一范畴的。详见《马克思恩格斯选集》第 1 卷，人民出版社，1995，第 272 页。而在等级关系的发展、分化过程中，尤其在资本主义生产关系的催化下，等级逐渐被清晰化和狭义化的阶级取代，无产阶级与资产阶级最终成为阶级关系的代表性力量。为此，马克思明确指出："因为资产阶级已经是一个阶级，不再是一个等级了，所以它必须在全国范围内而不再是在一个地域内组织起来，并且必须使自己通常的利益具有一种普遍的形式。"详见《马克思恩格斯选集》第 1 卷，人民出版社，1995，第 131~132 页。这样，"从一个侧面出发，我们可以说等级是从阶级之中产生出来，但从另一个侧面出发，我们又可以说阶级是从等级中产生的。不过，尽管是同一个概念，但前一个'阶级'概念与后一个'阶级'概念在内涵上是有着本质性区别的。前者是指社会阶级，所体现的是一种社会性；而后者则是指国家阶级，所体现的是一种国家性。"详见欧阳英《国家·阶级·和谐社会——重读马克思国家学说》，《学术研究》2011 年第 12 期。这样，在等级普遍存在的社会，国家尚可以相对独立的身份模糊且貌似公允地调停等级矛盾，而当等级完全发展为阶级，且阶级矛盾日益尖锐时，国家也被迫亮明真实身份，其作为统治工具的面目也就因此公之于世，进而使马克思揭示其本质成为可能，也为国家本质的理论共识提供了现实佐证。

① 《马克思恩格斯全集》第 16 卷，人民出版社，1964，第 220 页。

须而且暂时还能够把整个无产阶级发动起来。因此，在这个阶段上，无产者不是同自己的敌人作斗争，而是同自己的敌人的敌人作斗争，即同专制君主制的残余、地主、非工业资产者和小资产者作斗争。因此，整个历史运动都集中在资产阶级手里；在这种条件下取得的每一个胜利都是资产阶级的胜利"。① 当然，在此过程中，资产阶级的革命精神和斗争策略也在不同程度上教育了无产阶级，即"资产阶级自己就把自己的教育因素即反对自身的武器给予了无产阶级"。② 这样，一旦资本主义生产方式占据主导地位，资产阶级与衰落的封建势力的矛盾必然退居次席，其与上升的无产阶级的冲突逐步走向公开，进而显著激发了后者的阶级意识。面对这样的斗争形势，资产阶级的政治策略发生了截然相反的变化，因为"如果说贵族是他们垂死的对手，那末工人阶级却是他们新生的敌人，因此他们宁愿同垂死的对手勾结，也不愿用实在的、并非表面的让步去加强日益成长的、掌握着未来的敌人"。③ 这种政治态度的转变不仅彻底暴露了经济权力的本质及其日益明确的政治意图，而且也彻底暴露出资产阶级政治权力的历史局限，进而使得他们和无产阶级之间的斗争成为政治生活的现实主题。④

　　正如政治权力甫一面世就明显催生并强化了等级意识一样，在维护资产阶级利益和统治秩序的过程中，经济权力的普遍性和异己性也明显强化和提升了无产阶级的阶级意识，进而推动着阶级斗争的规模化和常态化。如果说，随着资本主义生产方式的普及，18 世纪的"资产阶级已经强大得足以建立他们自己的、同他们的阶级地位相适应的意识形态了，这时他们才进行了他们的伟大而彻底的革命——法国革命"⑤，那么，在资本主义生产方式的作用下，无产阶级也不可避免地经历了类似命运。起初，无

① 《马克思恩格斯选集》第 1 卷，人民出版社，1995，第 280~281 页。
② 《马克思恩格斯选集》第 1 卷，人民出版社，1995，第 282 页。
③ 《马克思恩格斯全集》第 8 卷，人民出版社，1961，第 390 页。
④ 这种斗争至今尚存，只是更加隐蔽，且有制度性的调节机制。相比之下，历史上的阶级压迫更为残暴："英国 1799~1800 年通过的《联合法案》（the Combination Acts）使得资本家仅需要提供工人维持生计的最低工资，这个法案惩罚一切妄想组织行业工会来保护自己的企图。例如，1833 年，一些农业工人想要建立工会，结果他们和一般刑事犯一起被流放到了澳大利亚。"详见郎咸平等《资本主义精神和社会主义改革》，东方出版社，2012，第 101 页。
⑤ 《马克思恩格斯选集》第 4 卷，人民出版社，1995，第 235 页。

产阶级仍然是一个自在的阶级，分散在不同地区和不同行业，因而不可避免地被资产阶级利用，尽管他们也时常以相互分裂的小团体乃至个体的形式反对各自的资本家，抵制其经济权力的残酷剥削。但是，由于"它必须承担社会的一切重负，而不能享受社会的福利，它被排斥于社会之外，因而不得不同其他一切阶级发生最激烈的对立；这种阶级形成全体社会成员中的大多数，从这个阶级中产生出必须实行彻底革命的意识，即共产主义的意识"①。同时，"维护工资这一对付老板的共同利益，使他们在一个共同的思想（反抗、组织同盟）下联合起来"。② 这样，随着人数的增加、不同团体的广泛接触和相互影响，基于日益趋同的阶级情感，他们开始本能地团结起来，进而超越自身的利益分歧，形成不同规模的联合，并把大批互不相识的无产者聚集到同一种阶级意识之下。为此，马克思曾简明论述了这一过程："经济条件首先把大批的居民变成劳动者。资本的统治为这批人创造了同等的地位和共同的利害关系。所以，这批人对资本说来已经形成一个阶级，但还不是自为的阶级。在斗争（我们仅仅谈到它的某些阶段）中，这批人联合起来，形成一个自为的阶级。他们所维护的利益变成阶级的利益"。③ 尤其"在欧洲各国，工人阶级经历了许多年才完全领悟到，他们已经构成现代社会的一个独特的阶级，在现存社会关系下的一个固定的阶级"。④

当然，这种阶级意识此时仍处于低级阶段，但在经济权力的疯狂扩张和资产阶级的残酷剥削中，又逐渐发展到更高阶段，即无产阶级"又经历了好多年，这种阶级意识才引导他们把自己组织成一个特殊的政党，它不受统治阶级各派所组织的一切旧政党的支配，并且同这些政党相对立"，因为"工人群众感到他们有共同的苦难和共同的利益，必须作为一个与其他阶级对立的阶级团结起来"。⑤ 至此，组建无产阶级的政党自然是水到渠成的结果，即"工人阶级在反对有产阶级联合权力的斗争中，

① 《马克思恩格斯选集》第1卷，人民出版社，1995，第90页。
② 《马克思恩格斯选集》第1卷，人民出版社，1995，第193页。
③ 《马克思恩格斯选集》第1卷，人民出版社，1995，第193页。
④ 《马克思恩格斯选集》第4卷，人民出版社，1995，第389页。
⑤ 《马克思恩格斯选集》第4卷，人民出版社，1995，第389页。

只有组织成为与有产阶级建立的一切旧政党对立的独立政党，才能作为一个阶级来行动"。① 在此基础上，无产阶级必然要求把解决问题的政治途径体现在政党的纲领之中，以更加明确和集中的政治诉求动员和凝聚越来越多的工人，从而完成了最困难却又最重要的一步，以至于列宁明确强调："否认或不了解领导权思想的阶级就不是阶级"。② 而在其政党领导下，无产阶级也就更加明确坚定地为政治权力而斗争，以期多途径地争取和维护自身利益："这种斗争第一方面表现为无产阶级政党参与政治竞争并争取进入议会和政府的过程以及一旦进入议会或政府之后凭借新的政治舞台与资产阶级进行的斗争；第二方面表现为无产阶级政党和各种劳工集团以压力集团的方式对资产阶级议会或政府的影响和制约；第三方面表现为无产阶级政党和劳工集团所领导和组织的日常的政治斗争；第四方面表现为无产阶级政党领导的人民革命运动"。③ 而在其政党的领导及其革命理论的持续灌输下，在资本统治中不断觉醒的无产阶级以其日益明确的阶级意识，齐心协力地与资产阶级进行坚决斗争，并最终成长为真正的革命阶级，在全力反击经济权力的扩张中逐步争取到相应的利益保障。为此，恩格斯高度评价英国无产阶级的表现："阶级意识的这种觉醒也表现于今年五一节的准备活动。预备性商谈第一次顺利地进行，没有发生争吵和无谓的竞争，参加者齐心一致，积极热情。更重要的是：领导权属于社会主义者，这个节日活动将第一次具有无可争辩的社会民主主义性质"。④ 由此联想到现当代资本主义国家的政策调整和工人阶级生存状况的相对改善，显然不能全部归功为资产阶级的政治自觉，更不能忽视或否认马克思主义的科学性和深远影响，以及在此引导下虽有低谷却从未湮灭的阶级意识和革命精神。

---

① 《马克思恩格斯全集》第 33 卷，人民出版社，1973，第 524 页。
② 《列宁全集》第 20 卷，人民出版社，1989，第 111 页。
③ 李景鹏：《权力政治学》，北京大学出版社，2008，第 13 页。
④ 《马克思恩格斯全集》第 22 卷，人民出版社，1965，第 469 页。而西方学者也认为："在 1790 年至 1830 年之间这段时期内最明显的事实仍然是'工人阶级'的形成……这不仅是经济史上，而且是政治史和文化史上的事实。"详见〔英〕爱德华·汤普森《英国工人阶级的形成》，钱乘旦等译，译林出版社，2000，第 211 页。

三 阶级斗争与权力演进

虽然人类社会的发展动因最终归结为生产力和生产关系的矛盾运动，但在阶级社会，则首先集中表现为阶级斗争，并通过阶级斗争推动这一矛盾的量变与质变，进而为社会发展开辟道路。这就是马克思在《〈政治经济学批判〉序言》中的那段著名论断："社会的物质生产力发展到一定阶段，便同它们一直在其中运动的现存生产关系或财产关系（这只是生产关系的法律用语）发生矛盾。于是这些关系便由生产力的发展形式变成生产力的桎梏。那时社会革命的时代就到来了"。① 虽然说阶级是一个经济范畴，但阶级斗争则从不拘囿于经济诉求，逐渐扩展并影响到政治领域和思想领域。因此，"自从有工人运动以来，斗争是第一次在其所有三方面——理论方面、政治方面和实践经济方面（反抗资本家）互相配合，互相联系，有计划地进行着"。② 但是，理论和实践都反复说明，一个阶级之所以有其质的规定性，主要是由其经济地位而非政治地位决定，进而证明了经济因素在阶级关系中的基础地位。也正因为如此，历史上的革命阶级为了联合更多的社会力量，他们也会设法将自身利益渲染成全民利益，增加权力合法性，早期的资产阶级在动员无产阶级共同反对封建势力时就是如此，而之后的资产阶级的理论家、政治家也同样自诩为全民利益的代表，进而凸显出意识形态的重要性，以及在阶级问题上的意识形态迷雾。有所不同的是，由于此时的阶级关系简单明了，阶级矛盾不可调和，阶级斗争也就更加频繁尖锐，资产阶级的意识形态宣传自然无法自圆其说。在此背景下，马克思的阶级斗争学说明显驱散了这一迷雾，并号召无产阶级诉诸暴力革命："暴力应当是我们革命的杠杆；为了最终地建立劳动的统治，总有一天正是必须采取暴力"。③ 当然，随着阶级力量与斗争形势的变化，马克思也逐渐认识到，在既定制度框架内争取议会席位、制造革命舆论等手段产生的影响并不总是小于总罢工或街头战斗的效果，自然不应将其视为资产阶级的政治欺骗而弃之不用。因此，在对阶级斗争的

---

① 《马克思恩格斯选集》第 2 卷，人民出版社，1995，第 32~33 页。
② 《马克思恩格斯选集》第 2 卷，人民出版社，1995，第 636 页。
③ 《马克思恩格斯全集》第 18 卷，人民出版社，1964，第 179 页。

准确把握中，无产阶级采取何种方式开展阶级斗争，主要取决于阶级力量与斗争形势，取决于能否更快推翻资产阶级统治和夺取政治权力，能否更快更彻底地改变无产阶级命运，因而并无一成不变的章法与路径。不过，即使在此背景下，无产阶级也应尊重和借鉴阶级斗争的一般规律，尤其应立足人类未来发展的高度，反思和批判自身的保守因素，在日益科学的革命理论指引下进行阶级斗争，持续推动社会变革。

就人类社会的总体趋势而言，阶级斗争的最终结果必然导致政治权力的改弦更张，从而迫使统治阶级不得不做出必要让步，以确保自身不至于最终在玉石俱焚中丧失一切，而被统治阶级也在这种让步中获得越来越多的生存空间。① 当马克思说"至今一切社会的历史都是阶级斗争的历史"②，也就意味着资产阶级和无产阶级之间的斗争既是历史的延续，又是其全新阶段，因为以往的阶级斗争"大都以债权人和债务人之间的斗争的形式，或者以争夺土地的形式进行的"③，最终改变的是阶级关系的彻底颠倒和重新组合，而资本主义社会的阶级斗争则最终导致阶级斗争经济根源的消除、所有制的质变、公有制的确立乃至全民对传统的深刻反思和坚定超越。在此过程中，阶级斗争给权力结构和权力格局带来了深刻变化，日益凸显其在权力社会化中的动力机制。这样，立足人类社会的历史轨迹，我们就不难发现，在阶级斗争的推动下，权力格局呈现出一种日益明显的社会化趋势，即权力结构上的主客体分离由绝对趋于相对，权力职能上的阶级利益导向逐步让位于社会利益导向。④

首先，横亘在权力主客体之间的制度障碍逐步消失。在前资本主义社会，等级制固化了血统、门第、身份的刚性，被统治阶级自然没有向社会上层流动的可能，即使阶级斗争最终实现了政权更替，也难以消除政治权

---

① 统治阶级的适当让步和被统治阶级的适当获利既有可能进一步坚定后者继续革命的决心和信心，也有可能使得后者的传统惰性复发而偃旗息鼓。现当代欧美国家工人运动的消极表现足以说明后一种可能并非只是一种理论设想，进而凸显了持续教育和引导工人阶级的必要性。

② 《马克思恩格斯选集》第 1 卷，人民出版社，1995，第 272 页。

③ 〔德〕亨利希·库诺：《马克思的历史、社会和国家学说》，袁志英译，商务印书馆，1988，第 429 页。

④ 江德兴等：《马克思社会化理论与政治权力的演变》，社会科学文献出版社，2005，第 14~15 页。

力的历史惯性，传统的权力格局又会因其保守的刚性而很快恢复原状，政治权力仍然是新的统治阶级的禁脔，仍然延续其封闭性、私有性和世袭机制。但是，资产阶级和封建势力之间的阶级斗争催生的政治解放则彻底打碎了等级制强加在所有人身上的枷锁，在空前平等的机制作用下，血统、门第、身份等因素不再成为占有资源、分享利益的标准，所有人都开始拥有凭借自身努力而分享权力的机会。其中，随着货币媒介功能的扩大，政治权力逐步无法直接主导经济，直至最终退出经济领域，经济权力则逐步成为经济活动乃至社会活动的最主要力量，从而将权力的重心从政治领域逐步切换到经济领域，以至于"不考虑权力作用的经济学是没有意义的"[①]。这样，市场经济催生的平等、自由等精神最终摧毁了政治生活的传统格局，其开放性则为所有人提供了获取政治权力的努力空间和逐渐顺畅进入权力系统的通道。只要拥有货币或财富，任何人都有掌握经济权力的可能，进而能够在资本主义政治制度下置喙政治权力，并对政治权力产生祛魅和平凡化的影响。在此背景下，传统意义上的权力主体显然不能再长期独占权力资源，权力客体也比历史上任何时期更容易接近乃至进入权力系统，从而更便捷、更有效地影响权力运行。由此可见，随着社会发展，主客体的传统界限仍将持续淡化，主体客体化和客体主体化的趋势更是意味着所有人分享权力的可能，权力结构表现出一种空前的开放性，进而显示出经济权力的历史价值和现实力量。

其次，利益分配的包容性逐步显现。在阶级社会中，政治权力一直是统治阶级压迫被统治阶级、实施阶级专政的暴力。由于阶级利益只有在政治权力的保障下才有实现的可能，争取政治权力必然成为阶级斗争的直接目标，由此也说明，"一切阶级斗争都是政治斗争"。[②] 但是，强调政治权力的统治职能并不意味着它仅有这一职能，其内在的阶级性并不能否定和根除其始终存在的公共性，即再显著的政治职能也无法完全挤占社会职能的基本空间，因而并不会完全封闭。随着阶级斗争的扩大和深化，以及社会生活的渐趋复杂，统治阶级自然要对被统治阶级的斗争作出相应的回

---

① 〔美〕约翰·肯尼斯·加尔布雷斯：《权力的分析》，陶远华等译，河北人民出版社，1988，第 32 页。

② 《马克思恩格斯选集》第 1 卷，人民出版社，1995，第 281 页。

应，以争取他们的认同和配合，因而也就不得不适当收缩其阶级利益的空间，体现出更多的包容性，即对被统治阶级利益的兼顾。这样，当政治权力逐步关注公共事务、保障社会利益时，也就意味着传统职能的淡化或隐匿和公共性的逐步上升，以及被统治阶级利益空间的逐渐扩大。也正是因为政治职能与社会职能、统治职能和治理职能的此消彼长，统治阶级也就逐渐失去了随心所欲的空间，被统治阶级也获得了越来越多的发展机会，国家的自主空间日益凸显，其自主性也由形式逐渐转向实质。其间，在无产阶级对资产阶级的斗争中，资本主义生产方式给无产阶级造成的苦难，必然要求他们通过激烈抗争，彻底改变生产关系的格局，重新塑造新型的权力格局。这样，及至社会主义社会，合乎历史逻辑的公有制彻底否定了经济权力的传统形式和历史价值，或者说保证了所有人都能够直接或间接地拥有经济权力，当下局部和暂时存在的经济权力更会因为最终全民共同占有生产资料而无法再现其曾经无所不能的冲动与空间。与此同时，无产阶级专政则保证了民众成为政治权力的所有者，进而总体上保证并完善着公有制进程。在此背景下，阶级关系明朗化和尖锐化的趋势自然无法延续，此时的政治权力与其说是消除阶级斗争、淡化阶级差别的需要，毋宁说是防止利益继续分化、阶级斗争加剧、权力持续异化的需要，以便为发展生产力、彰显社会主义优越性乃至最终消灭阶级奠定基础、创造机会。这样，如果说资本主义权力的包容性更多表现为一种历时性特征的话，那么在社会主义社会中，权力结构的特征则具有鲜明的共时性，即绝大多数人已经同时作为权力的主客体投身到政治生活之中。虽然此时政治权力尚未完全失去其存在的现实依据，但占主体地位的生产资料公有制已经保证了全民共享政治权力的可能，建立在开放性和包容性基础上的公共性更加明显。正是基于这样的思考，马克思坚信，随着社会的持续发展，长期存在的阶级差别必然消失，现存的公共权力必将失去政治性质，并在更高的程度上回归为真正的公共权力，为人类提供更加广阔的发展空间。

当阶级斗争成为权力演进及其社会化的现实动力时，人类社会也会在其时急时缓的节奏下发展。每当阶级冲突无法调和，被统治阶级往往通过激进的革命方式推翻原有的统治秩序。而在新的政治秩序中，新兴的统治阶级自然懂得压迫愈重、反抗愈烈的道理，必然会尽量顺应历史潮流，适当兼顾广大民众的切身利益，其统治基础也会因此趋于牢固。在此基础上，统治阶级自然不能简单因袭旧制，而要顺应社会生活的发展需要，适当顺应权力社会化的必然趋势，并在制度供给上予以体现，否则，也难以避免重蹈覆辙。在此过程中，尽管权力社会化有不同机制，其根本动因仍在于不断提高的生产社会化程度，尤其是生产资料的社会化程度，进而意味着长期存在的阶级关系和阶级斗争将发生重要转折。在马克思看来，生产资料的私有制是阶级产生和阶级斗争的根源，是一切剥削阶级和剥削制度存在的前提。在私有制存在的前提下，阶级就无法消除，阶级斗争也只能发生方式上的变化，而无法彻底消除，"消灭私有制"[1] 也因此成为阶级斗争的必然要求，进而成为马克思阶级斗争学说简明扼要的概括和政治发展的基本主张。这样，基于生产社会化的权力社会化又必然巩固着这一进程和生产资料共同占有的成果，直至最终彻底瓦解私有制的物质基础，变革私有制的政治和文化基础。所以，当人类社会发展至资本主义时期，空前的生产社会化最终产生了消灭私有制的经济基础和社会力量，即"资产阶级不仅锻造了置自身于死地的武器；它还产生了将要运用这种武器的人——现代的工人，即无产者"。[2] 随着无产阶级的成长与成熟，阶级消亡的机制也就日渐明确："如果说无产阶级在反对资产阶级的斗争中一定要联合为阶级，如果说它通过革命使自己成为统治阶级，并以统治阶级的资格用暴力消灭旧的生产关系，那么它在消灭这种生产关系的同时，也就消灭了阶级对立的存在条件，消灭了阶级本身的存在条件，从而消灭了它自己这个阶级的统治"。[3] 当然，趋势并不等同于现实，也不意味着即将成为现实。由于现实的社会主义尚不具有理论上的产生背景和物质基础，人们也难以轻易挣脱传统思维的羁绊，阶级现象仍然暂时或局部地存在，即使当下的我国也概莫能外。但是，随着我国工作重心的转移，由此产生的深刻变化也说明，彻底摒弃"以阶级斗争为纲"的错误路线，大力发展生产力，为社会主义的发展和完善夯实基础，显然是对基本国情和社会发展规律的正确认识，也预示着阶级斗争在新的社会形态中的历史性

---

① 《马克思恩格斯选集》第 1 卷，人民出版社，1995，第 286 页。
② 《马克思恩格斯选集》第 1 卷，人民出版社，1995，第 278 页。
③ 《马克思恩格斯选集》第 1 卷，人民出版社，1995，第 294 页。

变革，因而是对马克思阶级斗争学说的继承和发展，必将对权力发展产生
积极的决定性影响。

第二节　国家：权力关系的组织化

立足于马克思的政治理论，阶级斗争催生了国家，而国家又在一定
阶段固化了阶级斗争，并将其控制在一定范围内，以防止过度激烈的阶
级斗争对政治秩序的冲击。在此过程中，不仅政治权力的运行因国家不
断发展的组织化功能而逐步规范化和制度化，而且也因不断发展的阶级
斗争而催生了经济权力，从而在历史传承中逐步明确和发展了国家的社
会职能。这样，权力因为其协调功能而出现更可预期的社会化进程，国
家也因其工具理性和过渡特征而展现其阶段性的历史意义。然而，国家
与社会长期混沌不分的学术传统曾赋予国家与人类社会共始终的非历史
幻觉，强化了国家主义的意识形态。虽然这种状态在黑格尔处得到明确
区分，但他又颠倒了两者的关系，创立了理性主义国家观。受其影响，
马克思的国家学说也经历了一个明显的转变过程。早年他按照黑格尔的
主张，将国家理想化为一种能够实现真正自由的组织，并相信"国家应
该是政治的和法的理性的表现"。① 但是，费尔巴哈对黑格尔哲学的批
判以及马克思本人的经历和研究，逐步暴露了国家作为一种外在于人并
异化人的真实面目，最终使得马克思在质疑与批判中颠覆了黑格尔的国
家学说，进而主张"不仅是现实的国家，而且理性国家本身都必须被批
判"。② 这样，马克思在准确认识现实的基础上揭示了国家与市民社会
的真实关系，最终清算和超越了黑格尔国家学说的影响，并通过权力批
判，找寻到变革现实的力量和路径，进而把人类的希望寄托于共产主义

---

① 《马克思恩格斯全集》第 1 卷，人民出版社，1995，第 118 页。早期马克思承袭黑格
　尔的主张，对国家寄予厚望，并非方向性错误，而是追问得不够全面深入。随着思想
　认识的深化，他将国家最终归于市民社会，既是对历史的澄清与尊重，又是对人类发
　展方向的准确把握和正确描绘。
② 荣剑：《马克思的国家与社会理论》，《中国社会科学》2001 年第 3 期。

这一无国家的社会形态。① 正是因为这一学说的经典主张，列斐伏尔（Lefebvre）认为"国家理论是马克思主义思想的最高点，是马克思主义思想中最核心的内容"。②

一　权力与国家的演变

作为政治学的永恒主题，国家问题是任何一个试图了解政治生活和社会发展规律的研究者都无法绕行的话题，因而存在视角不同、观点各异的理论观点与政治主张，当然也不乏为现实辩护的政治理论。也正因为如此，列宁指出："未必还能找到别的问题，会像国家问题那样，被资产阶级的科学家、哲学家、法学家、政治经济学家和政论家有意无意地弄得这样混乱不堪"。③ 的确如此，即使尽量减少阶级偏见的研究者也不见得能够完全把握国家的发展规律，那些旨在维护统治阶级利益的研究者将国家问题"弄得混乱不堪"自然也毫不奇怪。与他们不同的是，马克思不仅没有为现实政治辩护的动机，而且始终立足生动丰富的实践和高屋建瓴的视角，深入研究并广泛借鉴人类学、历史学、政治学等相关领域的学术成果，最终不仅形成了视野宏大、意境高远的国家学说，而且为其政治理论框架充实了科学内容和重要模块，进而实现了权力范畴与国家学说的有机结合，这在真实还原国家历史的同时，也凸显了该理论的革命性、前瞻性和创新性。因此，学界认为："如果说，阶级理论是马克思主义政治学的

---

① 当然，鉴于第二章关于马克思政治理论的特点分析，"无论是马克思还是恩格斯，都没有留下一部阐述国家继续发展到形成'现代资产阶级国家'的著作。他们在其政治著作中，都一再批判了封建主义国家和资本主义国家的所作所为，然而对它们的发展却没有一个系统的历史性的介绍。"详见〔德〕亨利希·库诺《马克思的历史、社会和国家学说》，袁志英译，商务印书馆，1988，第325页。究其原因，应当在于此时的现代国家还处于成型阶段，其矛盾尚未充分展开，他们目光所及的主要是商品经济中资产阶级利用经济权力剥削无产阶级的行径，因而他们更加强调国家的负面影响及其走向崩溃的必然趋势，自然较少详细分析国家的未来命运。

② Henri Lefebvre, *The Sociology of Marx* (New York: Random House, 1969), p.26. 当马克思说"正如宗教是人类理论斗争的目录一样，政治国家是人类实际斗争的目录"，事实上也包含了国家的阶级性特征及其对人类文明史的生动反映与准确记录。详见《马克思恩格斯全集》第1卷，人民出版社，1956，第417页。

③ 《列宁选集》第4卷，人民出版社，1995，第25页。

基础的话，那么，国家理论则是马克思主义政治学的主要内容"。① 显然，这不仅是对马克思政治理论的准确分析，而且是对历史的真实还原。

作为阶级关系的发展结果以及阶级斗争的现实空间，国家也是人类社会在特定阶段的历史现象，即"国家并不是从来就有的。曾经有过不需要国家、而且根本不知国家和国家权力为何物的社会"。② 而列宁的表述更加明确："国家不是从来就有的。曾经有过一个时候是没有国家的。国家是在社会划分为阶级的地方和时候、在剥削者和被剥削者出现的时候才出现的。"③ 按照相关史实与马克思的观点，作为人类社会的交往结果，社会利益是一种真实的历史存在，但有所发展的生产力瓦解了原始公社的公有财产，催生了私有观念和私有财产。这样，在不断发展的分工推动下，个体与他人或集体的矛盾必然催生政治权力，进而在组织化过程中形成貌似公正的国家，以便掩盖与调和这一矛盾，至少将其控制在一定的限度内。所以，马克思明确指出："正是由于特殊利益和共同利益之间的这种矛盾，共同利益才采取国家这种与实际的单个利益和全体利益相脱离的独立形式，同时采取虚幻的共同体的形式。"④ 当然，此过程也离不开一些渐趋合理的技术化分工和制度化安排，进而逐步剔除其中的血缘等自然因素，赋予其超自然的神圣光环，即"要求把部落的同一性相对化和建立一种抽象的同一性，这种抽象的同一性不再把个人的成员资格归结为共同的血缘关系，而是归结为对一个领土上受限制的组织的共同的从属关系"。⑤ 这样，就国家的形式而言，它是社会利益的代表和体现，但实质上仍然是在"由分工决定的阶级的基础上产生的，这些阶级是通过每一个这样的人群分离开来的，其中一个阶级统治着其他一切阶级。从这里可以看出，国家内部的一切斗争——民主政体、贵族政体和君主政体相互之间的斗争，争取选举权的斗争等等，不过是一些虚幻的形式——普遍的东

① 王沪宁：《政治的逻辑——马克思主义政治学原理》，上海人民出版社，2004，第135页。
② 《马克思恩格斯选集》第4卷，人民出版社，1995，第174页。
③ 《列宁选集》第4卷，人民出版社，1995，第27页。
④ 《马克思恩格斯选集》第1卷，人民出版社，1995，第84页。
⑤ 〔德〕尤尔根·哈贝马斯：《重建历史唯物主义》，郭官义译，社会科学文献出版社，2000，第23页。

西一般说来是一种虚幻的共同体的形式——，在这些形式下进行着各个不同阶级间的真正的斗争"。① 所以，从社会中产生的国家根本不会属于全体社会成员，即使时至今日也依然如此，多样化的现实表现也无法掩盖和改变这一统一性本质。

立足宏观的历史视角，人们往往把国家和政治视为同一起源、相生相伴的关系，甚至将两者完全等同起来，其实这只是一个粗略的主观印象。如果在此方面多方收集资料并稍加分析，它们的因果关系就会清晰起来。如上所述，国家起源于分工决定的阶级关系，是阶级斗争的产物。这样，当我们联系到马克思"一切阶级斗争都是政治斗争"② 这句并不见得引发更多思考的命题时，说明阶级这种经济现象不可避免地赋予阶级斗争相应的政治诉求，有产者阶级的权力也就转化为政治权力，政治也就应运而生，但此时仍无国家这样的政治力量。只有当这种最初更多依赖有产阶级有限的自然力量和遗存的道义力量根本无法稳定实现其利益诉求，尤其是无法应对无产者的激烈反抗时，他们必然会设法动用其掌握的经济资源，建立一个超自然、超传统的组织化力量，即国家及其不可或缺的国家机器。当有产阶级动用国家机器来维护自身利益时，他们不仅更加牢靠地掌握了政治权力，而且将其视为国家的基本配置。这一转变又会因国家作为第三方的欺骗性和社会共同体的虚幻性而掩饰和淡化其赤裸裸的利益诉求，进而呈现代言全民的虚假面目，开启了国家代表社会的虚幻进程，即"国家是整个社会的正式代表，是社会在一个有形的组织中的集中表现"③。这样，国家面世后的政治权力主要以国家权力的形式存在，在自我掩盖和自我美化中日渐明确地与国家捆绑在一起，国家也开始以独立于、凌驾于社会的方式强化着政治权力，以便"用暴力把被剥削阶级控制在当时的生产方式所决定的那些压迫条件下"。④ 由此可见，国家是政治发展到一定阶段的产物，并在此之后的相当长时间内与政治权力混同乃至等同起来，甚至成为与权力等量齐观的另一种表述，以至于这两个概念

①　《马克思恩格斯选集》第 1 卷，人民出版社，1995，第 84 页。
②　《马克思恩格斯选集》第 1 卷，人民出版社，1995，第 281 页。
③　《马克思恩格斯选集》第 3 卷，人民出版社，1995，第 631 页。
④　《马克思恩格斯选集》第 3 卷，人民出版社，1995，第 631 页。

往往被不加区分地混用。

当然，此时国家与社会只是一种初步的功能分化，仍无法与资本主义生产方式下的结构分化相提并论，因为此时的它们仍处于混沌一体的状态，国家仍将维护统治阶级利益作为其不二选择，在全方位控制社会中获得存在的可能，尤其需要通过暴力色彩鲜明的政治权力和先验的意识形态获得"巨额国债和苛捐杂税"，以更加稳定地维系统治阶级的利益，自然无法体现其相对独立性和比较明显的社会职能。在此背景下，即使民众不同程度地消极抵制或激烈反抗也只能淡化而无法消除其强制色彩及其对社会的物质依赖。就此意义而言，政治权力既为国家的存在提供了保障，又为自身的存续提供了理由。因此，在国家的不同发展阶段，政治权力只会改变其运行方式，而不会隔断其与国家的关系，更不会主动退出历史舞台。为此，马克思明确指出："凡是建立在作为直接生产者的劳动者和生产资料所有者之间的对立上的生产方式中，都必然会产生这种监督劳动。这种对立越严重，这种监督劳动所起的作用也就越大。因此，它在奴隶制度下所起的作用达到了最大限度"。① 也就是说，奴隶制度下政治权力的暴力色彩最为直接，最为明显。此后，随着统治策略的成熟和统治技巧的丰富，政治权力逐步趋于隐匿和弱化，但也不可能消除。由此可见，政治权力只有强弱之分，而无有无之别，即使发展到当代，政治权力明显淡化的暴力色彩也不可能彻底消除；即使在承担最基本的各种公共事务时，也不会放弃其与被统治阶级相对立的特殊职能。不过相比之下，此时国家的相对独立性更加明显，而且在意识形态的雾化下拥有更广泛的社会基础，而社会的自主能力和自主空间也因此达到空前的程度。因此，恩格斯曾明确表达了这一事实及其发展趋势："国家无非是一个阶级镇压另一个阶级的机器，而且在这一点上民主共和国并不亚于君主国。国家再好也不过是在争取阶级统治的斗争中获胜的无产阶级所继承下来的一个祸害；胜利了的无产阶级也将同公社一样，不得不立即尽量除去这个祸害的最坏方面，直到在新的自由的社会条件下成长起来的一代有能力把这全部国家废物抛

---

① 《马克思恩格斯全集》第 25 卷，人民出版社，1974，第 431~432 页。

掉"。①

　　上述分析表明，在国家与社会的矛盾没有彻底消除之前，政治权力就不会消失，政治必然继续存在。进而言之，只要基于利益冲突的阶级斗争无法消除，或社会力量不能自行解决自身的利益矛盾，就需要国家动用各种资源，对那些不可调和的矛盾进行有效控制，以便为政治权力的协调功能创造时机。这样，政治权力无论如何也不会在阶级矛盾和阶级斗争之前消失，甚至因为社会普遍缺乏自治能力而继续长期存在。也正是因为国家在人类历史中的长期存在，人们往往会产生一种国家亘古永存的错觉，进而强化了对国家和政治权力的迷信以及由此形成的保守认知："人们从小就习惯于认为，全社会的公共事务和公共利益只能像迄今为止那样，由国家和国家的地位优越的官吏来处理和维护，所以这种崇拜就更容易产生。人们以为，如果他们不再迷信世袭君主制而坚信民主共和制，那就已经是非常大胆地向前迈进了一步"。② 显然，这种迷信和保守认知又强化了人们对政治权力的心理认同，进而忘却其作为一种异己力量对社会进步的掣肘，以及自身的主体地位和应有作为。为此，马克思明确指出："国家、社会产生了宗教即颠倒了的世界观，因为它们本身就是颠倒了的世界"。③由此可见，在国家问题上，马克思的高明之处就在于，正如他没有因为国家和政治权力的异己性而否认其历史地位和现实作用，同样也没有因为其必要性和现实性而忘却其负面影响，更没有放弃对其进行尊重历史、合乎规律的批判，进而显现出唯物史观的批判精神和革命力量。随着马克思对历史和现实批判的深化，尤其当他科学把握了国家与社会的关系以及资本主义的基本矛盾和发展趋势时，国家作为一种手段而非目的的合理性与阶段性开始成为其坚定主张。为此，他早在 19 世纪 40 年代中期就论证了国家能够达到的高度以及由此决定的有限合理性："完成了的政治国家，按其本质来说，是人的同自己物质生活相对立的类生活。这种利己生活的一切前提继续存在于国家范围以外，存在于市民社会之中，然而是作为市民社会的特性存在的。在政治国家真正形成的地方，人不仅在思想中，在意

---

　　① 《马克思恩格斯选集》第 3 卷，人民出版社，1995，第 13 页。
　　② 《马克思恩格斯选集》第 3 卷，人民出版社，1995，第 13 页。
　　③ 《马克思恩格斯全集》第 1 卷，人民出版社，1956，第 452 页。

识中，而且在现实中，在生活中，都过着双重的生活——天国的生活和尘世的生活。前一种是政治共同体中的生活，在这个共同体中，人把自己看作社会存在物；后一种是市民社会中的生活，在这个社会中，人作为私人进行活动，把他人看作工具，把自己也降为工具，并成为异己力量的玩物"。① 显然，只有到了这个时候，国家与社会才实现了真正的分离，即结构和功能的双重分离，以至于生活在天国和尘世中最终成为可能，而最终完成这一历史使命的就是资本主义生产方式。在此背景下，简单明了的阶级关系和频繁尖锐的阶级斗争使得人类社会产生了改变现状的革命力量和革命途径，即通过无产阶级革命埋葬资产阶级专政，通过无产阶级专政消灭私有制，消除阶级矛盾与阶级斗争，进而开启国家消亡的进程。

这样，在曲折中一路走来的国家不可避免地陷入一种两难困境：继续延续其一贯的强势，只能招致更为普遍的抵制和更加激烈的反抗，甚至难逃更早被埋葬的命运，或再三放低姿态，主动顺应社会的发展要求，它又会在渐变中失去其本来的追求，并最终消融在社会之中。由此可见，国家的命运在诞生之初已被置于辩证否定的历史轨道，以一种工具理性的形式阶段性地存世，以至于在生产力的不断发展中，尤其随着民众素质的不断提升，后一种态度则必然成为国家无法回避的选择。因此，及至无产阶级专政时期，即使政治权力和国家继续存在，也只是一种过渡形式，即出于种种原因，社会主义国家和政治权力更多是延续以前的惯性存在和解决现实问题，因而更加明显地开启了权力社会化的进程，再也不可能发展到更高阶段，或采取更加强硬的姿态。当然，在对国家演进的影响上，经济权力的影响时间和影响强度都明显逊于政治权力，但也绝不是可有可无的，尤其当经济权力走出封建社会、不再听命和服务于封建统治时，它也要求建立起属于自己的政权，并要求其遵从资本的逻辑，但也不能公然违背乃至挑衅其一贯鼓吹的平等、民主、人权等政治价值，进而意味着即使是资本主义生产方式也不会悖逆权力社会化的进程。而在社会主义社会中，在政治权力公共性的规定下，即使暂时仍需保留经济权力，也会对其保持清醒的认识，并在扬长避短中加以利用，自然也能够加快权力社会化的进

---

① 《马克思恩格斯全集》第 3 卷，人民出版社，2002，第 172~173 页。

程。尤其在日益强调公有制的当下，这一进程则获得了坚实的物质基础和民意支持，因而会更加坚定地发展下去。

这样，随着公有制的确立和无产阶级专政的完善，阶级矛盾和阶级斗争也因阶级诱因的消失而渐趋消失。为此，马克思明确指出："在无产阶级运动的目的——消灭阶级——达到以后，为了保持为数极少的剥削者对由生产者组成的社会绝大多数的压迫而存在的国家政权就会消失，而政府职能就会变成简单的管理职能"。① 而恩格斯则将这一过程更为具体地表达出来："当国家终于真正成为整个社会的代表时，它就使自己成为多余的了。当不再有需要加以镇压的社会阶级的时候，当阶级统治和根源于至今的生产无政府状态的个体生存斗争已被消除，而由此二者产生的冲突和极端行动也随着被消除了的时候，就不再有什么需要镇压了，也就不再需要国家这种特殊的镇压力量了。国家真正作为整个社会的代表所采取的第一个行动，即以社会的名义占有生产资料，同时也是它作为国家所采取的最后一个独立行动。那时，国家政权对社会关系的干预在各个领域中将先后成为多余的事情而自行停止下来。那时，对人的统治将由对物的管理和对生产过程的领导所代替。国家不是'被废除'的，它是自行消亡的。"② 由此可见，基于阶级与国家的因果关系，阶级分化在社会发展过程中的消失，必然先于国家的消亡。也就是说，阶级作为国家存续的原因，决定了阶级必然先于国家而消亡，在此过程中经济权力将因无人信奉、无所依托而消亡，政治权力也会因丧失了存在理由而不得不接受同样的命运。

二　权力与国家的政治职能

政治权力的出现意味着人类产生了基本的政治诉求，即基于阶级利益的需要，有产者必须牢牢控制无产者以及主要由其生产的物质财富，同时要有效应对其激烈抗争，进而需要实施相应的阶级统治。就此意义而言，政治权力显然是国家政治职能的原因与结果，统治阶级自然也需要借助国

---

① 《马克思恩格斯全集》第18卷，人民出版社，1964，第53页。
② 《马克思恩格斯选集》第3卷，人民出版社，1995，第631页。

家在政治上获得控制乃至镇压被统治阶级的地位和手段。所以，国家甫一面世，就承载着强烈的政治诉求和鲜明的政治职能，并与阶级统治、阶级斗争等政治现象紧密相连，以至于只要政治职能继续存在，政治权力和国家就不会消亡，并且以不断完善、渐趋合理的方式存在于人类社会的历史进程之中。所以，恩格斯明确指出："到目前为止在阶级对立中运动着的社会，都需要有国家，即需要一个剥削阶级的组织，以便维持它的外部的生产条件，特别是用暴力把被剥削阶级控制在当时的生产方式所决定的那些压迫条件下（奴隶制、农奴制或依附农制、雇佣劳动制）。国家是整个社会的正式代表，是社会在一个有形的组织中的集中表现，但是，说国家是这样的，这仅仅是说，它是当时独自代表整个社会的那个阶级的国家：在古代是占有奴隶的公民的国家，在中世纪是封建贵族的国家，在我们的时代是资产阶级的国家"。① 正是因为国家政治职能的长期存在及其传统强势给人类留下的痛苦回忆，人们始终以一种敬畏之心看待国家，以至于"在漫长的历史进程中，人们一直是用崇敬和恐惧的眼光注视着国家这个巨大的'利维坦'，一如黑格尔所形容的那样，国家是地上行进着的神"。② 但是，随着国家作为一种异化力量日益表现出对于人类发展的异己性，随着马克思对国家的历史成因和现实表现的深刻洞悉，他不再像早期那样，区别对待国家与社会问题，而是从国家的视角找寻社会问题的深层原因，进而对国家及其政治职能表现出强烈的批判态度，即"不再是社会，而是国家，并且不光是治理得特别坏的国家、即使是身为机关的国家也是造成压迫，造成无产阶级悲惨状况的势力。不是社会（或者说是在社会中掌权的阶级）奴役国家，恰恰相反，是寄生的国家欲壑难填，要使自己成为凌驾于社会之上的强权，并来奴役社会"。③ 显然，这种批判及其深远影响不仅重新强调了社会决定国家的历史观，而且褪去了附着在国家身上的种种光环，终结了此前形形色色的国家拜物教，进而将其置于被批判的地位，也意味着国家的阶段性特征和终将消亡的命运。

---

① 《马克思恩格斯选集》第 3 卷，人民出版社，1995，第 631 页。
② 荣剑：《马克思的国家与社会理论》，《中国社会科学》2001 年第 3 期。
③ 〔德〕亨利希·库诺：《马克思的历史、社会和国家学说》，袁志英译，商务印书馆，1988，第 338~339 页。

随着马克思对国家，尤其是其政治职能批判的深化，人们不再延续传统的国家观，也逐渐消除了对国家的虚幻崇拜。但这种态度的正确性也不应否认国家的真实历史和现实作用，因为诱发国家崇拜的现实问题仍将长期存在，国家的整合功能和强制色彩也不可能迅速消亡，仍会在重现传统中继续产生广泛深远的影响。就最初的国家表现而言，它首先诉诸政治权力和暴力手段，以期使被统治阶级产生敬畏之心，从而达到压服后者的目的。显然，这种强制性并不是一种象征性的摆设，当它宣示潜能也无法实现其目时，潜在的暴力必然会转变为现实的强制，直至最终实现统治目的。因此，只要国家继续存在，这种强制只会改变其存在方式，而不会彻底消除。就此意义而言，国家政治职能所依托的政治权力必然随着社会的发展，从其萌芽时代的"原始时代的棍棒"发展为"奴隶制时代较为完善的武器"和"中世纪出现的火器"，即使在现代社会也会表现为"完全利用现代技术最新成果造成的、堪称 20 世纪技术奇迹的现代化武器"。①这样，在少数人统治多数人的格局下，为了保持其政治权力和经济利益，资产阶级都将不得不诉诸强制手段，而且越来越趋于完善和巧妙，改变的只是政治权力的表现形式而非其内在本质，哪怕结构日渐合理、功能更加全面的意识形态也不可能掩盖其本质和动机。② 即使在当下，资本主义政治权力也是为了维护资本主义生产方式的一般条件免受无产阶级和个别资本家的侵犯，进而为少数人掠夺多数人提供更多机会与合法途径，而社会主义国家出于解决现实问题的需要，在相当长的时间内同样需要保持更具开放性与公共性的政治权力，相应的国家配置自然也不可或缺。也正因为如此，虽然马克思也强调革命策略应随时空变化而变化，但从来不放弃以革命暴力应对反革命暴力的主张，在资本主义社会尤应如此："现代的资产阶级财产关系靠国家权力来'维持'，资产阶级建立国家权力就是为了

---

① 《列宁选集》第 4 卷，人民出版社，1995，第 30~31 页。
② 当然，这并不意味着只有资产阶级才诉诸意识形态，其他统治阶级在此方面也有同样认识，并下足了功夫。如在美国蓄奴时期，"他们已把专制和暴力宿命论化，并使奴隶们从心灵上接受了。在古代，奴隶主是想方防止奴隶打碎枷锁；而现代，奴隶主是设法不让奴隶产生这种思想。"详见〔法〕托克维尔《论美国的民主》，董果良译，商务印书馆，1988，第 421 页。当然，相比之下，资产阶级的意识形态宣传更具系统化和理论化，效果也更为明显。

保卫自己的财产关系。因此，哪里的政权落到资产阶级手里，哪里的无产者就必须将它推翻。无产者本身必须成为权力，而且首先是革命的权力。"①

上述分析反映了政治权力和国家政治职能的强制性，但并不能否定其在特定时空下的灵活性与特殊表现，以维护其根本利益。马克思在描述早期资产阶级采取暴力、血腥的"羊吃人"的方式进行原始积累时，曾借助丰富的史料分析这一过程中错综复杂的角力。出于争取更多赋税、与其他保守势力争夺政治权力、扩大权力影响的需要，"国家不得不对资产阶级社会作出让步，估计到它的成长，适应它的需要"②，即封建国家的政治权力也会兼顾到资产阶级的利益，甚至其政治职能也直指同为封建势力的贵族和教会。不仅如此，鉴于资本主义生产方式暂时有利于封建专制的积极功能，封建势力甚至不惜动用其政治权力为前者开辟道路。如"15世纪末和整个16世纪，整个西欧都颁布了惩治流浪者的血腥立法"③，就是为了保证资本主义生产方式拥有足够的劳动力和相应的制度环境，使之得到更快推广。出于同样目的，即使在资本主义生产方式已经非常成熟的时期，这种政治权力和政治职能的暂时错位也再三出现，如马克思在《不列颠宪法》中就明确批判了资产阶级政治权力及其国家政治职能的保守性："在十九世纪三十年代，资产阶级宁愿再同土地贵族妥协而不愿同英国人民群众妥协"。④ 当然，无可否认的是，这种特殊表现并不是对马克思国家理论的否定，而是客观反映了国家进程中真实而生动的历史，生动揭示了国家作为阶级统治工具的本质和基于阶级关系变化适时变换统治策略的自主性。而这也恰恰说明，马克思从来没有把国家看作是超阶级的组织，充其量也就是在维护阶级利益的同时适当兼顾社会利益，或者为了更宏观的阶级利益而不得不兼顾或声称兼顾社会需要。所以，密利本德一针见血地指出："马克思主义政治和国家理论的出发点却是断然否认把国家看作'社会整体'的托管人、工具或代理人的观点"，即使有时国家代

---

① 《马克思恩格斯全集》第 4 卷，人民出版社，1958，第 331 页。
② 《马克思恩格斯全集》第 6 卷，人民出版社，1961，第 303 页。
③ 《马克思恩格斯选集》第 2 卷，人民出版社，1995，第 262 页。
④ 《马克思恩格斯全集》第 11 卷，人民出版社，1962，第 109 页。

表"社会整体"和"民族利益"，也只是因为"可能在有些场合和有些事件上所有阶级的利益恰好相合，但是在大多数情况下和本质上，这些利益从根本上是相左的而且是不可调和的，因此国家不可能成为它们的共同托管人。认为国家是它们的共同托管人的思想不过是统治阶级掩盖阶级统治的现实的思想帷幕的一部分，使得这种统治在它自己眼里和在被统治阶级眼里变得合法化"。① 换而言之，如果真的有人将国家视为"共同托管人"，那无疑是国家求之不得的结局，或者是意识形态宣传的结果。

尽管国家的政治职能具有难以舍弃的保守性，但随着时代的进步，社会发展仍在毫无例外和无情地为自己开辟道路，国家的政治职能不可能以一贯的方式应对不断变化的社会生活，也会适当兼顾后者的变化，否则，保守的政治权力必将被革命的政治权力取代。因此，虽然资本主义国家没有也不可能放弃其政治职能，仍然要服从资本逻辑，维护资产阶级统治，但是，政治权力的运行方式却要灵活得多，国家的政治职能也因此淡化和完备了许多，意识形态的地位和作用日益凸显。当马克思说"罗马的奴隶是由锁链，雇佣工人则由看不见的线系在自己的所有者手里"②，显然在描述阶级关系和阶级斗争的演变格局时，也客观反映了政治职能的变化趋势，以及政治权力运行方式的显著变化。受这种变化趋势的影响，当下国家在行使其政治职能时，也没有放弃其政治权力，但其统治方式更趋巧妙、合理和有效，尤其当资产阶级的政治权力渐趋完备时，诉诸意识形态的努力也更为执着，成效也更为明显和持久。事实上，无论是日常经验的观察，还是立基于上的卢卡奇（Lukács）、葛兰西、阿尔都塞等人的理论批判，都从不同角度证明了意识形态国家机器化的趋势。而资本主义制度表现出来的韧性和发展空间不仅表明其在相当长的时期内仍将存续，而且也足以证明资产阶级统治策略的调整已收到明显成效，并将在此方面持续发力，从而在相当长的时间内为政治权力运行和人类社会发展提供积极借鉴。

当然，在资本主义社会里，具有意识形态功能的不只是政治权力及其

① 〔英〕拉尔夫·密利本德：《马克思主义与政治学》，黄子都译，商务印书馆，1984，第71~72页。
② 《马克思恩格斯选集》第2卷，人民出版社，1995，第232页。

牢牢掌握的统治思想，同样也包括看似与其无关，甚至毫无政治立场的经济权力。事实上，马克思对国家政治职能的认识并没有停留在就事论事的层面上，而是在不同场合下结合经济基础的地位和作用展开的。为此，他曾经做过以下论述："如果资产阶级从政治上即利用国家权力来'维持财产关系上的不公平'，它是不会成功的……'财产关系上的不公平'以现代分工、现代交换形式、竞争、积聚等等为前提，决不是来自资产阶级的阶级政治统治，相反，资产阶级的阶级政治统治倒是来自这些被资产阶级经济学家宣布为必然规律和永恒规律的现代生产关系……因此，当使资产阶级生产方式必然消灭、从而也使资产阶级的政治统治必然颠复的物质条件尚未在历史进程中、尚未在历史的'运动'中形成以前，即使无产阶级推翻了资产阶级的政治统治，它的胜利也只能是暂时的，只能是资产阶级革命本身的辅助因素（如 1794 年时就是这样）"。① 换而言之，在政治权力与经济权力并存的时代，国家的政治职能显然不能仅靠政治权力来维持，此时的经济权力及其给社会带来的空前利好不仅延续并满足了长期以来对人性恶的基本认知，而且也在一定程度上证明了国家政治职能的合理性，甚至成为自我辩护的意识形态工具。由此可见，"近代以来的西方社会发展是一个理性化的演进过程，由于个体有从事经济活动的自由，追逐利润成为现代经济组织的终极目标和不竭动力，从而造就资本的私人性，这就是所谓经济社会的理性化。而经济社会的理性化必然要求建立现代国家。因为资本的私人性要求通过作为公共性权力的国家来界定和保护产权、私人利益"。② 因此，资本主义社会时至今日仍未发生明显质变，就足以说明经济权力的现实合理性及其对资本主义的有效辩护，进而说明摆脱经济权力羁绊、走出资本主义意识形态迷雾的艰巨性和长期性。由此也说明，当下在借力经济权力、利用其合理机制的同时，也不应放弃对它的批判意识和防范态度，同时也说明，对它的批判和防范并不见得易于对政治权力的批判和防范，因而要诉诸长期不懈的坚定努力，尤其需要所有人努力挣脱各种现实诱惑，坚定走向更加合乎人性、促进人类全面发展的未来。

---

① 《马克思恩格斯全集》第 4 卷，人民出版社，1958，第 331~332 页。
② 叶麒麟：《臣民·群众·公民——个体政治角色变迁与中国现代国家成长》，《浙江社会科学》2011 年第 3 期。

三　权力与国家的社会职能

亨利希·库诺曾在比较国家职能时指出，"国家早已不再是十八世纪和十九世纪初的那个样子了：那时国家仅仅是一种纯粹的防御和统治组织，拥有官僚主义的政府机器，以保护王室和贵族的利益，这一组织将这种活动看成是它唯一的任务。"① 显然，此话只是对片段历史的客观反映，因而只能是部分正确，存在明显的时间错位和臆断色彩。虽然相对于其之后的表现，出于阶级统治的需要，当时国家的政治职能的确更为明显，但也不会甚于之前的表现，更不至于"仅仅是一种纯粹的防御和统治组织，拥有官僚主义的政府机器，以保护王室和贵族的利益"。事实上，国家鲜明的阶级性并不意味着它毫无社会层面的共性追求，更不意味着它始终会罔顾民意，执意维护阶级利益，进而说明任何时候国家都不会将政治职能"看成是它唯一的任务"。就国家与社会的关系而言，国家的社会职能总是或多或少地存在，因为对国家和统治阶级而言，单一的政治职能难以产生持久的统治秩序，除非将其利益诉求普遍化、合法化，进而要求国家设法承担其最低限度的社会职能，综合发挥政治权力的协调功能，以赢得更多的民意支持，夯实阶级统治的社会基础，只不过此时的社会职能往往因为政治职能的强势而被遮掩或没有得到应有的重视。如果说基于利益冲突和阶级斗争的政治职能在国家面世之后得到了明显强化，那么，国家的社会职能显然可以追溯至更为久远的源头，甚至就是人类基本的社会需求在国家时代的韧性存在。在原始社会，无论是氏族、部落，还是更大规模的共同体，真正的开放性与公共性也不能排斥特定成员执掌权力，并由全社会的监督来保证权力属性，② 因而"丝毫没有今日这样臃肿复杂的管理机关"③ 和权力的异化。无疑，这就是人类共同体原始的社会职能和个体加入共同体的原始动力，或是国家社会职能的原始形态，而此后产生的国家无论如何特殊和虚幻，作为共同体自然也不能完全抛弃这种更为基础的职

---

① 〔德〕亨利希·库诺：《马克思的历史、社会和国家学说》，袁志英译，商务印书馆，1988，第 344 页。
② 《马克思恩格斯选集》第 3 卷，人民出版社，1995，第 522 页。
③ 《马克思恩格斯选集》第 4 卷，人民出版社，1995，第 95 页。

能，必然要求国家有所担当，即使有所变化，也只是手段和方式上的差异而已。所以，马克思认为，即使阶级社会也要维持起码的社会职能，以确保被统治阶级最基本的生存条件，即"为了有可能压迫一个阶级，就必须保证这个阶级至少有能够勉强维持它的奴隶般的生存的条件"。①

当然，公共事务在空前凸显国家社会职能、普遍推行国家与社会协同的同时，并不意味着此前的公共事务全部由国家负责，在其社会职能之外仍为社会保留了一定的自主空间和自治领域，并为国家社会职能的不断丰富提供了动力和方向。所以，"国家制度并不包括整个的社会调节，国家的法律并不包括社会法律的全部社会经济内容。国家法律只是将社会调节的一部分，而不是全部以国家强制的方式提出来，剩下的部分要由社会惯例加以保留"。② 就此意义而言，与国家的政治职能相比，其社会职能的历史更加久远，也更能反映权力的协调功能、国家作为共同体的社会功能以及国家与社会并非总是对立的事实。所以，当马克思说私人利益和社会利益之间的矛盾催生了国家，并要求国家以一种虚幻的共同体形式示人，事实上也就强调了国家作为社会利益代表的地位和作用。这样，作为一种现实中异化的公共权力，国家也因此具有不同于以往的特殊性，即相对于此前公共权力维护的真正社会利益，国家则用社会利益掩盖了阶级利益，或在偷梁换柱中维护着阶级利益，因而是一种虚假、虚幻的公共权力。由此可见，在国家存续的情况下，社会职能必将全程伴随政治职能，并为其夯实社会基础，因而可以说，政治职能事实上就是社会职能在国家时代局部的异化形式，正如国家是社会在特定历史时期的异化形式一样。在此历史进程中，国家通过其社会职能为共同体存续提供最低限度的存在依据，以便为自身赢得行使政治职能的机会和空间，否则，政治职能只能随着社会职能的丧失和共同体的解体而无法维系。这样，随着社会的进步，政治职能也经历了一个从明到暗的隐匿过程，更加依赖权力的协调功能和意识形态证明其存在的合理性，进而意味着无论在历史起点上，还是在未来走势上，社会职能都会超越政治职能的时间跨度，向前可以上溯到人类社会

---

① 《马克思恩格斯选集》第 1 卷，人民出版社，1995，第 284 页。
② 〔德〕亨利希·库诺：《马克思的历史、社会和国家学说》，袁志英译，商务印书馆，1988，第 294 页。

的起点，向后则一直伴随人类社会的存在，只是在此情况下已成为全民的公共事务，并彻底摆脱对国家的依赖，因而也无冠名"社会职能"的必要，当然也无须在与政治职能相对应的层面上加以使用。

上述分析表明，国家的社会职能只是共同体原始功能在政治生活中的特殊表现，也是国家政治职能存续的现实前提，两者也因此具有千丝万缕的联系。尤其在阶级社会或阶级仍没有彻底消亡的社会，"人们除了生活在各种阶级关系之中以外，还同时生活在其他许多与阶级关系不同的社会关系之中。例如血族关系、家庭关系、民族关系、宗教关系，等等"。①在此背景下，国家显然不能简单沿用处理阶级关系的方法，来应对其他社会关系和社会矛盾。换而言之，虽说政治权力和国家及其政治职能一样，主要维护统治阶级利益，但鉴于社会职能维系共同体的功能，同时为了争取和维护国家整体和长远的利益，政治权力也并非没有为社会职能扩展空间的可能，尤其要对其协调功能予以高度重视和灵活运用，因为失去了被统治阶级的基本认同以及立于其上的共同体，统治阶级也将无法继续存在。当然，政治权力也不会毫无保留地服务社会，即使其主动作为仍以实现阶级统治所需的基本秩序为限，一旦达此目的，首先考虑的仍然是国家及其政治职能。当恩格斯说国家"这第三种力量似乎站在相互斗争着的各阶级之上，压制它们的公开的冲突，顶多容许阶级斗争在经济领域内以所谓合法形式决出结果来"②，显然也说明了国家动用政治权力时主观上执行其政治职能，客观上又不得不对被统治阶级做出一定的让步，国家的社会职能也因此得到提升。就此意义而言，社会职能可以说是政治权力维护国家意志和阶级利益的基础和中介，它既能很好地实现政治职能的利益诉求，又能巧妙掩盖政治职能的阶级倾向，因而是客观上不能忽视、主观上不应忘却的公共领域和公共事务。由此可见，当西达·斯考切波认为经典马克思主义存在一个明显的理论缺陷，即"没有将国家看成一套具有自主性的结构——这一结构具有自身的逻辑和利益，而不必与社会支配阶

---

① 李景鹏：《权力政治学》，北京大学出版社，2008，第6页。
② 《马克思恩格斯选集》第4卷，人民出版社，1995，第169页。

级的利益和政体中成员群体的利益等同或融合"①，显然忽视了马克思对国家社会职能的反复强调，也反映了她在马克思国家学说上的片面认知。

然而，这种机制又为社会职能拓展其存在空间提供了可能，因为被统治阶级不断增长的利益诉求最终会转变为作为全社会共识的利益交集，并要求政治权力动用其可以动用的资源，将其转化为国家的社会职能。所以，"从国家与社会关系的维度，权力的组织化渗透提升了政治一体化水平，社会诉求已是国家政权直接面对的客观现实。国家渗透社会的过程同时也是其嵌入社会的过程，政治系统的运行在观念和行为上有赖于社会成员的认同与配合。随着统治权的社会基础的扩张，现代国家摆脱了传统政治的私人或地方属性，成长为具有代表性的公共机构"。② 而基于其终极目的的考虑，政治权力自然也不会对此要求无动于衷，也会作出或多或少的让步，即"国家在任何一个给定的时刻都不完全是目前这一代资本家的工具，而是资本主义作为一种制度生存的手段。它在原则上不仅会牺牲个别资本家，甚至会牺牲作为一个整体的阶级的短期利益"。③ 显然，这一观点并不仅仅适用于资本主义社会，也完全适用于所有时代的国家。在国家存续的前提下，统治阶级都会主动或被动地做出让步，即使极为残暴的奴隶主阶级也不例外。而在资本主义社会，经济权力也并非只是资产阶级的福音，无论是平等、自由、人权等政治价值，还是合法的议会制度与资本的股份化，都是空前有利于无产阶级的进步因素，自然也有利于凸显和拓展国家的社会职能。而资产阶级为了凸显其意识形态的说服力，淡化和隐匿其政治职能的强制色彩，不仅反复强调国家作为"守夜人"的角色，而且一直在新的环境中寻求新的替代手段，应运而生的经济权力作为一种既能有效维护又能遮掩阶级统治的手段，自然会成为资产阶级鼓吹其社会职能和政治合法性的首选。不仅如此，经济权力的成熟和普及也就意味着社会拥有了自我锻炼、自我提升的空间，更有能力摆脱国家的控制，

---

① 〔美〕西达·斯考切波：《国家与社会革命》，刘北成译，（台北）桂冠图书股份有限公司，1998，第30页。

② 高春芽：《在代表与排斥之间——西方现代国家建构视野中代议民主发展的路径与动力》，《政治学研究》2017年第1期。

③ 〔美〕乔恩·埃尔斯特：《理解马克思》，何怀远等译，中国人民大学出版社，2008，第388页。

并按照自身意愿主导社会治理，进而推动人类社会的持续发展，辩证回归社会职能的本来面目。与此同时，国家社会职能的拓展不仅表现为对其政治职能的遮掩和正名，同样也反映为对社会事务的接管。从前资本主义社会的社会职能隶属和服务于政治职能，到资本主义社会初期的社会职能和政治职能的明显分离，再到后来社会职能的不断拓展和政治职能的明显逊位，已成为不争的发展趋势，以至于国家自主性被反复强调。而在现当代，国家的经济调控和社会管理已成为司空见惯的现象，甚至"国家可以说是成为一个包罗了国家成员的所有经济劳动的巨大的生活框架，任何一个人都成了其中的一分子，都在被推向前进。以往由个人或商会所执行的经济职能日益落在了国家的身上。国家成了起决定作用的经济干部，成了整个社会生活最重要的决策者。它不仅以强有力的手腕来干预经济机构，而且也渗入到个人和家庭的法律范围。有多少以前由家庭承担的任务现在越来越多地由国家接管了"。① 而这种趋势恰恰说明国家的政治职能正在萎缩，其社会职能不断丰富，权力社会化的趋势更加明显。由此可见，"国家作为一种政治权力，它的运行不但没有因为阶级职能的减弱而停顿，相反，国家的社会职能的发展却使它运行的范围更广阔，并涉及许多更深的社会层次"。② 这样，随着国家两种职能的此消彼长，随着国家与社会的利益交集越来越大，政治权力最终必将失去用武之地，国家也将自动消失在人类历史的长河中，或成为单纯的社会管理机构，其社会职能将再次成为全体成员的共同事务，成为人们共同利益的保障，真正的公共权力也将在更高层次上催生"自由人的联合体"。

四　权力与国家的未来命运

当同时代人还在欢呼政治解放的历史性成就，并沉溺于探索有限的平等、自由和抽象的民主、人权时，马克思已发出了振聋发聩的政治宣言："为消灭［Aufhebung］国家和市民社会而斗争"。③ 为此，马克思提出用

① 〔德〕亨利希·库诺：《马克思的历史、社会和国家学说》，袁志英译，商务印书馆，1988，第 344~345 页。
② 李景鹏：《权力政治学》，北京大学出版社，2008，第 5 页。
③ 《马克思恩格斯全集》第 42 卷，人民出版社，1979，第 238 页。

"人类解放"超越"政治解放"、用"人类社会"克服"市民社会"、用"自由人的联合体"否定"虚幻的共同体"的政治理想。立足权力的视角，这一理想同样具有合乎历史逻辑的科学性。在理论层面上，无产阶级专政是对资产阶级专政的否定，但也不代表是对资本主义社会权力格局的全面否定，因为"我们这里所说的是这样的共产主义社会，它不是在它自身基础上已经发展了的，恰好相反，是刚刚从资本主义社会中产生出来的，因此它在各方面，在经济、道德和精神方面都还带着它脱胎出来的那个旧社会的痕迹"。① 而在实践层面上，无产阶级专政并没有同时发生在发达资本主义国家阵营，也没有建立在资本主义充分发展的基础上，社会主义的生产力水平在相当长的时间内仍将明显低于资本主义，而且因为缺乏资本主义的充分发展而难以有效抵制其反抗与侵蚀，甚至还普遍遭受封建主义的羁绊。在上述双重因素的规定下，无产阶级专政并不能因为置身于完全不同于以往的新型社会形态而彻底摒弃以往的权力现象，经济基础的规定性和传统理念的保守性也要求其充分发挥经济权力和政治权力的现实作用，以便在超越历史、引领发展中发挥其整合和协调功能。当然，无产阶级专政在相当长的时间内的存续并不是对马克思关于国家命运预言的否定，而是共性之外的个性表现，是基于现实需要、对国家价值的充分肯定，即通过无产阶级专政，充分发挥国家权力的综合作用，提高生产力发展水平，防范和消除各种矛盾，同时增强和提升民众自我锻炼和自我管理的意识和能力，进而为国家消亡和权力的辩证回归夯实基础。由此可见，作为一种新型的国家，无产阶级专政具有全新的政治诉求，不仅要持续关注普通民众的根本利益，使其成为国家与社会的真正主人，使国家更具代表性，而且还承担着全新的历史任务，即镇压曾经的剥削阶级和反动势力的反抗，防御外来侵略，同时对生产关系和社会关系乃至传统认知进行全面深刻的改造，直至完成消灭阶级、废除国家的任务，实现阶级社会向无阶级社会的过渡。就此意义而言，无产阶级专政无疑是从阶级社会向无阶级社会、国家时代向后国家时代转变的过渡性政权，即"这个专政不过

---

① 《马克思恩格斯选集》第 3 卷，人民出版社，1995，第 304 页。

是达到消灭一切阶级和进入无阶级社会的过渡"。① 在此意义上，无产阶级专政应当是人类历史上最后一种国家类型，而且是国家的最高与最后形态。

然而，马克思对国家现实价值的充分肯定和对其未来命运的乐观态度，却被凯尔森视为一种矛盾："从社会的经济解释观点来看，社会组织的政治方面和经济方面是不能分割的，在政治方面否认需要任何权威，而在经济方面又承认需要权威，显然是一种矛盾"。② 且不论凯尔森在此明显混淆了权威和强权的区别，也没有看到权力对于人类社会的永恒性，即使在本节的主题方面，他也只看到国家与社会的统一性，却忽视了国家与社会在政治生活中的对立性，也混淆了国家的政治职能和社会职能的本质区别，更未看到其社会职能来自社会并最终回归社会的必然趋势。与其相反，马克思的国家消亡学说恰恰是在承认这种现实对立的前提下强调国家最终消亡和消融于社会的趋势。由此可见，不仅凯尔森尚未理解马克思的主张，就连亨利希·库诺所说的马克思的国家消亡论与其国家观自相矛盾，是"马克思反对马克思"③ 的观点，显然也是站不住脚的。也正因为如此，列菲弗尔（Lefebvre）强调，国家消亡是马克思国家学说的核心问题，"如果从马克思的思想观点中，取消国家将终结这样的观点，那么，马克思的思想也就没有什么意义了"。④ 换而言之，马克思的国家学说，尤其是其国家消亡学说，是在承认和遵循人类社会发展规律基础上的必然结论，尽管现实尚未完全证实其预言，这一合乎历史脉络和理论逻辑的结论仍然赢得了后世的广泛认同，因为"马克思主义国家学说既不同于无政府主义那样'一举废除国家'，也不像空想社会主义者那样制造国家消亡的'玄妙意境'，而是在科学的基础上论证了国家消亡的历史根源、前

---

① 《马克思恩格斯选集》第 4 卷，人民出版社，1995，第 547 页。

② 〔美〕凯尔森：《共产主义的法律理论》，王名扬译，中国法制出版社，2004，第 60 页。

③ 〔德〕亨利希·库诺：《马克思的历史、社会和国家学说》，袁志英译，商务印书馆，1988，第 311 页。

④ 〔法〕列菲弗尔：《论国家——从黑格尔到斯大林和毛泽东》，李青宜等译，重庆出版社，1988，第 124 页。

提条件和经济基础，并指出消亡的正确路径"。①

遵循马克思的国家学说，国家始终以阶级矛盾为基础，代表着一种阻碍社会自由发展的"强制性机构"和异己性存在。这样，作为国家的最高与最后形态，无产阶级专政的重要使命就是"把国家政权重新收回，把它从统治社会、压制社会的力量变成社会本身的生命力；这是人民群众把国家政权重新收回，他们组成自己的力量去代替压迫他们的有组织的力量"。② 显然，在权力视角下，这种基于历史逻辑、具有理论依据的基本趋势将会展现出独特的未来图景。尽管政治权力和经济权力在现实的社会主义社会仍有长期存在的理论依据和现实要求，但就人类社会的基本规律而言，随着生产力的不断进步，不断改善的生活条件必将逐步冲淡物质财富在社会生活中的重要性，长期根源于利益纷争的各种矛盾自然会明显减少，一直发挥着整合和协调功能的政治权力也会逐步丧失其维护统治阶级利益的动机，普通民众也会因为生活条件的显著改善和未来利益的更可预期而无意追求政治权力，执着发展自由个性，自然也不会在蓄意异化权力中谋取私利，或听任权力异化，进而在律自和律他的统一中使权力运行在日益规范的权力生态之中。而在同样条件下，人们也无须屈从于长期作为异己力量的劳动，为了生计不得不从事的异化劳动再也无法发挥其传统的强制功能。这样，即使存在试图占有他人劳动的资本也会因劳动力市场的缺失而难以如愿，或者说，此时的劳动力再也不会延续听命于资本的传统，而是让劳动始终追随自身的兴趣与个性。与此同时，高收入者的生活方式在滋生消极影响、降低其他人幸福指数的同时，也使得自身无法延续传统消费方式所产生的快乐，这种负外部性不仅使得国家或更高形式的共同体通过更为明显的征税等方式调节利益分配，而且也要求高收入者通过慈善等力所能及的方式，为他人创造更有尊严的生活方式，为自身赢得更多的尊重和认同，更好地体现自身的社会价值。这样，一直备受诟病的"用危害道德的方式赚钱，用危害健康的方式花钱"的传统将被彻底抛弃，长期以来因追求财富而滋生的各种矛盾也将成为历史。也正是在此意

① 倪斐：《马克思主义国家消亡学说中两大基本命题的逻辑论证》，《社会主义研究》2012年第 4 期。

② 《马克思恩格斯选集》第 3 卷，人民出版社，1995，第 95 页。

义上，即使历史更为悠久的货币也无法找回其传统的荣光，直至最终回归其原始的使用价值。为此，列宁在《论黄金在目前和在社会主义完全胜利后的作用》一文中说出了一种世人难以理解却合乎发展规律、值得期待的愿景："我们将来在世界范围内取得胜利以后，我想，我们会在世界几个最大城市的街道上用黄金修建一些公共厕所。这样使用黄金，对于当今几代人来说是最'公正'而富有教益的"。①

　　不仅如此，生产力发展和社会进步还使得政治权力与经济权力的互动和互惠不再成为必需，国家更是因此成为彻头彻尾的"赘瘤"而走向消亡。历史上的资产阶级不仅最终推翻了封建社会专制的政治权力，而且还根据资本的内在逻辑，建立起维护其经济权力的政治权力，进而在相互支撑和相互促进中，不断壮大民族国家的综合实力。而在社会主义国家，理论与现实的巨大反差需要借鉴基于资本逻辑的竞争和效率机制，曾经长期被政治权力鲸吞的经济权力也因此获得了空前的地位，并在相当长的时间内发挥日益凸显的作用。然而，及至社会发展到政治权力和经济权力已无存在必要的时候，不同民族的内外部因素使其自身再也不用以国家的形式维护自身利益，因为在无产阶级专政时期，无产阶级不仅要"利用自己的政治统治，一步一步地夺取资产阶级的全部资本，把一切生产工具集中在国家即组织成为统治阶级的无产阶级手里"②，而且要"以求达到根本消灭阶级差别，消灭一切产生这些差别的生产关系，消灭一切和这些生产关系相适应的社会关系，改变一切由这些社会关系产生出来的观念"。③显然，发展到这一阶段，每个人当然可以根据其兴趣自主选择工作，甚至不必较长时间从事同一种工作，权力再也无法以传统强势异化人们的生产方式，更无法赢得以往的追捧，劳动也因此成为人们自身兴趣和内心意愿的真实表达，闪烁着美好人性和无限潜能的光辉。这样，"人们已经十分习惯于遵守公共生活的基本规则，他们的劳动生产率已经极大地提高，以致他们能够自愿地尽其所能来劳动的时候，国家才会完全消亡"。④ 在此

---

① 《列宁选集》第 4 卷，人民出版社，1995，第 614 页。
② 《马克思恩格斯选集》第 1 卷，人民出版社，1995，第 293 页。
③ 《马克思恩格斯全集》第 7 卷，人民出版社，1959，第 104 页。
④ 《列宁选集》第 3 卷，人民出版社，1995，第 198 页。

背景下，不再异化的权力以其充分的开放性与公共性为每个人创设了足够的自主空间，每个人也能够在不同方面和不同程度上超越国家的传统界限，在更广范围和更高层面上主动顺应权力功能，自然也能更快催生"自由人的联合体"。

第三节　社会革命：权力演进的社会动因

如果说马克思的阶级斗争和国家学说反映了人类社会政治实践中的鲜活场景，构成了其政治理论中的鲜明图案，其社会革命学说无疑形成了其政治理论中厚重的社会背景，体现了更为常态的政治实践和唯物史观在政治生活中的生动表现，揭示了人类社会持续发展的根本原因。在马克思看来，阶级斗争和国家在政治生活中的突出表现，事实上就是人类自身在异化环境中自我探索、自我觉醒与自我改造的历史印记，最终仍要通过人的自我革命与自我提升，不断接近其类本质。所以，虽然马克思的权力范畴与政治理论立足于人类社会的整体进程，但重心仍然是通过对资本主义社会的现实批判，发现社会革命的机制、力量和道路，进而在政治革命终结人对人的依赖的基础上，进一步解除人对物的依赖，以此推动人类社会持续的整体性变革，实现人类的全面发展。就此意义而言，马克思的政治理论就是辩证法在政治生活中的集中表现，就是对阻碍人类全面发展的各种因素不断进行革命和自我革命的理论。因此，这种革命既不应仅仅被理解为激进的政治革命，也不能宽泛地被理解为日常的社会变革或基于传统惯性的时间流逝，否则，马克思的政治理论极易被理解成极端主义或保守主义的理论渊薮。

一　社会革命与政治革命

和其他思想家一样，马克思在许多地方都相当频繁地使用"政治革命"和"社会革命"这两个范畴，它们也因此成为后世研究马克思政治理论的重要选题和研究其他相关问题的理论基础。在当下语境中，关于这两个范畴的理解，主要存在以下两种理论倾向，一种是在资本主义社会或无产阶级革命的背景下加以使用，甚至不加区别地混用，另一种则是将它们理解成相互交替、各自独立的革命形式。① 然而，当我们反复阅读马克思的相关著作时，却不难发现，上述任何一种主张都缺少足以自圆其说的文本支撑，同样无法为本书提供一个通顺的理论架构，明显暴露出其中的局限性，进而要求我们重新思考并理解这两个范畴的关系以及马克思使用这两个范畴的方法，以便客观、准确地理解和把握其革命理论和政治主张。

马克思曾在《〈政治经济学批判〉序言》中指出："社会的物质生产力发展到一定阶段，便同它们一直在其中运动的现存生产关系或财产关系（这只是生产关系的法律用语）发生矛盾。于是这些关系便由生产力的发展形式变成生产力的桎梏。那时社会革命的时代就到来了"。② 显然，这里的"社会革命"并没有局限在资本主义社会或无产阶级革命时期，而是广泛地存在于人类社会的各个时期，乃至人类社会的始终，因为生产力和生产关系的矛盾并不仅仅存在于特定的历史时期。同样，马克思也是在这一语境中表达类似主张的："这个社会革命并不是 1848 年发明出来的新东西。蒸汽、电力和自动纺机甚至是比巴尔贝斯、拉斯拜尔和布朗基诸位公民更危险万分的革命家 ……产生了以往人类历史上任何一个时代都不能想象的工业和科学的力量"。③ 而马克思在《德意志意识形态》中所表达的"生产力和交往形式之间的这种矛盾——正如我们所见到的，它在迄今为止的历史中曾多次发生过，然而并没有威胁交往形式的基础，——每一次都不免要爆发为革命，同时也采取各种附带形式，如冲突的总和，不同阶级之间的冲突，意识的矛盾，思想斗争，政治斗争，等等"④，显然又说明，这种同样基于生产力和生产关系矛盾的革命不仅指社会革命，而且包括被他称为"政治大革命"的政治革命。这样，社会革命不仅包

---

① 如拉尔夫·达仁道夫（Ralf Dahrendorf）就是用"社会革命"来表示与"政治革命"相对的革命形式，前者体现了社会核心结构深入而稳定的变化，后者则是以暴力行动、领导人更替甚至流血为常态的突变。为此，他把工业革命称为社会性的，把法国大革命称为政治性的。详见〔英〕拉尔夫·达仁道夫《现代社会冲突》，林荣远译，中国社会科学出版社，2000，第 14 页。
② 《马克思恩格斯选集》第 2 卷，人民出版社，1995，第 32~33 页。
③ 《马克思恩格斯选集》第 1 卷，人民出版社，1995，第 774 页。
④ 《马克思恩格斯选集》第 1 卷，人民出版社，1995，第 115 页。

括政治革命，而且还涉及"不同阶级之间的冲突，意识的矛盾，思想斗争"以及与此相关的各种社会关系的变革，进而说明，马克思笔下的社会革命主要集中但又不局限于政治革命，自然也就不是政治革命之外、一般意义上的社会变革。但是，我们又无法否认，马克思更多是在当时的社会环境中使用这两个范畴的，如他在《论犹太人问题》中说"政治革命也就消灭了市民社会的政治性质"，这里的政治革命显然是指资产阶级革命，一种给社会带来局部而又全新变革的"纯政治的革命"。而他在批判巴枯宁时那段并不长的表述中，① 连续使用了七个"社会革命"，显然又是专指资本主义社会的无产阶级革命方式，但又同样不局限于"纯政治的革命"。这样，我们就可以非常清楚地看到，在马克思的语境中，无论是政治革命，还是社会革命，都没有局限于特定的历史背景，而是广泛地存在于人类社会的政治生活之中，但其着力点仍主要集中在资本主义社会，其中，政治革命主要指旨在推翻反动阶级统治的革命，而社会革命则是包括政治革命在内、具有革命意义的整体性社会变革。② 也正是在此意义上，马克思在批判卢格时明确指出："虽然这个'普鲁士人'把'社会'革命理解为与政治革命对立的'社会'革命，可是他赋予社会革命的是政治灵魂，而不是社会灵魂。或者'具有政治灵魂的社会革命'只不过是从前人们所谓的'政治革命'或'革命本身'的同义语。每一次革命都破坏旧社会，就这一点来说，它是社会的。每一次革命都推翻旧政权，就这一点来说，它是政治的"。③ 接着，他又更加明确地指出："如果说具有政治灵魂的社会革命不是同义语就是废话，那么具有社会灵魂的政治革命却是合理的"。④

正如马克思一再强调的那样，一旦生产力和生产关系发生矛盾，尤其

---

① 《马克思恩格斯全集》第 1 卷，人民出版社，1956，第 441 页。

② 显然，这一解释也同样符合马克思政治理论的特点，即在人类社会中，尤其在宏观的政治生活中考察资本主义的权力机制和未来命运。同时也说明，学界对"社会革命"的理解有时仍明显混淆乃至误读了其与"政治革命"的关系，而且也过于狭隘和政治化，忽略了其中的丰富内涵，如"社会革命标志着社会形态的质变，其实质是先进阶级推翻反动阶级的统治，用新的社会制度代替旧的社会制度，解放生产力。"详见李秀林等《辩证唯物主义和历史唯物主义原理》，中国人民大学出版社，2004，第 212 页。

③ 《马克思恩格斯全集》第 3 卷，人民出版社，2002，第 395 页。

④ 《马克思恩格斯全集》第 3 卷，人民出版社，2002，第 395 页。

当生产关系严重掣肘生产力发展，社会革命的时代也就不可避免地到来，其中也会夹杂更为激烈和彻底的政治革命，生产力则会突破生产关系的束缚，继续向前发展，并对人们的思想和行为产生相应的影响。在人类社会的历史进程中，生产力和生产关系的完全合拍并不多见，相反，它们之间的错位、相互掣肘乃至尖锐矛盾，却是一种常态。作为社会发展的内在机制，这种常态的矛盾为人类社会提供了发展动力，进而决定了社会革命并不是一种阶段性或周期性的社会现象，而是一种自我纠正、自我调节的常态进步机制，尽管并非总是匀速的发展。虽说人类社会总体上是通过政治革命发生明显的质变，但更多时期却是在自我纠正、自我调整中获得相对稳定的发展，政治革命也因此成为社会革命链条上具有质变意义的关键节点，是特殊形式和特殊意义的社会革命，最终仍要回归社会革命，并由社会革命巩固其积极成果。所以，马克思在总结历史时也认为，工业革命的实质是基于生产发展与物质文明的社会革命，英国自 18 世纪中叶以来"经历了一次比其他任何国家经历的变革意义更重大的变革；这种变革越是不声不响地进行，它的影响也就越大；因此，这种变革很可能会比法国的政治革命或德国的哲学革命在实践上更快地达到目的。英国的革命是社会革命，因此比任何其他一种革命都更广泛，更有深远影响。人类知识和人类生活关系中的任何领域，哪怕是最生僻的领域，无不对社会革命发生作用，同时也无不在这一革命的影响下发生某些变化。社会革命才是真正的革命，政治的和哲学的革命必定通向社会革命；这场社会革命在英国已经进行了七八十年，目前正在向着自己的决定性关头快步迈进"。① 同样，恩格斯也有类似的主张："科学和哲学结合的结果就是唯物主义（牛顿的学说和洛克的学说同样是唯物主义所依据的前提）、启蒙时代和法国的政治革命。科学和实践结合的结果就是英国的社会革命"。② 当然，如果社会革命要相对平稳地进行，主要取决于两方面因素。一是特定时期的统治

① 《马克思恩格斯全集》第 3 卷，人民出版社，2002，第 526 页。"社会革命才是真正的革命，政治的和哲学的革命必定通向社会革命"，这一主张不仅进一步支持了本书对马克思使用这两个范畴方法论的判断，而且也从一独特视角强调了人在革命中的终极意义，进而佐证了马克思的政治立场和政治主张。

② 《马克思恩格斯全集》第 1 卷，人民出版社，1956，第 666~667 页。

阶级应当比较主动地顺应生产力的发展要求，适当兼顾各阶层的合理诉求，及时化解阶级矛盾与社会矛盾；二是各种社会矛盾尚未恶化到激烈冲突的程度，能够为统治阶级的自我纠正、自我调整提供相应的机会。否则，生产力和生产关系的矛盾得不到及时解决，或错失了早期相对平和的解决机会，就必然转化为经济基础和上层建筑、社会和国家、民众和政府的尖锐矛盾，最终不得不诉求社会革命中最为极端的政治革命，直至用革命的暴力推翻反革命的暴力，并为之后解决各种社会矛盾提供新的机会。正是在这种意义上，政治革命是社会革命的前提条件，迟到或失败的社会革命将不得不承受政治革命的冲击和洗礼。

然而，政治革命也只是在制度层面暂时强行化解了阶级矛盾，在一定程度上缓和了经济矛盾和阶级冲突，并为之后更为广泛深刻的社会革命提供了机会，但并不能从根本上消除作为其根源的私有制、等级制和宗教压迫。所以，马克思在谈到资产阶级政治革命的局限时指出："政治解放同时也是人民所排斥的那种国家制度即专制权力所依靠的旧社会的解体。政治革命是市民社会的革命。旧社会的性质是什么呢？一句话：封建主义"。① 这样，在新的起点和环境中，资产阶级和无产阶级的利益冲突又以一种类似方式开始了新一轮的矛盾运动。因此，纵观人类社会的历史，一条轨迹清晰的历史规律便呈现在世人面前：地主阶级的社会革命最初萌生于奴隶社会内部，最终以激烈的政治革命催生了封建社会，并在新的平台上酝酿和推动着社会革命；资产阶级在封建社会内部通过社会革命积蓄空前的生产力与革命力量，一旦时机成熟，又会以政治革命的方式推翻封建势力的专制统治，进而在全新的环境中进行社会革命。就此意义而言，政治革命又是社会革命的必然结果，因为没有政治革命的革故鼎新，就无法为新兴的革命力量夺权政权，也就无法巩固社会革命的成果，为更高层次的社会革命开辟道路。

列宁曾就资产阶级革命指出："对于从封建制度中生长起来的资产阶级革命来说，还在旧制度内部，新的经济组织就逐渐形成起来，逐渐改变着封建社会的一切方面。资产阶级革命面前只有一个任务，就是扫除、摒

---

① 《马克思恩格斯全集》第 1 卷，人民出版社，1956，第 441 页。

弃、破坏旧社会的一切桎梏。任何资产阶级革命完成了这个任务，也就是完成它所应做的一切，即加强资本主义的发展。"① 由此推论，在旧制度中成长起来的革命力量只有通过政治革命，才能获得相应的发展空间，② 但是资产阶级的政治革命也只是实现了部分人的局部解放，曾经和他们并肩作战的无产阶级在资本主义生产方式下创造了空前的社会财富，也进行了空前的社会革命，自身也进行了相应的社会变革，却没有因为这些贡献而获得应有的经济地位和生存条件，甚至还承受着更多的剥削和压迫，最终被迫诉诸政治革命，以期彻底推翻资本主义生产方式，消灭资产阶级专政。不过，与之前周而复始的政治革命不同的是，无产阶级革命旨在推翻资本主义私有制，"使那些有决定意义的生产力集中到了无产者手中"③，进而推动社会跃升至更高发展阶段，而不是止步于历史循环之中。为此，马克思发出了战斗檄文："对我们说来，问题不在于改变私有制，而只在于消灭私有制，不在于掩盖阶级对立，而在于消灭阶级，不在于改良现存社会，而在于建立新社会"。④ 由此可见，作为政治革命的最高和最后形态，无产阶级革命也将成为政治革命的终结形式，此后，"在没有阶级和

---

① 《列宁全集》第 34 卷，人民出版社，2017，第 3 页。

② 当然，就其准确性而言，政治革命更多意味着制度的根本变革，而不意味着必定诉诸暴力革命。当学界认定英国"光荣革命"首先是一场政治革命，自然也不能否认其作为社会革命的深远影响，因为它最终以一种不流血的方式，使英国摆脱了专制统治，并确立了一种能够和平演进的政治制度。也正因为如此，此后国家与社会、政府与民众之间较为良性的互动，使得英国在与其他国家的竞争和推广资本主义生产方式的过程中抢得先机，并对世界历史产生了深远影响。

③ 《马克思恩格斯选集》第 1 卷，人民出版社，1995，第 368 页。

④ 《马克思恩格斯选集》第 1 卷，人民出版社，1995，第 368 页。把消灭私有制寄希望于无产阶级专政，并非简单地因为无产阶级具有令人同情的生存处境，或无产阶级革命具有广泛的社会基础与道义力量，而是因为"无产阶级在成功之后，又会很容易地去剥削其他人的合法权利，因此，这最终又会促使新的剥削者和其受害者之间以后发生更猛烈的新一轮的阶级斗争……而这也是马克思希望完全消除阶级存在的根本原因，因为只有完全消灭了阶级，才能避免这种阶级斗争的恶性循环，而其消灭阶级的办法就是消灭私有财产。"详见郎咸平等《资本主义精神和社会主义改革》，东方出版社，2012，第 102 页。由此也说明，无产阶级专政不仅要和历史上其他专政一样，着力摧毁各种反革命的破坏力量，而且要敢于直面自身缺陷，在自我革命中及时根除长期遗存并阻碍其全面发展的保守因素，进而意味着其中更艰巨的任务和更漫长的进程。反观当下，现实中诸多问题的根源也可归咎为世人对传统观念的保守认同，以及由此日益顽固甚至自以为是的保守心理。

阶级对抗的情况下，社会进化将不再是政治革命"。① 这样，由于无产阶级专政消灭了私有制，即使现实中仍然在场的非公有制也无法再现其历史上支配政治权力的场景，而且必然受到政治权力的严格管控，社会主义社会的变革也将必然采取一般意义上的社会革命而非政治革命，进而以社会革命的广泛性和深入性，持续变革人们内心深处的制约因素，平和释放各种进步能量，推动人类社会更加平稳的发展。

二　权力与社会革命

前文在分析国家的社会职能时已经明确，社会职能既是国家行使其政治职能的基础和前提，也是对社会诉求的必要回应和国家价值的真实体现。因此，社会职能的覆盖面越广，体现得越充分，国家意志就越具有社会基础和发挥作用的空间。基于这样的原因，在国家存续的前提下，通过社会革命而不是简单或一味地诉诸政治革命，实现社会关系的全面变革，无疑能够为国家更好行使其社会职能铺平道路，进而更好地综合和平衡各阶级的切身利益，推动社会的健康发展。这样，除了政治革命与经济利益的直接关联外，涉及范围更加广泛的社会革命与经济利益之间的关联也应受到同样的重视。由于政治权力是实现经济利益的手段，置身于阶级斗争之中的阶级自然会竞相追求政治权力：统治阶级尽可能地维持乃至扩大政治权力，被统治阶级也会力争通过改变政治权力的归属或格局来改善自身处境。相比之下，在前资本主义的专制统治下，被等级固化的被统治阶级根本无法成为政治主体，更无法置喙政治权力。而统治阶级也会迫于阶级斗争的压力与政治革命的风险，在经济上做出一定让步，适当改善被统治阶级的生存状况，却始终没有改变政治权力的集权专断与代际世袭，周期性的朝代更替也无法打碎这一传统，以致社会革命的进程仍然相当缓慢，且缺少足够的广泛性和深入性，更遑论自觉性和持续性。而在资产阶级革

---

① 《马克思恩格斯选集》第1卷，人民出版社，1995，第195页。而吉登斯则用"解放政治"这一概念来表达这一变革，即是"一种力图将个体和群体从对其生活机遇有不良影响的束缚中解放出来的观点"，它包括两个主要因素："一个是力图打破过去的枷锁，因而也是一种面向未来的改造态度；另一个是力图克服某些个人或群体支配另一些个人或群体的非合法性统治"。详见〔英〕安东尼·吉登斯《现代性与自我认同：现代晚期的自我与社会》，赵旭东等译，三联书店，1998，第248页。

命中，平等、自由、民主、人权等政治价值在发挥其动员和组织无产阶级的作用之后，已无法将无产阶级排除在政治权力之外，无产阶级也能够在资本主义制度下获得空前的利益，并推动社会关系的广泛变革。在此制度背景下，马克思对政治革命和社会革命的关系经历了一个明显的认识深化和思想转折。马克思曾长期强调无产阶级应当以革命权力应对资产阶级的反革命权力，并批评普选权的虚假性和欺骗性："普选权已把那些在法国人中占绝大多数的名义上的所有者即农民指定为法国命运的裁定人"。[①]而恩格斯也明确断言："在农村无产阶级还没有卷入运动的时候，德国的城市无产阶级就不可能得到而且一定得不到丝毫成功，直接的普选权对无产阶级来说不是武器，而是陷阱。"[②]

　　但是，随着革命形势的变化，尤其是无产阶级的激烈反抗和资产阶级统治策略的调整，马克思也逐渐改变了革命策略，并没有固执地坚持暴力革命的唯一性，而且也不再像早期那样排斥资本主义的普选制度。当马克思在19世纪70年代从德国社会民主党利用普选权的最初战绩中看到"普选权赋予我们一种卓越的行动手段"[③]，就明确表示，"凡是利用和平宣传能更快更可靠地达到这一目的的地方，举行起义就是不明智的"[④]，"我们应当向各国政府声明：我们知道，你们是对付无产者的武装力量；在我们有可能用和平方式的地方，我们将用和平方式反对你们"。[⑤] 1872年，他再次明确表达了这一观点："我们知道，必须考虑到各国的制度、风俗和传统；我们也不否认，有些国家，像美国、英国，——如果我对你们的制度有更好的了解，也许还可以加上荷兰，——工人可能用和平手段达到自己的目的"。[⑥] 而恩格斯更是将普选权称为"他们给予了世界各国同志们一件新的武器——最锐利的武器中的一件武器"[⑦]，"无产阶级的一种崭新

---

① 《马克思恩格斯选集》第1卷，人民出版社，1995，第383页。
② 《马克思恩格斯全集》第16卷，人民出版社，1964，第370~371页。
③ 《马克思恩格斯全集》第17卷，人民出版社，1963，第304页。
④ 《马克思恩格斯全集》第17卷，人民出版社，1963，第683页。
⑤ 《马克思恩格斯全集》第17卷，人民出版社，1963，第700页。
⑥ 《马克思恩格斯全集》第18卷，人民出版社，1964，第179页。
⑦ 《马克思恩格斯全集》第22卷，人民出版社，1965，第601页。

的斗争方式"①。当然，如果因此断言马克思已经放弃无产阶级诉诸政治革命的设想，显然又是对其社会革命理论的误读，因为就在强调上述观点的同一场合下，他仍然重申无产阶级必须夺取政权这一原则，认为"在大陆上的大多数国家中，暴力应当是我们革命的杠杆；为了最终地建立劳动的统治，总有一天正是必须采用暴力"。② 由此可见，在理论区分两种革命及其关系的基础上，马克思在革命任务上始终着眼于资本主义制度的根本变革和人类社会更加稳定的进步，在始终不放弃政治革命的前提下谋求更有成效、更为合理的革命方法，因而在革命策略上始终能够与时俱进，体现了原则性和灵活性的统一，在革命目标上则体现了明确性和坚定性。

虽说在不诉诸政治革命的前提下，社会革命的主体更加广泛，其影响也更为持续，因而是国家综合行使其职能、缓和阶级矛盾的内在机制和重要手段，但是，由于社会革命仍要在既定的政治制度下进行，受统治阶级主导的因素更多，被统治阶级从中收益的可能与空间根本无法与统治阶级相提并论，甚至只是后者维护其政治权力、扩大其阶级利益的副产品。因此，一旦统治阶级与被统治阶级的利益无法调和时，前者必定会顽固坚持自身利益，甚至对后者进行残酷的剥削和压迫。在欧洲历史上，封建国王出于壮大国力、增加税收等需要，也曾再三颁布血腥法律，帮助资产阶级实现资本积累，但一旦资本主义生产方式威胁到封建社会的专制统治，封建势力又对资产阶级毫不犹豫地进行扼杀，以阻止其持续壮大。同样，在与封建势力对阵的革命运动中，资产阶级也曾不得不求助于无产阶级，并动员和领导无产阶级进行政治革命。但在资本主义制度下，当阶级冲突上升为主要矛盾时，资产阶级则宁愿对封建势力妥协，也不愿对无产阶级作出实质性的让步，以阻止其不断发展壮大，提防社会革命对私有制的彻底埋葬。由此可见，在私有制社会中，个别国家、个别时期的社会革命并不能从根本上改变政治权力的保守性，统治阶级最终仍要强化和完善对社会的压迫，进而暴露其主导的社会革命的策略性和局限性。所以，马克思曾

① 《马克思恩格斯全集》第 22 卷，人民出版社，1965，第 603 页。
② 《马克思恩格斯全集》第 18 卷，人民出版社，1964，第 179 页。

一语道破政治权力的保守性："每经过一场标志着阶级斗争前进一步的革命以后，国家政权的纯粹压迫性质就暴露得更加突出"。① 这样，如果统治阶级不改变其保守性，社会革命仍将屡屡受到政治权力的阻碍，难以获得持续的发展，甚至表现为一种并无实质性进步的政治表演和历史循环。因此，只有彻底消除私有制，持续提升权力的开放性与公共性，社会革命在应有的广度和深度上充分展开，才能成为稳定的政治自觉和常态的政治行为，才能持续释放其革命精神，推动人类社会更加平稳的发展。

正如前文论述的那样，在不断变化的革命形势下，马克思改变的是革命策略而不是革命精神和革命理想。鉴于私有制社会中政治权力的保守性，马克思从来也不曾放弃过无产阶级革命的设想，即不仅要通过政治革命剥夺资产阶级的政治权力，推翻资产阶级统治，而且要打碎旧有的国家机器，建立和巩固无产阶级的政治权力，以便为持续的社会革命提供更大的制度空间和积极的政治保障。为此，马克思在《共产党宣言》中曾用以下文字，在明确区分中设计了无产阶级领导的政治革命与社会革命的步骤："工人革命的第一步就是使无产阶级上升为统治阶级，争得民主。无产阶级将利用自己的政治统治，一步一步地夺取资产阶级的全部资本，把一切生产工具集中在国家即组织成为统治阶级的无产阶级手里，并且尽可能快地增加生产力的总量。要做到这一点，当然首先必须对所有权和资产阶级生产关系实行强制性的干涉，也就是采取这样一些措施，这些措施在经济上似乎是不够充分的和没有力量的，但是在运动进程中它们会越出本身，而且作为变革全部生产方式的手段是必不可少的"。② 显然，相对于激烈的政治革命，无产阶级领导的社会革命可能会比较平淡，甚至"似乎是不够充分的和没有力量的"，但它的影响却更加深远，因为它不仅第一次彻底改变了少数人统治多数人的权力格局，而且使得广大民众成为政治权力的来源和主体，成为生产资料的所有者，进而使其能够主导社会革命的节奏、路径和方法，使社会革命在空前范围内平稳持续地进行。所以，如果说马克思极端重视无产阶级的政治革命，并期待这一革命的早日

---

① 《马克思恩格斯选集》第 3 卷，人民出版社，1995，第 53 页。
② 《马克思恩格斯选集》第 1 卷，人民出版社，1995，第 293 页。

到来和完全胜利，那也是因为此后由其领导的社会革命将显著改变人类历史上长期存在的不合理现象，人类社会也因此进入一种新的发展阶段。也正因为如此，这一阶段的革命任务和可能遭遇到的困难不仅不会明显少于其他历史阶段，而且会遭遇更为广泛的社会阻力，因为生产资料的公有制并不必然能够轻易解除漫长的私有制造成的保守意识、思想禁锢和抵制行为，同样也并不必然赋予人们与公有制相匹配的认知与担当。① 这样，革除传统对人们的消极影响，需要依靠政治权力的宣传发动、权力主体的率先垂范和更为普遍的反求诸己，进而意味着我们仍需延续资本主义的权力格局，并对其进行制度性的变革，尤其通过规范的经济权力，发展和壮大社会力量，培育民众的公民素质，提高社会自治的意识和能力，进而在日益良性的权力互动中，不断完善社会主义的权力格局。为此，威尔海姆·赖希（Wilhelm Reich）也描绘出这一格局的发展图景："无产阶级专政不应被当作一种永恒状态，而应被当作一个过程，这个过程开始于打碎权威主义国家机器和建立无产阶级国家，结束于社会的完全自我管理、自由"。② 显然，在此背景下，只有全民自觉和持续的行动，社会革命才能以更少代价，稳定推动社会进步，也即马克思所说的："只有在伟大的社会革命支配了资产阶级时代的成果，支配了世界市场和现代生产力，并且使这一切都服从于最先进的民族的共同监督的时候，人类的进步才会不再像可怕的异教神怪那样，只有用被杀害者的头颅做酒杯才能喝下甜美的酒浆。"③

---

① 立足心理学与社会学的视角，社会革命的阻力甚至比政治革命更为普遍与持续，因为"在技术变革和使之成为必需的社会变革之间，存在一个时间差。造成这个时间差的原因在于：技术变革能提高生产率和生活水平，所以很受欢迎，且很快便被采用；而社会变革则由于要求人类进行自我评估和自我调整，通常会让人感到受威逼和不舒服，因而也就易遭到抵制。"相对于这种心理感受，社会革命难以平稳发展的深层次原因应当在于其对人们传统观念的颠覆和对其现实利益的侵蚀："交换有形的货物比交流具有不同特点的文化要容易得多。纺织品、香料和各种奢侈品到处可用、悦人心意，而且祖先崇拜、种姓等级制度和城邦一超出它们的发源地则成了不合时宜、不受欢迎的东西。"详见〔美〕斯塔夫里阿诺斯《全球通史：从史前史到21世纪》，吴象婴等译，北京大学出版社，2012，第7、92页。

② 〔奥〕威尔海姆·赖希：《法西斯主义群众心理学》，张峰译，重庆出版社，1997，第222页。

③ 《马克思恩格斯选集》第1卷，人民出版社，1995，第773页。

三　无产阶级政党与社会革命

马克思在《〈政治经济学批判〉序言》中曾提出为后人熟知的"两个决不会"论断，即"无论哪一个社会形态，在它所能容纳的全部生产力发挥出来以前，是决不会灭亡的；而新的更高的生产关系，在它的物质存在条件在旧社会的胎胞里成熟以前，是决不会出现的"。① 这就说明，只有具备相应的客观条件，革命才能得以发生，否则，仅靠主观意志推动的革命断无成功的可能，以至于恩格斯在后来的《卡·马克思〈1848 年至1850 年的法兰西阶级斗争〉一书导言》中也承认，"历史表明我们也曾经错了，我们当时所持的观点只是一个幻想"②，"在 1848 年要以一次简单的突然袭击来达到社会改造，是多么不可能的事情"。③ 但是，在革命形势成熟的时候，对于旧政权，"如果不去'推'它，即使在危机时代也决不会'倒'的"。④ 因此，除了不断成熟的客观条件，革命还需要能够及时把握革命形势、推动其不断发展的主观条件。对于无产阶级革命而言，这一主观条件无疑就是无产阶级政党及其在实践中不断丰富和成熟的革命理论。

和议会一样，政党也是作为封建专制的对立物，产生于反对极权的斗争，并在资产阶级革命的过程中发挥着动员和领导革命力量的积极作用。虽说无产阶级在历史上与资产阶级相伴而生，也曾是其坚定的同盟军，但这并不意味着无产阶级也有同样经历和同步成长，当然也不意味着他们只能永远追随资产阶级，并听命于资产阶级政党。当无产阶级承受着日益残酷的剥削，社会发展和革命形势又不断凸显其历史使命时，在经验和教训中不断壮大和成长的他们必然会在积极作为中迅速成长起来，并及时组建具有良好政治品质和高远政治追求的政党，即"工人的政党不应当成为某一个资产阶级政党的尾巴，而应当成为一个独立的政党，它有自己的目

---

① 《马克思恩格斯选集》第 3 卷，人民出版社，1995，第 33 页。
② 《马克思恩格斯全集》第 22 卷，人民出版社，1965，第 598 页。
③ 《马克思恩格斯全集》第 22 卷，人民出版社，1965，第 598 页。
④ 《列宁选集》第 2 卷，人民出版社，1995，第 461 页。

的和自己的政治"。① 而马克思在领导欧洲工人运动中也发现，没有强有力的无产阶级政党，无产阶级革命就无法有组织、有计划地展开，更难取得最终胜利，即使一些暂时胜利也无法有效捍卫政权，巴黎公社等无产阶级革命最终失败的教训更是强化了这一认识。为此，马克思指出："无产阶级在反对有产阶级联合力量的斗争中，只有把自身组织成为与有产阶级建立的一切旧政党不同的、相对立的政党，才能作为一个阶级来行动。为保证社会革命获得胜利和实现革命的最高目标——消灭阶级，无产阶级这样组织成为政党是必要的"。② 这样，无产阶级政党最终超越了工联等自发性的工人组织，将无产阶级的经济斗争引导至政治斗争。但是，由于无产阶级政党走上了一条完全不同于资产阶级政党的道路，它代表的是人数众多、倍受压迫的无产阶级，并将革命矛头直接指向资产阶级统治和资本主义私有制，因此也必然遭到严加防范和残酷打击，正如《共产党宣言》开篇所描述的那样："一个幽灵，共产主义的幽灵，在欧洲游荡。为了对这个幽灵进行神圣的围剿，旧欧洲的一切势力，教皇和沙皇、梅特涅和基佐、法国的激进派和德国的警察，都联合起来了。有哪一个反对党不被它的当政的敌人骂为共产党呢？又有哪一个反对党不拿共产主义这个罪名去回敬更进步的反对党人和自己的反动敌人呢？"③ 在这种迫害和反迫害的斗争中，无产阶级运动最终锻炼和培养出一个能够始终代表和引领社会发展的政党，一个了解无产阶级运动条件、进程和一般结果的政党，一个能够最大限度地动员、团结和组织革命力量的政党，一个能够在革命形势的变化中既坚持既定的革命目标又灵活制定革命策略的政党。④ 只有这样的政党，面对资产阶级"国家政权在性质上也越来越变成了资本借以压迫劳动的全国政权，变成了为进行社会奴役而组织起来的社会力量，变成了阶级专制的机器"⑤，才能有效动员和组织各种革命力量，成功夺取政治

---

① 《马克思恩格斯选集》第 3 卷，人民出版社，1995，第 124 页。
② 《马克思恩格斯选集》第 2 卷，人民出版社，1995，第 611 页。
③ 《马克思恩格斯选集》第 1 卷，人民出版社，1995，第 271 页。
④ 由此也说明，"通过价值目标对社会进行引导，是政党的一个最明显的特征。政党，特别是马克思主义政党与其他社会组织和政治组织的不同在于，它是有价值追求的组织。"详见赵长芬《转型期党的社会凝聚力研究》，中国社会科学出版社，2017，第 24 页。
⑤ 《马克思恩格斯选集》第 3 卷，人民出版社，1995，第 53 页。

权力，巩固革命成果，才能持续推动广泛深远的社会革命。

在高度重视无产阶级政党建设的同时，马克思也明确强调了革命理论的重要性。早在 19 世纪 40 年代，他就明确指出："批判的武器当然不能代替武器的批判，物质力量只能用物质力量来摧毁；但是理论一经掌握群众，也会变成物质力量"。① 随着无产阶级政党的成熟和自觉，革命理论在无产阶级革命中的地位和作用更加显现。为此，马克思曾经针对无产阶级中的"密谋家"及其"革命"活动，批评他们为了推翻反动政府，总是幻想超越革命发展的进程，人为地制造革命危机，却又"极端轻视对工人进行关于阶级利益的教育，进行理论性质更多的教育"。② 同样，恩格斯在谈到不断变化的革命形势时也明确指出："实行突然袭击的时代，由自觉的少数人带领着不自觉的群众实现革命的时代，已经过去了。凡是问题在于要把社会制度完全改造的地方，群众自己就应该参加进去，自己就应该明白为什么进行斗争，他们为什么流血牺牲。最近五十年来的历史，已经使我们领会了这一点"。③ 上述主张以及无产阶级革命的经验和教训也说明，如果无产阶级政党不能在科学总结人类社会发展规律的基础上形成革命理论，不进行持久扎实的宣传和动员，进而转化为广大民众的思想共识和自觉行动，无产阶级革命就只能是"孤鸿哀鸣"，再勇敢壮烈的武装暴动也无法取得政治革命的胜利，更遑论广泛深远的政治自觉和社会革命。

在领导无产阶级革命的过程中，马克思还逐步认识到，革命理论既要用来教育和发动广大民众，也要用以无产阶级政党的自我教育，即"在改造环境的同时也改变着自己"④。相对于历史上的其他革命力量，无产阶级政党的自我教育更为重要，因为作为领导者和组织者，他们只有在持续的自我教育中不断提升革命的意识和能力，"在革命中才能抛掉自己身

---

① 《马克思恩格斯选集》第 1 卷，人民出版社，1995，第 9 页。
② 《马克思恩格斯全集》第 7 卷，人民出版社，1959，第 322 页。同样，熊彼特也认为："马克思的革命在其性质和职能上全然有别于资产阶级激进派和社会主义密谋者的革命。它本质上是瓜熟蒂落的革命。"详见〔美〕熊彼特《资本主义、社会主义和民主主义》，绛枫译，商务印书馆，1979，第 77 页。
③ 《马克思恩格斯全集》第 22 卷，人民出版社，1965，第 607 页。
④ 《马克思恩格斯全集》第 3 卷，人民出版社，1960，第 234 页。

上的一切陈旧的肮脏东西，才能成为社会的新基础"①，才能以一种全新的革命精神团结和引领众多革命力量，推动人类社会的稳定发展，而不致重蹈历史上其他革命阶级的覆辙，更不会在欺骗和利用民众中实现本阶级、本集团乃至个人的狭隘利益。所以，马克思特别强调："共产主义革命就是同传统的所有制关系实行最彻底的决裂；毫不奇怪，它在自己的发展进程中要同传统的观念实行最彻底的决裂"。② 显然，在马克思看来，真正彻底的革命并不仅仅是阶级情绪的爆发和阶级情感的表达，更是一种阶级意识不断成熟、由自发到自觉、由自在到自为的结果。就此意义而言，当他说"历史本身就是审判官，而无产阶级就是执刑者"③，显然不仅强调了历史发展无法抗拒的规律，而且凸显了无产阶级相对于资产阶级的革命精神和自我革命的担当。也正因为如此，1884 年恩格斯在致卡尔·考茨基（Karl Kautsky）的信中仍高度评价马克思革命理论的指导意义："马克思已经从理论上总结了英国和法国的整个实践和理论发展史的成果，揭示了全部本质，从而也揭示了资本主义生产最终的历史命运，这就给德国无产阶级提供了它的先驱者英国人和法国人从来没有过的纲领。一方面是更加深刻的社会变革，另一方面是人们更加心明眼亮，——这就是德国工人运动势不可挡地发展的奥秘"。④ 而在之后的阶级斗争中，因革命形势的需要，列宁更加重视无产阶级政党建设，强调应在工人中建设"革命家的组织"，因为这个组织是"一个由最可靠、最有经验、经过最多锻炼的工人组成的人数不多的紧密团结的核心"，只有他们才能承担起"向工人灌输政治知识"⑤ 的重任。而要不断"向工人灌输政治知识"，则是因为"资产阶级思想体系的渊源比社会主义思想体系久远得多"⑥，因为其"传播工具也多得不能相比"⑦，更因为工人时刻面临资产阶级思想体系的影响和侵蚀以及由此所产生的沉重包袱。因此，"某一个国家中

---

① 《马克思恩格斯选集》第 1 卷，人民出版社，1995，第 91 页。
② 《马克思恩格斯选集》第 1 卷，人民出版社，1995，第 293 页。
③ 《马克思恩格斯文集》第 2 卷，人民出版社，2009，第 581 页。
④ 《马克思恩格斯全集》第 36 卷，人民出版社，1975，第 231 页。
⑤ 《列宁选集》第 1 卷，人民出版社，1995，第 392，399、363 页。
⑥ 《列宁专题文集·论无产阶级政党》，人民出版社，2009，第 87 页。
⑦ 《列宁专题文集·论无产阶级政党》，人民出版社，2009，第 87 页。

的社会主义运动愈年轻，也就应当愈积极地同一切巩固非社会主义思想体系的企图作斗争，也就应当愈坚决地告诉工人提防那些叫嚷不要'夸大自觉因素'等等的蹩脚的谋士"。①

如果说无产阶级政党及其革命理论在革命时期曾产生了巨大的历史作用，那么他们在无产阶级专政过程中的作用并不会因为时过境迁而弱化，仍然需要继续发挥其重要作用。一方面，革命胜利后的无产阶级仍要在其政党领导下，利用其掌控的政治权力，以高涨的热情和持续的韧劲，及时应对各种反革命力量的复辟企图，同时将更多精力和资源投入到生产建设和社会革命之中，创造出更加丰富的社会财富，进而以其更加强大的政治权力和经济实力巩固革命和建设的成果。另一方面，现实中的社会主义并非是资本主义充分发展的结果，而是特定历史背景下无产阶级政党审时度势、及时推动的结果，自然无法拥有应有的经济基础和社会发展成果，甚至还不得不承受着有所发展的资本主义和历史悠久的封建主义的双重包袱，民众更不会因为置身于新的社会形态而能迅速摆脱历史惯性的消极影响，尤其当其革命热情逐渐消退之后，卷土重来的保守意识必然会侵蚀无产阶级专政的基础，甚至恶化其社会环境，掣肘其发展进程。为此，马克思强调："这一革新的事业将不断地受到各种既得利益和阶级自私心理的抗拒，因而被延缓、被阻挠"。② 而列宁在分析俄国国情时也明确指出："在一个小农国家里，只要绝大多数居民还没有觉悟到必须进行社会主义革命，无产阶级政党就决不能提出'实施'社会主义的目的。"③ 这样，即使在现当代，任何一个信仰和坚持马克思主义的无产阶级政党可能会置身不同的时空之中，革命的性质和内涵也会有所不同，但贯穿其中的革命精神应当始终如一，决不能因阶段性胜利而故步自封或耽于享乐，也不能因困难重重而畏缩不前。换而言之，无产阶级政党只有以身作则，在继承革命传统、弘扬革命精神的同时与时俱进地发展革命理论，不断加强自我

---

① 《列宁专题文集·论无产阶级政党》，人民出版社，2009，第87页。
② 《马克思恩格斯选集》第3卷，人民出版社，1995，第99页。
③ 《列宁选集》第3卷，人民出版社，1995，第53页。社会革命之所以重要和值得强调，是因为它更注重深层次和基础性的变革，而且非常强调人人可以充当主体并针对自己的革命。唯有这样的革命，才少有破坏性，更具彻底性和建设性，也才具有持续性。

锻炼、自我教育与自我提升，不断提高其说服力和动员力，同时加强革命理论的教育引导，充分发挥广大党员的示范功能，进而在全社会范围内树立合乎时代要求的价值标准和行为规范，才有可能有效消除传统社会的消极影响，持续优化执政环境。这样，在经济、政治和文化发生积极质变的情况下，人们才会以前所未有的利益观念和精神风貌，持续推动社会主义社会的健康发展，才会在更快的发展速度和更为合理的利益分配中，逐步淡化乃至消除传统权力形态的诱惑。在此进程中，当人们"逐渐习惯于遵守多少世纪以来人们就知道的、千百年来在一切行为守则上反复谈到的、起码的公共生活规则，而不需要暴力，不需要强制，不需要所谓国家这种实行强制的特殊机构"[1]，无产阶级专政及其领导权自然无须赓续，政治权力因为失去存在理由而逐渐退出历史舞台，复归中的权力也会因日益完善的社会氛围而稳步提升文明状态，彰显其双重功能与基本属性，社会革命也将失去其政治诉求而成为一种完全由民众主导且平稳发展的社会变革，人类社会也因此获得自由全面的发展空间。

---

① 《列宁选集》第 3 卷，人民出版社，1995，第 191 页。

第四章

权力与资本主义政治

　　马克思的政治理论在客观反映政治生活一般规律的基础上，着重研究了资本主义社会的特殊规律，以期通过这样的探索，找寻资本主义的运行机制及其基本矛盾，指导无产阶级革命与专政，同时进行根本性的社会变革，最终实现人类解放。为此，"马克思曾从对人的发展和解放所具有的潜在意义的角度，充分肯定了资本主义伟大的文明作用；也曾从人的全面异化、人的目的遭否定的角度，批判和否定了资本主义"。① 显然，无论是肯定还是否定，马克思对资本主义的客观评价，最终仍在于探索超越资本主义的历史依据和现实路径。同样，无论来自何方的肯定或否定，居于统治地位的资产阶级也不会无动于衷，更不会一味放任资本的肆意扩张，而是在经验和教训中，对其制度供给和政治行为进行力所能及的纠偏和调整，以拓展资本主义的存在时空，资本主义也因此在改良中存世至今，进而说明马克思主义的确击中了资本主义的要害，也明确了马克思主义在未来相当长时间内的时代重任。由此可见，马克思只是马克思主义的起点，而不是它的终点，更不是它的全部。因此，立足权力的视角，利用马克思对资本主义的全方位透视与宏观把握，分析资本主义时至当下的政治生活，不仅能展现政治进程中开创性的历史画卷，而且能印证、丰富和发展马克思的政治理论，进而集中展示马克思政治理论的解释力和说服力，为人类社会的权力文明和政治发展提供积极启示。

---

① 吴荣顺：《马克思社会理论的逻辑》，《东南大学学报》（哲学社会科学版）2011 年第 1 期。

第一节　经济权力的巩固与政治权力的确立

在资本主义生产方式确立之前，少量的商品生产只能满足人们的基本需求，只是对自然经济的有限补充，因而不可能产生真正的经济权力，更不会对历史悠久、影响深远的政治权力产生实质性影响。然而，经过生产力的长期蓄积，一些最初看似与政治并无明显关联的人类活动不仅开启了新的历史进程，为社会发展设定了新的历史坐标，而且产生了持久深远的影响，权力格局也因此在政治权力存续的情况下产生了新的分化。这样，无论立足马克思政治理论的层面，还是就本书的中心议题而言，将分析的重心定位为资本主义社会无疑都是合理的，因为"从资本主义到共产主义的革命转变是马克思生活和工作的核心。关于前资本主义社会的研究和广为人知的所谓'历史唯物主义'，对这种主要的关注来说不过是一种陪衬"。① 理论是对历史的总结和提升，而不是对历史的裁减或规定。因此，在对历史的真实把握中用专门章节集中分析资本主义的权力格局与政治生活，并非简单或不得已的重复，而是体现了马克思政治理论的现实关切和革命精神。

一　商品生产的拓展与经济权力的产生

作为人类社会的常态现象，权力在不同历史时期以不尽相同的方式，发挥整合与协调功能，形成并维护不同性质、不同规模的社会共同体。在前国家时代，公共权力保证了每个人都能拥有相应的主体地位和自主表达的权利。及至国家时代，公共权力逐步异化为政治权力，进而集中表现为有悖于绝大多数人意愿的国家权力，国家也因此成为"虚幻的共同体"，权力的开放性与公共性受到严重削弱。当然，这种虚幻性并不意味着统治阶级会放任其利益膨胀，政治权力的扩张也得兼顾被统治阶级起码的生存条件，以确保共同体的存续。不仅如此，"为了掩饰和减少社会对抗，统

---

① 〔美〕乔恩·埃尔斯特：《理解马克思》，何怀远等译，中国人民大学出版社，2008，第489页。

治阶级也会设法诉诸日渐齐备和多样化的意识形态手段，淡化政治权力的暴力色彩，以丰富和完善其对社会的控制"。① 这样，前资本主义社会最终形成了"空前复杂的社会的和政治的等级制度"。② 在此历史时期，由于生产力发展缓慢，或者说缺乏革命性的发展动力，政治权力长期保持其传统惯性，并没有发生明显的分化。虽然此时也有一定的商品生产，但数量极少，比重极低，根本无法撼动自然经济的地位和惯性，因而也不可能明显改变人们的思维和行为方式。③ 然而，就在强大的传统惯性背景下，一些当时看似平常的举动最终令人意外地产生了里程碑式的深远影响，政治权力也因此遭受到前所未有的挑战，权力在空前的分化中形成了新的格局。

1143 年，领土光复后实行君主制的葡萄牙成为欧洲大陆首个统一的民族国家，并在王室的强力支持和直接领导下开启了地理大发现的序幕，获得了令人垂涎的财富。而葡萄牙的率先成功则更加坚定了西班牙王室的决心，一俟西班牙光复便立刻资助并最终成就了哥伦布（Columbus）的探险壮举。当然，此时这两个国家似乎有点机缘巧合的命运尚未明显改变权力格局，更未直接催生经济权力，但已为商品生产的扩展和人类历史的巨变注入了强劲动力，同时也在很大程度上空前展现了封建王权能够实现的壮举、成就和巨大的发展空间。不过，新的生产方式也明显暴露了传统政治权力的强大与封建势力的狭隘和保守，因为地理大发现虽然为这两个国家创造了千载难逢的机遇，使其在商业贸易和殖民掠夺中积累了巨额财富，但这些财富既没有用于强盛本国的工商业，也没有用于能够稳定统治秩序的民生领域，而是几乎都耗费在封建势力的奢靡消费与为宗教信仰和殖民扩张而进行的战争中，以致新兴的工商业者还因此受到打压和驱逐。

---

① 吴永生：《马克思的权力演进理论和差异性社会的权力作为》，《苏州大学学报》（哲学社会科学版）2012 年第 2 期。

② 《马克思恩格斯选集》第 3 卷，人民出版社，1995，第 445 页。

③ 对此，有研究者指出："将商品生产的作用仅仅限于资本主义时代的范围，是违背历史唯物主义基本原理的。交换、交换价值和商品生产，因而价值规律的作用，早在资本主义生产方式之前，就已经存在了许多世纪了。使资本主义生产与各种小商品生产区别开来的，是商品和价值生产的普遍化；只是在资本主义生产方式中，生产资料和劳动力才普遍地成为商品。"详见〔比利时〕厄内斯特·曼德尔《权力与货币：马克思主义的官僚理论》，孟捷译，中央编译出版社，2002，第 32 页。而邓小平"市场经济不等于资本主义"这一耳熟能详的表述不仅表达了同样的观点，而且直接推动了中国特色社会主义市场经济建设。

尽管如此，地理大发现仍然开启了真正意义上的世界史，不同国家的发展及其相互影响也因此具有了历史起点和全球坐标。尤其当最初的民族国家为了财富和宗教而置身于战争之中，他们不仅需要尽快壮大国力，而且亟须维持战争、争取胜利的巨额军费，进而必然要求各国不得不放松长期受到抑制的商业贸易，甚至动用传统的政治权力为其开辟道路。虽然荷兰与其他国家有所不同，但当其商业贸易以及财富积累的活动先后受到西班牙和英国的侵扰时，他们也在顽强抗争中建立起自己的共和国，进而牢牢掌控属于自己的政治权力。这样，这一伴随战火的历史进程最终导致了民族国家的普遍出现，也即《共产党宣言》对这段鲜活历史的简明总结："资产阶级日甚一日地消灭生产资料、财产和人口的分散状态。它使人口密集起来，使生产资料集中起来，使财产聚集在少数人的手里。由此必然产生的结果就是政治的集中。各自独立的、几乎只有同盟关系的、各有不同利益、不同法律、不同政府、不同关税的各个地区，现在已经结合为一个拥有统一的政府、统一的法律、统一的民族阶级利益和统一的关税的统一的民族"。① 而在民族国家的保护和推动下，荷兰不仅成立了股份公司、股票交易所和现代银行，而且发明了信用体系，进而将各种金融和商业融汇成一个相互贯通的经济体系，并对其他国家乃至世界经济与政治格局产生了深远影响。在此过程中，荷兰还大力资助对外扩张和殖民统治的东印度公司，成为该公司的主要股东，进而反映出政治权力全新的运行领域和大有作为的空间，以及政治权力与经济权力进行联手的历史渊源。② 在这一机制的推动下，一连串的连锁反应开始在欧洲以蓬勃之势铺展开来，并对商品生产和全球化进程产生意想不到的影响。由此可见，在欧洲由中世纪向近代社会转变的过程中，民族国家，尤其是强有力的君主制不仅明显改变了各国以往的存在方式，而且开始以强大的凝聚力和前所未有的力量，创造出令人惊叹的经济奇迹和综合国力。

当然，此时政治权力对经济领域，尤其是商业贸易的主导作用足以说明经济权力尚未成型，因为经济权力首要的基本特征主要体现为生产领域

---

① 《马克思恩格斯选集》第 1 卷，人民出版社，1995，第 277 页。

② 由此也说明，权力分化只是一个总体趋势，并不存在一个明确的时间节点，不同国情的国家也不可能在此方面齐头并进。

中资本对劳动的支配，分配、交换和消费等领域也最终取决于所有制在生产领域的决定性作用及其广泛的社会影响，更何况此时直接隶属或听命于政治权力的经济活动仍然占有很大比重，日后经济权力令人惊讶的自主性和主导性尚无明显表现。然而，正是这种此时影响有限的商业贸易最终催生和强化了经济权力的历史地位和深远影响。商业贸易，尤其是得到政治权力支持的商业贸易逐步将原来局部存在、影响有限的商品生产联系起来，原先小批量、首先为了自身消费而非交换的生产逐步显示出明显优势，也获得了空前的发展空间，并给生产者带来了意想不到的收益，进而导致货币更多流向生产领域。回眸欧洲历史，虽然葡萄牙和西班牙曾将巨额财富用于王室贵族的奢靡消费，甚至蓄意打击和排斥工商业者，但随着荷兰的发展壮大，巨额财富已不再专供富有者享乐，而是转化为中产阶级的常规消费，甚至直接转变为生产领域的投资，进而带动了更为稳定的生产和消费，大量货币也因此以更为明显的流动性，开始向生产领域集中。随着生产规模的不断扩大，家庭作坊式的传统生产方式显然无法满足生产者和形势发展的需要，进而产生了工场手工业及其对劳动力的大量需求，资本开始主要在生产领域支配劳动力，稳定生产巨额的剩余价值。在此背景下，鉴于资本的广泛影响，国家和资产阶级都开始全面拥抱资本。一方面，商品生产对税收和国家的重要影响，及其在改变国王和贵族、教会关系方面的显著作用，使得国王出台各种鼓励性的政策，甚至颁布惩治流浪者的血腥法律，迫使那些"由于封建家臣的解散和土地断断续续遭到暴力剥夺而被驱逐的人"尽快适应新兴工场手工业的工作环境。① 另一方面，在政治权力的支持乃至鼓动下，资产阶级显然也发现投资生产的众多好处，尤其在交通仍然落后、货物常遭劫掠的背景下，安全的生产环境、稳定的劳动力资源、逐步提升的产业结构以及国家支持下庞大的海外市场等各种利好，必然吸引资产阶级从流通领域转移资本，加大对生产领域的投资，力求在利润率和利润总量等方面不断实现新的突破。这样，在长期一枝独秀的政治权力脚下，经济权力开始以一种全新的形式，即支配他人劳动的"资本权力"或"所有者的权力"，迅速成长为一种超越封建主

①《马克思恩格斯选集》第 2 卷，人民出版社，1995，第 262 页。

义、证明资本主义合理性的权力形式和意识形态，毕竟之前的阶级统治更多是基于政治权力的压迫，而此时则是更为直接、更加合理的经济剥削。由此可见，经济权力是在资本统治的背景下才得以普遍化和常态化的一种权力形态，也是国家与社会持续分化的原因和结果。这样，在长期发展的基础上，经济权力最终水到渠成地出现在人类历史上，以至于"资本一出现，就标志着社会生产过程的一个新时代"。① 这样，马克思在尊重历史规律的基础上，也合乎逻辑地将关于权力的思考从政治领域切换到对政治和经济的兼顾，进而说明经济权力是推动资本主义社会发展的根本动力，也规定了此后政治生活的全新范式与基本趋势。

二 商品经济的普及与经济权力的巩固

作为为数不多"大写"的政治学著作和指导无产阶级革命的战斗檄文，《共产党宣言》在大量历史资料的基础上，提纲挈领地描述了商品经济与经济权力的历史，加之马克思在其他著作中的相关论述，令人信服地论证了这两者的相互关系。封建时期的欧洲被贵族和教会牢牢控制，与之颉颃的王权并不具有明显优势。其中，就贵族而言，"封建领地是一个占有人力资源、财产、军队的地方性'国家'组织"。② 而教会也依靠庞大的宗教组织、强大的宗教控制和巨额的教会财产赢得了无数教民的普遍顺从。然而，即使贵族和教会的超经济强制也无法完全根除历史悠久的商品生产，因为商品生产不仅能够满足人们的基本需求，而且在封建割据中获得了独立的生存空间。与此同时，英国的《大宪章》不仅彻底否定了君权神授的神话，开了有限君权的先河，而且为商品经济的产生、普及与壮大提供了政治保障和社会环境。为此，马克思一语中的地指出了其中的机制："只是在财政方面以对资产阶级一贯让步为代价，才在政治方面抗住了资产阶级"。③ 换而言之，封建势力只有在经济上包容资产阶级，才避免了两大阶级的过早反目，也使得前者政治地位获得了延续乃至暂时巩固

---

① 马克思：《资本论》第 1 卷，人民出版社，2004，第 193 页。
② 黄德海等：《权力：经济社会演进与发展的动力机制》，《北京科技大学学报》（社会科学版）2002 年第 3 期。
③ 《马克思恩格斯全集》第 9 卷，人民出版社，1961，第 80 页。

的机会。在此背景下，一方面，"从中世纪的农奴中产生了初期城市的城关市民；从这个市民等级中发展出最初的资产阶级分子"，另一方面，"美洲的发现、绕过非洲的航行，给新兴的资产阶级开辟了新天地。东印度和中国的市场、美洲的殖民化、对殖民地的贸易、交换手段和一般商品的增加，使商业、航海业和工业空前高涨，因而使正在崩溃的封建社会内部的革命因素迅速发展"。① 在这些因素的共同影响下，封建主义生产方式显然已无法满足全新的发展趋势，不仅工场手工业很快成为主要的生产方式，而且工场内部普遍出现了明显细化的分工，工业的中间等级最终取代了行会师傅。这样，随着蒸汽机助推了效率更高和利润更丰的工业革命，② 人类历史开始出现令人目眩的巨变，即"现代大工业代替了工场手工业；工业中的百万富翁，一支一支产业大军的首领，现代资产者，代替了工业的中间等级"。③ 在此背景下，经过长期的量变和之后的惊人一跃，货币最终挣脱了一般等价物的陈规旧俗，转而成为具有强大能量和惊人凝聚力的资本，迅速壮大成为影响深远的经济权力，进而终结了权力由少数人享有的历史，明显开启了权力社会化的进程。

在此过程中，商品经济对社会生活广泛深入的影响，还使得原本相对独立、幽居象牙塔的科学技术在商品生产中找到了用武之地。如果说文艺

① 《马克思恩格斯选集》第 1 卷，人民出版社，1995，第 273 页。
② 人类的发明创造曾经极其缓慢，以至于工业革命时期的成就足以让之前的科技进步忽略不计。事实上，由于缺乏经济利益的刺激，之前的科技成果通常被束之高阁，并没有转化为生产力。如史料证实，"除了在强有力的需求的刺激下，发明者很少做出发明。作为种种工业革命新发明的基础的许多原理早在十八世纪前就已为人们所知道，但是，由于缺乏刺激，它们一直未被应用于工业。例如，蒸汽动力的情况就是如此。蒸汽动力在希腊化时代的埃及已为人们所知道，但却仅被用于关开庙宇的大门。不过，在英国，为了从矿井里抽水和转动新机械的机轮，急需有一种新的动力。这种需要引起了一系列发明和改进，直到最后研制开发出商业用途的蒸汽机。"详见〔美〕斯塔夫里阿诺斯《全球通史：从史前史到 21 世纪》，吴象婴等译，北京大学出版社，2012，第 491 页。
③ 《马克思恩格斯选集》第 1 卷，人民出版社，1995，第 273 页。同样，有研究者也认为："早期资本主义不仅在经济观念……和作为'正当'职业的商业活动方面显得保守，在政治上同样也很保守。只要还对旧的生产方式抱残守缺，而不彻底加以改造，资本主义自身的特性就很模糊：这种资本主义一方面强化了封建等级制度的统治关系，另一方面又释放了一些因素，有朝一日将消解这些统治关系。"这样，随着时间的推移和力量的逐步壮大，"早期资本主义的交往因素，如商品交换和信息交换只有到重商主义阶段才表现出其革命力量。到了重商主义阶段，民族经济和地域经济随同现代国家一起发展起来了。"详见〔德〕哈贝马斯《公共领域的结构转型》，曹卫东等译，学林出版社，1999，第 14、16 页。

复兴通过强调人的应有地位，① 冲散了雾化客观世界的宗教雾霾，反映了日益掌控经济权力的资产阶级谋求政治权力而在文化领域发出的先声，那么，以艾沙克·牛顿（Isaac Newton）为代表的众多科学巨匠则初步揭示了外部世界的真实面目，人们不仅无须匍匐在自然或上帝脚下，而且开始以前所未有的自信和理性打量外部世界，重新思考人类自身的价值，以至于人们开始逐步摆脱传统的生存状态："我们被放在这有如戏院的世界上，每个事件的起源和缘由却完全隐瞒不让我们知道，我们既没有足够的智慧预见未来，也没有能力防止那些使我们不断受伤害的不幸事件发生。我们被悬挂在永恒的疑惧之中……"② 这样，在人文和科学的双重推动下，以詹姆斯·瓦特（James Watt）为代表的众多能工巧匠不仅像前人一样技艺出众，而且从中获取了数学、物理、化学等科技支撑和创新资源，从而将商品生产建立在非传统资源的基础之上，为资本主义发展注入了强大动力。③ 面对如此巨变，马克思发出了由衷的赞叹："资产阶级在它的不到一百年的阶级统治中所创造的生产力，比过去一切世代创造的全部生产力还要多，还要大。自然力的征服，机器的采用，化学在工业和农业中的应用，轮船的行驶，铁路的通行，电报的使用，整个整个大陆的开垦，

① 为此，有研究者指出："大多数文艺复兴时期的艺术和文学关注的中心都是人——文艺复兴时期的新人，他或她是自身命运的塑造者，而不是超自然力量的玩物。人们不需要专心于超自然的力量，相反，生活都是为了发展自身固有的潜能。"详见〔美〕斯塔夫里阿诺斯《全球通史：从史前史到21世纪》，吴象婴等译，北京大学出版社，2012，第374页。

② 事实上，这种状态日益成为世人的共识，即使在当代，人们仍然认为："在中世纪，人类意识的两个方面——内心自省和外界观察都一样——一直是在一层共同的纱幕之下，处于睡眠或者半醒状态。这层纱幕是由信仰、幻想和幼稚的偏见织成的，透过它向外看，世界和历史都罩上了一层奇怪的色彩。"详见〔瑞士〕雅各布·布克哈特《意大利文艺复兴时期的文化》，何新译，商务印书馆，1979，第125页。

③ 不同于其他国度的保守心态，尤其不同于中国社会对劳心、劳力的尊卑区分，在欧洲，"人们尊重纺纱、织布、制陶术、玻璃制造、特别是日益重要的采矿和冶金术方面的实用工艺。在文艺复兴时期的欧洲，所有这些行业都由自由民而不是像在古典时代那样由奴隶经营。这些自由民在社会地位和经济地位上并不像中世纪的匠人那样与统治集团相差悬殊。文艺复兴时期工匠地位的提高，使工匠与学者之间的联系得到加强。他们各自都做出了重要贡献。工匠拥有古代的旧技术，并在旧技术上添加了中世纪期间的新发明。同样，学者提供了关于被重新发现的古代、关于中世纪的科学的种种事实、推测及传统做法。这两条途径的融合是很缓慢的，但最终，它们引起一个爆炸性的联合。"详见〔美〕斯塔夫里阿诺斯《全球通史：从史前史到21世纪》，吴象婴等译，北京大学出版社，2012，第481页。

河川的通航，仿佛用法术从地下呼唤出来的大量人口，——过去哪一个世纪料想到在社会劳动里蕴藏有这样的生产力呢？"① 这样，在人文、科技和资本的共同推动下，"随着工业、商业、航海业和铁路的扩展，资产阶级也在同一程度上得到发展，增加自己的资本，把中世纪遗留下来的一切阶级排挤到后面去"。② 受此影响，原本零星或小规模的商品生产和商业贸易也因为交通和通信的迅猛发展而突破传统的界限，从封建领土之内不断拓展到民族、国家的范围内，直至最终在全球范围内形成影响广泛深远的商品经济，自然也使得不断壮大的经济权力开始挤占政治权力的传统空间，而且以其令人震撼的空前影响力，迅速拉开了人们与传统的距离，催生了他们对金钱与资本的顶礼膜拜及其对资本主义生产方式的彻底臣服，当然也实现了人类社会的历史性飞跃。

如果说近代科技使人类摆脱了宗教和自然的强制，那么，同样受益于宗教改革和启蒙运动的人们也开始反思人的价值与目的，强调人的应有地位。③ 其中，以亚当·斯密（Adam Smith）为代表的古典经济学家从人性的角度论证了人们追求自身利益的合理性，认为每个人都有满足私利的正当理由，即"屠夫、酿酒商、面包师给我们提供食品，他不是出于仁慈，而

① 《马克思恩格斯选集》第 1 卷，人民出版社，1995，第 277 页。
② 《马克思恩格斯选集》第 1 卷，人民出版社，1995，第 273～274 页。当下更多的史料和研究也进一步突出了迅猛发展的科技对当时世界格局的重要影响："欧洲征服者对于帝国的情形了如指掌，不仅超过以往所有征服者，甚至连当地民众都得自叹弗如。而更多知识也带来了明显的实际利益。印度人口有数亿之多，而英国在印度人数相较之下少得荒谬；要不是因为他们所拥有的知识，英国不可能得以掌握、压迫和剥削这么多印度人达两个世纪之久。从整个 19 世纪到 20 世纪初，靠着不到 5000 人的英国官员、4 万到 7 万个英国士兵，可能再加上大约 10 万个英国商人、帮佣、妻小等等，英国就征服并统治了全印度大约 3 亿人口。"详见〔以色列〕尤瓦尔·赫拉利《人类简史：从动物到上帝》，林俊宏译，中信出版社，2014，第 292 页。而斯塔夫里阿诺斯也有类似的观点："利润丰厚的商业企业，与同时发生的技术进步和制度变革一起，解释了工业革命在十八世纪晚期达到'起飞'阶段的原因。"之后他又将英国在西欧诸国中的突出表现主要归结为领先的重工业生产、充足的流动资本、优秀的企业管理人才、充裕的劳动力和更为基础的土地供应等因素共同作用的结果。详见〔美〕斯塔夫里阿诺斯《全球通史：从史前史到 21 世纪》，吴象婴等译，北京大学出版社，2012，第 489～490 页。
③ 如果进一步分析，"可以说，'启蒙运动'是文艺复兴、宗教革命的逻辑延伸，或说是它们的不可缺少的也是不可避免的'续篇'……所以'启蒙运动'是文艺复兴以来思想运动不断深化、不断让理性脱离神学羁绊的渐进、积累的必然结果。"详见陈乐民等《欧洲文明扩张史》，东方出版中心，1999，第 160 页。

是为了从我们得到回报"。①正是基于对个人利益的算计,每个人都会对市场信号保持高度敏感和及时反应,推动各种生产要素在市场配置下最终流向更有利于实现自身利益的领域,同时实现了原本无意追求的社会利益。这样,市场这只"看不见的手"通过其内在机制实现了更高效率的资源配置,实现了个人利益和社会利益的双赢。同样因为市场机制,人们也为自由贸易找到了更为合理的依据,因为垄断和贸易保护主义虽能获得一定财富,殖民掠夺也能相对简便地占有财富,但也存在不可持续、高成本等问题,无法企及自由贸易和科技进步所创造的稳定收入。由此可见,市场竞争合理配置了生产要素,空前激发了人们的主动性和创造性,让生产具有了更为稳定的市场空间,进而为工业革命的高歌猛进缔造了一个全新的经济秩序,以至于汤因比(Toynbee)认为,工业革命的实质既不是发生在煤炭、钢铁、纺织工业中引人注目的变革,也不是蒸汽机的发明,而是"以竞争代替了先前主宰着财富的生产与分配的中世纪规章条例"。②也正是因为激发了市场机制的无限潜能,商品经济也逐步成为全球范围内日益具有主导地位的经济运行方式,政治权力保护下的经济权力开始向世界各地拓展蔓延,影响乃至左右人们的思维和行为方式。为此,马克思专门强调了商品经济的巨大影响:"它第一个证明了,人的活动能够取得什么样的成就。它创造了完全不同于埃及金字塔、罗马水道和哥特式教堂的奇迹;它完成了完全不同于民族大迁徙和十字军征讨的远征"。③同样得益于经济权力的合理机制和商品经济无孔不入的渗透能力,英国不仅具有了日益强大的

---

① 〔英〕亚当·斯密:《国富论》,张晓林等译,时代文艺出版社,2011,第7页。正是因为亚当·斯密的立场、观点和影响,《国富论》也就成为"资产阶级的圣经",马克思更是在《1844年经济学哲学手稿》中明确指出:"恩格斯有理由把亚当·斯密称做国民经济学的路德",因为在亚当·斯密看来,"人本身被认为是私有财产的本质,从而人本身被设定为私有财产的规定,就像在路德那里被设定为宗教的规定一样。"当然,这种进步只是相对于之前的历史而言,在更宏大的事业中,"以劳动为原则的国民经济学表面上承认人,其实是彻底实现对人的否定。"详见《马克思恩格斯文集》第1卷,人民出版社,2009,第178~179页。

② 相对于市场的日益发展,英国的国家职能出现了恰到好处的相对收缩。在被称为"欧洲的祖母"的维多利亚几乎陪伴英国走完的19世纪,她在国事上几乎不加干涉的行事方式,不仅开创了至今仍让英国人津津乐道的维多利亚时代,而且也让市场机制和古典自由主义理论发挥得淋漓尽致。

③ 《马克思恩格斯选集》第1卷,人民出版社,1995,第275页。

综合国力，而且拥有了持续壮大国力的生产方式。正是因为这样的深远影响，有研究者认为，1815 年威灵顿（Wellesley）对拿破仑（Nepoleon）的胜利"不仅是不列颠军队的胜利，也是自由市场经济的胜利……（而且）在滑铁卢战役以后的一个世纪里，自由经济为不列颠国力提供了物质基础"。①

在人类历史上，货币总是和主权紧密联系，更会因为其与生俱来的基本职能而成为一种"冻结的欲望"。但在落后的交通和通信的制约下，不同民族缺乏基本的沟通和了解，也意味着不同文明只能独立存在，货币只能以有限的方式，在有限的地域内发挥作用。好在这种局面最终因为商品经济和经济权力的普及而终止。在它们的共同作用下，与其密切相关、更为基础的货币在信用和汇率的支持下，也开始逐步走出国门，像英镑这样的大国货币更是借助强大国力，在全球范围内具有了丈量一切的职能，进而使得原来大相径庭乃至毫无联系的一切变得可以比较和交换，也使得截然不同的制度和文化不再存在于现实的彼岸，开始了日益频繁的交流。由此造成的结果便是，五千多年前诞生在美索不达米亚平原的货币最终以为数不多的形式，超越不同的种族和宗教，蔓延至世界各个角落，即使蛮荒之野也概莫能外，以至于人类的足迹可以到达的地方，几乎都有世界货币涉足，其结果也就自然催生了范围空前的社会共同体，助推了经济权力的普及。也正因为如此，英国人几乎在不经意中惊讶地发现："北美和俄国的平原是我们的玉米地；加拿大和波罗的海是我们的林区；澳大利亚有我们的牧羊场；秘鲁送来白银，南非和澳大利亚的黄金流向伦敦；印度人和中国人为我们种植茶叶。我们的咖啡、甘蔗和香料种植园遍布东印度群岛。我们的棉花长期以来栽培在美国南部，现已扩展到地球每个温暖地区"。②这样，当商品经济日益成为主要乃至主导的经济运行方式，经济权力自然

---

① 〔英〕W. H. B. 考特：《简明英国经济史：1750 年至 1939 年》，方廷钰等译，商务印书馆，1992，第 173 页。

② 〔美〕保罗·肯尼迪：《大国的兴衰》，陈景彪译，中国经济出版社，1989，第 189 页。由此也说明，"由此也年，为满足英国的进口需要，新世界国家种植棉花、蔗糖和木材所需的土地面积，在 2500 万~3000 万英亩，这甚至超过了英国所有耕地面积和牧场面积的总和。在这样的背景下，殖民地所发挥的作用提醒着人们，欧洲工业化绝非一个内源性过程。"详见〔英〕马丁·雅克《当中国统治世界：中国的崛起和西方世界的衰落》，张莉等译，中信出版社，2010，第 24 页。

不会听命于传统，甘当政治权力的配角，甚至还要求政治权力为其服务时，资本主义生产方式开始承受着众多因素的影响，迫使其以更快的速度回应这些影响，冲破传统强加给它的各种束缚，进而获得广泛的社会基础乃至意识形态的支持。为此，马克思对经济权力的巨大影响作出以下客观精辟的评价："资产阶级除非对生产工具，从而对生产关系，从而对全部社会关系不断地进行革命，否则就不能生存下去。反之，原封不动地保持旧的生产方式，却是过去的一切工业阶级生存的首要条件。生产的不断变革，一切社会状况不停的动荡，永远的不安定和变动，这就是资产阶级时代不同于过去一切时代的地方。一切固定的僵化的关系以及与之相适应的素被尊崇的观念和见解都被消除了，一切新形成的关系等不到固定下来就陈旧了"。① 在此背景下，经济权力及其各种衍生物开始取代世人长期信奉、具有神性的天国上帝，成为影响乃至左右一切的世俗"上帝"。

三　资产阶级革命与政治权力的确立

人类社会的历史不可能如理论那样进行首尾相接、逻辑清晰、特征明显的区分，新旧社会形态总是以叠加的形式进行更替，即新的社会形态总是在旧的社会形态中萌芽，并在逐渐壮大中挣脱母体，获得更大的发展空间，资本主义的历史也概莫能外，甚至还长期存在于封建社会的温床里，更因其现实价值而得到封建势力的呵护。事实上，早在 14 世纪英国呢布工业就出现了资本主义生产关系，在王权的有力保护下，资产阶级"很快取得了对首都呢布工业的监督权，而且只有他们才可以在伦敦和郊区零售呢布。1384 年呢布商在伦敦自设管理中心，1397 年又自设市场"②。在法国，百年战争一结束，路易十一不仅恢复了旧的工业部门，建立了新的工业部门，而且还积极保护和鼓励商业，扶植资本主义发展，以至于"每个机构都把上升的机会留给了资产阶级。贵族和社会最下层的平民则几乎完全被排斥在外"，他也因此被称为"第一个资产阶级国王"③。不

---

① 《马克思恩格斯选集》第 1 卷，人民出版社，1995，第 275 页。
② 蒋孟引：《英国史》，中国社会科学出版社，1988，第 179~181 页。
③ 〔法〕雷吉娜·佩尔努：《法国资产阶级史》上册，康新文等译，上海译文出版社，1991，第 283、281 页。

仅如此，这一时期的封建君主"为了把丧失财产的人按照对资本有利的条件转变成工人，发生过国家强制，因为这些条件当时还没有通过工人之间的相互竞争而被强加给他们"。① 由此可见，"从资本主义萌芽到进入资本主义时代，封建政府（包括城市政府）或封建统治阶级的刻意支持、扶植及合作贯穿着整个发展过程。可以说，没有这一政治条件，资本主义是发展不起来的"。② 所以，在马克思看来，资本主义的萌芽和发展也不只是社会需要和生产发展的结果，更是封建势力制度供给和强力推行的结果，因为早期的资本主义能够为他们提供更多的财政收入，自然也有必要"借口仅仅致力于国民财富和国家资源，实际上把资本家阶级的利益和发财致富宣布为国家的最终目的，并且宣告资产阶级社会的到来，去代替旧的神圣国家"。③ 而这一互动机制在"羊吃人"的"圈地运动"中表现得最为典型，这一史实也因此得到了合理解释。

---

① 《马克思恩格斯全集》第 46 卷下册，人民出版社，1980，第 254 页。

② 王加丰：《资本主义起源及现代经济发展初期的政治前提问题——兼谈中西前工业社会的性质》，《史学理论研究》1998 年第 2 期。进而言之，即使时至中世纪后期，以其身份为傲的贵族仍然将市民视为被解放的农奴和自己的异类，而逐步富裕起来的市民也对贵族的飞扬跋扈和掠夺欺凌又恨又怕。这样，与贵族龃龉不断的国王虽也鄙视市民，却没有任何理由嫉恨或畏惧他们，因而能够与市民联手，共同反对贵族。为此，恩格斯指出，自 15 世纪下半叶起，"王权依靠市民打败了封建贵族的权力，建立了巨大的、实质上以民族为基础的君主国，而现代的欧洲民族和现代的资产阶级社会就在这种君主国里发展起来。"详见《马克思恩格斯选集》第 4 卷，人民出版社，1995，第 261 页。与此同时，此时的王权对待贵族的态度也颇具远见和策略："法国官僚系统为了剪除旧来贵族给予他们的政治阻碍，在路易十四时代就设计了一个让贵族自行糜烂、自行腐化的奢侈豪华的凡尔赛宫。"详见王亚南《中国官僚政治研究》，中国社会科学出版社，2005，第 12 页。

③ 马克思：《资本论》第 3 卷，人民出版社，2004，第 887 页。相比之下，中国的商人就没有如此幸运了，"皇帝之所以能颁布禁海令，仅仅是因为中国商人缺乏西方商人所拥有的政治权力和社会地位。正是体制结构和向外拓展的动力方面的根本差别，在世界历史的这一重要转折关头，使中国的力量转向内部，将全世界海洋留给了西方的冒险事业。由此，不可避免的结局是伟大的'天朝'在数世纪内黯然失色，而西方蛮族此时却崭露头角。"更为准确地说，"在欧洲之外，商人根本没有机会上升当权者的地位。中国是文臣主管行政；日本是军人治理国事；马来地区和印度拉其普特人的一些国家是地方贵族料理事务，但没有一个地方是由商人当权。是的，没有一个地方，除了欧洲。在欧洲，商人不仅在稳步地获得经济力量，而且在稳步地取得政治权力；他们正在成为伦敦的市长、德意志帝国自由市的参议员、荷兰的州长。这样的社会地位和政治关系意味着国家更加重视、更加始终如一地支持商人利益以及后来的海外冒险事业。"详见〔美〕斯塔夫里阿诺斯《全球通史：从史前史到 21 世纪》，吴象婴等译，北京大学出版社，2012，第 267、282~283 页。

对上述论据和分析稍微转换视角，这段历史则可以进行如下解释：尽管前资本主义社会仍然以自然经济为主，但始终没有也不可能排斥适量的小商品经济。在此背景下，早期的资本主义不过是这种生产方式的延续，充其量只是在量的方面有所增加而已，并没有表现出明显的否定机制和革命倾向，从中受益匪浅的封建王权自然也无须刻意加以防范。和封建王权一样，此时的资产阶级更多是在延续先辈们的惯性，而非预示和代表未来，在与封建工商业并无明显区别的背景下，他们也不可能清晰地意识到自身的历史使命，自然也非常需要并乐于接受封建势力的支持和保护。所以，早在 1693 年就有人发现这两种力量之间的微妙关系："有人说尼德兰的东印度公司是一个共和国内的共和国。如果你考虑到荷兰议会授予它的独立自主（sovereign）的权力和特权，也考虑到它在东印度拥有的财富，考虑到它有那么多的臣民及那么多的领土和殖民地，这样讲是真实的"。① 由此可见，此时双方不但没有像后来那样势不两立，而且会在你情我愿中相互依赖，相互支持，因而在相当长的时期内实现了双赢。一旦在回溯历史中揭示了双方的关系，也就不难理解，早期资本主义受到的额外呵护、获取的巨额利润以及因此迅速壮大的综合国力也为其他一些国家提供了启示和示范，进而促进了这些国家更快的发展。如在 18 世纪，普鲁士和俄国的资本主义就是在威廉一世（Wilhelm I）、弗里德里希二世（Friedrich II）、彼得一世（Peter the Great）、叶卡捷琳娜二世（Catherine II）等强势君主的领导下发展和壮大起来，而其他一些非欧洲国家也在之后重现了这样的历史。然而，就封建势力对资本主义为我所用的心理和资产阶级最终壮大的必然趋势而言，这种默契显然不可能长期维持，最终不可避免地遭到破坏，因为"政治权力只是经济权力的产物；使寡头政治让出经济权力的那个阶级必然也会争得政治权力"。② 进而言之，如果资产阶级不从封建势力中夺取听命于自己的政治权力，"他们就无法实施作为现代资本主义的完全发展所必需的法律。因而，资本主义生产方式的稳固要依赖于

---

① Marvin Perry, *Sources of the Western Tradition*, *Volume 1: From Ancient Times to the Enlightenment*（Boston: Cengage Learning, 1991），p. 358.

② 《马克思恩格斯全集》第 9 卷，人民出版社，1961，第 80 页。

政治的革命"。① 为此，后世对这段历史的必然性也作出了如下分析："革命的资产阶级在其通往历史性统治的上升过程中，基本上攫取了专制主义国家机器，将其重新塑造以服务于自己的目的。它能够这样做，因为它有信心凭借财富和经济权力将其意志加诸国家。它必须这样做，因为其阶级统治不可能也从来不会仅仅依靠经济强制这个重要武器"。②

在资本主义发展史上，英国以其独特的经历壮大了综合国力，也为其他国家提供了示范。《大宪章》不仅消除了君权神授的神话，而且还动摇了君主专制的根基。在此背景下，一些妄想延续君权神授、继续垄断专制权力的君主遭到了当头棒喝，1649 年查理一世被送上断头台更是震惊了整个欧洲，因为对于政治制度总体上落后于英国、正处于君主专制或渴望实行君主专制的其他欧洲国家而言，这一远远超越时代的壮举无疑向封建势力和君主专制明确了未来可能的发展方向和权力空间。因此，之后无论是克伦威尔（Cromwell），还是詹姆士二世（James II），他们的专制独裁也就注定不会长久，而"光荣革命"不仅将英国资产阶级的革命成果最终确立为君主立宪制，彻底改变了存在于英国已千年之久的王权性质，而且为后来的资产阶级专政提供了政治保障，将议会及其身后资产阶级的主导作用发挥到极致。然而，英国资产阶级的好运具有开创性和示范性，却不具有代表性和普及性，因为其他国家的资产阶级并没有英国那样得天独厚的发展空间和比较顺畅的发展道路，其封建势力也不会轻易将专制的政治权力拱手相让，甚至还因为英国的教训而严加防范任何改变现状的政治企图，以其陈腐的保守性顽固对抗经济权力的影响。这样，与英国形成鲜明对比的是，在以"朕即国家"闻名的路易十四（Louis XIV）主政下，法国仍然是一个绝对君主制国家，路易十六（Louis XVI）更是废除首相，将所有权力收归己有。而此时在"三十年战争"催生的《维斯特伐利亚和约》的规定下，"德意志神圣罗马帝国"名下数以百计的邦国仍在延续封建割据造就的专断王权。同样，为了遏制法国大革命的影响，欧洲各国

---

① 〔英〕约翰·格莱德希尔：《权力及其伪装：关于政治的人类学视角》，赵旭东译，商务印书馆，2011，第 66 页。
② 〔比利时〕厄内斯特·曼德尔：《权力与货币：马克思主义的官僚理论》，孟捷译，中央编译出版社，2002，第 186 页。

甚至先后七次组建反法同盟，直至拿破仑战败、波旁王朝复辟。在 19 世纪中叶仍由保守的封建势力主导的俄国，即使曾经信誓旦旦学习西方的叶卡捷琳娜二世也不愿触及农奴制这一关键问题，甚至一改以往态度，公开反对法国大革命，指责启蒙思想是"法兰西的瘟疫"。而在远东的日本，作为明治维新领导者的大久保利通更是因为触犯传统势力的切身利益而遭致杀身之祸。

然而，和日薄西山却又负隅顽抗的封建势力不同，资产阶级仍在不可遏制地发展壮大，势不可挡地成为新的政治力量，其牢牢掌控的经济权力逐渐成为新的权力形式，进而形成新的权力格局。无论是英国综合国力的迅速上升，还是其资产阶级的发展壮大，都对其他国家的资产阶级产生了强大的吸引力。尤其当这些国家的资产阶级在经济上相对平稳地突破了自然经济的束缚和专制政治的强制，并很快发展成为"第一个没有政府的有产阶级"时，拥有经济特权且日益自信的他们再也不会心甘情愿地服从和服务于封建势力。这样，当他们的力量壮大到封建势力心存戒备时，他们也不再惮于这种戒备，也意味着他们必须向封建势力摊牌，进而要求他们利用经济权力的合理性，广泛动员和领导无产阶级，他们也因此组织了一次又一次风起云涌的资产阶级革命，最终取得了决定性胜利。这样，随着封建所有制被炸毁、彻底失去重返历史舞台的可能，从封建社会母体中成长壮大的资本主义不仅巩固了自由竞争，而且制定和强化了与之匹配的政治制度。而资产阶级革命又对社会生活各方面产生了广泛深远的影响，尤其是堪为经典的社会革命，一如马克思指出的那样："正是随着君主立宪制的确立，在英国才开始了资产阶级社会的巨大发展和改造。凡是基佐先生认为充满平静安宁、田园诗意的地方，实际上正在展开极为尖锐的冲突和极为深刻的变革。在君主立宪制下，手工工场才第一次发展到前所未有的规模，以致后来让位给大工业、蒸汽机和大工厂。居民中的许多阶级消亡了，代之而起的是具有新的生存条件和新的要求的新阶级。"①这样，资产阶级通过政治革命，最终使得自身在革命胜利以后，相对容易地掌握了专制主义的国家机器，并根据自身利益加以改造，尤其通过无所

---

① 《马克思恩格斯全集》第 7 卷，人民出版社，1959，第 251~252 页。

不在、无所不能的金钱，创建了一整套服从和服务于经济权力的国家机器。为此，凯尔森指出："资产阶级的政治力量是它的经济力量的结果，资产阶级成为政治上的统治阶级是因为它是经济上的统治阶级"。①

但是，正如封建势力对资本主义的支持和保护只是一种策略一样，资产阶级曾经与无产阶级的结盟，也同样是一种策略，而且是一种更具功利性和欺骗性的策略，一俟他们牢牢掌控属于自己的权力时，资本的贪婪本性必然导致其背信弃义、变本加厉地剥削和压迫无产阶级，进而激发无产阶级的顽强抗争。面对这种抗争，资产阶级不仅进行残酷镇压，甚至不惜与封建势力进行政治妥协，以确保能够有效掌控经济权力和政治权力，而且也不断进行统治策略的调整，更加巧妙地掩盖其统治的阶级性质。这样，在防范封建势力复辟和镇压无产阶级革命的过程中，资产阶级最终建立起维护其经济权力的政治权力，实现了资产阶级的经济统治和政治统治，其统治策略也较之前有了明显的丰富和完善，更加注重其社会职能，赋予无产阶级空前的政治权利，以化解其继续革命的冲动。而资产阶级在政治上的成功，不仅意味着资本统治和经济权力的常态化和制度化，而且意味着阶级矛盾和阶级斗争更趋简单和明朗，因为"在那些资产阶级已经夺得政治权力的国家里，政治统治已成为资产阶级对整个社会的阶级统治，而不是个别资产者对自己的工人的统治"②，或者说"现代的资产阶级财产关系靠国家权力来'维持'，资产阶级建立国家权力就是为了保卫自己的财产关系"。③ 而恩格斯则说得更加形象："资产阶级共和国就是资本主义生意人的共和国；在那里，政治同其他任何事情一样，只不过是一种买卖。"④ 由此可见，任何时候资产阶级争夺和维护政治权力的策略都要服从其资本增值和经济统治的目的，如果确有需要，保留国王与王室可以接受，"统而不治"也无须拒绝。与此同时，在政治上站稳脚跟的资产阶级发现，工人阶级凭借其在商品生产中日益提升的觉悟和力量，开始作为一种全新的政治力量，要求得到更多乃至全部社会产品，甚至已站到了

---

① 〔奥〕凯尔森：《共产主义的法律理论》，王名扬译，中国法制出版社，2004，第3页。
② 《马克思恩格斯全集》第4卷，人民出版社，1958，第330页。
③ 《马克思恩格斯全集》第4卷，人民出版社，1958，第331页。
④ 《马克思恩格斯选集》第4卷，人民出版社，1995，第717页。

自己的对立面。于是，一个现实难题又历史性地摆到了资产阶级面前，并最终迫使其在不放弃传统策略的同时，更加注重意识形态的辩护功能。这样，在资本主义社会，"现在问题不再是这个或那个原理是否正确，而是它对资本有利还是有害，方便还是不方便，违背警章还是不违背警章。不偏不倚的研究让位于豢养的文丐的争斗，公正无私的科学探讨让位于辩护士的坏心恶意"。①

第二节　经济权力的扩张及其影响

马克思立足权力视角，在历史变迁和理论演绎中聚焦经济权力，"由此确认资本主义经济才是权力压迫的中心场域，在政治理论史上第一次提出了'经济的政治性质'问题"。② 换而言之，经济权力是资本在权力视域中的特殊形态，是资本逻辑对政治权力的巧妙遮饰，也是资本主义异化力量的集中体现。当马克思强调"资本不是物，而是一定的、社会的、属于一定历史社会形态的生产关系，后者体现在一个物上，并赋予这个物以独特的社会性质"③，事实上也明确了经济权力特有的历史背景和全新的社会化机制，一种以物为媒介、深刻影响人们生产生活方式的社会关系和诱导人们沉溺其中的社会陷阱，其实质就是资本支配劳动，掌控生产，进而左右一切。在此背景下，经济权力不仅不再延续其曾经在封建社会仰人鼻息的生存处境，而且已成为资本主义的基本逻辑和内在动力，甚至以一种征服一切的气势，将所有社会现象融为一体，烙刻上浓重的资本印记，进而以一种总体性的权力和重要的社会发展机制，对资本主义社会乃至人类社会产生毁誉参半的影响。

一　经济权力的扩张趋势

随着自身地位和影响的提升，经济权力不仅一改其在封建势力主导下

---

① 《马克思恩格斯选集》第 2 卷，人民出版社，1995，第 107 页。
② 张盾：《马克思的政治理论及其路径》，《中国社会科学》2006 年第 5 期。
③ 马克思：《资本论》第 3 卷，人民出版社，2004，第 922 页。

服从和服务于政治权力的角色①，而且在资产阶级政治权力的庇佑下呈现明显的扩张趋势，产生了广泛深远的影响。首先，经济权力直接改变了劳动对于人的意义。在马克思看来，劳动应当是人的自由自觉的活动，是人的主体性体现和"生活的第一需要"，因而反映了人的本质属性与永恒追求。然而，经济权力却让劳动屈从于他人的意志乃至非人的力量，甚至直接蜕变为追逐利润的工具，即多数人的劳动在延续其服从于少数人盈利目的的基础上，原本属于工人的劳动则转化为对资本的屈从，进而导致了劳动主体服从于劳动客体，或劳动客体吞噬了劳动主体。也正是在此意义上，资本始终以社会力量的面相出现在劳资双方之间，发挥其异化劳动的作用。这样，在资本家和工人平等交换的背后，经济权力通过实质上并不平等的工资占有工人更多的活劳动或物化劳动，也即马克思所说的："所有权对于资本家来说，表现为占有他人无酬劳动或它的产品的权利，而对于工人来说，则表现为不能占有自己的产品。所有权和劳动的分离，成了似乎是一个以它们的同一性为出发点的规律的必然结果"。② 更为严重的是，在阶级关系日益简化和明朗的资本主义社会，资本和劳动、生产资料和劳动者的分离已经不是个别或局部的现象，而是泛化为各个领域的常态，以致"资产阶级抹去了一切向来受人尊崇和令人敬畏的职业的神圣光环。它把医生、律师、教士、诗人和学者变成了它出钱招雇的雇佣劳动者"。③ 这样，经济权力造成的平等假象就被揭穿，即"平等地剥削劳动力，是资本的首要的人权"。④ 鉴于此，即使在充分肯定"资本是天生的平等派"⑤ 时，马克思也明确告诫人们，"它要求把一切生产领域内剥削

---

① 有研究者在历史比较中发现，"直至十五世纪，相对来说力量尚弱的国王仍能没收大银行的财富，譬如忘恩负义的路易十一对雅克·科尔所做的那样，后者曾资助了路易十一为统一法国而进行的所有战争。在十六世纪，国王查里五世尽管富有得多，权势也大得多，却不能豁免对安特卫普和德国银行家所欠下的债务。经济权力此时已决定性地转而有利于资本家阶级。"详见〔比利时〕厄内斯特·曼德尔《权力与货币：马克思主义的官僚理论》，孟捷译，中央编译出版社，2002，第235页。

② 《马克思恩格斯全集》第44卷，人民出版社，2001，第674页。

③ 《马克思恩格斯选集》第1卷，人民出版社，1995，第275页。

④ 《马克思恩格斯全集》第44卷，人民出版社，2001，第338页。

⑤ 《马克思恩格斯全集》第23卷，人民出版社，1972，第436页。

劳动的条件的平等当作自己的天赋人权"①。所以，经济权力事实上仍然是一种"经济暴政"，仍然是人的本质的异化，而且更具诱惑性和欺骗性，也即"在资产阶级经济以及与之相适应的生产时代中，人的内在本质的这种充分发挥，表现为完全的空虚化；这种普遍的对象化过程，表现为全面的异化，而一切既定的片面目的的废弃，则表现为为了某种纯粹外在的目的而牺牲自己的目的本身"。② 除此之外，经济权力的扩张还同样表现为对资产阶级的强制。如果说最初的经济权力还或多或少地反映了资产阶级的主观意愿，而且尚在他们的掌控之中，那么，当其逐渐成为主要权力形式和普遍的社会关系，连政治权力也不得不拜倒在它的脚下时，资产阶级也如骑上了一匹狂傲不羁的野马，欲罢不能的他们如不设法驾驭和苦心经营，也会被经济权力践踏，剥削者也会在作茧自缚中无法逃避被剥削的厄运，由此也印证了卢梭的谶言："自以为是其他一切的主人的人，反而比其他一切更是奴隶"。③ 当然，有所不同的是，虽然"有产阶级和无产阶级同是人的自我异化。但有产阶级在这种自我异化中感到自己是被满足的和被巩固的，它把这种异化看做自身强大的证明，并在这种异化中获得人的生存的外观。而无产阶级在这种异化中则感到自己是被毁灭的，并在其中看到自己的无力和非人的生存的现实"。④

其次，经济权力不可避免地影响乃至左右了政治生活。经济权力在封建社会中萌芽和发展，尤其是封建势力对经济权力先扬后抑的态度，即异质的政治权力对经济权力的暂时利用，无疑也让资产阶级真切感受到，只有同质或被驯服的政治权力才能有效保障经济权力的生存空间，实现更大的利益追求。因此，一俟资产阶级的经济实力强大到足以挑战封建势力，他们自然会设法发动革命，有所区别的是，不同国家选择了不同时机和不同方式。及至他们最终掌控了政治权力，自然难以掩饰其作为剥削者的本性，设法排斥其他政治力量染指或动摇其权力。当然，资产阶级也不会始终沿用同一种统治策略，一旦统治秩序相对稳定，他们自然更会按照经济

---

① 《马克思恩格斯全集》第 44 卷，人民出版社，2001，第 457 页。
② 《马克思恩格斯全集》第 30 卷，人民出版社，1995，第 480 页。
③ 〔法〕卢梭：《社会契约论》，何兆武译，商务印书馆，1980，第 8 页。
④ 《马克思恩格斯全集》第 2 卷，人民出版社，1957，第 44 页。

权力的运行机制，不断修补和完善其政治生活特有的保障机制。因此，当资本主义处在自由竞争或发展壮大的阶段时，政治权力严格遵守古典自由主义的教义，为经济权力创设足够的自主空间。如果个别经济权力明显威胁到更多乃至整体的经济权力时，政治权力同样也会毫不犹豫而又小心翼翼地进行干预，于是世人看到了《法国民法典》对大革命成果的维护，看到了西奥多·罗斯福（Theodore Roosevelt）对垄断企业的犀利手法以及见好就收的技巧，也看到了新自由主义的先后亮相和深远影响。而不同国家的相似经历也在反复说明同一个事实，即在同质的情况下，经济权力和政治权力以一种相互支持的方式，形成一个强大的阶级联盟和利益共同体，联手防范和打击各种反对力量，进而在更广范围内推广由其造成的不平等，进而给社会生活造成更多的冲突与动荡。① 由此可见，经济权力的发展和壮大并没有改变私有制的本来面目，即"过去一切阶级在争得统治之后，总是使整个社会服从于它们发财致富的条件，企图以此来巩固它们已经获得的生活地位"。② 换而言之，经济权力越是扩张，就越会显示其局限性和保守性，进而决定了政治权力只能始终围绕资产阶级的利益运行，即使其备受瞩目的自主性也不能明显背离这一主线，甚至表现出相互配合却充满欺骗和令人绝望的权力强制，以至于时至今日，学界仍然坚信，"在资本主义社会，只要剥削采取交换的形式，专制就会采取民主的形式"。③

最后，经济权力明显改变了人们的思想观念和行为方式。随着商品经济的普及和科学技术的推广，经济权力获得了令人咋舌的空间和影响，进而迫使人们不断调整和重新定位人与自然、人与社会的关系。一方面，随

---

① 在美国周期性的限枪运动中，议而不决、禁而不止的结果显然不能完全归结为法律依据、风俗人情和枪支文化。事实上，美国全国步枪协会（National Rifle Association of America）以其强大的政治影响，左右着美国的枪支政策，成为限枪的主要反对者。该协会身后的军火商们则以其经济权力顽固对抗着合理的民意诉求，有效化解了政治权力的反复尝试。而政治权力近乎表演的反应不仅恰到好处地满足了经济权力的真实诉求，而且也应付了一拨又一拨的限枪呼声。

② 《马克思恩格斯选集》第 1 卷，人民出版社，1995，第 283 页。

③ 〔英〕鲍伯·杰索普：《重构国家、重新引导国家权力》，何子英译，《求是学刊》2004年第 4 期。显然，这是马克思特别强调无产阶级一定要夺取政治权力的重要依据，也是以伯恩斯坦为代表的修正主义受到严厉批评的主要原因。

着认识和改造自然能力的提升，人们逐步走出畏惧和崇拜自然的传统，转而依靠科技进步而非传统资源发展生产，并在重新打量自然和自我定位的过程中获得越来越多的自信，尤其当人们从自然中获得越来越多、不曾料想的成果时，他们更有信心以一种全新的态度看待与处理人和自然的关系。在此背景下，人们不仅开始用日益强盛的力量改造自然，而且能够通过经济权力聚集各种影响乃至左右自然的力量，甚至在欲望膨胀中将自然踩在脚下，自以为是乃至肆无忌惮地张扬其所谓的能力。也正因为如此，不仅"人在怎样的程度上学会改变自然界，人的智力就在怎样的程度上发展起来"①，而且欲望也远远超过其对自然的认知，进而放纵其不计后果的逐利行为，毫不顾及人类社会的可持续发展。这样，资本主义赖以发展的新教伦理中勤劳、节制等传统美德也逐渐被消费主义取代，进而使日益物质化的资本主义丧失了伦理内涵与道义力量。更有甚者，这种灾难还因经济权力的推广与普及而弥漫全球，在全球范围内催生了"生态殖民主义"和更普遍的生态灾难，以致生态危机已成为一种无人能免受其害的灾难，人类已无可挽回地置身于风险社会之中。为此，约翰·贝拉米·福斯特（John Bellamy Foster）直接将批判的矛头转向资本主义制度："对资本持续积累的痴迷是资本主义与其他社会形态的本质区别"，因为资本主义要实现利润的持续增长和财富的不断积累，势必"要不惜任何代价（尤其是以剥削他人利益和牺牲地球生态环境为代价）追求自身经济的连续高增长，这通常意味着社会本身需在短时间内消耗大量的能源材料，同时产生难以量级的废弃物，这样必会导致地球环境的急剧恶化"。② 所以，当代资本主义又被称为生态帝国主义（ecological imperialism），因为这种帝国主义仍然以"新瓶装旧酒"的方式再现曾经的殖民和掠夺："在经济全球化的过程中，发达国家凭借自己的经济实力、科技优势，利用不合理的国际经济秩序和它们在国际经济组织中所制定的各种有利规则，通过日益增加的商品出口和跨国公司在发展中国家的投资和生产，不仅廉价地掠夺和利用了发展中国家的大量自然资源，获得了巨大的经济利益，也继续

---

① 《马克思恩格斯选集》第 4 卷，人民出版社，1995，第 329 页。
② 〔美〕约翰·贝拉米·福斯特：《生态危机与资本主义》，耿建新译，上海译文出版社，2005，第 90、3 页。

扩大着与发展中国家的巨大贫富差距，同时又把自己已经过时的、为本国的法律所不允许的危害环境的产业和技术转移到广大发展中国家，把大量的有毒物质、工业垃圾、核废料输出到发展中国家，致使发展中国家的环境也不断恶化，导致了它们经济贫困与环境退化的恶性循环。"① 另一方面，与经济权力在自然面前的狂妄相呼应的是，资产阶级在利欲熏心的膨胀中日益变得目中无人，日益精确的科学管理将工人牢牢捆绑在不断细化的生产线上，以致"工人的联合，像它在工厂里所表现的那样，也不是由工人而是由资本造成的。他们的联合不是他们的存在，而是资本的存在。"②而在境外，资本主义的表现更是令人发指："从哥伦布第一次抵达美洲（1492 年）到科尔特斯登陆墨西哥（1519 年），西班牙人已经征服了大多数的加勒比海群岛，建立起新的殖民岛链。对于受奴役的当地人来说，这些殖民地就像是人间地狱。殖民者既贪婪又无情，以铁腕政策逼迫他们在矿场或农场工作，只要他们敢有一丝反抗，就会立刻遭到杀害。不论是因为极度恶劣的工作环境，还是搭上征服者便船而来的欧洲疾病，当地原住民快速死亡。不到 20 年，整个加勒比地区的原住民几经灭亡。西班牙殖民者开始得以非洲进口奴隶来填补空缺。"③ 而在其他领域，资本逻辑同样使得经济权力具有左右一切的影响，以致"资产阶级在它已经取得了统治的地方把一切封建的、宗法的和田园诗般的关系都破坏了。它无情地斩断了把人们束缚于天然尊长的形形色色的封建羁绊，它使人和人之间除了赤裸裸的利害关系，除了冷酷无情的'现金交易'，就再也没有任何别的联系了。它把宗教虔诚、骑士热忱、小市民伤感这些情感的神圣发作，淹没在利己主义打算的冰水之中"。④ 这样，在经济权力的影响下，人与物、主体与客体、目的与手段的关系彻底颠倒，人为物役而非物为人役的现实导致社会生活中普遍弥漫着货币拜物教乃至更为直接的资本拜物教和商品拜物教，相互支撑的制度和思想为资本主义注入了持续扩张的力

---

① 余正荣：《主权国家的生态道德：抑制全球环境加速恶化的重要伦理前提》，《中国人民大学学报》2011 年第 3 期。

② 《马克思恩格斯全集》第 46 卷下册，人民出版社，1980，第 83 页。

③ 〔以色列〕尤瓦尔·赫拉利：《人类简史：从动物到上帝》，林俊宏译，中信出版社，2014，第 283~284 页。

④ 《马克思恩格斯选集》第 1 卷，人民出版社，1995，第 274~275 页。

量和依据，以致"在资产阶级社会里，资本具有独立性和个性，而活动着的个人却没有独立性和个性"。① 这样，随着资本逻辑的推广，经济权力已经"将原本勤劳善良的人类扭曲成为疯狂追逐抽象资本的邪恶物种，整个社会将因此而陷入黑暗，整个人类因此而失去尊严"。②

二　经济权力的双重影响

作为一种萌生于封建社会、壮大于资本主义社会的权力形式，经济权力既是生产力发展和社会进步的客观要求，也是资产阶级的不懈努力及其在不同时空下得益于不同力量的必然结果。这样，"资本一出现，就标志着社会生产过程的一个新时代"。③ 而迈克尔·曼在基于人类宏观历史的视角论述经济权力时也指出："经济的生产、分配、交换和消费关系通常结合有高水准的深入而广泛的权力，并且一直是社会发展的一个大的组成部分。"④ 由此可见，一方面，经济权力的发展壮大有其合理性与必然性，不只是人类能动性的表现，因而不应将其一味地归为资产阶级的刻意追求，更不应简单为其贴上一个否定性的标签加以贬斥。另一方面，经济权力在人类社会中的长期存续及其在现实中广泛深远的影响，也不足以掩盖其负面影响，更不应以宿命的态度放任这些影响。因此，如果将其置于人类社会的总体进程中，相对于政治权力的传统表现，经济权力的积极影响在于它明显消除了之前长期存在的等级制、集权专制、权力崇拜、人身依附等现象，其消极影响则明显体现为与其相关的现实问题不断出现，尤其是道德力量明显式微，生态问题持续蔓延，社会发展的潜能受到明显抑制，沉溺于各种拜物教的人们也因此放缓了全面发展的进程，甚至偏离了正确发展的方向。这样，如果说文艺复兴将宗教势力扫下神坛，启蒙运动批判了世俗王权螳臂当车的荒谬，显然，马克思的经济权力范畴不仅承认了它的历史进步性和现实合理性，而且雄辩地证明了其中无法掩盖的局限性和

---

① 《马克思恩格斯选集》第 1 卷，人民出版社，1995，第 287 页。
② 郎咸平等：《资本主义精神和社会主义改革》，东方出版社，2012，前言二。
③ 马克思：《资本论》第 1 卷，人民出版社，2004，第 198 页。
④ 〔英〕迈克尔·曼：《社会权力的来源》第 1 卷，刘北成等译，上海人民出版社，2002，第 32 页。

暂时性，明确了人类社会自我反思、自我教育和自我超越的现实使命。

首先，经济权力具有历史进步性和现实合理性。自其面世之日起，经济权力就以其空前的进步性，向人类展现其强大的生命力，即使时至今日，无论是发达国家的自我超越，还是发展中国家的借鉴性发展，都在选择性地发挥其作用。第一，经济权力的双重功能空前合理。资本内含的平等机制催生和完善了市场导向的生产和交换，不断打破传统社会中人对人的依赖，尤其是统治阶级对被统治阶级的物质依赖和后者对前者的人身依附，赋予人们渐趋广阔的生存和发展空间。在此机制作用下，地区、民族乃至国家的界限一再被打破，人类开启了真正意义上的全球化进程，并首次在全球范围内形成了联系密切的社会共同体。① 显然，马克思不仅敏锐地察觉到经济权力所蕴藏的全球化机制，而且明确指出了全球化过程中广泛而深刻的影响，以及借此可以克服的诸多问题。不仅如此，相对于政治权力的一贯表现，经济权力的机械整合明显减少，基于认同的有机整合显著上升，进而在协调经济利益和社会关系方面发挥了空前作用，社会共同体的形成机制更加灵活，其规模空前扩大，而且逐渐显示出超越传统的无限潜能，揭示了人类可以努力的巨大空间与值得追求的远大目标。第二，经济权力的溢出效应改变了传统的政治版图。随着经济权力的普及和扩张，国内国际的政治格局迅速变化。不仅传统社会意欲维护的等级制、世袭制、人身依附等保守因素再也无法延续下去，与之相伴的政治制度也最终以相似的方式被迅速埋葬，规模更大、边界明晰、结构更稳定的民族国家得以在全球范围内迅速普及。与此同时，在经济权力的巨大影响下，其他国家落后的政治制度和统治秩序也变得不堪一击，即使那些强大的古老

① 当然，也有学者在规范的角度认为："在这个非世界的世界上，至今还没有一种普遍共享的历史。在现代之前，各地各有自身的历史。现代的殖民运动、开拓海外市场运动，以及帝国主义运动似乎把世界各地联系在一起，各地的多样历史被欧洲的历史组织到一起，成为交织的历史，然而，这并不是世界史，只不过是欧洲势力的扩展史，世界各地的历史在欧洲霸权故事中只是被动或附庸的情节。以欧洲扩张史冒充世界史，是至今流行的所谓世界史的基本模板。现代发展到了极致而产生的全球化运动，确实把所有人卷入到一个无处不在而难解难分的游戏之中，但到目前为止，仍然没有产生出所有人普遍接受的游戏规则。世界发生着一个无人能够脱身的博弈游戏，却没有成为一个共享的世界，因而只是一个失效世界（a failed world）。"详见赵汀阳《天下秩序的未来性》，《探索与争鸣》2015 年第 11 期。

帝国也不能幸免，甚至发展步伐稍慢的国家也陷入被动，兵败滑铁卢的法国、含恨克里米亚的俄国无不切身体会到经济权力的强大威力，① 进而明显坚定和推动了这些国家决意变革的决心和进程，世界的政治版图也因此发生显著变化。在此背景下，所有的生产生活方式都受到了审视，所有的社会关系也受到不同程度的影响，甚至被经济权力纳入资本主义的轨道之中，不得不接受资产阶级的思维和行为方式，直至在摒弃落后、拥抱先进中迅速切换到全新的发展模式，也即马克思所说的："它迫使一切民族——如果它们不想灭亡的话——采用资产阶级的生产方式；它迫使它们在自己那里推行所谓的文明，即变成资产者"。② 第三，人类的实践能力得到迅速提升。经济权力的巨大影响不仅将人类从对自然的畏惧和宗教的迷信中解放出来，赋予人类前所未有的能力与信心，而且真实揭示了人类理性可以达到的高度，尤其是科学技术明显改变了人类的自我定位，激发了人类进行反思的意识和能力，进而拓展了实践的广度和深度，勾勒出人与客观世界相互影响的平衡机制。与此同时，经济权力还通过其内在的效率机制，极大地调动了个体、企业、民族和国家之间的竞争意识，进而催生了人类的思维创新和制度创新，推动了近代的科技创新，创造了资本主义的成就与奇迹，同时为人类社会的快速发展提供了持续的综合动力。

其次，经济权力的消极影响日益严重。经过资产阶级的社会革命，"现代的市民社会是彻底实现了的个人主义原则，个人的生存是最终目的；活动、劳动、内容等等都不过是手段而已"。③ 在此背景下，着眼私利乃至为私利辩护的经济权力在挖掘和调动人类潜能的同时，并没有也不会为人类提供一个科学合理的定位，更遑论人作为目的的彰显与实现。而

---

① 有史料证明，在英法显著进步的时代，俄国却明显落后了，以致"克里米亚的失败暴露了旧制度的腐败和落后。俄国的士兵在 1855 年和在 1812 年时一样勇敢地作战。但是，形势却令人绝望地对俄国士兵不利：他们所使用的步枪的射程只有西方军队的步枪射程的三分之一。他们只有用帆船来对付英国和法国的汽船。他们没有名副其实的医疗服务或食品供给服务。"详见〔美〕斯塔夫里阿诺斯《全球通史：从史前史到 21 世纪》，吴象婴等译，北京大学出版社，2012，第 549 页。同样，面对西方列强的入侵，首鼠两端的清政府在消极应对中也丧失了知耻后勇、迎头赶上的良机，最终还落后于后来向西方学习的日本这一蕞尔邻国，以致延续了长期被动挨打的局面，酿成了罄竹难书的民族灾难和极其沉重的历史教训。

② 《马克思恩格斯选集》第 1 卷，人民出版社，1995，第 276 页。

③ 《马克思恩格斯全集》第 1 卷，人民出版社，1956，第 345~346 页。

个体对私欲的无节制追求又放大了经济权力的影响，将其放置于虚假的高度，用财富乃至不断膨胀的欲望来放大生存的意义，甚至以此代替生命的价值和社会生活的终极追求，以致人类社会长期挣扎于生命本能的泥淖之中，引发许多负面影响。第一，经济权力加剧了贫富差距和阶级分化。贫富差距是阶级社会中无法消除的普遍现象，但在竞争、效率、能力等机制作用下，这一差距被经济权力赋予了更多合理性，催生了社会达尔文主义，因而无须其他非经济因素的掩饰或证明，甚至具有为现实辩护的意识形态功能。在此意识形态的反复说服下，日益简单化、明朗化和常态化的利益分化和阶级对立最终以一种异化的形式体现着人的社会性，为资本主义社会乃至全球范围内的动荡和冲突埋下了祸根，因为无产阶级"必须承担社会的一切重负，而不能享受社会的福利，它被排斥于社会之外，因而不得不同其他一切阶级发生最激烈的对立"。① 这样，即使在生产迅猛发展的时期，工人的物质条件有所改善，也无法消除阶级利益的对抗性，因为不仅利润和工资仍保持着一贯的对立，而且"现代工业的进步促使资本和劳动之间的阶级对立更为发展、扩大和深化"。② 第二，经济权力加剧了各种拜物教现象，掩盖了阶级矛盾的实质。现实中经济权力的空前影响日益幻化成无所不能、主宰一切的"上帝"，原本只是偶尔现象或局部存在的货币拜物教不仅日益普遍化，而且泛滥为更加直接的商品拜物教和资本拜物教，以至于之前的权力拜物教也不得不臣服于此。对此，马克思以现实主义作家奥诺雷·德·巴尔扎克（Honoré de Balzac）的作品为例，指出"在资本主义生产占统治地位的社会状态内，非资本主义的生产者也受资本主义观念的支配"③，同时盛赞巴尔扎克"用诗情画意的镜

---

① 《马克思恩格斯选集》第 1 卷，人民出版社，1995，第 90 页。而这也恰恰印证了亚当·斯密的预言："如果一个社会的经济发展成果不能真正分流到大众手中，那么它在道义上将是不得人心的，而且是有风险的，因为它注定要威胁社会稳定。"详见〔英〕亚当·斯密《道德情操论》，胡企林等译，商务印书馆，2009，第 58 页。

② 《马克思恩格斯选集》第 2 卷，人民出版社，1995，第 53 页。而马克思在其他场合也指出，资产阶级追求的自由是"孤立的、退居于自身的单子的自由"，"这种自由使每个人不是把他人看作自己自由的实现，而是看作自己自由的限制"。详见《马克思恩格斯全集》第 3 卷，人民出版社，2002，第 183、184 页。

③ 《马克思恩格斯文集》第 7 卷，人民出版社，2009，第 47 页。

子反映了整整一个时代"。① 而考茨基则认为，在新的时代背景下，日益严重的拜物教已经使得不同阶层的人们都匍匐在经济权力之下，甚至连无产阶级也不愿或羞于承认其实际地位，"他们中的大多数想象自己比无产者要强一些。他们幻想自己跻身于资产阶级之列，就像仆人认为自己与其主人属于同一阶级那样。"② 第三，经济权力加剧了人与自然的对立，强化了人类中心主义。经济权力不仅推行了资本主义的生产方式，而且巧妙借用了人性中的负面因素，鼓吹和推广了资本主义的生活方式。这种生产生活方式在蔑视和挤占他人和社会利益的同时，还表现出人对自然的贪婪和狂妄，进而暴露出人类的理性膨胀和盲目自信，加剧了自然环境的毁灭性开发。③ 为此，马克思在比较不同历史时期人类实践能力的基础上指出，"与这个社会阶段相比，以前的一切社会阶段都只表现为人类的地方性发展和对自然的崇拜。只有在资本主义制度下自然界才不过是人的对象，不过是有用物"。④ 由于经济权力的影响，即使在低碳环保已成为全球理念的当下，人们仍然看到了难以置信的一幕：在比尔·克林顿（Bill Clinton）连任总统期间，美国参议院竟然以 95∶0 的压倒性投票，拒绝批准《京都议定书》。即使日本这个给予《京都议定书》最有力支持的国家，其碳排放量也是不降反升。⑤ 同样，欧盟各国也强烈反对大幅减少二氧化碳排放量。⑥ 显然，这种态度的结果必然是"异化劳动从人那里夺去

---

① 〔德〕弗兰茨·梅林：《马克思传》，樊集译，人民出版社，1965，第70页。

② Karl Kautsky, *The Class Struggle* (New York: W·W. Norton, 1971), p. 40.

③ 数据显示，"美国人口仅占世界总人口的5%，却消耗了世界25%的能源；西方发达国家占世界总人口不到20%，却消耗了世界75%的能源和80%的原材料，排放出的二氧化碳占世界排放量的2/3。马克思认为，资本主义的成功之处是生产力提高很快，对人类社会物质生产的贡献很大。资本主义的最大祸害是对无产阶级的残酷剥削。生态社会主义者认为，马克思的观点不全面，资本主义的最大祸害是对人类生存环境造成的破坏，而不仅仅是对无产阶级的剥削压迫。"详见王怀超《当代世界社会主义的发展态势》，《当代世界与社会主义》2014年第5期。为此，有学者一言以蔽之："人类控制环境的能力在增加，但如何理性使用该能力却没有同步改善。"详见〔美〕保罗·R. 埃力克《人类的天性：基因、文化与人类前景》，李向慈等译，金城出版社，2014，第3页。

④ 《马克思恩格斯全集》第46卷上册，人民出版社，1979，第393页。

⑤ 〔英〕理查德·史密斯：《绿色资本主义：一个不成功的经济模式》，安桂芹译，《当代世界与社会主义》2013年第2期。

⑥ 〔英〕彼得·诺兰：《十字路口——疯狂资本主义的终结和人类的未来》，丁莹译，中信出版社，2011，第46页。

了他的生产的对象，也就从人那里夺去了他的类生活，即他的现实的类对象性，把人对动物所具有的优点变成缺点，因为从人那里夺走了他的无机的身体即自然界"。① 第四，消费异化为消费主义，掣肘了人类继续前行的步伐。马克思早就预言过经济权力对消费的过度影响："第一，要求在量上扩大现有的消费；第二，要求把现有的消费推广到更大的范围来造成新的需要；第三，要求生产出新的需要，发现和创造出新的使用价值。"② 而在经济权力的持续发力下，尤其在商业广告的巧妙诱惑和疯狂鼓动下，即使无利润追求的普通消费者也会从被动转变为主动，从基于需要的消费转变成为消费而消费，进而导致消费目的异化的消费主义迅速来临："日常生活消费品变成了货币符号，变成了资本增殖的工具，甚至过度消费、超前消费以及炫耀性消费也成为取得信贷的手段，成为资本运作上的需要"。③ 这样，在消费主义的席卷下，消费代替了生产，必需的消费扩大为欲望膨胀的人为消耗，以致人们在消费中实现了感官快乐和情感宣泄，进而消除了资本增值和扩张的人性底线。显然，这不仅偏离了人类发展的正确方向，而且阻碍了人类继续前行的步伐，进而在悄无声息的异化"幸福"中将人类引导至无法持续的不归之路。④

---

① 《马克思恩格斯选集》第 1 卷，人民出版社，1995，第 47 页。鉴于经济权力的全球化泛滥，批判乃至反全球化的声音也在逐步高涨，而且喊出了两个著名的口号："另一种世界是可能的"和"世界不是一种商品"。详见〔印〕萨拉·萨卡《当代资本主义危机的政治生态学批判》，申森译，《国外理论动态》2013 年第 2 期。

② 《马克思恩格斯全集》第 30 卷，人民出版社，1995，第 388 页。

③ 丰子义：《全球化与资本的双重逻辑》，《北京大学学报》（哲学社会科学版）2009 年第 3 期。

④ 为此，有学者调侃道："此美国每年为了节食所花的钱，已经是足以养活其他地方所有正在挨饿的人。肥胖这件事，可以说是消费主义的双重胜利。一方面，如果大家吃得太少，就会导致经济萎缩，这可不妙；另一方面，大家吃多了之后，就得购买减肥产品，再次促进经济增长。"详见〔以色列〕尤瓦尔·赫拉利《人类简史：从动物到上帝》，林俊宏译，中信出版社，2014，第 340 页。不过，在反复的深刻教训之下，作为对消费主义的反动，越来越多的人开始在反思与批判中倡导适度性消费伦理，即强调增减结合、物质需求与精神需求协调的质量型消费，强调以地球承载能力为限度的生态型消费，强调代内和代际公平的均衡性消费。显然，一旦这一伦理最终成为主流的消费理念，资本主义必将普遍爆发自我反思、自我批判和自我提升的社会革命，进而激发人们挣脱消费主义诱惑、追求更高发展阶段的决心和信心。

第三节 政治权力的保守及其走势

在封建社会阶级矛盾尚未激化的时期，"资产阶级与民族君主政体结成了相互有利的联盟。国王们从资产阶级那里获得财政支援，从而能维护自己对各封建阶层的权威；回过来，资产阶级则从整个王国建立起法律和秩序这一点中获益。这种联盟一直持续到它使不断成长的中产阶级感到厌烦为止，因为此时，中产阶级为了摆脱王室对商业的种种限制、摆脱日渐增加的纳税负担、摆脱对宗教信仰自由的种种限制，转而起来反对国王"。① 换而言之，与资产阶级经济权力曾经萌生于封建社会这一异质环境不同的是，持续壮大其经济权力的追求必然要求资产阶级通过革命手段，获得可以巩固其经济地位的政治权力，形成有利于巩固资本统治的权力格局和政治保障。这样，随着资本主义生产方式的发展和成熟，资产阶级最终获得了与经济权力同质的政治权力，巩固了基于资本逻辑的政治统治，而他们也由曾经的革命者转变为守成者，表现出渐趋保守的趋势。

一 资本主义政治权力的分化

辩证法揭示了客观世界不断发展的内在机制，其中的否定性因素不仅决定了该事物终将被否定的命运，而且规定了新生事物可以发展的方向和可能达到的高度。在此规定下，萌生于封建社会的经济权力不仅预示着专制王权不可避免地成为历史，而且意味着传统的政治权力必将面对新的挑战。如果说《大宪章》正式开启了英国通向近代的大门，预告了分权制衡的滥觞、专制王权的式微和未来发展的可能走向，那么，长期得益于此的经济权力不仅规定了王权的未来命运，充其量也只能以君主立宪的形式获得有限空间，甚至仅以传统的文化符号遗存于世，而

① 〔美〕斯塔夫里阿诺斯：《全球通史：从史前史到 21 世纪》，吴象婴等译，北京大学出版社，2012，第 512 页。

且必然强化平等、民主、自由的制度供给，逐步开启了分权制衡的进程。如果说经济权力本身也是权力分化的结果，显然，其不断强大和渐入佳境不仅有效地体现和巩固了权力分化的成果，而且还为资产阶级政治权力的分化设定了发展方向，注入了强大动力，开启了政治权力的结构化进程。立足理论演进的视角，滥觞于亚里士多德的分权思想发展到洛克时期，逐步形成了君主立宪的理论体系和政治追求，并为孟德斯鸠最终形成"三权分立"学说奠定了理论基础。在孟德斯鸠看来："当立法权和行政权集中在同一个人或同一个机关之手，自由便不复存在了；因为人们将要害怕这个国王或议会制定暴虐的法律，并暴虐地执行这些法律。如果司法权不同立法权和行政权分立，自由也就不存在了。如果司法权同立法权合而为一，则将对公民的生命和自由施行专断的权力，因为法官就是立法者。如果司法权同行政权合而为一，法律便将握有压迫者的力量。如果同一个人或是由重要人物、贵族或平民组成的同一个机关行使这三种权力，即制定法律权、执行公共决议权和裁判私人犯罪或争讼权，则一切便都完了。"① 与此同时，随着人类社会的持续发展，尤其在资本主义生产方式高歌猛进的背景下，资产阶级在经济和政治上的强弱对比必然激发其与封建势力分权的强烈愿望，进而要求确立和保障议会的立法权，限制长期专断的王权。这样，世人就看到了英国查理一世违反有限君权的下场，也目睹了法国路易十六试图恢复专制君权的后果，而之后更为普遍的君主立宪制或资产阶级共和制不仅证明了资产阶级的政治追求和全新的权力格局，而且也巩固了"三权分立"明显优于君主专制的政治成果。所以，面对"欧洲曾经宣布过的一部最具有自由主义色彩的根本法"的黑森宪法，马克思曾盛赞道："没有哪一部宪法对行政机关的权力作过这样严格的限制，使政府在更大程度上从属于立法机关，并且给司法机关广泛的监督权"。②

　　然而，如果说经济权力代表和证明了资本主义的基础性与合理性，那么，"三权分立"在彰显其进步性的同时，也决定了资产阶级政治追

---

① 〔法〕孟德斯鸠：《论法的精神》，张雁深译，商务印书馆，1961，第156页。
② 《马克思恩格斯全集》第19卷，人民出版社，2006，第16页。

求只能听命于经济权力，即扬弃了传统的"三权分立"向何处去以及能够行进多远，都不得不服从于经济权力的目的。既然经济权力推崇的是资本逻辑，维护的是资产阶级利益，巩固的是资产阶级专政，那么，资产阶级自然宁愿保守一点，以牢固掌控政治权力，维护其经济权力，也不愿顺应社会发展规律而继续前行，以防范日益壮大的无产阶级以及由此造成的政治风险。基于这样的政治考量，一旦他们察觉到"三权分立"进程中的危险迹象，尤其是无产阶级不断觉悟并开始利用现行制度勇敢捍卫其合理诉求时，他们的反应则非常迅速，并且毫不犹豫地打击无产阶级运动，甚至不惜与封建势力进行政治结盟，同时设法分化无产阶级，以削弱乃至扼杀革命力量。这样，资产阶级在进步和保守之间的谨慎把握和最终选择，不仅催生了他们对封建势力不同程度的妥协，而且暴露了资产阶级革命的不彻底性以及"三权分立"与生俱来的狭隘性和保守性，即它不是从正面去号召人们起来推翻封建专制制度，推动人类社会的持续进步，而是企图通过与封建贵族分权，调和曾经敌对的阶级利益，以求缓和阶级矛盾，维护和扩大资本的统治地位，因而只是一种不得已而求其次的制度设计，当然也不会真心为无产阶级创设政治参与的制度空间。① 这样，长期以来形式大于内容的议会开始利用其代议机制的间接性与欺骗性，维护日益强盛却无法掩饰的资产阶级利益。而这种政治妥协在防范无产阶级的同时也曾严重损害了资产阶级的自身利益，英国"光荣革命"后的议会仍由封建势力长期垄断，直至1832年的议会改革才逐步终结了王权、贵族的特权，确保了资产阶级的稳定收益，但无产阶级仍毫无收获。为此，马克思一语道破"三权分立"的成因："在某一国家的某个时期，王权、贵族和资产阶级为夺取统治而争斗，因而，在那里统治是分享的，那里占统治地位的思想就会是关于分权的学说，于是分权就被宣布为'永恒的规律'"。② 基于同样的原因，时至1890年，恩格斯在致施密特的信中仍明确指出："洛克在宗教上和政治上都是1688年阶级妥协的产儿"。③

---

① 刘富起：《分权与制衡论评》，吉林大学出版社，1990，第26页。
② 《马克思恩格斯选集》第1卷，人民出版社，1995，第99页。
③ 《马克思恩格斯选集》第4卷，人民出版社，1995，第703页。

其实，"三权分立"学说的缺陷早在其初创之时就已被卢梭察觉。在卢梭看来，国家是全民共同意志的完整体现，主权不可分割，分权必然把"主权者弄成是一个支离破碎拼凑起来的怪物"。① 为此，他指出："人们所能有的最好的体制，似乎莫过于能把行政权与立法权结合在一起的体制了"，如果"没有这两者的结合，便不会或者不应该作出任何事情来"。② 显然，资产阶级的政治统治不幸被卢梭言中。如果说最初"三权分立"的狭隘性和保守性在一定程度上反映出资产阶级在力量尚且薄弱条件下的政治智慧和革命策略，那么，随着资产阶级统治地位的确立和巩固，"三权分立"的重心也由最初的阶级之间逐步转移至阶级内部，其革命性和进步性开始明显衰退，进而表现出明显的欺骗性和保守性。而在阶级矛盾和社会矛盾不断激化的背景下，最初设想的平衡分立的三权又重新失衡，因为作为资产阶级革命同盟军的无产阶级并没有获得相应的利益份额，而且依然无法分享政治权力，甚至缺乏起码的利益表达渠道。不仅如此，行政权再次获得了主导立法权和司法权的集权地位，甚至成为它们的操纵者。而自命为民意代表的立法机关并无足够的勇气、担当和渠道来回应民意，面对日益强势的行政权也显得力不从心，甚至屡屡作出让步，"三权分立"的本质也就暴露无遗："统治阶级对生产者大众不断进行的十字军讨伐，使它不仅必须赋予行政机关以越来越大的镇压之权，同时还必须把它自己的议会制堡垒——国民议会——本身在行政机关面前的一切防御手段一个一个地加以剥夺"。③ 由此可见，资产阶级革命和制度化的分权也难以改变行政机关集权化的传统，更没有明显提高权力运行的规范性，以致美国这样并无历史包袱的年轻共和国也无法摆脱权力异化的梦魇："正是在美国，我们可以最清楚地看到，本来只应为社会充当工具的国家政权怎样脱离社会而独立化……我们在那里却看到两大帮政治投机家，他们轮流执掌政权，以最肮脏的手段用之于最肮脏的目的，而国民却无力对付这两大政客集团，这些人表面上是替国民服务，实际上却是对国民进行统治

---

① 〔法〕卢梭：《社会契约论》，何兆武译，商务印书馆，1980，第37页。
② 〔法〕卢梭：《社会契约论》，何兆武译，商务印书馆，1980，第87、75页。
③ 《马克思恩格斯选集》第3卷，人民出版社，1995，第54页。

和掠夺"。① 由此可见，在经济权力蔓延的时代，"三权分立"的历史进步性也不能遮掩，更无法否认其现实局限性，尤其是无法保障无产阶级的权利表达，其实质"只不过是为了简化和监督国家机构而实行日常事务上的分工罢了"。②

二　政治权力的保守迹象

资本逻辑及其持续增值的诱惑使得封建势力迅速分化出新贵族阶层，而这种内生的进化机制使得新贵族更多具有资本主义的进取精神而非封建主义的守成气息，进而导致他们更多支持经济权力，更加排斥专制特权。在这样的分化和重组中，限于当时的阶级格局和资产阶级的能力，无论立足政治策略的视角，还是就其获得的发展空间而言，革命力量和保守势力在相互妥协中建立起君主立宪政体，既是合乎历史逻辑的必然，也是双方都能接受的结果。③ 在此背景下，"光荣革命"无疑代表了人类历史上最初的分权典范，而洛克两年后出版的《政府论》不仅强调了立法权与行政权的分立，而且赋予了立法权相对于行政权的优先性，进而为资产阶级的权力扩张和对议会的绝对控制、"三权分立"的发展和制度化奠定了理论基础。在此理论的引领下，资产阶级以渐进扩张的形式，最终消除了封建势力的实质性存在。也正是在此意义上，原来由不同阶级掌控的三权逐步转移到资产阶级内部，曾经的极权专制彻底失去了继续存在的合法性。而在资产阶级争取其政治权力的过程中，无产阶级曾经作为其同盟军投身革命，并没有因为前者执掌政权而分享到应有的革命成果，或因"三权分立"的制度化而获得持续壮大的政治保障，其在资产阶级革命中的潜力反而激发了资产阶级的戒备之心，强化了他们的统治手段，以致阶级内部的利益矛盾也没有改变其对无产阶级的共同立场。为此，恩格斯通过分析资产阶级革命的领导权问题，指出

---

① 《马克思恩格斯选集》第 3 卷，人民出版社，1995，第 12 页。
② 《马克思恩格斯全集》第 5 卷，人民出版社，1958，第 225 页。
③ 至于君主立宪政体延续至今，与其当初的职能已有天壤之别。当下的君主立宪已经不再是资产阶级对君主的让步，而是君主对资本统治的迁就和粉饰，其权力重心更是明确地放置在资产阶级身上，因而更是一种传统惯性和文化现象，而无实际意义。

了革命的力量构成和无产阶级的命运："从 1815 年到 1830 年，在一切国家里，资产阶级都是革命派中间的最有力的组成部分，因而也是革命派的领袖。只要资产阶级本身还在革命，还在进步，工人阶级就不可避免地要充当资产阶级手里的工具。所以，在这种情况下，工人阶级单独的运动始终只起着次要的作用"。① 而马克思则一语道破资产阶级革命的实质："整个历史运动都集中在资产阶级手里；在这种条件下取得的每一个胜利都是资产阶级的胜利。"②

随着阶级力量与阶级格局的变化，资产阶级最终消灭了封建势力的所有特权，执掌政权的他们则明显趋于保守，以致公开站到无产阶级的对立面，无产阶级的政治地位则由追随资产阶级的革命力量，转变为资产阶级严加防范的统治对象及其政治权力的客体，资产阶级革命的局限性和保守性也因此更加充分地暴露出来，以致革命过程曲折反复，革命成果也无法惠及无产阶级。1830 年的法国资产阶级在无产阶级的大力协助下，终于实现了它在 1789 年的夙愿，却抛弃了共和国的口号，独占了革命胜利的果实，建立起路易·菲利浦统辖的奥尔良王朝，付出巨大牺牲建立起的"七月王朝"也只能达到君主立宪制的水平，却毫不顾及无产阶级的牺牲和应有利益。为此，当时就有资本家非常露骨地扬言："我需要君主制，我可以把它一劳永逸地买下来，共和制要我付出的代价太大，因为每隔几年我就得收买一批饿鬼"。③ 为此，恩格斯一针见血地指出："1830 年的'伟大的一周'是资产阶级和工人阶级结成联盟的结果，是自由派和共和派结成联盟的结果。但事情成功以后，工人就被扔到一边；资产阶级独吞了革命果实"。④ 不仅如此，随着君主专制和土地贵族退出历史舞台，1830 年也因此成为资产阶级革命运动的顶峰，曾经的革命者开始毫无顾忌地撕下伪装，以致"1830 年，最终决定一切的危机发生了……资产阶级在法国和英国夺得了政权。从那时起，阶级斗争在实践方面和理论方面

① 《马克思恩格斯全集》第 2 卷，人民出版社，1957，第 648~649 页。
② 《马克思恩格斯选集》第 1 卷，人民出版社，1995，第 280~281 页。
③ 转引自洪波《法国政治制度变迁》，中国社会科学出版社，1993，第 180 页。
④ 《马克思恩格斯全集》第 1 卷，人民出版社，1956，第 580 页。

采取了日益鲜明的和带有威胁性的形式"。① 这样，在 19 世纪 30～40 年代，随着工人阶级的觉醒和工人运动的发展，1831 年和 1834 年里昂工人的武装起义、1835 年巴黎工人起义、1836 年开始的英国宪章运动以及 1844 年西里西亚和波希米亚工人起义等，都遭到了残酷镇压。同样是在法国，面对 1848 年工人成立共和国、实现民主改革的要求，资产阶级的欺骗行为最终激发了被马克思称为"分裂现代社会的两个阶级之间的第一次大规模的战斗"的巴黎"六月起义"，结果"资产阶级为自己所经受的死亡恐怖进行了闻所未闻的残酷报复，残杀了 3000 多名俘虏"。② 而镇压了"六月起义"后制定的 1848 年宪法既冠冕堂皇地赋予工人所要求的权利，又千方百计地予以重重限制，以致"这个文件从头到尾是一大套掩饰极其奸诈的意图的漂亮话。宪法的措词本身使破坏宪法成为不可能的事情，因为每个条款都包含着相反的一面，而完全取消条款本身"。③ 及至后来的巴黎公社革命，面对消极防御的国民自卫军，资产阶级更是制造了震惊世界的"五月流血周"，而"'五月流血周'结束以后，白色恐怖笼罩着巴黎。被杀死、被监禁和被流放的公社社员和战士共计达十万人。尸体积满了巴黎街道，鲜血染红了塞纳河"。④ 后来恩格斯在回忆这段历史时，仍无法抑制悲愤："在经过八天的战斗之后，最后一批公社捍卫者才在贝尔维尔和梅尼尔蒙坦的高地上倒下去，这时对赤手空拳的男女老幼已进行了一个星期的越来越疯狂的屠杀达到了顶点。用后装枪杀人已嫌不够快了，于是便用机关枪去成百上千地屠杀战败者。最后一次大屠杀是在拉雪兹神父墓地上的一堵墙近旁发生的，这堵'公社战士墙'至今还矗立在那里，作为无声的雄辩见证，说明一旦无产阶级敢于起来捍卫自己的权利，统治阶级的疯狂暴戾能达到何种程度"。⑤ 而这也极真实地验证了马克思对资产阶级统治的判断：无产阶级"要在资产阶级共和国范围内稍微改善一下自己的处境只是一种空想，这种空想只要企图加以实现，就

① 《马克思恩格斯选集》第 2 卷，人民出版社，1995，第 107 页。
② 《马克思恩格斯选集》第 1 卷，人民出版社，1995，第 398 页。
③ 《马克思恩格斯全集》第 7 卷，人民出版社，1959，第 588 页。
④ 管佩韦：《"五月流血周"（1871 年 5 月 21～28 日）——保卫巴黎公社的最后斗争》，《史学月刊》1983 年第 3 期。
⑤ 《马克思恩格斯选集》第 3 卷，人民出版社，1995，第 9 页。

会成为罪行"。① 也正是因为这一顽固的保守本性，即使发展到当代，"一旦社会主义者决定为政治权力而斗争，一旦他们开始在现存的代议机构中竞争，随后发生的一切就都变得严格限制了"。② 于是，今天的人们仍能看到匪夷所思的一幕："在资本主义全球化的时代，美国政府每年只花费了几千万美元在可再生能源的研究上，与此同时美国政府的军事开支却达到了每天 20 亿美元"③，其深层动机无疑仍在于维护其具有全球优势的军事存在，进而维护相应的资本统治，由此形成的各种自我辩护也因此变得苍白无力和徒劳无功。

资产阶级政治权力的保守趋势不仅表现在他们执掌政权后的裹足不前，并用暴力强化其政治统治，而且也明显表现在他们用系统化的意识形态欺骗和安抚无产阶级的企图，因为这一崇尚资本逻辑、追求经济权力的制度决不允许非资本主义的思想传播，自然遑论强烈的反资本主义思想，"共产主义的幽灵"更会遭受"旧欧洲的一切势力"联合围剿。在 19 世纪中后期，愈演愈烈、风起云涌的工人运动明显暴露了暴力镇压的局限性，迫使资产阶级在打击和镇压之外寻求成本更低、效果持续的统治策略，意识形态的功能受到空前重视，并呈现理念、策略和手段协调共进的趋势。关于意识形态的影响，马克思有过一段经典的表述："人们自己创造自己的历史，但是他们并不是随心所欲地创造，并不是在他们自己选定的条件下创造，而是在直接碰到的、既定的、从过去承继下来的条件下创造。一切已死的先辈们的传统，像梦魇一样纠缠着活人的头脑"。④ 如果说这段文字还只是对人类社会的共性描述，那么，资产阶级对意识形态的日益重视及其在此方面的苦心经营则收到了明显成效，即"劳动力的再生产不仅要求再生产出劳动力的技能，同时还要求再生产出劳动力对现存秩序的各种规范的服从，即一方面为工人们再生产出对于占统治地位的意识形态的服从，另一方面为从事剥削和镇压的当事人再生产出正确运用占

① 《马克思恩格斯选集》第 1 卷，人民出版社，1995，第 400 页。
② 〔美〕亚当·普热沃尔斯基：《资本主义与社会民主》，丁韶彬译，中国人民大学出版社，2012，第 263 页。
③ 〔英〕彼得·诺兰：《十字路口——疯狂资本主义的终结和人类的未来》，丁莹译，中信出版社，2011，第 255 页。
④ 《马克思恩格斯选集》第 1 卷，人民出版社，1995，第 585 页。

统治地位的意识形态的能力"。① 这样，随着意识形态灌输的多管齐下，尤其在适当缓和国内矛盾、强化境外殖民统治的共同作用下，② 工人阶级也开始满足乃至沉溺于生产力进步和统治策略调整所创造的各种利好，甚至由一度的"自为阶级"（class for itself）明显退化为"自在阶级"（class in itself）。在此背景下，甚至始终追求客观公正的科学技术也被赋予意识形态的观念，用来论证资本主义的合法性，工人阶级也明显丧失了辨别能力，更在麻木和顺从中逐步蜕变为"单向度的人"。也正是在此意义上，即使"完全利用现代技术最新成果造成的、堪称 20 世纪技术奇迹的现代化武器"也会像"原始时代的棍棒""奴隶制时代较为完善的武器""中世纪出现的火器"一样，离不开相应的意识形态，只不过此时的意识形态因为科技进步和经济增长而更具理性依据，更有转移视线、安抚欲望的欺骗性。而马尔库塞（Marcuse）则通过系统论证后指出："技术的合理性展示出它的政治特性，因为它变成更有效统治的得力工具，并创造出一个真正的极权主义领域。"③ 这样，在不断完善的意识形态的深刻影响下，"在先进的工业资本主义社会中，统治具有丧失其剥削和压迫的性质并且变成'合理的'（统治的）趋势，而政治统治并不因此消失"。④ 为此，

---

① 陈越：《哲学与政治：阿尔都塞读本》，吉林人民出版社，2003，第 273 页。

② 这两者在相互作用、相互支撑中共同改善了资本主义的统治秩序，但对殖民地和半殖民地国家的经济造成了致命打击。长期以来，相对于宗主国经济的持续增长，殖民地和半殖民地经济却长期停滞乃至倒退，如"印度 1870 年的人均 GDP 低于 1700 年，甚至还不到 1600 年的水平，虽然后来在 1914 年升至 673 美元，但是到 1950 年又回落到 619 美元。"相比之下，"中国的人均 GDP，1820 年为 600 美元，1850 年没有变化，1870 年甚至跌至 530 美元，1890 年为 540 美元，1913 年为 552 美元，这些数字生动地说明了中国这一期间所处的困境。1950 年，仅为 439 美元，是 1820 年的 73%，比 1850 年的还要低。这都说明中国经济在过去 120 年里的灾难性表现，而其中外国势力的侵入和占领是最主要原因。"详见〔英〕马丁·雅克《当中国统治世界：中国的崛起和西方世界的衰落》，张莉等译，中信出版社，2010，第 33、79~80 页。尽管传统殖民体系明显式微，发达资本主义国家仍能通过更为隐蔽却仍不平等的全球生产和贸易格局，低价进口能源和原材料，高价出口制成品，进而在打压发展中国家竞争能力的同时，也固化了这种极不合理、极具剥削性质的生产和贸易体系，结果既长期维护了自己预期的利润增长率，又显著改善了国内的阶级关系，却明显加大了全球范围内的经济差距。

③ 〔美〕赫伯特·马尔库塞：《单向度的人》，刘继译，上海译文出版社，1989，第 18 页。

④ 〔德〕尤尔根·哈贝马斯：《作为"意识形态"的技术与科学》，李黎等译，学林出版社，1999，第 40 页。

许多马克思主义思想家都不得不调整革命思维和斗争策略，着力批判资本主义的意识形态，以深刻揭示其虚假和欺骗的色彩，重新唤醒工人阶级的政治觉悟。在此背景下，卢卡奇的"阶级意识"、葛兰西的"文化领导权"以及阿尔都塞的"意识形态国家机器"等理论不仅在不同时空下继承和发展了马克思对资本主义意识形态的批判，而且从不同角度揭示了资产阶级统治策略和统治能力的变化，进而重新明确了人类继续前行的方向和路径。

三 政治权力的发展趋势

人类历史和唯物史观都已证明，主观因素能够加快或延缓人类发展的步伐，但也无法扭转历史前进的基本方向。同样，即使资本主义政治权力的保守性能够为资产阶级争取更多机会，但也无法消除政治权力本身继续前行的动力，尤其无法消除其在制度框架内依然存在的进步空间，或者说，在历史的车轮面前，资产阶级也不能完全无视人类社会的发展规律，顽固维护其既得利益。首先，保守的政治权力也不得不容忍有限的进步。和其他社会形态中的统治者一样，资产阶级不仅要设法维护其统治地位，而且要以各阶级，尤其是工人阶级也能感受到的进步证明其合法性，消除其变革现实的决心。这样，当马克思主义动员和凝聚起日益壮大的革命力量时，资产阶级也不得不有所收敛，适当满足工人阶级的基本诉求，以抵消马克思主义的影响及其对统治秩序的冲击。于是，"在发达资本主义制度下甚至极其保守的政府，也经常会被迫采取反对某些财产权和资本主义特权的行动"，甚至"通过行使合法化的权威，将它们的意志强加给实业界，阻止它做某些事，或强迫它做某些事"。① 不仅如此，资产阶级既利用科技进步的利好缓和对工人阶级的剥削，又借此加快殖民统治的进程，以便在不放弃乃至增加剩余价值的同时，适当改善无产阶级的生存状况，缓和阶级矛盾，巩固其阶级

---

① 〔英〕拉尔夫·密利本德：《资本主义社会的国家》，沈汉等译，商务印书馆，1997，第83、151页。

统治。① 在此背景下，以往的各种拜物教进一步异化为颇具诱惑力的消费主义，以至于所有人都或多或少地置身于一种日益"幸福"的异化生活，而忘却对自身处境的反思与对现实的批判，更遑论在此基础上的坚定前行。与此同时，面对此起彼伏的阶级斗争，资产阶级还在其议会中为工人阶级提供了有限席位，为其表达政治诉求提供了体制内渠道，以化解工人运动的政治诱因，压缩阶级斗争的体制外空间。也正因为如此，马克思也经常反思以武装斗争取得革命胜利的设想，并及时调整斗争策略，支持工人阶级充分利用议会维护和壮大自身利益。为此，他强调指出："因此，在英国，普选权的实行，和大陆上任何标有社会主义这一光荣称号的其他措施相比，都将在更大的程度上是社会主义的措施"。② 这样，当工人阶级日益灵活地运用体制内因素开展斗争，资产阶级也逐渐发现："它为反对封建制度而锻造出来的各种武器都倒过来朝向它自己了，它所创造的一切教育手段都转过来反对它自己的文明了，它创造的所有的神都离弃了它"。③ 显然，这样的制度及其现实影响又恰恰暴露出资产阶级政治权力的有限进步性，因为工人阶级对普选制度的逐步适应和充分利用，"弄得资产阶级和政府害怕工人政党的合法活动更甚于害怕它的不合法活动，害怕选举成就更甚于害怕起义成

---

① 为此，马克思明确指出，资产阶级的殖民历史事实上充斥着背信弃义、贿赂、残杀乃至种族灭绝等卑劣行径，其所谓自由贸易的实质是"年年靠摧残人命和败坏道德来填满英国国库的事情。"因此，"当我们把目光从资产阶级文明的故乡转向殖民地的时候，资产阶级文明的极端伪善和它的野蛮本性就赤裸裸地呈现在我们面前，它在故乡还装出一副体面的样子，而在殖民地它就丝毫不加掩饰了。"详见《马克思恩格斯选集》第 1 卷，人民出版社，1995，第 704、772 页。即使时至当下，发达国家有所改善的利益格局与较为稳定的社会秩序，仍然是以日益明显的国际贫富差距为代价的，在全球范围内明显呈现财富向核心国家集聚、贫困向边缘国家扩散的变化趋势。联合国《2005 年人类发展报告》的有关数据显示，当今世界最富有的 500 人的收入之和大于 4.16 亿最贫困人口的收入之和。其中，比尔·盖茨（Bill Gates）、沃伦·巴菲特（Waren Bufet）、保罗·艾伦（Paul Allen）三人的总资产比世界上最不发达的 43 个国家的 GDP 总和还多。即便如此，发达国家的财富集中度仍在上升。2007 年，美国最富有的 1% 的家庭占有全美家庭 43% 的金融财富，20% 的家庭所拥有的金融财富占美国家庭金融财富总额的 93%。详见景天魁《社情人情与福利模式——对中国大陆社会福利模式探索历程的反思》，《探索与争鸣》2011 年第 6 期。

② 《马克思恩格斯全集》第 11 卷，人民出版社，1995，第 425 页。

③ 《马克思恩格斯全集》第 8 卷，人民出版社，1961，第 165 页。

就"。①

　　其次，政治权力也不能排斥国家的社会职能。出于揭露和批判的需要，马克思尤为强调国家的阶级属性和政治职能，但也不意味着他对社会职能的否认。不仅如此，政治权力总是政治性与社会性的辩证统一，鲜明的阶级性也无法排斥其中基本的公共性，以至于国家的政治职能和社会职能缺一不可，甚至随着社会进步，后者还存在逐步凸显的趋势。事实上，相对于前资本主义时期，无论是阶级矛盾的直接性和尖锐性，还是迅猛发展的生产力和社会财富，都要求并允许政治权力更加凸显其社会职能，以调和其阶级关系。在此背景下，一方面，政治权力对经济活动渐趋主动和频繁的干预不仅取得了明显效果，而且也逐步深入人心，以至于长期奉行"看不见的手"和"最小国家"的古典自由主义理论不再受到追捧，国家干预主义最终成为其首选的替代方案，并以常态且熟练的手法调控着经济。为此，有研究者指出："由于自由放任和政府不干涉观念破产得如此彻底，结果连垄断企业也不得不重新调整其公共哲学"，"让政府采取某种行动，以缓和国内形势中最不能令人容忍的方面，这种需要就变得非常迫切"。② 而资本主义在社会职能的扩张和完善也获得了意想不到的收益："恰如其分的政府行为替代了完全的自由放任和政府中立的原则后，由此保证的充分就业纲领具有它所替代的那些原则的一切优点，而且没有任何缺陷。它摆脱了来自资产阶级经济机能失灵的过失"。③ 另一方面，最初个别国家在危机状态下的应急措施不仅取得了意想不到的效果，而且最终发展为全球范围内的社会保障运动。为了有效应对经济上的贫富悬殊和政治上的阶级斗争，资产阶级的思想家们自然也会诉诸社会保障政策，以便"使人民获得高的个人自由与财产安全"。④ 为此，统治阶级在延续其传统统治手段的同时，也在反思其统治策略，并设法消除工人运动的深层原因，进而支持那些仅着眼改善生活状况的民意诉求，以试图向后者表明，他们希望通过革命获得的利益同样可以在现有条件下获得，根本无须诉诸

---

① 《马克思恩格斯文集》第 4 卷，人民出版社，2009，第 545 页。
② 〔美〕保罗·巴兰：《增长的政治经济学》，蔡中兴等译，商务印书馆，2000，第 182 页。
③ 〔美〕保罗·巴兰：《增长的政治经济学》，蔡中兴等译，商务印书馆，2000，第 184 页。
④ F. List, *The National System of Political Economy* (New York：Longman, 1928), p. 117.

激进的革命手段，更可以避免两败俱伤的结局。这样，在资产阶级的努力下，工人阶级的革命精神受到了明显削弱，并开始沉溺于消费主义的神话之中，由此造成的感官享受冲淡了异化劳动造成的痛苦，甚至在异化劳动中找到了精神寄托和现实依据，以至于路德维西·冯·米塞斯（Ludwig von Mises）指出："现代资本主义的根本特征是最终供群众消费的商品的大规模生产。其结果是普通人的生活水平趋于持续的提高，很多人也日渐富裕。资本主义使普通人摆脱了'无产阶级的地位'，跻身于'资产阶级'的行列"。① 由此可见，这种宏观调控虽不足以彻底改变资本主义社会的性质，但也显著弱化了工人阶级的觉醒和抗争。当然，这种努力客观上也为资本主义注入了社会主义因素，甚至开启了值得期待、有待验证和完善的社会主义化倾向。

最后，政治权力的社会化进程明显加快，社会权力迅速成长。社会权力具有广义和狭义之分，广义的社会权力②包括经济权力这一重要和根本的权力，而狭义的社会权力"是指除经济权力外的各种非政府性社会组织的权力，如政党、利益群体、宗教组织、家庭等社会组织中的权力"。③就此意义而言，社会权力长期存在于人类历史之中，但就其与政治权力相对应的关系而言，却曾经长期缺乏应有的普遍性。但是，随着资本主义的不断发展，社会权力不仅因为经济权力的发展壮大和独立化而逐步狭义化，而且对政治权力产生越来越明显的引领和规范作用，代表着权

① 〔奥〕冯·米塞斯：《官僚体制·反资本主义的心态》，冯克利等译，新星出版社，2007，第 113 页。

② 吕明：《马克思社会权力思想及其对中国法治建设的启示》，《江淮论坛》2007 年第 4 期；夏巍：《哈贝马斯对社会权力的二元诠释——从马克思存在论角度进行的一种解读》，《东岳论丛》2009 年第 7 期；倪斐：《论独立监管机构的经济法主体地位——以马克思主义社会权力机构学说为视角》，《南京师大学报》（社会科学版）2014 年第 5 期；鲍金：《论货币的社会权力——基于马克思货币理论的当代考察》，《马克思主义与现实》2016 年第 3 期；等等。

③ 刘军宁：《社会权力·政治权力·经济权力——关于三者关系的回顾与思考》，《改革》1988 年第 4 期。此处重在分析狭义的社会权力，由此也证明本书在资本统治视角分析经济权力的合理性，因为资产阶级的经济权力虽与社会权力有交叉之处，但相对于经济权力对历史和现实的描述，仅有为数不多的所有者，社会权力却代表着趋势和未来，将产生越来越多的所有者。由此也说明，社会权力并不简单地指代社会自我管理的权力，而且包括社会对国家的约束力和影响力，而这恰恰预示着权力发展的基本方向和值得期待的高远意境。详见郭道晖《社会权力与公民社会》，译林出版社，2009，第 54 页。

力发展的基本方向。一般而言，这两种权力之间始终存在相互依存和相互转化的内在机制，但在资本主义的壮大过程中，它们之间的界限也逐步明确，互动趋势更加频繁和明显，即"社会权力的积累可以为获得政治权力提供有利的基础。政治权力的取得也有助于社会权力的增加"。①一方面，对于正当合理的社会权力，政治权力通常会予以承认、尊重和保护，而不是传统社会中的防范、干预和抑制，更遑论取而代之。也正是在此背景下，马克思基于对历史和现实的真实把握，得出了"政治国家没有家庭的自然基础和市民社会的人为基础就不可能存在。它们对国家来说是必要条件"②的结论，完成了"市民社会决定国家"的理论创新。而主张从权力视角研究马克思主义政治理论的李景鹏也认为："资产阶级的政治统治和政治管理不同于前资本主义国家的政治统治和政治管理。这种区分在于资产阶级政治制度是历史上唯一不排斥劳动群众参与政治生活，反而是以劳动群众参与政治生活作为其运行的必要条件的剥削阶级的政治制度"。③另一方面，政治权力总是想方设法地扩大其社会基础。扩大社会基础是任何时期政治权力的一贯追求，但是，由于资本主义时期的社会力量及其影响呈现主动性的显著增长，政治权力不仅更加充分地认识到社会权力的地位和作用，而且也不得不更加主动地回应社会的合理诉求。为此，马克思在评论法国的历史时指出："正统王朝和七月王朝并没有增添什么东西，不过是扩大了分工，这种分工随着资产阶级社会内部的分工愈益造成新的利益集团，即造成用于国家管理的新材料，而愈益扩大起来"。④至于前文分析的资产阶级在 19 世纪中后期更加注重为工人阶级创设利益表达的合法渠道、用其更为系统的意识形态有效化解工人运动的事实，同样也证明了他们更加注重向民众证明其统治的合法性，以争取更多的社会认同。这样，由资产阶级组织和掌控的国家机构也就具有了推动政治权力社会化的更多空间，以至于

---

① 刘军宁：《社会权力·政治权力·经济权力——关于三者关系的回顾与思考》，《改革》1988 年第 4 期。
② 《马克思恩格斯全集》第 3 卷，人民出版社，2002，第 12 页。
③ 李景鹏：《权力政治学》，北京大学出版社，2008，第 12 页。
④ 《马克思恩格斯选集》第 1 卷，人民出版社，1995，第 675 页。

在现当代，曾经备受压迫的底层力量也在制度框架内进行政治参与，自然能获得更大的影响力，因为"他们的优势是数量，而选举是一种数量优势的表达"。① 由此也可以预见，随着民意影响的逐步提升，尤其是其中基于经验教训的理性诉求的日益凸显，社会力量主动争权维权的力度会日益加大，政治权力也只有在及时回应民意中才能避免过早的边缘化，其社会化也将成为社会发展的不可逆趋势，任何力量如若无视这一趋势，必将更快地退出历史舞台。

第四节　权力互动与资本主义的命运

相对于资本主义经济权力的重要作用，"在自然经济和手工业生产占主导地位的传统农业社会中，由于商品经济很不发达，在获得政治权力方面，经济权力并不如社会等级、血统和地位那么重要。同时，经济主体的权力和财产也得不到保障，表现为官府可以任意查抄、没收经济权力主体的财产，任意干涉商品生产和商品交换活动。经济权力不仅不构成获得政治权力的条件，而且任何握有政治权力的官吏都可以在没有经济权力的情况下去大量占有财富"。② 因此，在此历史时期，经济权力只能臣服和听命于政治权力，自然也遑论与其进行实质性的角力。但在资本主义时期，随着生产力的进步、社会力量的壮大以及由此造成的统治策略的调整，政治权力的暴力色彩逐步收敛，其强制性也明显隐匿。这样，作为这一趋势的原因和结果的经济权力不仅逐步显现出其应有的基础地位，而且对政治权力产生了决定性影响，以至于经济权力作为一种总体性的权力，最终成为主宰一切的力量，而政治权力也更多听命于经济权力而非更具民意基础的社会诉求，它们之间的相互作用最终催生了普遍且屡遭诟病的金钱政治。在此背景下，这两种权力不仅获得了各自的存在空间，而且形成了真

---

① 〔美〕亚当·普热沃尔斯基：《资本主义与社会民主》，丁韶彬译，中国人民大学出版社，2012，第13页。

② 刘军宁：《社会权力·政治权力·经济权力——关于三者关系的回顾与思考》，《改革》1988年第4期。

正意义上的互动格局和凯尔森笔下的 "最标准的国家"①，以至于亚当·普热沃尔斯基（Adam Przeworski）将 "资本主义与政治民主的结合视为一种非常有利于追求直接经济利益的社会形式"。② 而这个格局的形成也直观生动地证明了权力的永恒性、政治权力和经济权力的阶段性、两者之间辩证运动的基本趋势以及资本主义的未来命运。

一　政治权力：经济权力扩张的保障

政治权力支持经济权力扩张并不是资本主义社会独有的现象，在此之前专制的封建王权也有类似的举措。当时，出于赢得权力斗争和壮大国力的需要，封建王权也曾大力支持经济权力的发展壮大，甚至通过相应的法律为其拓展空间。当然，无可否认的是，此时萌生的资本主义工商业与一般意义上的工商业并无明显区别，封建王权并未察觉到其中的革命机制，甚至感觉明显有益于其阶级统治，而资本家们也同样未认识到自身的未来命运和历史使命，自然也乐于接受其保护和支持。这样，"至少暂时有益" 的态度实质上反映了封建王权 "姑且用之" 的心理预期。换而言之，对封建王权而言，即使异质的经济权力最初也能恰到好处地满足其经济和政治需要，自然可以成为一种可以接受乃至称心的选择。在此背景下，人类历史上不仅出现了地理大发现的壮举，而且催生了资本主义生产方式。所以，有研究者明确指出："没有封建政府的积极参与，弱小的资本主义根本不可能在十五世纪就发起地理大发现运动，从而使资本主义萌芽本身的发展大打折扣"。③ 也基于同样的目的和机制，19 世纪后期德国的威廉一世、俄国的亚历山大二世、日本的明治天皇等具有现代化意识的君主也都更为积极地承担起相应责任。

---

① 〔奥〕凯尔森：《共产主义的法律理论》，王名扬译，中国法制出版社，2004，第 34 页。同样，也有其他研究者认为："资本主义秩序在历史上曾有强大力量，它通过一系列统治家族，将财富和权力结合在一起，从而维持这种制度的延续性。"详见〔美〕丹尼尔·贝尔《资本主义文化矛盾》，严蓓雯译，江苏人民出版社，2007，再版前言。
② 〔美〕亚当·普热沃尔斯基：《资本主义与社会民主》，丁韶彬译，中国人民大学出版社，2012，第 261 页。
③ 王加丰：《资本主义起源及现代经济发展初期的政治前提问题——兼谈中西前工业社会的性质》，《史学理论研究》1998 年第 2 期。

如果说封建势力对经济权力的深远影响始料不及，并作为一种巩固政权的手段加以利用的话，那么，随着经济权力的发展壮大，资产阶级不仅逐渐意识到自身的历史使命，而且必然要设法冲破封建势力的束缚。尤其当他们在相对宽松的环境中成长为"第一个没有政府的有产阶级"之后，必然萌生更大的政治追求，意欲建立起属于自己的政权，以谋取更大更持久的经济利益。换而言之，在羽翼未丰之时，资本总是"追求权力保护进而控制政治权力……羽翼丰满之后，资本又总是通过对政治权力的渗透和控制来推行自己的意志，满足自己的欲望"。① 这样，相对于封建势力将经济权力视为一种手段，资产阶级必然将其视为一种目的，一种合乎资本逻辑且与其相互依存、相互促进的现实目的。这样，"生产剩余价值或赚钱，是这个生产方式的绝对规律"。② 回溯历史，无论是英国的"光荣革命"或法国大革命，还是其他国家范围更广、方式更多的资产阶级革命，其最终目的和结果也无不表现为资本主义生产方式的发展壮大和资产阶级利益的稳定实现。与此同时，随着封建势力逐渐退出历史舞台，风头正劲的资产阶级仍然存在巩固其政治权力、扩张其经济权力的必要性和可能性，因为他们在防范封建势力复辟的同时，也不会忘记赚钱的至上目的，更要防止不断觉悟的无产阶级冲击其统治地位。相对于没落的封建势力而言，无产阶级无疑是他们更为现实的威胁，他们自然要通过完善政治权力的综合配置，扩张经济权力，强化对无产阶级的剥削，进而实现更加稳固的权力格局和两种权力更为平稳的互动。为此，他们宁愿放弃曾经的革命精神，甚至对封建势力进行政治妥协，以确保把劳资关系限制在有利可图的范围内，直至最终实现资产阶级的经济统治和政治统治。此外，随着经济权力的壮大，尤其当其与民族国家形成互为支撑之势时，国家之间综合国力的竞争必然要求政治权力恰逢其时、恰到好处地加强制度供给和军事支持，以实现经济权力在全球范围的扩张。换而言之，任何资本家或资本家集团都无法单独实现境外扩张的企图，都必须仰仗政治权力的鼎力相助，才能使得他们无虞奔走于全球各地，不断抢占市场份额，扩大产品

---

① 丰子义：《全球化与资本的双重逻辑》，《北京大学学报》（哲学社会科学版）2009 年第 3 期。
② 《马克思恩格斯全集》第 44 卷，人民出版社，2001，第 714 页。

销售范围。在此背景下，西方列强不尽相同的国力不仅决定了他们瓜分殖民地的相应份额，而且同样决定了各国经济权力的影响力，甚至他们之间频繁战争的诱因和最终胜负也都对应了经济权力和综合国力的发展程度。就此意义而言，曾经一度普遍存在的宗主国和殖民地的格局是商品经济对自然经济的胜利，同样也是资本主义政治权力和经济权力共同对之前的政治权力乃至原始公共权力的胜利。①

与政治权力支持经济权力扩张的原因相对应的是，这一互动关系在历史上主要表现为以下两种路径。首先，政治权力的支持最初发生在国内，但最终形成了国内和国外并举的局面。回首资本主义的历史，不同国家都先后为其提供制度保障。有所不同的是，有的国家（如荷兰、英国等）能够主动回应国内资本主义发展的需要，加强制度创新，有的国家（如俄国、德国、日本等）则在外界压力下被迫强化制度供给；基本相同的是，他们最终不仅为经济权力的扩张提供了广阔的发展空间，而且自身也达到了富国强兵的目的。为此，马克思指出，即使在后来居上的北美，"中央政府的权力是和资本的集中一起增长的"。② 而在此过程中，无论是对保守势力的摧毁和防范，还是对无产阶级的压迫和剥削，资产阶级自然会无所不用其极，即"他们借以兴起的手段，同罗马的被释奴隶成为自己保护人的主人所使用的手段同样卑鄙"。③ 与此同时，一俟其统治秩序稳定、交通条件允许，迫于国内工人运动的此起彼伏，也鉴于落后的国家或地区更具诱惑的资源和市场，资产阶级便通过政治权力，强化制度供给，赋予经济权力强大的军事支持，独占或瓜分殖民地。于是，资本主义的经济权力和政治权力非常默契地双管齐下，对这些国家或地区进行明火执仗的烧杀抢掠，亚洲、非洲、美洲的绝大多数国家或地区相续成为经济权力的扩张对象，以致财富被掠夺、资源被霸占、人口被贩卖，资本主义

---

① 在对外扩张中，政治权力为经济权力提供政策支持，以英国的东印度公司最为典型。在资本原始积累时期，英国尚无力进行海外扩张，便支持一些大商人成立东印度公司，授予他们垄断贸易、建立军队和占据领土等特权，充当国家殖民扩张的工具，直至最终在印度建立起政商合一的殖民政权，实现了政治权力和经济权力的双赢与国力的快速提升。

② 《马克思恩格斯全集》第 46 卷上册，人民出版社，1979，第 5 页。

③ 马克思：《资本论》第 1 卷，人民出版社，2004，第 822 页。

更是在全球范围内得以蔓延。伴随经济权力在不同国家和地区的扩张，资本主义也更加彻底地暴露其动机与罪行，以至于现当代的人们仍然目睹了经济权力刺激下政治权力的疯狂举动，见证了马克思对资本主义的深刻洞见："2000 万人在第一次世界大战中丧生；8000 万人在第二次世界大战中丧失；更多的人死于 140 次'局部战争'，第三世界悲惨的生活状况和 1945 年以来的各种技术灾难，难道这不是证明了马克思主义的观点，即与 1914 年以前的时期不同，资本主义现在的消极作用已经大大超过了它的积极作用？"①

其次，政治权力支持经济权力扩张，不仅表现为持续的制度保障，而且具有相应的意识形态支撑。无论是国内扩张，还是国外殖民，资产阶级都不会忽视政治权力在制度供给方面的主导作用。这种主导作用不仅能够为经济权力提供广阔的发展空间，而且还能动用其无法奢望的政治资源，为其保驾护航。一方面，这种保障借助当时的相关法律，表现出明显的强制色彩，即马克思所说的："被暴力剥夺了土地、被驱逐出来而变成了流浪者的农村居民，由于这些古怪的恐怖的法律，通过鞭打、烙印、酷刑，被迫习惯于雇佣劳动制度所必需的纪律"。② 与此同时，资产阶级还根据商品经济规律，不断进行制度创新，以保护经济权力的发展空间。可以想象，如果当初英国没有政治权力的未雨绸缪，建立起相应的专利保护制度，詹姆斯·瓦特的命运显然将难以在挫折中坚持其专长，更不会得到马修·博尔顿（Matthew Boulton）的全力支持，工业革命何时到来自然会充满变数，执掌工业革命牛耳者也不见得是英国，甚至世界的经济格局和政治版图也将是另外一番景象。③ 事实上，无论是内生型的荷兰、英国、法

---

① 〔比利时〕厄内斯特·曼德尔：《权力与货币：马克思主义的官僚理论》，孟捷译，中央编译出版社，2002，第 22 页。

② 《马克思恩格斯全集》第 23 卷，人民出版社，1972，第 805 页。

③ 历史学家认为，利润丰厚的商业企业，与同时发生的技术进步和制度变革一起，解释了工业革命在 18 世纪晚期达到"起飞"阶段的原因。而命运格外垂青英国，更是得益于政治权力服务经济权力的理念及其对经济权力的鼓励和支持，以及由此获得的明显优于其他国家的综合因素。详见〔美〕斯塔夫里阿诺斯《全球通史：从史前史到 21 世纪》，吴象婴等译，北京大学出版社，2012，第 489~490 页。而在英国的示范和激励下，欧美诸国也最终壮大为主宰和引导世界发展的列强，并以后发国家巨大的潜能将英国推下神坛。

国等，还是后发型的美国、德国、日本等，无不仰赖政策的大力支持，有所不同的是，后者的支持力度更为全面和强劲。所以，有研究者指出："对于在一个包括已经实现了工业化的社会的环境中谋求实现现代化的国家来说，需要比'早发达国家'有更大程度的民族团结和控制……德国是在强烈的民族主义思想和极权政策的帮助下才取得了必要的团结"，而"日俄两国政府对权力的垄断，比先实现工业化的国家的政府要全面得多"。① 而在第二次世界大战之后，这种政策的供给力度明显加大，如韩国以明显强于日俄的干预力度，通过持续制定和贯彻五年计划，最终以惊人的速度完成了工业化和现代化，其间政府"在所有的企业决策中像个参加者，常常发挥决定性影响"。② 另一方面，为了消除制度供给的各种阻力，确保经济权力的持续扩张，资产阶级还通过意识形态宣传，营造出消灭封建势力和小农经济、剥削和压迫工人阶级具有天然合理性的舆论，从而使得个人主义与资本主义之间建立起必然联系，劝慰所有人在商品经济中实施或接受剥削，在不断增长的财富中品味"幸福"。而随着各种拜物教和消费主义的盛行，几乎所有人都在资本驱使下表现出"绝对的致富欲"和"价值追逐狂"，进行着"谋取利润的无休止的运动"③，以至于马克斯·韦伯（Max Weber）也承认："新教把全部理想世俗化，才造成了人们汲取于物质追求的实利主义"，"从牛身上刮油，从人身上刮钱"成为其"有效的召唤"的信念基础。④ 这样，资本主义"在促成人的解放的同时造成了人的物化，在促成人的独立的同时造成了人的孤立"。⑤ 不仅如此，在新的生产方式中高歌猛进的资产阶级还不遗余力地向全球推

---

① 〔美〕西里尔·E.布莱克等：《日本和俄国的现代化——一份进行比较的研究报告》，周师铭等译，商务印书馆，1984，第84~85页。

② 〔美〕弗雷德里克·C.戴约：《经济起飞的新视角——亚洲新兴工业化实体的政治经济分析》，王燕然等译，中国社会科学出版社，1991，第154页。与这种趋势相呼应，资本主义国家的政府支出快速上升，如"从1913年到1999年间，法国、德国、荷兰、英国、美国、日本六国的政府总支出占现价GDP的百分比算数平均值迅速从11.7%增长到42.0%。"详见〔英〕安格斯·麦迪森《世界经济千年史》，伍晓鹰等译，北京大学出版社，2003，第126页。

③ 《马克思恩格斯全集》第23卷，人民出版社，1972，第175页。

④ 〔德〕马克斯·韦伯：《新教伦理和资本主义精神》，李修建等译，九州出版社，2007，第13页。

⑤ 侯惠勤：《马克思的意识形态批判与当代中国》，中国社会科学出版社，2010，第14页。

广这种意识形态，将基于剥削和掠夺的财富用作证明其兼具内在美德和制度正义的依据，却将由此引发的危害归咎为受害者个人品质的缺失和全球化背景下落后民族的劣根性，试图抹黑乃至扼杀所有传统乃至非资本主义因素的意识形态，进而转移和瓦解对资本主义的批判，牢固掌握主流意识形态的话语权，以确保资本主义作为一种虚假光环和历史的终极形态永存于世。① 针对这样的企图以及以此造成的发展困境，特里·伊格尔顿指出："在马克思眼中，资本主义社会无论怎样以自己的现代性为傲，它都充满了奇异的幻景和拜物教的狂热，以及一戳就破的肥皂泡般的神话和盲目的崇拜。资本主义的启蒙，也就是它对超凡理性自鸣得意的信任，本身就是一种迷信。如果说资本主义可以取得惊人的成就，那么从另外一个意义上说，它必须花更大的力气才能保持现有的水平。马克思曾评价说，资本主义最终的制约就是资本本身，因为资本持续不断的复制正是资本主义无法超越的边界。"②

二　经济权力：政治权力保守的根源

就经济基础与上层建筑的辩证关系而言，政治权力通常具有保守性。在一般意义上，这种保守性通常表现为政治权力始终要设法维护阶级利益，消极回应被统治阶级的利益诉求，直至最终不得不接纳更为合理的生产方式，以免遭遇政权更替的命运。当然，这种保守性只是相对于经济基础而言，自身仍然处于不断发展之中，甚至有时还超越经济基础的发展进程，引领经济社会发展，因而应当在相对意义上加以理解。早在 1844 年，马克思就明确了这种关系："宗教、家庭、国家、法、道德、科学、艺术等等，

① 当然，随着民族觉醒和文化自信，这种企图也在时过境迁中难以长期流行于世，当下学界已用更多论据来批判资本主义："郑和下西洋得以证明，当时欧洲并未占有科技上的优势。真正让欧洲人胜出的，是他们无与伦比而又贪得无厌、不断希望探索和政府的野心。"详见〔以色列〕尤瓦尔·赫拉利《人类简史：从动物到上帝》，林俊宏译，中信出版社，2014，第 282 页。这样，经济权力激发和强化的贪婪欲望也在一定程度上回答了"李约瑟难题"，即"尽管中国古代对人类科技发展做出了很多重要贡献，但为什么科学和工业革命没有在近代的中国发生？"详见潘吉星主编《李约瑟文集》，辽宁科学技术出版社，1986，导言。

② 〔英〕特里·伊格尔顿：《马克思为什么是对的》，李杨等译，新星出版社，2011，第14 页。

都不过是生产的一些特殊的方式，并且受生产的普遍规律的支配"。① 后来，随着相关认识的深化，马克思进一步指出："随着经济基础的变更，全部庞大的上层建筑也或慢或快地发生变革"。② 而在"两个决不会"的经典论述中，对经济基础进步性的强调显然包含着对上层建筑保守性的承认，也指明了这种保守性的一般规律，即这种保守性可能会表现出时空上的差异，但决不会改变其最终听命于经济基础的角色，更不会完全背离时代发展的客观要求。③ 由此推论，虽然早期的资本主义生产方式也得到了封建势力的策略性支持，但是，这种政治地位既不符合资本对生存环境的期待，也无法为资产阶级提供更可预期的利益保障，因而凸显了他们谋求相应政治地位的历史依据和现实需要。这样，作为一种历史必然，资产阶级革命也就内在地支持和鼓吹资本统治的合理性，同时也决定了其最终目的和资本主义政治权力的工具理性。④ 立足这样的关系，反观资本主义发展史，不同国家资产阶级革命的历史时序和革命方式最终仍取决于该国的生产力发展状况，英国的资产阶级革命早于其他欧美国家，而欧美国家又为其他的落后国家作出了示范，显然不是历史的巧合，而是经济基础决定上层建筑的历史必然。这样，及至资产阶级执掌政权之后，其政治权力的保守性也必然以一种不同于以往的面相呈现在世人面前，生动反映了经济权力左右一切的地位和作用。

纵览历史，资本主义政治权力的保守性在时空坐标上存在逐步显现的过程。在时间坐标上，在以欧美国家为代表的资本主义社会，随着资产阶级统治的确立，新兴的上层建筑与经济基础出现了日益明显的契合，政治

---

① 《马克思恩格斯文集》第 1 卷，人民出版社，2009，第 186 页。
② 《马克思恩格斯选集》第 2 卷，人民出版社，1995，第 33 页。
③ 对此，马克思在《论犹太人问题》一文中也有类似的表述："虽然在观念上，政治权力凌驾于金钱势力之上，其实前者却是后者的奴隶。"详见《马克思恩格斯全集》第 1 卷，人民出版社，1956，第 448 页。
④ 换而言之，经济权力的两面性也是显而易见的："资本的发展必然要使资本不断革命化，从而创造出社会的人的一切属性，从而必然要摧毁一切阻碍资本发展的旧有的生产关系、旧有的社会关系和旧有的思想规范、精神品质，从中创造出人对人的自我的存在意识和价值意识。资本将在一切领域实现人类的价值，但却无法超越资本这一界限实现人的价值。所以，资本最终实现的尽管是比人类任何时代更为丰富和更为深刻的人的价值，但实现的仍然是资本意义上的价值。"详见邵腾《资本的历史极限与社会主义》，上海大学出版社，2005，第 142 页。

权力的服务对象也明确定位为资产阶级，并获得了迅速发展的经济成就，其保守性则主要表现在对无产阶级的背信弃义，甚至疯狂镇压了无产阶级革命，以确保持续获得经济权力的政治权力。这样，在政治权力的强力支持下，经济权力取得了高歌猛进的发展。这在迅速改变传统生产生活方式的同时，也形成了悬殊的利益格局，如"十九世纪四十年代的爱尔兰大饥荒导致百万人失去了生命，而这很大程度上要归咎于英国政府在救济措施不力的情况下还要坚持自由市场规律的照常运行"。① 相比之下，在资产阶级统治趋于稳固之后，政治权力的保守性就更为明显。当封建势力无力死灰复燃、充其量只能充当资产阶级陪衬以保存最后一点尊严的时候，资产阶级不仅可以心无旁骛地追求剩余价值，而且以空前力度动用政治权力，全方位压迫无产阶级，为经济权力创造更多的发展空间。也正是因为如此，面对日益健全的剥削制度，马克思对无产阶级的处境进行了如下描述："他们是产业军的普通士兵，受着各级军士和军官的层层监视。他们不仅仅是资产阶级的、资产阶级国家的奴隶，他们每日每时都受机器、受监工、首先是受各个经营工厂的资产者本人的奴役。这种专制制度越是公开地把营利宣布为自己的最终目的，它就越是可鄙、可恨和可恶"。② 当然，为了缓和阶级矛盾，防范无产阶级运动对统治秩序的冲击，资产阶级也会在政治上做出一些让步，为无产阶级预留一定的体制内空间，如1867年北德意志国会首次实行普遍、平等、直接的选举，奥古斯特·倍倍儿、威廉·李卜克内西等人被选举进国会，就曾为深受反动结社法禁锢的德国无产阶级提供了一个合法开展政治斗争的新天地。而这一制度变迁最终为无产阶级提供了宣传政治诉求、开展阶级斗争的新舞台，但也暴露了该制度的虚伪性和政治权力的保守性，因为面对始料不及的结果，资产阶级"最后只有一条出路：自己去破坏这个致命的合法性"。③ 由此可见，只要资本主义的经济权力仍在发挥作用，其政治权力就要服从资本统治的需要，并将无产阶级利益放在次要位置，所改变的只能是统治策略，而不是政权的基本性质。基

---

① 〔英〕特里·伊格尔顿：《马克思为什么是对的》，李杨等译，新星出版社，2011，第186页。
② 《马克思恩格斯选集》第1卷，人民出版社，1995，第279页。
③ 《马克思恩格斯文集》第4卷，人民出版社，2009，第552页。

于这样的规定，即使在议会制度发展至今，学界仍一针见血地指出政治权力的保守性："如果社会主义者利用资产阶级在反对专制的斗争中确立起来的普选制以赢得选举，并且通过立法使社会向社会主义转变，那么，资产阶级能不诉诸非法手段以维护自己的利益吗？"①

上述分析和资本主义的历史都反复说明，"政治制度非但没有对资本主义进行监管，反而是在看资本主义的眼色行事"。② 显然，政治权力根据经济权力的眼色行事，不仅表现在时间坐标和国内的阶级关系上，而且在空间坐标和国际关系中也有同样的反映。马克思曾如下描述经济权力的国际意义："由于一切生产工具的迅速改进，由于交通的极其便利，把一切民族甚至最野蛮的民族都卷到文明中来了。它的商品的低廉价格，是它用来摧毁一切万里长城、征服野蛮人最顽强的仇外心理的重炮……一句话，它按照自己的面貌为自己创造出一个世界。"③ 而在历史回溯中也不难发现，在经济权力的影响下，资本主义生产方式逐步让东方从属于西方、落后民族依附于发达国家，进而构成了一幅利益分化趋势明显、充满主导与从属关系的断代史。但是，这种关系以及由此造成的有限进步并不表明征服者主观上具有造福被征服者的动机，而是他们在疯狂追求利润过程中的副产品和客观结果，就连日益壮大和多样化的资本输出也只能"是帝国主义压迫和剥削世界上大多数民族和国家的坚实基础"，"是极少数最富国家的资本主义寄生性的坚实基础！"④ 为此，马克思在《鸦片贸易史》一文中曾入木三分地揭露了资产阶级的动机："半野蛮人维护道德原则，而文明人却以发财的原则来对抗"。⑤ 这样，人类历史上就出现了血腥残暴的一幕，作为异质文明的中国、印度等古老民族被西方列强的坚船利炮打开了国门，不得不在刺刀和炮火中接受屈辱的条约和沉重的负担，而更为落后的非洲、美洲原居民则不得不承受着被奴役、被贩卖、被

---

① 〔美〕亚当·普热沃尔斯基：《资本主义与社会民主》，丁韶彬译，中国人民大学出版社，2012，第3页。
② 〔英〕特里·伊格尔顿：《马克思为什么是对的》，李杨等译，新星出版社，2011，第200页。
③ 《马克思恩格斯选集》第1卷，人民出版社，1995，第276页。
④ 《列宁选集》第2卷，人民出版社，1995，第628页。
⑤ 《马克思恩格斯全集》第12卷，人民出版社，1962，第587页。

屠杀乃至种族灭绝的命运。而所有一切的背后都或明或暗地闪现着资本主义政治权力的身影，甚至直接充当为经济权力攻城略地的强盗角色，如"英国政府在印度的财政，实际上不仅要依靠对中国的鸦片贸易，而且还要依靠这种贸易的不合法性"。① 更有甚者，为了应对由此引发的抗争，维持这种巨额的境外收益，西方国家甚至在极不平等的贸易、虚伪狡诈的外交之外，直接通过凶残酷虐的暴力对清政府进行掠夺，如为了从鸦片贸易中持续获益，"西方列强用英、法、美等国的军舰把'秩序'送到上海、南京和运河口"，进而证明他们不过是"把炽热的炮弹射向毫无防御的城市、杀人又强奸妇女的文明贩子"②，同时"在对中国人的关系上把战争的所有国际法准则破坏无遗"。③ 即使在当代，鉴于经济权力的逻辑和强势，一切妨碍其扩张的因素仍会遭到打击。1999 年的科索沃战争和2003 年的伊拉克战争就打击了欧元信誉，改变了世界资本的流向，意欲用欧元结算石油交易的萨达姆政权也难逃厄运。同样，在新冠肺炎（COVID-19）肆虐全球的当下，美国浪费了从容应对疫情的良机，最终沦为全球疫情的"震中"，其中明显具有重经济权力和资本统治、轻普通民众和生命健康的倾向，真实反映了政治权力服从和服务于经济权力的事实。

当然，无论在国内，还是在境外，服从和服务于经济权力的定位决定了政治权力的行事风格也会随时空变化而有所变化。当直接的暴力强制遭遇到顽强抵抗，资产阶级的统治策略也会有所调整，甚至会用人权、民主、法治这样的政治价值来缓冲无产阶级革命和其他国家的抗争，而将暴

---

① 《马克思恩格斯文集》第 2 卷，人民出版社，2009，第 636 页。正是基于这一动机，为了掩盖其侵略实质，英国还把鸦片战争称为"通商战争"，强调其貌似正当、实则不义的目的。

② 《马克思恩格斯文集》第 2 卷，人民出版社，2009，第 612、626 页。而这场战争的背后交易则更为卑鄙与疯狂："在十九世纪上半叶，英国东印度公司和杂物商靠着向中国出口药物（特别是鸦片）而发了大财。数百万中国人成了瘾君子，国家的经济和社会都大受影响。三十年代后期，中国政府发布禁烟令，但英国药商完全无视这项律令。于是，中国当局开始没收、销毁鸦片。这些鸦片烟商与英国国会和首相关系良好，许多议员和部长其实都持有烟商公司的股票，因此向政府施压，要求采取行动。"详见〔以色列〕尤瓦尔·赫拉利《人类简史：从动物到上帝》，林俊宏译，中信出版社，2014，第318 页。

③ 《马克思恩格斯全集》第 19 卷，人民出版社，2006，第 51 页。

力作为备用手段，但也决不会轻易放弃政治权力，以确保稳定的经济权力。① 这样，作为权力互动的基本格局和发展趋势，国家政权也就日益成为服务资本统治、组织化奴役社会的强制力量。即使在扬弃欧洲基础上诞生的美国也无法摆脱经济权力的规定，中央政府的权力仍然"是和资本的集中一起增长的"。② 就此意义而言，资本主义的政治权力始终无法改变其为经济权力保驾护航的真实面目。这样，承接马克思的批判性思维，从自由竞争的时代一路走来，政治权力受制于经济权力的本质表现得日益明显。在国内，从市场主义到国家主义，从尖锐的劳资矛盾和阶级斗争到福利政策的普遍实施，经济权力的阴影始终挥之不去；在国际上，从局部冲突到世界大战，从殖民主义到新殖民主义的转变，生态危机从国内到全球的蔓延，资本主义政治权力的运行方式千变万化，其背后却是经济权力的高歌猛进及其对世界格局的巧妙控制。即使如此，经济权力的强势仍有增无减，"1980 年以来，美国、英国、加拿大和澳大利亚前 1% 人群的［工资］收入在国民总收入中所占比重显著提高……所有这些国家国民收入前 1% 人群的比重增长，至少 2/3 源自顶层收入的急剧增长，其余 1/3 源自资本收入的强劲增长。所有英语国家近几十年来［工资］收入不平等的首要原因是金融部门和非金融部门超级经理人的兴起"。③ 而经济权力持续强势的背后，政治权力不仅已完全公开地听命于经济权力，而且成为众多大资本一较高低的现实舞台，两种权力的相互配合已日益公开化和制度化。如在竞争性选举中，"钱花得最多的不一定每次都赢，但大部分时候都会赢。在过去 15 年里，超过 80% 的富人在国会议员选举和州长选举中如愿以偿"。④ 显然，在这种"交易民主"中，"经济社会不平等（两极分化）与票决选举（精英赋权）相互叠加的政治结果，是将人民自

---

① 在发达资本主义国家相机调整统治策略、促进经济增长与社会发展的过程中，其国内的阶级矛盾的确明显缓和，但种族矛盾、性别歧视等问题日益突出，有色人种和土著人在生产生活中处于更加不利的地位。同时，调整后的统治策略显著加大了对发展中国家的经济殖民与生态殖民，全球范围内产业落后、贫富悬殊、生态危机、文化萧条等问题更是成为后者无法摆脱的梦魇。
② 《马克思恩格斯全集》第 46 卷上册，人民出版社，1979，第 5 页。
③ 〔法〕托马斯·皮凯蒂：《21 世纪资本论》，巴曙松等译，中信出版社，2014，第 322~323 页。
④ 〔美〕迈克尔·帕伦蒂：《少数人的民主》，张萌译，北京大学出版社，2009，第220 页。

治式民主异化为金钱民主，将民主政治异化为权贵政治，这种异化过程本质上是通过经济主宰与政治交易完成的"。① 不仅如此，即使通过推广资本主义的意识形态，为经济权力辩护，延迟与缓和来自社会主义意识形态的批判和冲击，同样也得到了政治权力的强力推动，"即便是危机四伏的资本主义制度也能通过各种各样的（当代资本主义比马克思时代更加复杂的）方式笼络人心"。② 因此，当今天的人们惊讶于市场经济和资本力量在全球范围内的盛行，甚至沉溺于消费主义带来的感官刺激时，事实上已或多或少地丧失了继续前行的方向和动力，甚至已变成保守的政治权力驯服的社会动物，明显偏离了全面发展的正道。这样，当我们再来回顾马克思的"现代的国家政权不过是管理整个资产阶级的共同事务的委员会罢了"③ 的经典结论，感慨于启蒙思想中"人是万物的尺度"已明显让位于"资本是万物的尺度"时，资本主义政治权力的保守性显然已是所有人的共同感受，更是所有人应当在重新接受启蒙中努力挣脱的襁褓。

三 权力社会化与资本主义的命运

在人类社会早期，受权力异化的影响，原始共同体最终让位于政治共同体，即"在经济发展到一定阶段而必然使社会分裂为阶级时，国家就由于这种分裂而成为必要了"。④ 而此后持续的矛盾和冲突更是要求政治权力在强化中凸显其协调功能，即政治权力不仅要依赖暴力强制，而且要进行明确分工，以便在提升统治效能的同时，适当回应民意诉求，平衡国家意志与社会利益。这样，从政治权力的混沌一体和行政权的一枝独秀，到资本主义社会的"三权分立"，权力的分化和分工日益明确和精细，协调功能的针对性和效率也显著提高。就此意义而言，资本主义政治权力不仅在整合功能基础上加强和完善了协调功能，而且更具针对性和效率。在此过程中，经济权力的产生和壮大不仅逐步瓦解了"空前复杂的社会的

① 吕普生：《西方交易民主反思：民主异化与当代危机》，《社会科学研究》2017 年第 4 期。
② 〔英〕特里·伊格尔顿：《马克思为什么是对的》，李杨等译，新星出版社，2011，第 52 页。
③ 《马克思恩格斯选集》第 1 卷，人民出版社，1995，第 274 页。
④ 《马克思恩格斯选集》第 4 卷，人民出版社，1995，第 174 页。

和政治的等级制度"①，打破了政治权力一统天下的局面，而且及时弥补了不得不有所淡化的政治权力，甚至"开始以其形式上的平等、民主、人权等价值诉求来论证资本主义制度的合理性，为资本统治进行全面辩护"。②如果说商品生产从源头催生和壮大了经济权力，普及和发展了商品经济，凸显了资产阶级的经济地位，显然，资产阶级的政治革命不仅为他们提供了更加稳定的政治地位，而且维护了他们的经济地位和更加持续的经济收益。当然，经济权力只是改变了资产阶级的统治方式，并未放弃他们的统治目的，因而根本无法改变资本主义生产方式的剥削性质和工人阶级被剥削的生存状态。

虽然权力的显著分化、政治权力与经济权力的相互依存和相互支撑，并没有彻底改变资本主义的私有制性质和资本剥削劳动的本质，但是这两种权力及其互动仍然给人类社会带来了显著变化。就政治权力而言，虽然国家与社会在功能上早已存在分立格局，但直至资本主义时期才出现明显的结构分化，才存在马克思笔下"真正的市民社会"。在此背景下，个人不仅挣脱了之前政治等级的束缚，而且也将私人生活从政治生活中解放出来。这样，社会和个人不仅逐步摆脱了政治权力的掌控，而且还被赋予了监督政治权力的空间。一方面，"三权分立"的确立和普及不仅限制乃至剥夺了独断专横的王权，而且对行政权也形成了更为常态和制度化的监督，进而在理论和实践两个层面上开启了真正意义上的权力制约与权力监督。另一方面，在宏观的制度背景下，传统的等级制和世袭制逐渐退出历史舞台，个人凭借其出身、血统获得政治权力的传统已丧失社会基础和制度依据，更具开放性的经济因素对政治权力的影响逐渐显现，进而为个人营造了相对公平的竞争环境，为常态的权力监督提供了持续壮大的社会力量。在此背景下，即使一些国家保留了王室，君主立宪乃至民主共和的制度已使得他们徒有象征意义，更不可能对权力社会化产生实质性的逆转。换而言之，尽管顽固的私有制不可能消除权力异化，也无法消除权力社会化的所有障碍，但也因此确保了政治权力空前的开放性与公共性，政治权

---

① 《马克思恩格斯选集》第 3 卷，人民出版社，1995，第 445 页。
② 吴永生：《马克思的权力演进理论和差异性社会的权力作为》，《苏州大学学报》（哲学社会科学版）2012 年第 2 期。

力的主客体再也不可能泾渭分明，其社会化进程也更加明显，从而在国家与社会、政府与民众、资本与劳动之间形成了相对稳定的消长进程。

在此背景下，随着国家与社会关系的变迁，"发达资本主义国家不是政治现象也不是经济现象：它们同时是两者"。① 受其影响，政治权力社会化已呈渐成现实的发展趋势，社会权力的基础更加厚实。首先，广大民众的权利意识普遍觉醒。萌生于经济权力的权利意识及其与权力的渐趋平衡，决定了任何政治权力都不会贸然打压这种势头，而是要适当回应合理的权利诉求，否则，必将失去必要的社会基础和民意支持。所以，立足当下政治生活的研究发现："社会民主党人必须为小资产阶级提供信贷，为工薪雇员提供养老金，为工人提供最低工资，为消费者提供保护，为年轻人提供受教育的机会，为家庭提供补贴。这种趋同不可能在增加工人阶级反对其他阶级的凝聚力和斗争性的措施中发现。当社会民主党人扩展动员对象时，他们必须承诺：不是要为作为一个集体的工人的特殊目标而斗争——这些目标对于作为一个阶级的工人而言构成了公共物品——而是要为工人作为个人与其他阶级的成员共享的那些目标而奋斗"。② 这样，越来越多的分散资本也可以利用这一机制分享利润，改善普通民众的经济地位和生活质量，进而以更大的可能性推动政治权力的社会化进程。其次，现代政治价值日益发挥积极作用。经济权力内含的平等、自由、民主等机制也对政治权力的异化具有明显的遏制作用，因为经济权力不仅要求权力的主客体能够在平等中自我主导，而且更多强调政治权力的低调身段和社会职能，从而赋予普通民众应有的社会地位，权力运行也因此置身于日益普遍的监督之中。这样，虽说"生产资料私有制与普选权的结合，或者必然导致被压迫阶级利用其政治权力而得到'社会解放'，或者必然导致剥削阶级利用其经济权力而实现'政治复辟'"③，但在无法扭转的发展趋势下，这种"政治复辟"已是强弩之末，根本不可能作为一种趋势长

---

① 〔英〕迈克尔·曼：《社会权力的来源》第1卷，刘北成等译，上海人民出版社，2002，第23页。
② 〔美〕亚当·普热沃尔斯基：《资本主义与社会民主》，丁韶彬译，中国人民大学出版社，2012，第25~26页。
③ 〔美〕亚当·普热沃尔斯基：《资本主义与社会民主》，丁韶彬译，中国人民大学出版社，2012，第226页。

期存在。最后，职业化政治精英走到了政治生活的前台。随着社会生活的复杂性和专业性的加深，尤其受"专家治国论"的影响，更加专业化、精细化的公共管理和社会治理使得原先活跃在政坛上的垄断资产阶级不得不退居幕后，那些接受过系统专业训练、具有专业知识和相应能力的职业化政治精英走到了政治生活的最前沿，工人阶级的优秀分子也可以通过自身努力走上中高级公务人员的岗位，进而催生出资产阶级"统而不治"①的现实。这样，更具开放性、动态性和包容性的制度设计明显削弱了阶级意识，弥合了阶级分歧，曾经明显固化的阶级关系不仅出现了代际松动，而且在代内也面临诸多变数。②

如果说明显具有保守性的政治权力无法阻碍其社会化的趋势，那么，应运而生的经济权力在之后的发展中更是表现出日益社会化的趋势。马克思早在1848年就指出："资本是集体的产物，它只有通过社会许多成员的共同活动，而且归根到底只有通过社会全体成员的共同活动，才能运动起

---

① 〔比利时〕厄内斯特·曼德尔：《权力与货币：马克思主义的官僚理论》，孟捷译，中央编译出版社，2002，第32页。事实上，这种表面化让步部分出于工人运动的压力，也部分因为资产阶级对利润的终极性追求。马克思就曾经明确指出资产阶级不合时宜的直接统治的风险："为了保持他们的公共利益、他们本阶级的利益、他们的政治权力而进行的斗争，是有碍于他们私人的事情的，因而只是使他们感到痛苦和烦恼。"正是因为"资产阶级的政治统治同资产阶级的安全和生存是不相容的"，"它毫不含糊地声明说，它渴望摆脱自己的政治统治地位，以便摆脱这种统治地位带来的麻烦和危险。"详见《马克思恩格斯选集》第1卷，人民出版社，1995，第660、661页。同样，即使在当代，西方学者也认为："利益或压力集团通常倾向于获取具体而特定的利益，无论其是经济的、宗教的、文化的，还是政治的；而且，只有在能够直接促进这种利益，或至少在一定的状况下能够最满意地促进此种利益时，它们才会对政党或国家这种庞大的政治机器感兴趣。"详见〔以色列〕S.N.艾森斯塔德《现代化：抗拒与变迁》，张旅平等译，中国人民大学出版社，1988，第14~15页。这样，现当代的资产阶级越来越趋于成为"不统治的统治阶级"，即由曾经亲自出马的"直接统治"逐步转向代理人操刀的"间接统治"，因为资产阶级的直接统治往往因为阶级矛盾与社会矛盾而影响其稳定追求利润，同时影响政治权力的合法性，而间接统治则使其能够进退自如：进则可以干预乃至影响政治权力的运行，却不会引火烧身；退也可以坐享稳定的经济利益，而不会丧失综合性的主导地位。当然，"间接统治"仍要体现"直接统治"的目的，代理人在选举中仍要倚赖资产阶级的资金支持，进而形成了政治权力社会化和民主化的软肋，也意味着其进一步发展迟早要进行制度变革。

② 当然，这种发展趋势也不会因此而一帆风顺，私有制的顽固存续及其对政治权力的本质规定，政治权力的异化冲动，以及在此背景下公民素质的缺失，都决定了政治权力社会化仍缺乏稳步推进的综合保障，这一进程仍将面临挫折与反复。

来。"① 随着生产力的发展与阶级关系的变化，原本属于个人或少数人的资本也开始了日益明显的股份化趋势，资本中无法否认的社会化机制也日益彰显其在推动权力社会化方面的合理机制。首先，经济权力的平等机制能够有效化解等级制的传统惯性和社会中的不平等现象。在商品经济的影响下，"交换价值，或者更确切地说，货币制度，事实上是平等和自由的制度"。② 也就是说，资本和劳动力只有严格遵循价值规律，进行平等交换，生产才能保持稳定的速度和质量。这样，传统生产中的强制剥夺也就不得不让位于平等交易或平等掩盖的剥削，进而以其持续的平等机制，逐步夯实了各领域渐趋平等的社会基础和制度环境。其次，经济权力的效率机制能够持续深化社会分工，化解生产中的不公现象。利润最大化与竞争的压力和动力日益凸显了经济权力对效率的现实需求，进而显现出专业化和专门化的迫切需要，劳动者不仅要逐步放弃传统的全能诉求，而且要逐渐服从特定产品或工艺的需要。这种服从于生产需要而非个人意志的生产关系明显破除了传统生产中的不平等地位，劳动者的知识、技术和能力等后致性因素而非血缘、身份和地位等先赋性因素赋予他们空前平等的发展空间。显然，这种机制不仅打击了传统社会统治阶级的心理优势，而且也激发了普通劳动者自我发展与自我提升的信心和决心，进而在空前的心理预期和社会交往中持续推动着人际关系的平等化。③ 最后，经济权力也明显提升了社会的自主能力。经济权力的革命性和进步性不仅在于它颠覆了封建等级和政治专制，更在于它在封建社会内部激活了新型社会形态的萌芽。换而言之，经济权力既改变了政治权力的传统运行方式，也要求民众舍弃迷信和依赖国家的传统，甚至还要求他们努力争取更多的自主空间，进而恢复了社会规定国家而不是被国家规定的应有地位，开启了权力社会

---

① 《马克思恩格斯选集》第 1 卷，人民出版社，1995，第 287 页。

② 《马克思恩格斯全集》第 30 卷，人民出版社，1995，第 204 页。

③ 为此，有研究者指出："无论是在企业还是在国家的层面上，我们都可以发现，正是这些专业的、有经验的管理队伍在使庞大的企业或国家机器更有效地运转。"详见林德山《渐进的社会革命：20 世纪资本主义改良研究》，中央编译出版社，2008，第 191 页。而约翰·肯尼思·加尔布雷斯（John Kenneth Galbraith）则用"技术结构"一词来表示这种变化，描述他们在利益最大化方面的巨大权力，甚至能影响乃至决定国家的宏观决策。

化的进程。尤其当民众的经济状况显著改善时，他们也会用更多的精力和兴趣参与政治，进而制约和规范政治权力，改变其曾经置身于政治生活之外、听命于政治权力的传统。总之，经济权力在推动社会权力发展进程的同时，也意味着权力社会化进程的显著加速，以至于时至今日，这种权力格局的变迁仍在发展之中，并且显示出强大的发展势头。这样，当人们将这一机制与现实相联系时就不难发现，"民主和资本主义的结合构成了一种妥协：那些不拥有生产工具的人同意资本存量的私有所有制，而那些拥有生产工具的人同意允许其他团体有效表达其对资源配置和产出分配的权利要求的政治制度"。① 这就意味着，虽然权力社会化仍不会因此而一路坦途，但基本趋势已无法逆转。

　　同样，在经济权力日益获得意识形态支持的背景下，其代表的经济关系"没有任何政治的、宗教的和其他的伪装"②，也对社会权力的形成和发展产生了显著的促进作用。随着资本股份化的推广和普及，阶级关系已不能简单对应生产资料的所有制，因为所有权对生产、分配和消费的影响已不再表现为一种单向的决定作用，即工人阶级在生产、分配和消费中相对提升的地位也会对所有制产生重要影响。在阶级斗争的持续推动下，随着非传统的生产要素参与分配的可能和权重明显提升，资产阶级已不再是资本的唯一主体，社会资本的比重也因此呈现明显的上升趋势。同时，日趋复杂和专业的企业管理也使得经理人员具有明显优于资产阶级的专业优势，所有权与管理权的分离已成为现代企业经营中的常态。这样，除了传统的资本和劳动力，知识、产权、专利、技能等专业化生产要素同样能够创造价值，自然能够在新的要素构成和分配结构中发挥类似作用，因而将其置于等同于传统生产要素的高度并无不当之处，同时也合理解释了经济权力的现实影响和未来走势。这样，在薪酬福利制度渐趋合理、社会保障体系不断完善的资本主义社会，绝大多数个体都不至于因为经济问题而丧失接受教育的机会，也能够根据自身意愿不断提升其专业知识和职业能力，并为其在未来的职业生涯中分享经济权力的利好奠定了基础，自然也

---

① 〔美〕亚当·普热沃尔斯基：《资本主义与社会民主》，丁韶彬译，中国人民大学出版社，2012，第226页。

② 《马克思恩格斯全集》第32卷，人民出版社，1998，第149页。

有利于消弭传统资本主义社会中两大阶级固化的利益格局，使其具备了相互接触和双向流动的现实途径。受其影响，传统的阶级边界已不再清晰，甚至出现明显的不进则退与相互渗透的趋势，更具平等趋势的资本主义社会也因此活跃着社会主义的因素，经济权力也在逐渐消除其传统意义的过程中，同时加快了向公共权力回归的进程。①

上述分析表明，被打上资产阶级烙印的经济权力和政治权力本身就具有社会化的机制，而且已显现出淡化其阶级性质的势头，其社会化趋势更加明显，从而证明了资本主义社会是私有制的最高形式和阶级社会的最后阶段，其未来出路必定在于生产资料的公有制和阶级社会各种传统特征的逐渐消亡。如果说"资产阶级也是经过一系列起义、内战，用暴力镇压国王、封建主、奴隶主及其复辟尝试才取得政权的"②，那么，无论基于理论演绎，还是立足历史经验，资本主义社会的质变，尤其向无阶级的公有制社会跃升，更应当通过暴力革命，打碎旧的国家机器，并用全新的国家权力建立起更具公共色彩的政治制度以及作为其基础的经济制度，也即马克思强调的："在法国和在欧洲，共和国只有作为'社会共和国'才有可能存在；这种共和国应该剥夺资本家和地主阶级手中的国家机器，而代之以公社"。③ 同样，这一理论主张也在后来的俄国和中国得到了验证。但是，立足当下的形势，这一理论主张和之后的历史经验无疑发生了明显的时空变化。就时间而言，当下的资本主义已不同于马克思的时代，阶级矛盾、统治策略和国际关系的变化既使得资产阶级可以通过和平渐进的方式调适阶级关系与权力格局，又使得其他相对落后的民族国家已无诉诸民族解放运动的途径，进而使得大多数国家可以免于政治革命而获得继续发展的空间。就空间而言，曾经通过暴力形式取得革命胜利并进入社会主义的俄国和中国不仅明显落后于当时的资本主义列强，而且也和当今的资本主义发达国家存在明显差距，进而说明曾经的经验并不具有普适意义，更

---

① 当然，经济权力内含的个人主义价值观更多强调个人在经济关系中的得失，而较少关注整体和长远利益，明显固化了"人性恶"的意识形态，原本合理的竞争和效率也往往转化为对个人利益的追求与对财富的占有和消耗，极易催生各种形式的拜物教，进而导致人们放弃全面发展的追求，权力社会化的进程自然也就难以一帆风顺。

② 《列宁选集》第 3 卷，人民出版社，1995，第 693 页。

③ 《马克思恩格斯选集》第 3 卷，人民出版社，1995，第 104~105 页。

不是其他国家继续发展的必经之路。相比之下，在物质、制度和精神层面上，当下许多资本主义国家的社会发展成就日益凸显出他们应该且能够实现突破的方向，使其完全可以用一种全新的方式实现自我超越，即对于当下的资本主义社会而言，俄国和中国曾经的经验更多在于为他们指明了发展方向，而非必须跟行的道路，他们也有可能重现俄、中直接跨越"卡夫丁峡谷"的历史经验，不经过社会主义的充分发展，直接进入更高的发展阶段。为此，有研究者指出，当下资本主义的出路在于"用道德资本主义取代全球各种形式的资本主义"，因为"这些资本主义都没有做到道德的自我约束和对他人的关怀，忽视了责任和义务，让私利完全占住了上风，照样不能完成为人类谋福祉的任务"。相比之下，"道德资本主义却不同，它能有效协调私利与公益的矛盾，能为解决人类贫困问题铺平道路；在现代化、经济全球化的浪潮中，人们物质上和精神上的力量只有道德资本主义才能提供；道德资本主义最适合市场经济的发展，道德资本主义是最理想的社会形态"。① 显然，这样的"道德资本主义"虽还保留资本主义的称谓，却早已神似社会主义，甚至在去资本主义化的过程中，与社会主义并肩前行。

当然，这种无须诉诸政治革命的自我超越并不意味着资本主义社会可以不诉诸社会革命。一方面，缺少更加全面深入的社会革命，因垄断而加剧的私有制显然难以得到遏制和逆转，权力的社会化进程也就难以持续，自然遑论更高境界的公共权力。好在越来越多的迹象表明，虽然资产阶级在各种资源的配置中仍然具有决定性的地位，但工人阶级的地位和作用也在相对提升，因为"尽管作为直接生产者，工人对于产品没有制度性的权利，但是作为公民，他们可以通过政治体系主张这种权利。此外，作为公民，不同于作为直接生产者，他们可以干预生产活动的组织和利润的分配"。② 就此发展趋势而言，"除非退缩，否则普选权将导致从'政治解放到社会解放'，就是说，工人一旦被赋予政治权利，他们将通过生产工

---

① 〔美〕斯蒂芬·杨：《道德资本主义：协调公益与私利》，余彬译，上海三联书店，2010，第54、6页。
② 〔美〕亚当·普热沃尔斯基：《资本主义与社会民主》，丁韶彬译，中国人民大学出版社，2012，第6页。

具的社会化，立即开始摧毁资本主义的'社会权力'"。① 另一方面，缺少更加全面深入的社会革命，为数众多的普通民众也无法走出"人性恶"的泥淖，甚至会沉溺于各种拜物教和消费主义的欲望之中，进而说明"在只追求经济利益的情况下不可能选择社会主义"。② 这样，即使资本主义社会的民众通过政治革命，打破外部力量的传统强制，也难以挣脱金钱枷锁的束缚，甚至被意识形态化的经济权力牢牢锁定在特定的权力网络之中，无法在自我教育和自我提升中实现自由全面的发展，毕竟"资本主义发展了获得解放的条件，但它不能发展获得自由的条件"。③ 因此，在政治权力与经济权力渐趋良性的互动中，广大民众理当积极顺应权力社会化的进程，不断强化自我教育和自我提升，在持续的社会革命中努力挣脱狭隘诉求的现实羁绊，进而以全面发展的标准凝聚起强大的社会力量，坚定地走向更高的社会形态。这样，在资本主义总体稳定的发展进程中，许多领域不仅会在日积月累中发生显著乃至颠覆性的变革，而且还明显勾勒出一种最终跃升至更高社会形态的质变趋势。④ 因此，世人应该有足够理由坚信这一发展趋势，即随着西方社会越来越多民众对现实矛盾的认知和抗争，以及由此引发的自我反思、自我批判和自我提升，必将形成广泛、深刻和持续的社会革命，以至于最初为了缓和现实矛盾的让步必然会因为制度上的确认而成为事实，日积月累的让步必然造就社会制度的根本变化，尽管并非突飞猛进，也非指日可待，但这一时刻谁也无法阻碍。

---

① 〔美〕亚当·普热沃尔斯基：《资本主义与社会民主》，丁韶彬译，中国人民大学出版社，2012，第32页。

② 〔美〕亚当·普热沃尔斯基：《资本主义与社会民主》，丁韶彬译，中国人民大学出版社，2012，第261页。

③ 〔美〕亚当·普热沃尔斯基：《资本主义与社会民主》，丁韶彬译，中国人民大学出版社，2012，第270页。

④ 为此，S. 阿明（S. Amin）在总结当代世界社会主义的格局和趋势时指出，当代世界社会主义运动依然存在资本主义中心地带、资本主义半边缘地带和资本主义边缘地带这三大谱系，而并非想象中的销声匿迹。尽管其间存在差异，但这一运动仍可称作"朝向社会主义的运动"（movements towards socialism），即虽然不再谋求夺取并执掌政权等传统共产党的目标，但仍然充满耐心和信心地创建走向社会主义的社会和政治条件。详见〔埃及〕S. 阿明《世界社会主义运动的谱系、现状与未来》，朱美荣译，《马克思主义研究》2015年第10期。而在新型冠状病毒肆虐全球的2020年，世界各国66个共产党和工人党发表联合声明，强调此次疫情暴露了资本主义的反社会性质，彰显了社会主义社会的必要性和必然性。

第五章

权力与社会主义政治

关于人类社会的发展规律，马克思曾高屋建瓴地指出："不管个人在主观上怎样超脱各种关系，他在社会意义上总是这些关系的产物"。① 由此推论，"一个社会即使探索到了本身运动的自然规律，——本书的最终目的就是揭示现代社会的经济运动规律，——它还是既不能跳过也不能用法令取消自然的发展阶段。但是它能缩短和减轻分娩的痛苦"。② 因此，立足权力与政治生活的关系，无论是历时的回溯，还是共时的对照，其中的经验和教训都会对社会主义政治产生相应的影响，同样也要求我们主动从中汲取智慧，尽可能避免发展的反复与挫折。马克思从权力视角思考政治生活，不仅批判性地揭示了资本主义的发展极限和必然灭亡的趋势，而且建设性地描绘出权力最终全面再现其开放性与公共性的内在机制。但在现实环境的规定下，社会主义的政治生活不仅尚未完全社会化，而且还需要经济权力继续发挥其应有功能，进而规定了两种权力在社会主义政治中的互动格局和综合作用。因此，在新的历史时期，结合我国的社会主义实践，③ 思考权力与社会主义政治的关系，展望它们的互动趋势，不但是本书主题合乎逻辑的延伸及其完整性的必然要求，而且是发展马克思主义、发挥其指导功能的应有之义，毕竟马克思主义要解释世界，更要改造世界。而对权力在社会主义政治中的关注，尤其是权力的现实表现与发展趋

---

① 《马克思恩格斯全集》第44卷，人民出版社，2001，第10页。
② 《马克思恩格斯选集》第2卷，人民出版社，1995，第101页。
③ 考虑到苏联的成就和最终结局，本章主要以我国的社会主义实践为分析对象，同时兼顾苏联的开创性探索和曾经达到的高度，以深化相关问题的分析。

势，不仅可以深化权力与人类社会相生相伴的关系，而且可以从中管窥权力辩证回归的未来走势。所以，本书同样不能单纯以注经释义为最高意旨，而应该以对现实的思考来回应实践，毕竟"哲学中的问题只有来自问题中的哲学，才是有生命力有现实性的哲学问题，因为现实的要求和矛盾最强烈地表现在人类面对的问题之中"。① 而这也恰恰说明，"无论时代如何变迁、科学如何进步，马克思主义依然显示出科学思想的伟力，依然占据着真理和道义的制高点"，进而意味着马克思主义"并没有结束真理，而是开辟了通向真理的道路"。②

第一节　社会主义权力的历史与现实

人类在曲折中发展的历史说明，"理想的价值不在于新颖，而在于对社会进步具有促进力。某些理想可以肯定是最宝贵的，那就是赋予世界以高尚生活的思想、具有强大社会动机的思想和能在有效的社会制度中体现其精神的思想"。③ 同样，经过漫长的发展历程，尤其是私有制社会的深刻教训，社会主义思想从最初的乌托邦最终演变为成就斐然且日益趋势化的现实，其意义不仅在于它准确批判了历史中的不合理现象，而且雄辩证明了人类社会值得期待的发展趋势和奋斗目标，坚定了人类对未来的信心。与此同时，当下的社会主义仍存在诸多亟待解决的问题，仍需要我们坚持马克思的基本主张，因为"马克思也给人指出了从异化中得救的道路"。④ 因此，在继续坚持马克思政治主张的基础上，通过简要梳理社会主义的发展史，思考社会主义政治及其背后的权力问题，显然是本章的主要内容和本书的应有构成，也能够从现实视角体现本书的理论意义和实践价值。

---

① 陈先达：《哲学中的问题与问题中的哲学》，《中国社会科学》2006 年第 2 期。
② 《习近平谈治国理政》第 2 卷，外文出版社，2017，第 33 页。
③ 〔美〕乔·奥·赫茨勒：《乌托邦思想史》，张兆麟等译，商务印书馆，1990，第269页。
④ 〔美〕L. J. 宾克莱：《理想的冲突——西方社会中变化着的价值观念》，马元德等译，商务印书馆，1983，第 103~104 页。

一　社会主义：从理论到现实

私有制在长期存世中行进至资本主义时期，既将资本统治的优势与能量发挥到极致，又将阶级矛盾和阶级斗争放大到极限，也即马克思所说的"工业资本是私有财产的完成了的客观形式"，"只有这时私有财产才能完成它对人的统治，并以最普遍的形式成为世界历史的力量"。① 显然，这一极限不仅意味着资本主义必将被更高的社会形态取代，而且表明它也为更高的社会形态奠定了综合基础。为此，马克思指出："资产阶级历史时期负有为新世界创造物质基础的使命"，同时还"要造成以全人类互相依赖为基础的普遍交往，以及进行这种交往的工具"。② 至此，再次回溯历史，便不难发现，长期置身于私有制造成的不合理处境中的人类始终抱持消灭压迫和剥削、追求平等自由的夙愿，许多思想家更是立足各自的时代背景，提出各种天才般的社会改造方案。就此意义而言，社会主义思想不仅源远流长，而且对社会主义理论与实践产生了深远影响。相对于之前零散、间断的社会主义诉求，资本主义生产方式为人类社会的反思和批判、社会主义理论的发展和成熟提供了物质基础和社会环境，推动空想社会主义在更高的发展阶段上成长为蔚为壮观的思想流派，并对之后的社会发展产生了重要影响。早在16~17世纪，随着资本主义生产方式的产生、普及和阶级矛盾的渐显，英国的托马斯·莫尔（Thomas More）、意大利的托马斯·康帕内拉（Thomas Companella）等人就已敏锐地察觉到资本主义的弊端，并对未来社会进行了简单粗糙的文学描述。及至18世纪，以法国的摩莱里（Morelly）、马布利（Mably）和巴贝夫（Babeuf）为代表的空想社会主义者对资本主义社会的不平等进行了尖锐批判，并开始用阶级观点剖析资产阶级统治的本质，继而为未来社会描绘出绝对平均主义、禁欲主义和斯巴达式的混合图景。在19世纪，以法国的圣西门、傅立叶（Fourier）和英国的罗伯特·欧文（Robert Owen）为代表的空想社会主义者开始将批判矛头直接对准资本主义制度，从理论上明确了经济在社会发

① 《马克思恩格斯全集》第42卷，人民出版社，1979，第115~116页。
② 《马克思恩格斯文集》第2卷，人民出版社，2009，第691页。

展中的基础地位，并用阶级剥削的观点分析历史、批判现实，进而将社会主义理想建立在高度发达的文明基础之上。虽然不同时期空想社会主义者的主张各有不同，如莫尔的"乌托帮"、康帕内拉的"太阳城"、摩莱里的"巴齐里阿达"、圣西门的"实业制度"、傅立叶的"法郎吉"和欧文的"新和谐公社"等，但都从不同角度揭露了资本主义私有制的种种罪恶，强调了它必然被超越的发展趋势，并以各自想象力对未来社会进行了展望。这样，"他们对资本主义的批判越来越深刻，对社会主义的认识越来越接近实际，因而空想社会主义理论中的科学因素也越来越增多"。① 在此过程中，他们设想的未来社会也体现出一些共同特征，如以公有制代替私有制，没有阶级剥削与政治压迫，在计划中人人参加劳动，充分享受自由平等的生活，三大差别趋于消失，国家逐渐消亡，等等。为此，恩格斯也盛赞空想社会主义的历史贡献："德国的理论上的社会主义永远不会忘记，它是站在圣西门、傅立叶和欧文这三个人的肩上的……虽然这三个人的学说含有十分虚幻和空想的性质，但他们终究是属于一切时代最伟大的智士之列的，他们天才地预示了我们现在已经科学地证明了其正确性的无数真理"。② 后来，他在《反杜林论》和《社会主义从空想到科学的发展》中仍然强调指出，在空想社会主义者的学说中，"使我们感到高兴的，倒是处处突破幻想的外壳而显露出来的天才的思想萌芽和天才的思想"。③ 也正因为如此，即使在与魏特林决裂之后，他仍然将其称为"德国共产主义创始者"和"共产主义的理论家"，认为德国工人"拥有魏特林这样一个共产主义理论家，可以大胆地把他放在同当时他的那些法国竞争者相匹敌的地位"。④

　　然而，即使代表人物的天才构想、经典作家的高度评价以及部分预言的渐成现实，也不能改变空想社会主义背离人类社会发展规律、误判资本主义基本矛盾、忽视无产阶级历史使命等客观事实，进而说明这种"不

---

① 高放：《科学社会主义的理论与实践》，中国人民大学出版社，1994，第21页。
② 《马克思恩格斯选集》第2卷，人民出版社，1995，第635~636页。
③ 《马克思恩格斯选集》第3卷，人民出版社，1995，第608页。
④ 《马克思恩格斯选集》第4卷，人民出版社，1995，第195页。

成熟的理论，是同不成熟的资本主义生产状况、不成熟的阶级状况相适应的"。① 这样，尽管"空想社会主义是社会主义思想体系的重要组成部分和社会主义思想史的第一阶段"②，它也不可能只在一处生根发芽，更不会只向一个方向发展壮大。而资本主义基本矛盾的逐步暴露和无产阶级革命精神的不断彰显，也必然推动社会主义从空想到科学的发展。因此，在唯物史观和剩余价值论的支撑下，"马克思、恩格斯于十九世纪四十年代在参加工人运动、阶级斗争实践和从事科学研究的基础上，完成了社会主义思想认识的第一次历史性飞跃，形成了科学社会主义。他们把科学社会主义与国际工人运动相结合，建立了共产主义政党，领导工人阶级和人民群众为实现社会主义而斗争。在总结十九世纪下半叶国际工人运动和社会主义运动经验的基础上，科学社会主义理论得到进一步丰富和发展"。③综合他们的有关论述，这个时期科学社会主义的理论主张主要包括以下几个方面。第一，只有经过资本主义的充分发展和生产力的巨大进步，才能够为社会主义提供坚实的物质基础，因为"如果没有资本主义的大工厂，没有高度发达的大工业，那就根本谈不上社会主义"④；第二，"共产主义革命将不是仅仅一个国家的革命，而是将在一切文明国家里，至少在英国、美国、法国、德国同时发生的革命"⑤，以确保一国革命不受别国干

---

① 《马克思恩格斯文集》第 9 卷，人民出版社，2009，第 274 页。
② 马国钧：《空想社会主义是社会不平等的产物》，《理论探讨》1987 年第 2 期。
③ 高放：《科学社会主义的理论与实践》，中国人民大学出版社，1994，第 23 页。
④ 《列宁全集》第 41 卷，人民出版社，1986，第 301 页。
⑤ 《马克思恩格斯选集》第 1 卷，人民出版社，1995，第 241 页。这种观点是就马克思时期科学社会主义的基本主张而言的。事实上，他并没有否认不发达国家开辟另一种革命道路的可能性。早在 1845~1846 年，他就预言："对于某一国家内冲突的发生来说，完全没有必要等这种矛盾在这个国家本身中发展到极端的地步。由于同工业比较发达的国家进行广泛的国际交往所引起的竞争，就足以使工业比较不发达的国家内产生类似的矛盾。"详见《马克思恩格斯全集》第 3 卷，人民出版社，1960，第 83 页。1874 年，恩格斯也作出新的判断："俄国无疑是处在革命的前夜"，"这个革命无疑正在日益临近"。详见《马克思恩格斯选集》第 3 卷，人民出版社，1995，第 284~285 页。所以，针对一些研究者以"两个必然"和"两个决不会"不同的时序和内涵来"证明"马克思在不发达国家首先发生社会主义革命问题上的前后矛盾，或"证明"他最终放弃了这种革命的可能，进而否认现实社会主义国家存在的合理性，我们应当保持清醒认识和高度警惕，更应予以及时批判。详见刘书林《不发达国家首先发生社会主义革命的历史必然性与中国特色社会主义道路自信》，《世界社会主义研究》2018 年第 3 期。

涉，实现国家之间政治上的相互支持、经济上的相互依赖和社会事业的均衡发展；第三，社会主义社会在各方面都明显优越于资本主义社会，即"不仅可能保证一切社会成员有富足的和一天比一天充裕的物质生活，而且还可能保证他们的体力和智力获得充分的自由的发展和运用"①，因而具有广泛的道义基础和民意认同，并在全球范围内产生持续的示范效应；第四，在物质财富和精神文明的互动和推动下，社会主义社会将逐步消除三大差别，显著促进人的全面发展，以至于随着劳动异化和国家权威的消失，"人终于成为自己的社会结合的主人，从而也就成为自然界的主人，成为自身的主人——自由的人"。②

显然，上述原理主要是立足人类社会的发展进程，基于资本主义社会基本矛盾和人类社会发展规律的理论预期，需要在实践中加以丰富和发展。尤其在十月革命之后，不同国家的经历充分说明了科学社会主义仍需在实践中继续加以检验、修正和完善。例如，按照最初的理论预期，"以生产力的普遍发展和与此相联系的世界交往为前提"③，社会主义革命首先应当在发达的资本主义国家取得胜利，然后再依次扩展到东欧乃至全球。但在新的历史时期，列宁根据不断变化的国际形势，于1915年指出："经济和政治发展的不平衡是资本主义的绝对规律。由此就应得出结论：社会主义可能首先在少数甚至在单独一个资本主义国家内获得胜利"，一年后又进一步强调，"资本主义的发展在各个国家是极不平衡的。而且在商品生产下也只能是这样。由此得出一个必然的结论：社会主义不能在所有国家内同时获得胜利。它将首先在一个或者几个国家内获得胜利，而其余的国家在一段时间内将仍然是资产阶级的或资产阶级以前的国家"。④

---

① 《马克思恩格斯选集》第3卷，人民出版社，1995，第633页。
② 《马克思恩格斯选集》第3卷，人民出版社，1995，第760页。
③ 《马克思恩格斯选集》第1卷，人民出版社，1995，第86页。
④ 《列宁专题文集·论社会主义》，人民出版社，2009，第4、8页。其实，列宁并不否认社会主义革命在许多国家，尤其是在先进国家同时取得胜利的好处，当然也希望这一局面早日到来："如果社会主义革命在全世界或者至少是在许多先进国家中同时取得了胜利，那么，吸收旧的资本主义的领导人中的优秀技术专家来参加重新组织生产这一任务就会非常容易解决。那时，落后的俄国就不必独自来考虑解决这一任务了，因为西欧各国的先进工人会来帮助我们，排除我们在解决向社会主义过渡的最困难的任务即所谓组织任务时会遇到的大部分困难"。详见《列宁全集》第34卷，人民出版 （转下页注）

在此理论指导下，社会主义革命最终在俄国取得胜利，并对其他一些落后国家产生了积极的示范效应。又如，马克思在《哥达纲领批判》中预言，未来社会不需要货币、商品和市场，而是采取与劳动时间等量的"劳动券"来分配消费资料，但是，列宁时期不得以实施的新经济政策却取得了意想不到的良效，之后趋于保守的政策调整和对计划的过分依赖，又明显恶化了社会主义生产关系，滞缓了苏联国力的壮大及其健康发展，而中国改革开放前后鲜明的政策反差及其巨大成就则再次证明了市场经济的现实生命力及其在社会主义实践中的巨大潜能。这样，虽然社会主义的生动实践并不完全符合马克思的理论预期，但社会主义当下的成就和高度仍然雄辩地证明了科学社会主义的正确方向，同时也证伪了对待马克思主义的教条主义态度，进而证实了他的一贯主张，即"正确的理论必须结合具体情况并根据现存条件加以阐明和发挥"。①而这也正是马克思反对教条主义的一贯立场："一定要把我关于西欧资本主义起源的历史概述彻底变成一般发展道路的历史哲学理论，一切民族，不管它们所处的历史环境如何，都注定要走这条道路……他这样做，会给我过多的荣誉，同时也会给我过多的侮辱"。②而毛泽东则立足新的时空，进一步强调了同样的观点和后人的使命："不如马克思，不是马克思主义者；等于马克思，不是马克思主义者；只有超过马克思，才是真正的马克思

（接上页注④）社，1985，第129页。其中，他对德国的无产阶级寄予厚望，但最终因卢森堡、李卜克内西遇害而未能如愿。好在列宁始终是一个清醒的现实主义者，当希望无法成为现实时，他又及时进行政策调整，实行新经济政策，加大向资本主义开放和学习的力度，同时强调："只有那些懂得不向托拉斯的组织者学习就不能建立或实施社会主义的人，才配称为共产主义者。因为社会主义并不是臆想出来的，而是要靠夺得政权的无产阶级先锋队去掌握和运用托拉斯所造成的东西。我们无产阶级政党，如果不去向资本主义的第一流专家学习组织托拉斯式的即像托拉斯一样的大生产的本领，那便无从获得这种本领。"详见《列宁选集》第3卷，人民出版社，1995，第536页。相比之下，当时的第二国际则要保守得多，因为"第二国际的马克思主义是欧洲中心主义的，认为任何重要的事情都不可能在欧洲之外的任何地方发生，相信无产阶级革命将在作为中心的欧洲开始。"详见丁晔《只有社会主义道路才能摆脱依附与危机——访埃及著名经济学家萨米尔·阿明》，《马克思主义研究》2016年第3期。

① 《马克思恩格斯全集》第47卷，人民出版社，2004，第35页。

② 《马克思恩格斯选集》第3卷，人民出版社，1995，第341~342页。

主义者"。①

二 从阶级斗争到无产阶级专政

随着资本主义生产方式的普及，日益明朗和尖锐的阶级关系普遍存在于世界各地。而在国际关系显著分化的 19 世纪下半叶和 20 世纪上半叶，发达国家的殖民统治在传播和推广资本主义生产方式的同时，既加大了落后国家无产阶级被剥削、被压迫的强度，又暴露了这些国家统治阶级倒行逆施的行径，进而在无意之中培养和壮大了这些国家的革命力量。而全球范围内为争夺殖民地和剩余价值而爆发的帝国主义战争又造成了严重的物资消耗、经济破坏和人员伤亡，激化了落后国家的阶级矛盾和阶级斗争，因而不可避免地形成了帝国主义链条上的薄弱环节。这样，在马克思主义政党领导下，工人阶级不仅激烈反抗帝国主义强加的战争，而且也对本国的统治阶级不再抱有任何希望，更加坚定地诉诸革命。在此背景下，列宁不仅得出了无产阶级革命制止帝国主义掠夺战争的结论和主张，而且还利用俄国在帝国主义链条中的薄弱地位和当时阶级斗争的最新进展，及时组织并成功领导了十月革命，进而开创了巴黎公社以来无产阶级革命的新高度，提升了国际共产主义运动的新境界。后来，他在总结十月革命成功的经验时仍然认为："俄国的落后使得无产阶级反对资产阶级的革命与农民反对地主的革命独特地结合了起来。我们在 1917 年 10 月就是这样开始革命的，不然，我们就不会那样容易取得胜利"。② 同样，这一时期半殖民地半封建的社会性质也使得中国的无产阶级承受着帝国主义、封建主义和官僚资本主义的三重压迫，空前严峻的生存条件不仅催生了中国共产党，而且历史地要求中共承担起领导无产阶级革命的重任，以至于中国的阶级斗争也在马克思主义指引下走向了正确道路，并最终取得了新民主主义革

---

① 转引自王任重《实事求是的典范——纪念毛泽东诞辰 85 周年》，《中国青年》1978 年第 4 期。

② 《列宁全集》第 36 卷，人民出版社，1985，第 294 页。列宁晚年时在进一步批判小资产阶级、总结俄国革命的特殊性时指出："面对第一次帝国主义大战所造成的那种革命形势的人民，在毫无出路的处境逼迫下，难道他们就不能奋起斗争，以求至少获得某种机会去为自己争得进一步发展文明的并不十分寻常的条件吗？"详见《列宁选集》第 4 卷，人民出版社，1995，第 777 页。

命的胜利。

在马克思主义的指引下，无产阶级革命不只是对国内外反动势力的勇敢抗争，以期改善自身的生存条件和政治地位，其最终目标更是明确指向无阶级社会，实现人的全面发展。因此，随着无产阶级革命的成功，依然存在的阶级斗争必然要求无产阶级实行专政，以便为后续发展夯实政治基础，这是马克思早在《1848 年至 1850 年的法兰西阶级斗争》《路易·波拿巴的雾月十八日》等文献中就已形成的政治主张，又在之后不断加以强调，并得到了列宁基于实践的充分肯定："谁要是仅仅承认阶级斗争，那他还不是马克思主义者……只有承认阶级斗争、同时也承认无产阶级专政的人，才是马克思主义者"。[①] 因此，无产阶级即使取得了革命胜利，也不能偃旗息鼓，仍要通过打碎旧的国家机器，建立新型的国家机关，实行无产阶级专政。与此同时，由于无产阶级革命是在不发达乃至落后国家首先取得胜利，落后的生产力和保守的社会传统根本无法为无产阶级专政提供坚实的经济基础和社会基础，尤其需要加强和完善无产阶级专政，以强大的政治权力和上层建筑来推动经济发展，弥补社会主义实践的先天不足。所以，列宁在谈到苏联无法回避的现实国情和面临的各种困难时，着重强调了无产阶级专政的极端重要性："既然建立社会主义需要有一定的文化水平（虽然谁也说不出这个一定的'文化水平'究竟是什么样的，因为这在各个西欧国家都是不同的），我们为什么不能首先用革命手段取得达到这个一定水平的前提，然后在工农政权和苏维埃制度的基础上赶上别国人民呢？"[②] 也正是基于这样的认识和建立在此基础上的积极探索，无产阶级专政的苏俄不仅成功打退了国内外反动势力的进攻，巩固了十月革命的成果，而且掌握了国家对待资本主义的主动权，在积极探索中迅速壮大了综合国力，进而为有效应对第二次世界大战、壮大社会主义生命力、传播和扩大其国

[①] 《列宁选集》第 3 卷，人民出版社，1995，第 139 页。

[②] 《列宁选集》第 4 卷，人民出版社，1995，第 777 页。这一政策安排看似特定背景下的人为设计，却有其历史必然性，因为资本主义的政治权力听命于经济权力所酿成的恶果，必然要求社会主义的政治权力设法提升其开放性与公共性，以回应民意，维护民利。

际影响力夯实了政治基础。同样，我国的新生政权不仅彻底改变了半殖民地半封建的社会性质，而且以迅速发展的综合国力抵御了国内外反动势力的反扑和破坏，改造了非社会主义的生产关系和社会关系，也再次显示了社会主义社会巨大的制度优势。

正如无产阶级革命不可能采取同一种道路一样，无产阶级专政作为一种由阶级社会向无阶级社会过渡的国家制度，也不意味着所有国家只能采取一种专政形式，自然应当探索符合各自国情的模式。相对于苏联基于其对国情的判断，长期实行一党制，我国并没有因为当时苏联的显著成就而简单效仿。在新民主主义革命时期，面对反帝反封建的艰巨任务，毛泽东一再强调要建立各革命阶级联合专政的国家，以回应这一时期的革命形势和阶级关系。而在军事斗争节节胜利的背景下，1948年他在中共中央政治局会议上的报告中提出，要"建立无产阶级领导的以工农联盟为基础的人民民主专政"①，1949年，他又重申了"无产阶级领导的以工农联盟为基础的人民民主专政"这个提法。1956年毛泽东在《论十大关系》中开始使用"无产阶级专政"这个概念，从而开启了"人民民主专政"和"无产阶级专政"并用的历程。1975年宪法的第一条就明确规定，"中华人民共和国是工人阶级领导的以工农联盟为基础的无产阶级专政的社会主义国家"。党的第十一届三中全会以后，"人民民主专政"这一提法又重新恢复，并在1982年《宪法》总纲第一条中得到体现："中华人民共和国是工人阶级领导的、以工农联盟为基础的人民民主专政的社会主义国家。"显然，这一简要的历史回顾既从特定视角反映了把握国情的复杂经历与社会主义革命和建设的艰难历程，也体现了无产阶级专政在中国的特殊表现，更是说明了中共在坚持独立性和自主性方面的一贯传统和不懈努力。关于人民民主专政，毛泽东早在1962年的"七千人大会"上就做出阐释："没有民主集中制，无产阶级专政不可能巩固。在人民内部实行民主，对人民的敌人实行专政，这两个方面是分不开的，把这两个方面结合起来，就是无产阶级专

---

① 《毛泽东文集》第5卷，人民出版社，1996，第135页。

政，或者叫人民民主专政"。① 至于人民和敌人的区分，毛泽东认为，人民这个概念在不同国家及其不同时期，有着不同内容，因而具有动态性的特征。其中，在社会主义建设时期，一切赞成、拥护和参加社会主义建设事业的阶级、阶层和社会集团，都属于人民的范围；一切反抗社会主义革命和敌视、破坏社会主义建设的社会势力和社会集团，都是人民的敌人。② 后来，邓小平也重申："毛泽东同志说过，对人民内部的民主方面和对反动派的专政方面的互相结合，就是人民民主专政。这实质上也就是无产阶级专政，但是人民民主专政的提法更适合于我们的国情"。③ 由此可见，人民民主专政的表述和实践不仅准确反映了我国的基本国情，而且也印证了列宁对无产阶级专政内涵的规定："无产阶级专政不只是对剥削者使用的暴力，甚至主要的不是暴力"。④

阶级斗争必然导致无产阶级专政，是马克思阶级斗争和无产阶级专政学说的结合点，也是其政治理论中一段重要的逻辑主线和政治主张。但是，由阶级斗争导致的无产阶级专政并没有终结阶级斗争，因为此时尚不能消除阶级斗争的经济诱因，却又面临其他制约因素，进而表现出新的特征和任务。为此，列宁指出，在资本主义到共产主义的"这个过渡时期不能不是衰亡着的资本主义与生长着的共产主义彼此斗争的时期，换句话说，就是已被打败但还未被消灭的资本主义和已经诞生但还非常幼弱的共产主义彼此斗争的时期"。⑤ 这样，夺取国家政权的无产阶级显然还不能停止阶级斗争，而是要利用国家政权防范敌对势力的死灰复燃，因为"社会主义社会是一个相当长的历史阶段。在社会主义这个历史阶段中，还存在着阶级、阶级矛盾和阶级斗争，存在着社会主义同资本主义两条道路的斗争，存在着资本主义复辟的危险性"。⑥ 因此，鉴于特定的国内外环境，阶级斗争"还是长时期的，曲折的，有时甚至

① 《毛泽东文集》第 8 卷，人民出版社，1999，第 297 页。
② 《毛泽东文集》第 7 卷，人民出版社，1999，第 205 页。
③ 《邓小平文选》第 2 卷，人民出版社，1994，第 372 页。
④ 《列宁选集》第 4 卷，人民出版社，1995，第 9 页。
⑤ 《列宁选集》第 4 卷，人民出版社，1995，第 59 页。
⑥ 社论：《无产阶级专政下进行革命的理论武器》，《红旗》1967 年第 10 期。

是很激烈的"。① 由此可见，无产阶级专政不是阶级斗争的结束，而是新生政权建设和社会发展的现实需要，尤其表现为执掌政权的无产阶级反对已被打败但还没有绝迹甚至企图复辟的资产阶级，继续根除更为悠久、更为隐蔽，因此也更加保守的封建主义包袱，同时防范境外敌对势力的颠覆活动。这样，即使经过社会主义革命，国内外的各种矛盾也决定了阶级斗争仍将以不断变化的形式影响着社会主义社会的诸多方面。为此，邓小平不仅承认社会主义社会的阶级斗争，而且明确指出，此时的阶级斗争已"同于过去历史上的阶级对阶级的斗争（他们不可能形成一个公开的完整的阶级），但仍然是一种特殊形式的阶级斗争，或者说是历史上的阶级斗争在社会主义条件下的特殊形式的遗留。对于这一切反社会主义的分子仍然必须实行专政"。② 因此，受国内外因素的影响，"在阶级斗争存在的条件下，在帝国主义、霸权主义存在的条件下，不可能设想国家的专政职能的消亡，不可能设想常备军、公安机关、法庭、监狱等等的消亡"，因为"没有无产阶级专政，我们就不可能保卫从而也不可能建设社会主义"。③

无产阶级革命事实上成功于不发达国家或资本主义链条中的薄弱环节，缺乏在发达国家同时发生所拥有的经济、政治和文化方面的均衡发展和综合优势，也就意味着无产阶级专政缺乏应有基础。换而言之，这些国家此时既背负着迷信愚昧、思想保守、政治冷漠等封建主义包袱，又缺乏社会化大生产所需的物质基础、科教资源和人文环境，因而必须在此方面进行长期不懈的努力。"无产阶级专政是无产阶级对劳动群众（和整个社会）的领导"④，但是，无产阶级专政并不是目的，而是手段，即"这个专政不过是达到消灭一切阶级和进入无阶级社会的过渡"⑤，因此不但不能因为无产阶级执掌政权而止步不前，而且要承担起革故鼎新的艰巨使命，即既要尽快挣脱私有制社会遗留下来的消极因素，又要迅速壮大综合

---

① 《毛泽东著作选读》下册，人民出版社，1986，第785页。
② 《邓小平文选》第2卷，人民出版社，1994，第169页。
③ 《邓小平文选》第2卷，人民出版社，1994，第169页。
④ 《列宁全集》第37卷，人民出版社，1986，第430页。
⑤ 《马克思恩格斯选集》第4卷，人民出版社，1995，第547页。

国力，提升民众的综合素质，推动无产阶级专政向共产主义过渡。显然，即使成长于旧制度的无产阶级限于历史原因和生活需要，也不见得全部清楚自身的历史包袱，也不完全具备执掌新政权、建设新国家的综合素质，更难以坚定追求基于觉悟崇高、道德完善的共产主义社会。相比之下，农民阶级和城市小资产阶级的比重不仅大得多，而且深受传统羁绊，保守性更加明显。因此，面对如此艰巨的历史使命，以工农联盟为基础的无产阶级专政并不能轻易实现目标，仍需要无产阶级政党在政治、思想和组织上提供强有力的领导，带动全民不断超越历史、提升自我。对此，列宁始终保持清醒认识："无产阶级专政不能由包括全体无产阶级的组织来实现。没有一些把先锋队和先进阶级群众、把它和劳动群众连结起来的'传动装置'，就不能实现专政"。① 在此背景下，作为无产阶级的先锋队，思想先进、方向明确、领导有力的无产阶级政党尤其要不忘初心，牢记使命，充分发挥这一"传动装置"的作用，在不断创新中承担起领导无产阶级专政的历史重任，并在政治自信和政治自觉中不断完善自身领导，持续推动社会革命，实现比资本主义发展得更好的经济成就、政治建设和精神文明，以期在消灭旧的生产关系的同时，消灭阶级对立和阶级本身的存在条件，直至最终消灭无产阶级自身的统治。这样就意味着，无产阶级政党的领导不仅历史性地成为无产阶级专政的先决条件，而且决定着社会革命的成效和向共产主义过渡的成败，因而必须予以长期坚持和持续完善。

三　过渡时期的权力格局

马克思在《哥达纲领批判》中把超越资本主义的未来社会划分为两个发展程度不同的阶段，即共产主义社会的第一阶段和高级阶段，② 列宁则在此基础上，将共产主义社会的第一阶段称为社会主义社会。③ 不仅如此，马克思还明确指出新旧社会形态之间的过渡时期以及其间实施无产阶级专政的必要性，进而意味着从无产阶级推翻资产阶级统治、夺取政权开

---

① 《列宁全集》第 40 卷，人民出版社，1986，第 201 页。
② 《马克思恩格斯选集》第 3 卷，人民出版社，1995，第 305 页。
③ 《列宁选集》第 3 卷，人民出版社，1995，第 196 页。

始，到建成共产主义社会的高级阶段，其间要经历两个时期，即过渡时期和社会主义时期。① 为此，新中国的第一部《宪法》就开宗明义指出："从中华人民共和国成立到社会主义改造基本完成，这是一个过渡时期。"其中，这一时期不同于以往的政权性质和向社会主义过渡的阶段性特征决定了无产阶级专政下的权力结构既不同于新民主主义社会，又有别于社会主义社会。从理论上讲，过渡时期的权力格局应当具有鲜明的历史印记和阶段特征，即政治权力应当逐步挣脱经济权力的纠缠，甚至在严格规范经济权力中体现其开放性与公共性，即使暂时存在的经济权力也不应留恋眼前或局部利益，接受政治权力的规定而完成扬长避短的转变，以加快权力社会化的进程，推动社会的健康发展。但是，现实中通过无产阶级革命进入到社会主义社会的俄国、中国等曾是资本主义生产方式有所发展却又不够发达的国家，加上漫长强大的封建传统以及国内外的现实压力，使其必须拥有强大的政治权力与比重极低且渐趋萎缩的经济权力，以显著改变革命胜利前的权力格局。其中，政治权力既有主导地位，又有先导作用。

反观我国的过渡时期，显然与马克思的理论设想和苏联的首创实践有很大的区别，即在更加落后的国情规定下，"中国的过渡时期，既不同于马克思曾经设想的从发达资本主义向社会主义的过渡，也不完全同于俄国曾经历过的从不发达的资本主义向社会主义的过渡，而是在半殖民地半封建社会的基础上实现从新民主主义到社会主义的转变"。② 这样，我国在过渡时期的权力格局就表现出一种与理论相差甚远的非典型性，无论历史

---

① 王沪宁：《政治的逻辑——马克思主义政治学原理》，上海人民出版社，2004，第 233 页。关于过渡时期的界定，学界并无一致观点，通常有"小过渡""中过渡""大过渡"之分。所谓"小过渡"就是指由多种经济成分到单一的社会主义公有制的过渡，即向不发达的社会主义过渡，"中过渡"是指从"小过渡"继续到社会主义的发达阶段，而"大过渡"则是指从"中过渡"继续到共产主义的高级阶段。详见黄家驹《试论过渡时期和社会主义社会的性质》，《学术研究》1979 年第 4 期；严钟奎《我国现阶段究竟是过渡时期还是社会主义——与黄家驹同志商榷》，《学术研究》1979 年第 5 期；马积华《社会主义社会是"过渡时期"吗?》，《社会科学》1980 年第 1 期；董宝训《我国过渡时期的社会性质和主要矛盾再认识》，《文史哲》2001 年第 1 期；石镇平《关于"小过渡""中过渡""大过渡"的辩证》，《当代经济研究》2010 年第 8 期；邵腾《资本的历史极限与社会主义》，上海大学出版社，2005。而本书则是根据"小过渡"的主张行文的，这应当是对马克思和列宁主张的正确解读，也是学界最为常见的理论主张，而且具有明确的宪法依据。

② 陈国新：《我国过渡时期社会基本矛盾新论》，《思想战线》1992 年第 5 期。

传统，还是当时的基本国情，都要求政治权力空前发挥其整合功能，以推动经济社会的快速发展，满足新生政权的建设需要。毛泽东曾在中共七届二中全会的报告中指出："中国革命在全国胜利，并且解决了土地问题以后，中国还存在着两种基本的矛盾。第一种是国内的，即工人阶级和资产阶级的矛盾。第二种是国外的，即中国和帝国主义国家的矛盾"。① 具体而言，"我国过渡时期的基本矛盾表现在政治上，就是人民民主专政国家的外部矛盾和内部矛盾"，其中外部矛盾"就是它同帝国主义、封建主义、官僚资本主义和国民党残余势力的矛盾和斗争"，内部矛盾"就是人民民主专政内部各阶级间各党派间的矛盾和斗争"。② 显然，这两种矛盾分别具有对抗性和非对抗性，因而占据主要地位和次要地位。在此背景下，我国自然要延续新民主主义革命时期强大的动员能力，团结和组织各种政治力量，完善国家权力结构和政权建设，以便在经济上没收官僚资本主义归国家所有，接管帝国主义在华资产，开展新解放区的土地改革，在军事上肃清国民党反动派在大陆的残余武装力量，镇压反革命势力。这样，在政治权力全面直接的干预下，经济权力自然难有理论上的应有空间。当然，这一格局并不意味着这一时期的经济权力已被彻底除根。事实上，毛泽东在 1950 年就明确指出："今天的斗争对象主要是帝国主义封建主义及其走狗国民党反动派残余，而不是民族资产阶级。对于民族资产阶级是有斗争的，但必须团结它，是采用既团结又斗争的政策，以达团结它共同发展国民经济之目的"。③ 即使在进行"五反"运动这样的大规模阶级斗争时，毛泽东的态度仍然非常明确："这不是对资产阶级的政策的改变，目前还是搞新民主主义，不是搞社会主义；是削弱资产阶级，不是要消灭资产阶级；是要打它几个月，打痛了再拉，不是一直打下去，都打垮"。④ 由此可见，此时资本主义经济权力仍有一定的生存空间，但它们在遵循资本逻辑的同时，更要接受新型政治权力的严格规定。这样，经过过渡时期的制度创新

---

① 《毛泽东选集》第 4 卷，人民出版社，1991，第 1433 页。
② 陈国新：《我国过渡时期社会基本矛盾新论》，《思想战线》1992 年第 5 期。
③ 《毛泽东文集》第 6 卷，人民出版社，1999，第 49 页。
④ 转引自薄一波《若干重大决策与事件的回顾》上卷，中共中央党校出版社，1991，第 107 页。

和不懈努力，1954年人民代表大会制度最终在全国得到确立，并同中共领导下的多党合作和政治协商制度、民族区域自治制度一起，在宪法上得到了确认，标志着符合我国国情的社会主义政治制度已基本建立。

如前所述，内部矛盾只是过渡时期的次要矛盾，充其量也只是阶段性或局部性的主要问题，这就意味着此时的政治权力不会也无须刻意消除具有资本主义性质的经济权力，更何况新生政权并不能迅速提升社会主义性质的经济成分，或充实经济权力退场后的权力空间。有数据显示，这一时期社会主义性质的经济成分仍然非常有限，而其他性质的经济成分却占明显优势，即使到1952年底，社会主义经济在国民收入中的比重也只有20.6%，其他性质的经济却高达79.4%，[①] 因而需要通过保留乃至发展资本主义经济，壮大新民主主义国家的综合国力，为社会主义经济的成长奠定基础，赢得时间。这样，虽然理论上资本主义经济明显有碍于社会主义发展，理当予以及时铲除，但是过渡时期的"资本主义工商业，并不是孤立地存在着，而是处在人民民主政权的行政管理、工人群众的监督和国家经济的领导联系之下的"[②]，因此，这个时期不仅允许资本主义在一定范围内的存在，而且宪法也明确规定"国家依照法律保护资本家的生产资料所有权和其他资本所有权"。当然，此时的资产阶级已不能像之前或资本主义国家的同行那样，一味地遵循资本逻辑，工人的工资、福利、劳动时间和劳动条件得到明显改善，国家所得税、企业公积金和职工的集体福利在企业利润中的比重也有显著上升。与此同时，社会主义的国营经济对资本主义工商业的领导和规制，也使得后者的生产经营能够很好地服从和服务于国家意志，满足了国家与社会的需要。就此意义而言，此时的资本主义既非传统意义上的资本主义，也明显有别于社会主义的应然状态，而是一种典型的国家资本主义，即社会主义国家能够加以限制乃至规定的资本主义，因而不同于之前或资本主义国家的资本主义，"是被去势了的、被阉割了的资本主义，因为它已经没有具备一般的正常的且宁可说是

---

① 黄少群：《评析建国初期社会性质问题讨论中的几个理论分歧点》，《教学与研究》1982年第3期。

② 许涤新：《社会主义基本经济法则在我国过渡时期对资本主义和国家资本主义经济的影响和作用》，《经济研究》1955年第2期。

非常基本的条件"。① 正因为如此，我国在不同时期都采取了具有针对性和明显效果的规范措施，如在全国解放初期，为了打击资产阶级的投机活动，抑制通货膨胀，国家于 1950 年统一了财政经济工作的领导和管理，平衡了财政收支，为经济恢复与社会发展夯实了基础。而在 1951 年，针对资产阶级的拉拢腐蚀，强大的政治权力则以"三反""五反"运动予以回击，同样收到良效。由此可见，尽管此时的经济权力还在延续其传统属性，但也在限制中渐趋规范。因此，随着综合国力的迅速提升，我国自然不会刻意发展经济权力，以实现政治权力对各种资源与社会秩序的控制和规范，彰显新型制度的优越性与新生政权的执政能力和执政业绩。

正如过渡时期的经济权力仍有一定的生存空间，社会权力也面临类似的生存环境，有所不同的是，理论上这一时期的经济权力应渐趋消亡，社会权力则应渐趋壮大。然而，此时的社会权力仍然面临比较复杂的发展环境，在显著发展中又受到一定制约。首先，在政党结构层面，不同于苏共的一党专政，我国确立了中共领导下的多党合作和政治协商制度。斯大林认为："在苏联只有两个阶级，即工人和农民，这两个阶级的利益不仅不彼此敌对，相反地，是互相友爱的。所以，在苏联也就没有几个政党存在的基础，也就是说没有这些政党自由的基础。在苏联只有一个党，即共产党存在的基础。"② 而我国则根据自身历史和国情，制定了不同于苏联的政党制度，即"中国现阶段的历史将形成中国现阶段的制度，在一个长时期中，将产生一个对于我们是完全必要和完全合理同时又区别于俄国制度的特殊形态，即几个民主阶级联盟的新民主主义的国家形态和政权形态"。③ 这样，并非一党专政的政党结构无疑为社会权力的壮大提供了相应的社会基础和发展空间，民主党派在完善权力结构、参政议政的同时，还作为一种更为集中的制度化力量发挥着制约和监督政治权力的作用。其次，中国共产党在擘画新生政权的过程中，始终强调资产阶级应有的政治地位，同时根据我国的具体国情，尤其在工人阶级之外还有人数众多的农

---

① 王亚南：《社会主义基本经济法则在我国过渡时期的经济总运动过程中究竟起什么作用？》，《经济研究》1955 年第 2 期。
② 《斯大林选集》下卷，人民出版社，1979，第 408 页。
③ 《毛泽东选集》第 3 卷，人民出版社，1991，第 1062 页。

民阶级和城市小资产阶级，故将一般意义上的无产阶级专政表述为人民民主专政，更加精准地反映了基本国情，同时意味着人民的外延空前扩大，更多的社会力量也因此获得了相应的政治权利，并在社会进步和自身发展中获得了监督政治权力、掌握其命运的更多机会。最后，新生政权奉行的民主集中制赋予各级人民代表大会更大的权力，进而保证了民意表达的制度路径，同时使得政治权力受到更多监督。在渐趋完善的政治生活中，"主要监督共产党的是劳动人民和党员群众"。① 这样，广大民众在监督实践中就得到了持续锻炼，其公民素质也在显著提升，并在与制度建设的相互促进中形成日益稳定的社会权力。但是，限于特定的政治环境和文化传统，这种理论上合理、政治上正确的制度设计并不意味着民众素质的显著提升和社会权力的充分发展。无论是抵御强敌的军事威胁，打击残存的敌对势力，还是整合与协调新生政权的利益格局，国家都不可能迅速放弃革命时期的做法，因而需要通过对社会的有效掌控，消除可能的动荡与冲击，社会的自主空间自然难以充足发展。同时，极具渗透力和控制力的政治传统仍在延续国家与社会的同构状态，国家也可以借助强大的政治资源干预甚至控制社会生活的各个领域，两者仍在延续传统的有限分化状态，缺乏制度保障的个人权益也经常遭受国家的侵犯，社会权力的发展空间自然难以稳定。当然也必须承认，此时的新生政权仍能延续中共在新民主主义革命时期的突出表现，与前政权形成巨大反差的工作作风、迅速改善的生存状态、空前提升的政治地位和政治权利也使得广大民众对国家充满了信任，进而不同程度上放弃了权利自觉的努力，结果也就不可避免地抑制乃至滞缓了社会力量的自主意识和自主能力。

四 社会主义的现实与共产党的领导

按照马克思最初的理论设想，无产阶级革命只有从发达的资本主义国家向相对落后的国家扩展，才能以其现实影响力，有效规避革命阻力，稳定巩固革命成果。而更深层次的原因则在于，发达的生产力内含着强大的综合国力和资本主义基本矛盾自我解决的机制，也意味着不断成长的无产

---

① 《毛泽东文集》第 7 卷，人民出版社，1999，第 235 页。

阶级能够主动遵循社会发展规律，自觉摆脱私有制的羁绊和传统束缚，坚定追求更加合理的社会形态。然而，发达国家的资产阶级并不只是被动的批判对象和革命对象，他们也从中察觉到制度缺陷，进而在制度框架内设法调整其统治策略，缓和阶级矛盾，同时加大殖民力度，以弥补其统治策略调整造成的经济损失，为其阶级统治赢得更多自主空间。这样，发达国家的阶级矛盾有所缓和，却加剧了国际矛盾，进而在国内外因素的消长中爆发了大规模的帝国主义战争，形成了帝国主义链条乃至资本主义阵营的薄弱环节，以至于"一国首先胜利"的理论最终成为现实。显然，这不仅丰富和发展了马克思的理论设想，也合理解释了社会主义现实与理论的反差。对此，列宁始终保持清醒的认识："每一个认真考虑过欧洲社会主义革命的经济前提的人都不会不了解，在欧洲开始革命要困难得多，而在我国开始要容易得多，但是要继续下去，却比在欧洲困难。"① 相比之下，中国的综合国力更加落后②，建设任务更加艰巨。这样，国内外因素都要求加强党的领导，及时制定各项政策，最大限度地发掘和调动各种资源，持续壮大综合国力，为生产力发展和社会进步夯实基础。③ 这样，在苏共领导下，苏联迅速壮大了综合国力及其国际影响，卓越的战争业绩和战后重建能力更是证明了社会主义制度的独特优势。同样，中国共产党不仅取得了骄人的革命业绩，也在曲折和教训中不断进行自我调整，进而在短时期内，将一个脱胎于半殖民地半封建社会的落后国家发展成为举世瞩目的世界大国。更为重要的是，经过长期执政的锤炼，中国共产党的执政理念更加科学合理，执政目标更加明确坚定，执政谋略更加全面灵活，进而将社会主义优越性和国际共产主义运动提升到全新高度。

---

① 《列宁选集》第3卷，人民出版社，1995，第440页。
② 在饱受侵略和屈辱的一个多世纪里，我国的发展近乎停滞："中国1820年的GDP是2286亿美元……但是到1913年时仅微升至2413亿美元，几乎没有什么增长，而到1950年时，却下降了2399亿美元。"详见〔英〕马丁·雅克《当中国统治世界：中国的崛起和西方世界的衰落》，张莉等译，中信出版社，2010，第26页。相对于历时的停滞不前，共时的国别差距更为悬殊，新中国成立之初的综合国力仍明显落后于印度，更遑论比肩欧美诸国。
③ 就资本主义生产方式的发展规律而言，"资产阶级从下面而非国家从上面建立起了资本主义"，显然是利用了经济权力与市场机制，利用了个体追求自身利益的竞争与效率机制。详见〔英〕约翰·格莱德希尔《权力及其伪装：关于政治的人类学视角》，赵旭东译，商务印书馆，2011，第67页。相比之下，空前强调整体与长远利益、更加重视公平正义的社会主义自然应当自上而下地充分发挥政治权力的潜能，尽管也不应忽视经济权力的独特功能。

当然，苏联和我国曲折的建设历程既能在理论上做出合乎逻辑的解释，又可以从实践中得到验证，其深层原因则在于国情和形势的判断偏差以及在此基础上的决策失误。为此，邓小平在谈到封建主义残余思想的影响时指出："因为我们对它的重要性估计不足，以后很快转入社会主义革命，所以没有能够完成。现在应该明确提出继续肃清思想政治方面的封建主义残余影响的任务，并在制度上做一系列切实的改革，否则国家和人民还要遭受损失。"① 而立足权力视角，这一进程则要求我国设法完善权力格局，即设法避免政治权力一家独大的局面，更加注重其协调功能，关注民意民生，同时鼓励和引导经济权力，用经济权力的独特机制清算封建主义的残余思想，确保社会发展所需的竞争和效率机制，推动社会的自我锻炼和自我提升。

立足历史经验的视角，作为权力分化的必然结果，经济权力能够显著壮大社会力量，持续提升竞争效率和促进公平正义，当然也能够规范政治权力，推动民主政治的进程。然而，仍有生命力的经济权力却因社会形态的改变和认知偏差而被连根拔起，权力格局的失衡和权力运行的失范也就在所难免。尽管"苏联共产党第十九次代表大会的决议明确指出，自1924 年以来，权力已经被官僚集团攫取，苏维埃已经失去了真正的权力"②，但他们并没有用实际行动来扭转这一趋势，民众的合法权利也难以落实，甚至被各级官僚侵占。事实上，相对于新经济政策在经济、政治和军事上的成就，苏联过早放弃新经济政策以及对政治权力的过分倚重，虽曾创造了政权建设史上的奇迹，但就当时所处的国内外环境而言，这一奇迹与其说是政治权力的优势和苏共的执政业绩，毋宁说是政治权力及其主导下的计划经济获得了一个扬长避短的绝佳机会，因为战争和战后重建的交替出现使得政治权力的组织和动员能力得到了发挥，进而在放大和雾化政治权力潜能的同时，也掩盖了经济权力的独特功能，也制约了苏联权力格局的完善和国际共产主义运动。

上述分析表明，在失衡的权力格局中，政治权力虽然强势，却产生了

---

① 《邓小平文选》第 2 卷，人民出版社，1994，第 335 页。
② 〔比利时〕厄内斯特·曼德尔：《权力与货币：马克思主义的官僚理论》，孟捷译，中央编译出版社，2002，第 71 页。

难以消除的消极影响，由此引发的教训需要在实践中加以铭记。为此，我国着力完善符合国情和建设规律的权力格局，以恢复权力结构中的应有平衡和综合功能。党的十一届三中全会开启的改革开放进程在"摸着石头过河"的探索中，逐步收缩了政治权力的干预领域，拓展了经济权力的存在空间，同时为社会权力的壮大提供了相应的自主空间。而在此探索中，我国逐步了解现代市场经济规律，进而把握政治权力和经济权力的运行机制和各自长短，"看得见的手"和"看不见的手"获得了各自的现实依据和发展空间，也即"计划多一点还是市场多一点，不是社会主义与资本主义的本质区别……计划和市场都是经济手段"。① 这样，政治权力和经济权力之于社会主义的工具理性色彩则更为明显，自然能够更好地服务社会主义，彰显社会主义之于人的全面发展的现实合理性。时至今日，我国的建设成就和发展态势不仅有力回应了曾经全球范围对社会主义命运的悲观情绪，也坚定了世人对社会主义的信心和坚持社会主义道路的决心。而在社会主要矛盾已经转变的当下，我国仍反复强调社会主义初级阶段的长期性，显然是要在巨大成就和"四个自信"的基础上充分发掘政治权力和经济权力相互配合的协同优势，夯实社会主义向共产主义过渡的综合基础。这样，我国不仅在自力更生和坚定探索中形成了独具特色的社会主义制度，而且在合理借鉴中将科学社会主义理论提升到全新的高度，为人类社会描绘出一幅更加清晰、更具现实性的未来图景。而这一成就不仅充分说明"中国特色社会主义最本质的特征是中国共产党领导"②，其执政地位具有充分的合法性资源，而且还对加强和改善自身领导提出新的目标和要求，以充分发挥"中国特色社会主义制度的最大优势"③。

第二节　社会主义国家与社会

　　立足权力的视角，在改革开放进程中日渐成熟的中国特色社会主义逐渐形成了较为平衡的权力格局。政治权力与经济权力渐趋良性的互动体现

---

① 《邓小平文选》第 3 卷，人民出版社，1993，第 373 页。
② 《习近平谈治国理政》第 3 卷，外文出版社，2020，第 94 页。
③ 《习近平谈治国理政》第 3 卷，外文出版社，2020，第 181 页。

和完善了国家与社会的关系，国家与社会的相互调适则巩固了这两种权力互动的成果，并为这一互动提供了层次更高的舞台。这样，无论在政治领域，还是在经济领域，民众都获得了超前的地位，社会权力也在发展规律和制度规定层面获得了双重保障，并在实践锻炼中得到了提升，进而将马克思的共产主义理论转变为充满活力的政治图景，将社会主义实践成果和发展空间提升到全新高度。

一　国家与社会的统一性和矛盾性

立足无产阶级革命首先应当在发达国家普遍取得胜利的理论预期，马克思指出："这种社会主义就是宣布不间断革命，就是实现无产阶级的阶级专政，把这种专政作为必经的过渡阶段，以求达到根本消灭阶级差别，消灭一切产生这些差别的生产关系，消灭一切和这些生产关系相适应的社会关系，改变一切由这些社会关系产生出来的观念"。① 显然，即使基于现实需要对国家的肯定，马克思也没有放弃对国家的批判态度，对国家的自主性也保持高度警觉，强调国家对人的本质和社会发展的制约因素。然而，作为一种趋势，国家消亡仍要经历相当长的时间，理论与现实之间的巨大反差必然要求社会主义国家长期存在和持续完善，现实的多样性与复杂性也要求其对自身局限和现实任务保持清醒，进而以其强大的政治力量，在革故鼎新中发展综合国力，提升民众的素质，为最终"把这全部国家废物抛掉"奠定基础。这样，社会主义国家的历史进步性为其现实合理性奠定了基础，但传统因素也在阻碍社会进步，以至于在社会主义国家与社会的统一性之外，仍存在一定的矛盾性，对我国产生了具有国情特征的深远影响。

经过短暂过渡而建成的社会主义仍将长期置于传统包袱沉重、发展基础薄弱的环境之中，甚至还不得不暂时面对资本主义的竞争优势，进而凸显了国家与社会的统一性，尤其是国家在社会的认同和配合下日益发挥主导和引领作用，社会在国家的整合与协调下获得更快更全面的发展。换言之，这种存在并不只是政治权力的主观规定和外在强制，有其历史必然性与现实合理性，即在历时的角度，这是中国历史发展到特定阶段的必然结

① 《马克思恩格斯全集》第 7 卷，人民出版社，1959，第 104 页。

果；在共时的角度，这是现当代中国与国际环境交汇的现实规定。

一方面，在历时的角度，我国悠久的农耕文明最终暴露出众多问题，在与西方工业文明的竞争中表现得尤为乏力，一个多世纪半殖民地半封建社会的国情更是加大了自身与发达国家的差距，同时提升了缩小差距的紧迫性和艰巨性。时至今日，我国在日益全球化的国际环境中要实现民族复兴，仍面临许多挑战，仅靠社会力量仍将在资源分散和矛盾频仍中遭遇更多变数。为此，我国必须充分发掘社会主义的制度优势，加快推进工业化和现代化的进程，同时变革传统文化中的保守理念，以缩小乃至消除其与发达国家的差距。虽然这项工作开始于新中国成立之初，中国综合国力也有质的飞跃，但当下仍有许多艰巨任务有待国家予以担当。不仅如此，在民主法治深入人心的当下，虽然国家仍将根植于社会，但也与时俱进地加快了服务社会的步伐，进而现实地规定了国家仍是社会必须倚重的政治力量。只有这样，两者才能够在特定时空下实现良性互动和共同进步。

另一方面，在共时的角度，新中国成立之初，在主要以国家为单位、竞争日益激烈的国际环境中，尤其在资本主义和社会主义两大阵营的角力中，我国仍要积极参与国际竞争，并在特定的国际环境中赢得尽可能多的发展空间。这样，我国"一边倒"地加入社会主义阵营，既有理论依据，又有实践需求，因而既是国家抉择，也是社会需要。否则，在欧美国家身后亦步亦趋，只会坐失弯道超车的良机。而在之后的岁月里，尽管仍有许多曲折，失衡的权力格局也曾使其失去更好更快的发展机会，但我国的综合国力和国际地位仍快速上升到空前高度。时至今日，相比于新中国成立之初的羸弱国力，我国不仅明显超过了当初国力或国情相近的国家，而且也显著缩小了与发达国家的差距，甚至在一些领域已呈现出领先世界的态势，因而不能断然否认"强国家"与"弱社会"的格局①在特定时空中

---

① 当然，弱社会通常缺乏制约与抗衡国家的力量，极易导致权力膨胀与公共领域的萎缩，催生专断与腐败。但是，立足社会与国家的辩证关系层面，社会弱势并不全是国家强势的结果，因为一旦社会缺失依法维权、监督权力的担当，自然会催生对权力的迷信和对国家的倚赖。而福山也认为，我国的强国家传统意味着"政治上现代国家的早熟出世"，使得统治者可以"全凭政治权力"建立起"强大现代制度"，并改变中国社会，乃至"在事实上定义了中国文明"。详见〔美〕弗朗西斯·福山《政治秩序的起源：从前人类时代到法国大革命》，毛俊杰译，广西师范大学出版社，2012，第92、125~126页。

的体制优势和惊人成就，更何况此消彼长的发展趋势将会使我国的未来发展更加健康，更具持续动力。因此，我们有理由相信，在国家的管理和引导下，社会将会克服各种消极影响，在自我教育和自我管理中迅速成长和成熟起来，全面体现人的本质规定。

当然，国家与社会的统一性及其造就的巨变并没有也不会解决社会主义的所有问题，相反，正是这些问题的顽固存续又从一特定视角揭示了国家与社会之间的矛盾。

一方面，在一般意义上，"国家的看来是至高无上的独立的存在本身，不过是表面的，所有各种形式的国家都是社会身上的赘瘤"①，而且一直在通过苛捐重税攫取其存续的物质资料，即使社会主义国家也无法彻底摆脱这一规定，以致诸多历史糟粕仍在沉渣泛起，时常掣肘社会主义建设。尤其当特定国情需要国家统领各项事业、全面提升综合国力时，权力制约社会发展的问题自然屡有发生，甚至还普遍存在蛮横专断的作风。即使随着改革开放的深化，经济权力和社会权力得到空前发展的当下，权力失范现象仍不鲜见，进而印证了马克思理性对待国家的真知灼见，以及国家职能的现实不足。

另一方面，社会主义的超越性和价值追求②为社会发展提供了空前的自主空间，也要求社会以其应有的主体地位和自主能力监督国家，规范权力运行。然而，社会并没有充分利用政治制度实现自我管理和自我提升，政治生活中的自发成分仍显著多于自觉因素，自在冲动更是明显大于自为努力，公民素质仍有继续提升的巨大空间。尤其在市场经济的环境中，许多民众不但没有利用其合法权利，发掘其制约和规范权力运行的潜能，反而在狭隘的个人算计中，放任政治冷漠的社会风气，或千方百计地迎合权力，以致社会风气仍没有出现持续好转，同时也加剧了自身未来发展的不确定性。

---

① 《马克思恩格斯全集》第 45 卷，人民出版社，1985，第 646 页。

② 就人类社会的发展规律而言，"社会主义者是以'社会至上'为'主义'，即主张以社会主体——人民及其权利与利益至上，国家应是为社会服务的工具，国家权力也要逐步还归社会"。详见郭道晖《社会权力与公民社会》，译林出版社，2009，第 53 页。这就意味着社会主义不仅应奉社会利益为圭臬，而且应强调民众在弘扬公共精神中当家做主。

二　政治权力与经济权力的角力

在马克思的政治理论中，无产阶级专政的使命不仅要利用其政治权力消灭旧的生产关系，而且要消灭阶级对立的经济根源，直至最终消灭自身的阶级统治。后来，恩格斯也一再强调："阶级不可避免地要消失，正如它们从前不可避免地产生一样。随着阶级的消失，国家也不可避免地要消失。在生产者自由平等的联合体的基础上按新方式来组织生产的社会，将把全部国家机器放到它应该去的地方，即放到古物陈列馆去，同纺车和青铜斧陈列在一起"。① 以此推论，社会主义社会保留政治权力，只是一种阶段性任务，主要是为了巩固无产阶级专政，稳定推动生产力发展和社会进步，为国家消亡做好准备，曾经劣迹斑斑、屡遭批判的经济权力自然也不可能有其生存空间。当然，国家既非与生俱来，也不会永远存在，需要许多前提条件，社会主义国家的经济基础先天不足，更是延宕了国家消亡进程，也决定了国家消亡必将"经历一个极其艰难而漫长的过程"。② 所以，当苏联和我国在经验和教训中逐渐认识到社会主义的现实和理论之间的差别时，也都不同程度地承认了经济权力。例如，列宁在论证新经济政策时指出："新经济政策并不改变工人国家的实质，然而却根本改变了社会主义建设的方法和形式，因为新经济政策容许建设中的社会主义同力图复活的资本主义，在通过市场来满足千百万农民需要的基础上实行经济竞赛。"③ 同样，毛泽东也有类似主张："由于中国经济现在还处在落后状态，在革命胜利以后一个相当长的时期内，还需要尽可能地利用城乡私人资本主义的积极性，以利于国民经济的向前发展"④，因此，"如果认为应当对私人资本限制得太大太死，或者认为简直可以很快地消灭私人资本，这也是完全错误的，这就是'左'倾机会主义或冒险主义的观点。"⑤

---

① 《马克思恩格斯选集》第 4 卷，人民出版社，1995，第 174 页。
② 《马克思恩格斯全集》第 42 卷，人民出版社，1979，第 140 页。
③ 《列宁选集》第 4 卷，人民出版社，1972，第 582 页。
④ 《毛泽东选集》第 4 卷，人民出版社，1991，第 1431 页。
⑤ 《毛泽东选集》第 4 卷，人民出版社，1991，第 1431、1432 页。

但是，置身于复杂的国内外形势中，客观看待不同权力的长短、准确把握应有的权力格局并非易事，苏联和我国也曾在此方面出现了偏差。因此，历史教训必然要求社会主义国家尊重权力发展规律和各自国情，进行合理的体制改革，以平衡权力格局，配置权力资源，完善权力功能。然而，苏联在权力格局的调整过程中操之过急，企图通过一次或数年的改革即可改变政治权力长期一枝独秀和普遍失范的局面，结果原有权力格局的"破"并没有带来期望中的"立"，社会主义的经济权力没有如愿发展起来，却最终导致政治权力旁落他人和资本主义经济权力的蔓延。这样，单一的政治权力造成的危害，以及苏联简单化改革的严重后果，都要求我国在坚定和审慎中探索符合国情的改革之路。当我国立足社会主义初级阶段的基本国情，最终确立"一个中心，两个基本点"的基本路线时，事实上也描绘了改革开放所追求的权力格局，即不仅要再造社会主义性质和为社会主义服务的经济权力，而且还期待以此完善社会主义的上层建筑，规范社会主义政治权力。与此同时，对经济权力的鼓励和引导，也始终坚持其政治底线，从"两个基本点"强调"坚持四项基本原则"，到重申市场经济的社会主义制度属性以及中国共产党在其中的领导地位，都有力保证了我国改革开放的社会主义性质，强调了社会主义政治权力对其基本路线和最高纲领的自信和坚守。这样，政治权力与经济权力的现实统一和平衡发展在成就改革开放伟业的同时，也证明了这一权力格局的现实合理性，因此应在完善中予以长期坚持。

时至今日，社会主义政治权力不仅明显超越了资本主义政治权力对私有制的维护，而且突出了空前的开放性与公共性。在我国的"五四"宪法中，总纲的第一条就开宗明义地指出："中华人民共和国是工人阶级领导的、以工农联盟为基础的人民民主国家"①，第二条则进一步明确指出："中华人民共和国的一切权力属于人民。人民行使权力的机关是全国人民代表大会和地方各级人民代表大会"②，此外还明确了公民的基本权利，如"中华人民共和国公民在法律上一律平等"③，尤其是在选举、言论出

① 《建国以来重要文献选编》第 5 册，中央文献出版社，1993，第 477 页。
② 《建国以来重要文献选编》第 5 册，中央文献出版社，1993，第 488 页。
③ 《建国以来重要文献选编》第 5 册，中央文献出版社，1993，第 539 页。

版、宗教信仰、劳动休息、接受教育等方面具有平等地位。不仅如此，该宪法还规定了各民主阶级、各民主党派、各人民团体、各民族在政治生活中的平等地位。而最新的《宪法修正案》不仅重申了基本的立法精神，延续了"五四"宪法的相关表述，还进一步凸显了人民在政治生活中的终极性主体地位，如"五四"宪法第二条对民主集中制的强调已单独列为第三条，并且明确指出："全国人民代表大会和地方各级人民代表大会都由民主选举产生，对人民负责，受人民监督。国家行政机关、审判机关、检察机关都由人民代表大会产生，对它负责，受它监督。"① 而在"公民的基本权利和义务"中，与时俱进地增加了相关条款，如"国家尊重和保障人权"②，"中华人民共和国公民对于任何国家机关和国家工作人员，有提出批评和建议的权利；对于任何国家机关和国家工作人员的违法失职行为，有向有关国家机关提出申诉、控告或者检举的权利，但是不得捏造或者歪曲事实进行诬告陷害。对于公民的申诉、控告或者检举，有关国家机关必须查清事实，负责处理。任何人不得压制和打击报复。由于国家机关和国家工作人员侵犯公民权利而受到损失的人，有依照法律规定取得赔偿的权利。"③ 显然，这些规定主动顺应了社会发展规律，正确把握了我国的基本国情，进而在日益自信的改革开放中拓展了经济权力的生存空间，同时也体现了中国共产党深刻反思和自我完善的政治勇气和政治智慧，经济权力也因此具有更具政治保障的运行空间，自然也能够以其内在的竞争和效率机制，创造出空前的社会财富和综合国力，并为社会权力和社会发展提供了独特的推动作用。

如果说经济权力激发出来的社会活力以及因此日益强盛的综合国力，成就了改革开放的伟业，也证明了经济权力的现实性，但经济权力超越历史的合理性也无法掩盖和消除其副作用。如果说缺乏经济权力的社会主义因为动力匮乏、效率低下而无法尽快兑现其对民众的承诺，难以实现其高远追求，显然，由经济权力引发的贫富差距、生态危机、道德滑坡等问题也引发人们对传统发展目标和发展方式的反思，毕竟这些始料不及的后果

① 《十二大以来重要文献选编》下，人民出版社，1988，第1247页。
② 《十八大以来重要文献选编》上，中央文献出版社，2014，第530页。
③ 《十二大以来重要文献选编》上，人民出版社，1986，第228页。

不仅再现了马克思、恩格斯乃至亚当·斯密、约翰·斯图尔特·穆勒（John Stuart Mill）等这些"智慧超群的伟人"的担忧①，而且成为每一个心智健全者的切肤之痛和意欲改变的现实问题。当然，由于社会主义政治权力的规定，当下的经济权力不应被笼统地贴上资本主义的标签，因为在日益完善的社会主义市场经济中，经济权力既不会丧失其一般属性，又必须遵循社会主义的制度规定。所以，经济权力如何运行，在何种程度上服务于社会主义制度，在很大程度上取决于社会主义政治权力对经济权力的清醒认识。一方面，非社会主义经济权力仍明显延续其传统属性，利润最大化的资本逻辑不仅明显催生了市场机制目的化的倾向，而且表现出拉拢和腐蚀一切的冲动，曾饱受马克思批判的消极现象又有所抬头。另一方面，即使社会主义经济权力也并非总能维护社会利益和国家意志，它们在工业增加值、资产总额、主营业务收入以及利润总额等方面取得了显著成绩，但在履行社会责任方面仍有继续努力的空间，进而要求其努力遵循社会主义的价值追求，更好地服务于政治权力和公共利益，持续推动社会进步。因此，政治权力必须正视经济权力的现实表现，持续对其进行科学的制度引导。

如上所述，尚在完善之中的权力格局仍不能显著消除商品拜物教、消费主义、社会达尔文主义等思潮，甚至还延续着更为传统的家长制、宗法制、等级制、权力崇拜、人身依附等社会风气。鉴于这一现实，立足人类发展的基本规律和总体趋势，尤其是社会主义的历史定位和价值追求，与其说社会主义的现实使命是战胜资本主义，毋宁说是在自我批判中超越自我，即"如果社会主义能兑现自己的承诺，资本主义就不是对手，如果社会主义不能兑现自己的承诺，就永远无法彻底战胜资本主义"②。这样，

---

① 〔英〕彼得·诺兰：《十字路口——疯狂资本主义的终结和人类的未来》，丁莹译，中信出版社，2011，前言。

② 王怀超：《当代世界社会主义的发展态势》，《当代世界与社会主义》2014 年第 5 期。当然，现实教训日益明显地说明，社会主义制度的优越性不应只体现在生产力上，因为在理论上，社会主义理当拥有优于资本主义的生产力，实践中生产力的单兵突进和国民素质的相对滞后也证明了价值理性的重要性。由此也说明，没有公认的价值理性以及可以感知的实践成就，社会主义就难以产生足够的道义力量，更难以说服民众，凝聚民心，自然也难以应对资本主义依然强势的挑战。

作为指导思想的马克思主义自然要求中国共产党在新的历史条件下，主动克服各种制约因素，在教育和引导中广泛发动民众，对现实进行批判，以"抛掉自己身上的一切陈旧的肮脏东西"，"成为社会的新基础。"① 而苏联的教训也同样说明，经济建设成就并不是社会主义事业的全部，在此基础上应当着眼更高远的理想，实现更全面的发展。因此，无论是坚持社会发展的正确方向，还是坚定追求共产主义理想，都要求中国共产党既充分利用并独立于经济权力，阻断经济权力腐蚀政治权力的路径，在日益广泛的包容性中提升政权的先进性和公共性，提升持续引领社会健康发展和民众自我教育的能力。只有这样，相互规定、相得益彰的政治权力与经济权力才能在方向正确、动力强劲的发展中共同推动和完善中国特色社会主义事业。

为此，中国共产党立足时代和战略的高度，在党的十七大报告中强调"改革开放是党在新的时代条件下带领人民进行的新的伟大革命"。② 党的十九大报告则进一步强调："我们党团结带领人民进行改革开放新的伟大革命，破除阻碍国家和民族发展的一切思想和体制障碍"③，"勇于自我革命，从严管党治党，是我们党最鲜明的品格"。④ 这就意味着，在新的历史征程中，始终坚持马克思主义革命精神的中国共产党不仅将以革命主体的身份，不断引领和规范权力运行，努力革除各种制约因素，而且还会在自我革命中不断实现自我超越，进而以其持续的先进性和示范性教育和引导民众，摆脱共产主义征程中的各种束缚。当然，在中国特色社会主义日益成熟的当下，中国共产党对革命精神的重申和强调，并不是要重蹈曾经的"左"的做法，更不是终止目前良好的发展势头，或改变我国的发展方向，而是要警惕重蹈老路、转向邪路或志满意得的风险，始终不忘初心，牢记使命，在自我反思、自我批判和自我完善的实践中凸显中国特色社会主义的本质特征，以明显优于资本主义

① 《马克思恩格斯选集》第 1 卷，人民出版社，1995，第 91 页。
② 《十七大以来重要文献选编》上，中央文献出版社，2009，第 69 页。
③ 习近平：《决胜全面建成小康社会　夺取新时代中国特色社会主义伟大胜利——在中国共产党第十九次全国代表大会上的报告》，人民出版社，2017，第 14 页。
④ 习近平：《决胜全面建成小康社会　夺取新时代中国特色社会主义伟大胜利——在中国共产党第十九次全国代表大会上的报告》，人民出版社，2017，第 26 页。

的权力作为，持续推动社会革命，进而在权力社会化进程中，彰显社会主义的合理性和共产主义的必然性，以更大的建设成就铺就通向共产主义的现实路径。

第三节　社会主义权力的发展

前文从历史到现实的分析不仅勾勒出社会主义权力的演进过程，而且也分析了这一格局的利弊得失，进而明确了社会主义权力发展的方向和路径。置身于日益国际化的环境，社会主义的权力格局显然不能简单延续其历史惯性，而是应当结合现实国情，不断探索和遵循共产党执政规律、社会主义建设规律和人类社会发展规律，坚持为人民执政、靠人民执政，充分发掘社会的智慧和力量，主动克服现实利益对社会发展的羁绊，以改善权力运行环境，彰显权力的开放性与公共性，进而以更加平衡的权力功能，推动中国特色社会主义健康发展。①

一　社会主义权力的应然追求

卢梭曾明确指出："一个民族的面貌完全是由它的政府的性质决定的。"② 而学界结合现状进一步指出："在现代社会，由于政治权力不断扩大其支配的对象，加深对人们的生活的渗透程度……因而大概可以算是人

---

① 基于理论的应然视角和实践面临的问题，社会主义不只是一种所有制形式和组织生产的方式，也应是一种扬弃人的自然属性的人生态度和生活方式，因此不应仅靠日益充裕的物质财富来证明其合理性，而应当努力证明其与共产主义的同质性，是通向共产主义的正确道路和实现人的全面发展的正确选择。所以，有研究者指出："社会主义被认为比资本主义更为理性，因为它强调了计划：更为科学、更为世俗、更符合社会需要，能够发展出具有现代功能的角色。社会主义具有两个方面的作用。作为意识形态，它界定了现代性。作为意识形态的应用，社会主义将社会纪律限定于其存在理由是为了发展需要的团结群体之中。反过来，这一功能设定了个人认同的条件，并建立了一种强调成就的新的动机体系。"详见〔美〕戴维·E. 阿普特《现代化的政治》，陈尧译，上海人民出版社，2011，第245页。显然，这里的"计划"当然包括经济活动与社会发展中的计划，但也应指向人们对未来与他人的主动兼顾和动态平衡。因此，我国应当大力宣传与普及社会主义的理论内涵和价值取向，以真实展现其生命力、道义基础和发展空间。

② 〔法〕卢梭：《忏悔录》第2卷，黎星等译，人民文学出版社，1982，第50页。

类历史上‘政治化’程度最高的时代”，而政治又是“一种全面决定着人的生存方式或者说人的命运的力量”。① 在历来重视官德吏治的我国，这种关系表现得尤为突出。如前所述，无论在理论层面，还是在实践视角，社会主义都不具有消除政治权力的现实可能，毕竟相对落后的生产力并不能满足人们日益增长的美好生活需要，仍需要政治权力的组织和管理，人们对人性、财富和社会关系的保守认知也必然需要政治权力的正确引领和权力主体的积极示范。尤其随着我国社会主要矛盾的转变，在很大程度上由市场机制引发的发展不平衡问题自然无法在市场经济中得到解决，因而需要政治权力及时、精准的调控。与此同时，虽然社会主义具有明显扬弃资本主义的制度基础，但鉴于现实国情和实践需要，仍然需要借鉴经济权力的竞争和效率机制，发展社会生产，提升公民素质，以便在壮大社会力量的同时，进一步彰显其制度优越性，提升民众的自主意识和自治能力，为权力社会化夯实社会基础。因此，社会主义的权力发展不仅不能重现曾经单一的政治权力，需要在相当长的时间内继续发展和壮大经济权力，而且要以不断完善的政治权力引导和规范仍有现实性的经济权力，以有效管控其引发的各种问题。就实践的成就而言，公有制的多样化实现形式、制度化的宏观调控、不断强化的党建、逐步缩小的城乡区域差距和渐趋均衡的民生保障，已足以说明社会主义对待经济权力的态度，实质上是一种选择性利用和高瞻远瞩的策略。而这样的现实需求和演进趋势恰恰说明，“后资本主义社会中的权力问题在本质上是政治性的”。② 遵循这一观点及其内在思路，现实中的许多问题虽然也有其政治权力运行不够规范的原因，但也不能因此否定政治权力的现实必要性。换而言之，社会主义的发展仍然需要不断完善政治权力，以有效应对各种制约因素，同时呈现社会主义权力的应然图景，以其相应的开放性与公共性提升社会发展的质量和境界。

---

① 〔日〕加藤节：《政治与人》，唐士其译，北京大学出版社，2003，第9页。

② 〔比利时〕厄内斯特·曼德尔：《权力与货币：马克思主义的官僚理论》，孟捷译，中央编译出版社，2002，第95页。同样，学界立足更为宏观的视角指出："在创造一种更有效的社会整合过程中，经济因素将最频繁地满足政治需要和社会需要。在现代化国家发展中涉及的经济主张和计划的标准首先是政治性的。"详见〔美〕戴维·E.阿普特《现代化的政治》，陈尧译，上海人民出版社，2011，第46页。

政治生活中的权力运行不仅是政治制度的外在表现和必然结果，而且也真实地反映了主体的政治诉求，社会主义政治权力也概莫能外。就其制度和价值的空前超越和现实高度而言，"在后资本主义社会中，货币财富归根到底是附属于政治权力的"。① 换而言之，曾经狂野的经济权力在社会主义社会必须受到严格管控，进而对社会主义政治权力提出了更为规范的期待，因为后者越规范，前者的功用越发显著。而我国历史悠久的强国家模式则为政治权力提供了更大的发挥空间，经济问题也因此承载着相应的政治考量，即"社会主义现代化建设是我们当前最大的政治，因为它代表着人民的最大的利益、最根本的利益"，"经济问题是压倒一切的政治问题"。② 为此，《中国共产党章程》就开宗明义地指出："中国共产党是中国工人阶级的先锋队，同时是中国人民和中华民族的先锋队，是中国特色社会主义事业的领导核心，代表中国先进生产力的发展要求，代表中国先进文化的前进方向，代表中国最广大人民的根本利益。"③ 而就我国的政治制度而言，宪法也明确规定了我国的国体和政体，重申了"一切权力属于人民"的政治立场。这样，无论是人民民主专政的国体，还是由其规定的人民代表大会制度的政体，以及中共领导下的多党合作和政治协商制度、民族区域自治制度和基层群众自治制度等基本政治制度，无不超越了经济权力对政治权力的传统规定，体现了民众在政治生活中的主体地位和决定性影响，进而要求各级国家机关和政治活动设法尊重民智，维护民意，提升民利。但是，理论和实践也都反复证明，由于历史传统的巨大惯性，加上相对低下的生产力水平，许多权力主体仍难以忠实执行上述制度规定，其现实表现与制度设计仍存在明显差距，因而权力运行也不能简单依靠其"信念、忠诚和其他优秀的精神品质，这在政治上是完全不严肃的"④。这就意味着，我国应在继续完善上

① 〔比利时〕厄内斯特·曼德尔：《权力与货币：马克思主义的官僚理论》，孟捷译，中央编译出版社，2002，第 9 页。当然，此时政治权力对财富的分配已完全不同于前资本主义社会，因为随着社会权力的壮大和完善，政治权力分配财富的依据在于具有更多社会共识的民意，其导向在于提升社会自治能力和人的全面发展。

② 《邓小平文选》第 2 卷，人民出版社，1994，第 163、194 页。

③ 《十六大以来重要文献选编》上，中央文献出版社，2005，第 45 页。

④ 《列宁选集》第 4 卷，人民出版社，1995，第 679 页。

述制度的同时，设法拓展政治参与的空间和渠道，及时纠正权力运行的各种偏差，以消除一党长期执政环境中纠错机制不健全的积弊，充分发挥社会主义的制度优势。为此，列宁明确指出："应该有更多种多样的自下而上的监督形式和方法，来杜绝毒害苏维埃政权的一切可能性，反复不倦地铲除官僚主义的莠草"。① 同样，毛泽东也有"人人起来负责""监督政府"的政治设想，② 相关的制度规定也在民主进程中逐步完善和成熟。而在技术保障日臻完善的当下，政治参与的普及化和全面化更是具备了可靠的技术支持。因此，充分发掘民众的政治智慧和政治参与潜能，同样需要对其进行针对性的教育，毕竟"一个国家的力量在于群众的觉悟。只有当群众知道一切，能判断一切，并自觉地从事一切的时候，国家才有力量"。③ 换而言之，只有当民众普遍成长为能够平衡权利与义务的公民，他们才可能以规范的政治参与，培养良好的权力生态和规范的权力运行。所以，在社会主义权力的发展方面，我们应当理性处理国家与社会的辩证关系，持续平衡依靠群众和教育群众的关系，坚决反对命令主义和尾巴主义，④ 进而以日益成熟的社会力量生成合理的民意导向，有效规范社会主义政治权力的运行，最大限度地发挥政治权力的积极功能。

作为对资本主义的超越，承载着广泛民意的社会主义政治权力对权力格局乃至社会生活具有决定性的影响，因为在社会活力和自主能力不断提

---

① 《列宁选集》第 3 卷，人民出版社，1972，第 527 页。
② 黄炎培：《八十年来》，文史资料出版社，1982，第 148~149 页。
③ 《列宁全集》第 33 卷，人民出版社，1985，第 16 页。相比之下，"传统的计划经济由于实际上的命令主义，它在集中力量实现社会的经济和物质方面的积累和发展无疑取得了相当大的成绩，但是在人的独立性的发展上却出现了相当程度的倒退，强化了人的纵向关系，这与社会主义真正的目标是相违背的，影响了社会主义向自由个性发展和过渡的历史进程。"详见邵腾《资本的历史极限与社会主义》，上海大学出版社，2005，第 384~385 页。因此，政治权力在强化共产主义信仰的过程中，也应当把提高民众觉悟作为基础工程加以实施，并以主体的示范作用，使民众认识到自身的局限与社会发展的正确方向。显然，这是社会主义实践遭遇的最根本问题，也是其他现实问题的症结所在。一旦实现这一突破，社会自然拥有健康发展的方向和动力，国家也会在淡化其异己性和强制性中走向消亡之路。
④ 吴永生：《告别命令主义与尾巴主义——群众观的权力调适》，《社会主义研究》2019 年第 2 期。

升的当下，规范的政治权力能够为民众自治和社会发展创设相应空间，一旦异化不仅意味着应有功能的缺失，社会规范的式微，而且必然导致无序和动荡，自然遑论更高的社会追求。由此可见，只要现实中的社会主义仍然坚持其政治承诺，并敢于接受各方面监督，不断壮大的经济权力仍会在政治权力的掌控之下，社会也将持续受益于政治权力，甚至能明显摆脱权力异化的负面影响。因此，在开放性与公共性的规定下，政治权力既不能重现挤占乃至窒息经济权力的传统，损害社会活力和民众的自主性，也不能重蹈为经济权力提供倾向性政治保护的覆辙，更不能在开放性与公共性的幌子下谋求自身利益的最大化。但是，现实却不容乐观。政治权力的失范乃至异化屡见不鲜，其与经济权力的目的、机制与边界的区别仍只停留在理论和制度层面，在实践层面的对立、重叠或模糊等现象并不鲜见，甚至不乏蓄意的谋私冲动。因此，政治权力的价值和目的不应只停留为学术共识和理论宣传，而应尽快转化为社会共识、全民信仰和日常行动。

在政府与市场、政治权力与经济权力的关系已有明确定论的当下，经济权力普遍或反复的异化显然不能仅从其自身查找原因，或对其进行简单的道德批判，而应从政治权力中寻找缘由，甚至直接诉诸政治途径。这样，在"两个毫不动摇"的政策实践中，如果说要对非社会主义的经济权力予以鼓励、支持和引导的话，显然也不能对社会主义的经济权力简单地进行鼓励和发展，或者说，应在鼓励和发展的同时，将其引导至依靠竞争能力而非政策支持、关注国计民生而非特殊利益、引领社会发展而非自满守成的正道，进而以强有力的制度监管，防止其冲击社会主义的制度框架，丧失其应有的制度规定性，腐蚀乃至异化社会主义政治权力。进而言之，社会主义经济权力不仅要积极配合与支持政治权力，而且要通过其强大的影响力，为非社会主义经济权力作出示范和引领，为我国的经济社会发展提供坚实的物质支撑。因此，政治权力必须始终坚持其一贯的革命精神，以自我革命的勇气接受日益广泛的监督，确保自身的纯洁性和先进性，进而以明确的政治目标、坚定的政治立场和规范的权力运行，坦然面对并有针对性地驾驭经济权力，以健康的社会氛围规范资本运行。当然，强调政治权力在利用经济权力的同时，更加强调以社会主义制度规范和引导经济权力，并不意味着当下即可着手消除经济权力，或者无须为经济权力的发展营造良好的宏观环境，而是强调在准确认识经济权力、保持政策连续性的基础上，提供均等化而非倾向性明显的制度供给，以消除经济权力拉拢和腐蚀政治权力的企图。为此，面对不断壮大的经济权力以及由此滋生的各种冲动，政治权力可以通过适当的国家荣誉，① 满足其经济成就之外的荣誉感和成就感，而不是简单延续为经济权力主体提供政治资源的一贯做法，以消除其拉拢腐蚀政治权力的冲动，调动其服务于社会主义的积极性。此外，"资本是民主的还是集权的，是疯狂的还是理性的，是公益的还是公害的，不仅取决于资本实力的大小，也取决于社会与政治民主化进程的深度与广度"。② 这就意味着政治权力在监管经济权力的同时，必须设法科学合理地教育民众，引导他们正确认识经济权力的合理性与局限性，进而以其不断提升的理性和辨识能力，营造清朗的社会风气，防范政治权力的异化及其对经济权力的负面影响，同时建构更加合理的权力格局，持续推动权力的社会化进程。③ 这样，两种权力的各安其位和相互制约，而不是相互掣肘或互惠互利，自然也能够使世人相信社会主义制度的真实性，提升其对社会主义的信心和对共产主义的信仰，他们也自然能够对超脱而公平的政治权力予以相应的理解和支持，并

---

① 可喜的是，"为了褒奖在中国特色社会主义建设中作出突出贡献的杰出人士，弘扬民族精神和时代精神，激发全国各族人民建设富强、民主、文明、和谐的社会主义现代化国家的积极性，实现中华民族伟大复兴"，2015 年 12 月 27 日第十二届全国人民代表大会常务委员会第十八次会议通过了《中华人民共和国国家勋章和国家荣誉称号法》。同样，各级政府也应当进行相应的制度供给。

② 张维中：《资本、权力与政治期待》，《领导文萃》1999 年第 8 期。

③ 如果说对于特定的历史阶段以及置身其中的人们而言，资本"权力表现为一种天命"，"那么，自我扬弃则表现为资本权力的天命。这种权力不是自然的、永恒的，而是历史的、暂时的。它必然由统治社会的私独性权力，变成维系社会的公共性力量。"因为在经济权力自我扬弃的内在机制、政治权力开放化与公共化的推动下，经济权力曾经否定人、奴役人、束缚人的消极色彩日益褪去，其肯定人、解放人、发展人的积极因素显著增长。详见刘志洪《自我扬弃：资本权力的"天命"——马克思的资本权力自我扬弃思想及其启示》，《教学与研究》2016 年第 4 期。为此，学界对现实中的政治权力寄予厚望："有了这样一个名副其实的政党，有了这样一个党领导下的国家和政府，人民群众就更有力量、有途径、有手段在与市场、资本等外在力量的博弈中占据主动地位，按自己的意志塑造市场、驾驭资本，让市场与资本'为我所用'，而不是'反客为主'。"详见辛鸣《治国理政的哲学境界》，《哲学研究》2017 年第 10 期 32。

以自身的智慧和道义平和释放政治参与的热情。在此背景下，即使富可敌国的经济权力也无力贿买一张选票，所有官员的制度资源都受到严格监督，社会主义的制度优越性便会极其真实地呈现于世，日益成熟的社会权力必将平稳地消化、吸收政治权力和经济权力，在更高水平上发展壮大，辩证复归其公共性。

二 权力与社会主义的正义

当下，我国已表现出明显有别于私有制社会的利益格局，尽管其中仍然不乏非公有制的经济成分。这样，立足利益分化的角度，我国已消除了阶级冲突和社会对抗的经济基础，但在许多方面仍遗留着私有制社会的对抗痕迹，也明显延续其权力类型和基本结构，政治权力和经济权力也在互动中规定着社会主义的当下格局和未来走势。在此过程中，它们的不同优点共同构成和体现了社会主义的制度优势和中国特色，其各自缺陷又在不同程度上制约着社会正义，进而要求我们立足中国特色社会主义的现实，反思社会主义正义的理论和实践，追问其应然状态和实现路径，推动社会主义持续完善。[1] "一个社会的善恶及其文明程度，最终要看它是否奉公平正义为最高价值准则。"[2] 随着时代的进步，人们也逐渐认识到，"正义是社会制度的首要价值，正像真理是思想体系的首要价值一样"。[3] 同时，"社会主义"的词源意义也内在地规定了其中的正义诉求，而现实中众多社会问题更是凸显了社会正义的迫切需求。为此，党的十八大报告中明确强调，"公平正义是中国特色社会主义的内在要求"[4]，并要求加强制度创新，让正义成为社会主义社会的首要价值。但是，鉴于社会主义明显有别于其他社会形态、连接阶级社会与无阶级社会的历史印记和过渡性特征，人们对社会主义正义的理解仍无法摆脱两种错误思潮的影响，其中一种仍

---

[1] 1890年恩格斯仍明确强调："所谓'社会主义社会'不是一种一成不变的东西，而应当和任何其他社会制度一样，把它看成是经常变化和改革的社会。"详见《马克思恩格斯选集》第4卷，人民出版社，1995，第693页。

[2] 徐显明：《公平正义：当代中国社会主义法治的价值追求》，《法学家》2006年第5期。

[3] 〔美〕约翰·罗尔斯：《正义论》，何怀宏等译，中国社会科学出版社，1988，第3页。

[4] 《十八大以来重要文献选编》上，中央文献出版社，2014，第78页。

然延续历史悠久的平均主义倾向,① 用"不患寡而患不均"的传统来否认利益差别的现实合理性，片面放大改革开放中的问题，进而批评乃至否定中国特色社会主义的建设成就；② 另一种则一味强调市场的自发调节，放任资本的逐利本性，用我国作为发展中国家和社会主义初级阶段的国情与市场经济的内在机制来证明利益悬殊的正当性，结果则不可避免地遮蔽了社会主义的历史价值和进步意义。显然，这两种截然相反的极端主张都在很大程度上制约了对社会主义正义的准确把握，误导了社会主义正义的现实探索。

人类历史表明，"价值的实现本质上是一个相对的过程，任何一个真正的恒久的价值人们都不可能绝对地完全地实现它"。③ 同样，正如人们

---

① 与西方国家基于经济权力的逻辑，更多强调政治平等而淡化经济平等不同的是，超越资本主义的社会主义必然合乎逻辑地强调经济平等，消除"资产阶级权力"，因而极易催生计划经济与全能政府，自然也无法避免平均主义。当然，这种影响可以追溯到马克思处："无产阶级抓住了资产阶级的话柄：平等应当不仅是表面的，不仅在国家的领域中实行，它还应当是实际的，还应当在社会的、经济的领域中实行。尤其是从法国资产阶级自大革命开始把公民的平等提到重要地位以来，法国无产阶级就针锋相对地提出社会的、经济的平等的要求，这种平等成了法国无产阶级所特有的战斗口号。"详见《马克思恩格斯选集》第 3 卷，人民出版社，1995，第 448 页。但是，基于马克思所处的年代以及由此决定的革命任务与革命策略，后人应当在自我反思中不断实现新的超越，而不是在推卸责任、缺乏担当中放任上述问题。

② 当然，我们也应当承认："中国传统文化追求大同世界，提出了'天下大同'的愿景目标和一些具体设想，这与马列主义以实现共产主义为最高理想，建设一个以公有制为基础，没有剥削、没有压迫、平等富足、道德高尚、人人实现自由充分发展的理想社会的奋斗目标是相通的。事实上，马列主义与中国传统文化的相通之处不仅限于上述几个方面，在理论体系的开放性、对实践的观点等方面也有许多相通之处。"详见李涛《中华传统文化与中国特色社会主义道路选择》，《中州学刊》2017 年第 12 期。这样，作为马克思主义理论与我国传统文化和当代实践相结合的产物，中国特色社会主义理论体系中的"全面建设小康社会"的奋斗目标、"依法治国"和"以德治国"相结合的思想、"以人为本"思想、"和谐社会"思想、可持续发展理念也都合理地对应着传统的"小康"社会理想、"礼法结合、德刑相参"思想、民本思想、"和"文化、"天人合一"思想。详见徐剑雄《论传统文化在中国特色社会主义理论体系发展中的作用》，《当代世界与社会主义》2011 年第 1 期。也正因为如此，近代中国的改良派在阐释社会主义理论时，就主张以儒家的政治用语"群"指代社会，将"社会主义"译为"人群主义"，把社会主义学说解释成"以群为体，以变为用"的"合群之说"。详见梁启超《饮冰室文集点校》，云南教育出版社，2001，第 128 页。而革命派则从"民生"的视角来认识社会问题，认为"民生主义就是社会主义，又名共产主义，即是大同主义"，并自陈"不学外国直接来讲社会主义，要拿民生这个中国古名词来替代社会主义"。详见《孙中山著作选编》下册，中华书局，2011，第 833 页。

③ 侯才：《马克思的自由观：自主活动——重读〈德意志意识形态〉》，《中国图书评论》2010 年第 8 期。

只能不断接近而难以穷尽真理一样，人们也只能立足现实不懈努力，才能
实现现实中的正义，并无限接近理想中的正义。也正是这一趋势和过程，
才使得正义日益承载着众多希望，也让在曲折中负重前行的人类社会始终
充满了人性光辉与正义力量。因此，正义总是历史的、具体的，即"只
要与生产方式相适应，相一致，就是正义的；只要与生产方式相矛盾，就
是非正义的"。① 换而言之，每一个新型社会形态都有其超越性的正义之
处，自然也有继续努力的空间。与其他社会形态相比，社会主义社会的经
济制度和分配制度决定利益格局的主要特点是根本利益无对抗，具体利益
有矛盾。换而言之，相对于无阶级社会的"大同"和私有制社会的"大
异"，社会主义社会追求且可承担的正义无疑是一种超越历史、尊重现
实、区别未来的"大同小异"，即在保证全体民众共享不断改善的公共产
品和社会保障的前提下，允许不同阶层根据各自的承受能力取舍更高层次
的社会福利，从而实现基础而又有差别的正义，促进更高质量的社会发
展。具体而言，一方面，其中的"大同"对应并保障了基础正义。作为
超越私有制社会的必然结果，"大同"要求在共同富裕和共同发展的基础
上，平等维护全体民众的尊严和地位，否则，社会主义的超越性和优越性
也会失去道义力量和话语优势，甚至其合法性也将失去现实根基。所以，
强调贫困、发展太慢和两极分化不是社会主义，以及对不平衡问题的日益
重视，就是要求加快发展社会生产，以满足全体民众日益增长的美好生活
需要，科学发展、和谐社会与全面小康等战略决策以及相关政策供给无疑
就是要以适当增速的增量福利，兑现全民共建共享的承诺。另一方面，其
中的"小异"对应并体现了差别正义。在现实的社会主义社会中，"大
同"的宏观规定并不意味全体民众享有均等的高水平福利，更不意味着
集体贫困，因为真正的正义不仅需要高度发达的物质文明，而且需要相应
的精神文明，只有在共产主义社会才有实现的可能，② 更何况正义也并非
平均主义，现实中仍充斥着"资产阶级权利"。这种非均等性决定了当下
中国主要矛盾的解决思路，也决定了竞争和效率必不可少，发展速度极其

---

① 《马克思恩格斯全集》第 46 卷，人民出版社，2003，第 379 页。
② 《马克思恩格斯全集》第 3 卷，人民出版社，2002，第 482 页。

重要，即使不平衡问题的解决也要以解决不充分问题为前提，即解决不充分问题不可能落后于不平衡问题的解决。这样，利益分化自然也在所难免，因为"在现阶段，差异本身是具有社会活力的条件，是推动和刺激社会生产力发展的动力"。① 正是基于这样的思考，我们一再反对平均主义，并允许甚至鼓励一定的利益分化，就是要保障"小异"的生存空间，充分发挥其内在的竞争和效率机制及其对社会发展的积极推动。所以，当学界指出，"封建主义因其司法上的不平等而受到道德批判，而且从封建主义退出的唯一途径是进入资本主义。资本主义则由于经济上的不平等而在伦理上受到排斥，人们由此退出，只能进入社会主义。社会主义是建立在劳动禀赋不平等之上的"②，也同样揭示了社会主义正义的现实依据。同样，正是因为尊重规律、合乎国情的制度安排，即使西方学者也承认，"中国的'第三条道路'不是简单地干预市场，而是一套完整的哲学思想：鼓励和控制市场，统治者、官员和平民百姓遵守缜密的道德规范……虽然这个体系有固定的周期，当这些原则没有被遵守时，统治者和行政人员就会贪污腐败，经济和社会就会动荡，但是我们不应当无视这套体系潜在的凝聚力和长远利益"。③ 因此，我们不应因现实问题而求全责备或妄自菲薄，而应在道路自信、理论自信、制度自信和文化自信中不断进行自我调整和自我完善，充分发掘中国特色社会主义的正义潜能，以不断完善的成就与声誉激发民众的信心和凝聚力，同时为当今世界解决类似问题和人类社会的未来发展贡献中国智慧，提供中国方案。

　　政治权力和经济权力的各自优缺点以及社会主义的正义诉求，规定了两种权力在扬长避短和相互影响中实现社会主义正义的现实路径。首先，要明确两种权力各自的运行范围。社会主义政治权力的长处在于其凭借制度优势，发挥强大的社会动员和政策执行力，按照"大同"原则对利益分配进行宏观调控，"确保所有人都能得到保护，以免受到有权势的个人

---

① 任平：《论建设一个良序治理的差异性社会》，《马克思主义与现实》2009 年第 4 期。
② 〔美〕亚当·普热沃尔斯基：《资本主义与社会民主》，丁韶彬译，中国人民大学出版社，2012，第 257 页。
③ 〔英〕彼得·诺兰：《十字路口——疯狂资本主义的终结和人类的未来》，丁莹译，中信出版社，2011，第 123~124 页。

或集团的强制"。① 这在我国已有明确的政策宣示与制度规定，从而保证了政治权力运行的基本方向和社会主义的道义力量。但是，政治权力一旦延伸到微观领域，就会挤占经济权力的应有空间，制约竞争和效率，窒息社会活力，甚至为经济权力腐蚀政治权力提供可乘之机。当下，最高决策层对社会主义正义的强调和在反腐倡廉方面的不断发力，就是要重申政治权力的应有担当和道义责任，不断压缩其异化的空间，就是要切断其与经济权力相互勾结、相互转化的通道，显著提高这一冲动的风险和成本，进而以"不敢腐"的惩戒力度和"不能腐"的制度供给为"不想腐"的道德自律提供时间和动力。与政治权力不同的是，现实中的经济权力擅长于微观上利用竞争机制激发活力，在"小异"中提高效率，但又极易引发两极分化和社会冲突，甚至以私废公，掣肘政治权力的协调功能，损害社会利益。现实中经济权力政治化、官商勾结等现象无疑是这一倾向的现实反映，与此相关的广泛舆论更是对这一现实的强烈声讨。因此，只有发挥政治权力的公平、民主等机制，发掘经济权力的自由、效率等潜能，并在及时准确把握国情的基础上，对公平与效率进行相机抉择，保障和平衡两种权力各自的作为空间，才能共同彰显社会主义社会的正义力量。②

其次，要加强政治权力对经济权力的规范和后者对前者的补充。社会主义社会相对于资本主义的进步性与合理性，在于其能够清醒认识到市场

---

① 〔德〕柯武刚等：《制度经济学：社会秩序与公共政策》，韩朝华译，商务印书馆，2004，第 93 页。

② 在此过程中，尤其要注意避免所谓的"诺斯悖论"，即"国家的存在对于经济增长来说是必不可少的，但国家又是人为的经济衰退的根源。"详见〔美〕道格拉斯·诺斯《经济史上的结构和变革》，厉以平译，商务印书馆，1992，第 18 页。而"诺斯悖论"的实质无疑是高效产权制度的确立与统治阶级利益最大化之间的矛盾，其出路则在于实现政治权力与经济权力的动态平衡。以此来反思我国的实践，在改革开放之前和之初，政治权力明显窒息了经济权力，制约了生产效率和社会发展。为此，我国曾长期奉行事实上的"效率优先、兼顾公平"的原则，以增强经济增长和社会发展的动力，但也造成弱化了政治权力的调控能力，制约了社会主义制度的公信力和道义基础。令人欣慰的是，党的十六大以降，基于对社会主义制度认知的深化，以及对现实国情的准确把握，我国在继续借力经济权力的同时，更加注重发挥政治权力的作用。党的十九大对我国社会主要矛盾的重新判断和全新表述，不仅承认和尊重了民众期待公平正义的正当性，而且也在继续解决不充分问题的同时，凸显了更为紧迫的不平衡问题，进而意味着我国在继续利用经济权力解决不充分问题的同时，尤其要发挥政治权力引导经济权力的正确方向，更加主动地解决不平衡问题，以满足人民日益增长的美好生活需要，不断促进社会公平正义。

经济的利弊，因而能够在实践中更加主动地兴利除弊，以体现和提升其人文关怀与道义力量。而我国的长期实践也说明，社会主义的优越性不仅在于经济上的快速增长或巨大存量，而且在于经济成就基础上不断提升的人文关怀和道义力量。这样，当经济权力的作用和影响仍在继续扩大的当下，政治权力必须也能够有更多的主动作为，因为"只要财富不受强政府的制衡，资本家就会变成暴君"。① 而党的十八届三中全会明确了市场的决定性作用，也就相应地重申了政治权力的规范和引导责任。如果说我们一直反对"政府干预市场"，是为了防止政治权力过分干预或取代经济权力，窒息市场效率和社会活力，是为了防止政治权力的异化冲动，保障社会主义的制度正义，那么，加强政治权力对经济权力的规范和引导，防范"市场同化政府"和"政府俘获"，自然也是在利用其动力机制的同时，努力避免经济权力的无限扩张及其对政治权力的腐蚀和对社会风气的侵蚀，同样也是为了保证社会主义的制度正义，因为信奉资本逻辑的经济权力并不会主动约束其贪婪逐利的冲动，让人始料不及的弊端仍在明显制约社会主义正义。② 而社会主义明显优于资本主义的另一个原因，就在于追求基础保障的同时，也始终警惕"福利陷阱"的偏颇，因而没有挤占经济权力的生长空间，也没有牺牲较高的发展速度。相反，经济权力及其催生的发展速度能够为满足广大民众的利益诉求，并为政治权力调控利益差别和社会主义向共产主义发展奠定物质基础，同时使民众获得自我教育和自我提升的空间。因此，政治权力应当通过合理的制度设计，把经济权力的巨大潜能转化为社会利益，让民众共享社会发展的成果。而这两种权力在边界明晰中各尽其能，又在功能互补中形成合力，必然能够共同推动权力社会化进程，进而在弥补彼此不足的同时，实现社会主义的正义诉求

---

① 〔美〕迈克尔·沃尔泽：《正义诸领域：为多元主义与平等一辩》，褚松燕译，译林出版社，2009，第374页。

② 为此，有研究者指出："社会主义的发展和共产主义的实现，需要以对资本权力的积极利用为条件。但是，这种利用又必须以发展社会主义和实现共产主义为旨归，也就是将资本权力及其效应控制在符合社会主义以至共产主义的发展方向上。否则，这种利用就会变质，变成不是我们社会主义利用资本权力，而是资本权力利用我们社会主义。"详见刘志洪《自我扬弃：资本权力的"天命"——马克思的资本权力自我扬弃思想及其启示》，《教学与研究》2016年第4期。

及其可持续发展。

最后，以民主监督应对两种权力的不当不法行为。"一种以'人'为对象的科学说到底最关切的是'人的素质'。"① 明确两种权力各自的运行轨道，加强它们之间的互补和平衡，最终仍要依靠权力主体的道德自律和规范作为，但这对品行低下、利欲熏心者也难以明显奏效，仍需诉诸制度手段。"徒法不足以自行"。当权力异化明显扭曲两种权力的运行轨道和作为空间，并制约广大民众的切身利益时，除了诉诸中共的政治自觉、革命精神与制度创新，全民普遍关注并共同着手纠正危害社会正义的权力运行，自然是更为根本、值得褒扬和着力培养的正义之举，因为权力的普遍失范并不能简单地指向官员，更不能将其全部归咎于中共和政治制度，其中也有普通民众不能或不愿依法维权的原因。当然，这种正义之举并不意味着全民皆应全面介入权力运行的各个环节，社会主义政治权力和基于国情的间接民主则说明，民主监督应当而且能够成为上述行为的有效对策，确保权力在被分享中体现其开放性与公共性。在民主的规范意义上，相对于选举、决策与管理等环节，监督作为无准入条件和非独立的消极民主行为，主要是以空间并存、时间继起的机制参与到前三个环节之中，并通过批评、建议、控告、罢免等方式纠正这些环节的偏颇，因而更加符合中国的政治生态、政治文明的发展水平和公民素质，具有普遍的适用性和推广价值。这样，在坚持我国宪法和基本政治制度的基础上，民主主体和监督主体的广泛性和同一性凸显了民主和监督全方位对接的必要性和可能性，超越了民主监督囿于少数主体和个别领域的制度语境和学术传统，因而能够实现民主监督的转型和归真，并在利益的差异化表达中及时发现和有效纠正权力异化。② 一旦民主监督在此层面上发挥作用，就会形成普遍

---

① 〔德〕马克斯·韦伯：《民族国家与经济政策》，甘阳等译，三联书店，1997，第91页。

② 福山在比较中欧国家进程时指出，"欧洲国家建设的迟到，恰恰是欧洲人后来享受的政治自由的来源。早熟形成的国家，如果缺乏法治和负责制，能对百姓实施更为有效的暴政。物质条件和技术的每一项进步，落在不受制衡的国家手中，便意味国家更有能力为自身目的而严格控制社会。"详见〔美〕弗朗西斯·福山《政治秩序的起源：从前人类时代到法国大革命》，毛俊杰译，广西师范大学出版社，2012，第317页。事实上，这一观点既客观指出了国家建设过程中的后发优势，即后形成的国家能够在更高起点上展现更成熟的形态，又真实强调了历史包袱沉重的我国发展和壮大社会力量的紧迫性，尤其应当在规范权力运行的过程中实现国家与社会的此消彼长和动态平衡。

持久的政治压力和制度引导，要求政治权力更加自觉地回应合理民意，加强和完善制度供给，为全社会防范权力异化提供更多制度保障，进而在与经济权力的良性互动之中彰显其应有的公共性，持续提升社会主义正义。

三 权力社会化与社会主义民主

按照马克思的理论主张，在资本主义到社会主义的政治过渡期应当实行无产阶级专政。在此过程中，"从无产阶级推翻资产阶级统治，夺取政权开始，到共产主义高级阶段出现，这期间要经历两个时期：一是过渡时期，即无产阶级的革命专政时期；二是社会主义时期。与此相应，无产阶级在革命中所争到的民主，也要经历两个形态：一是无产阶级民主；二是社会主义民主"。① 而这也正是列宁在《苏维埃政权的当前任务》中的主张，即无产阶级民主"是更高类型的民主制，是与资产阶级所歪曲的民主制截然不同的民主制，是向社会主义民主制和使国家能开始消亡的条件的过渡"。② 显然，遵循从"无产阶级民主"到"社会主义民主"的发展逻辑，不仅社会主义民主已明显不同于过渡时期的无产阶级民主，而且因为民主主体空前扩大，权力社会化也有了更为坚定的社会基础和制度保障，进而显著加快了国家社会化的进程。事实上，随着社会主义制度在我国的确立和发展，人民民主专政的国体和人民代表大会的政体，无不将民众的地位和作用放置到空前高度，普通民众的选举、言论出版、宗教信仰、劳动休息、教育等方面的政治权利迅速得到落实，妇女儿童的各项权益也具有相应的法律保障，各民主阶级、各民主党派、各人民团体、各民族在政治生活中同样具有平等地位，进而雄辩地证实"社会主义应该是民主的，否则就根本不是社会主义"。③ 与此同时，在社会主义市场经济的发展过程中，不仅公有制企业逐步摆脱了政治权力的强力控制及其附属地位，获得了越来越多的自主空间，而且非公有制企业也作为一种共同制约政治权力的力量，明显完善了社会主义的权力结构。在此背景下，社会

① 王沪宁：《政治的逻辑——马克思主义政治学原理》，上海人民出版社，2004，第233页。
② 《列宁选集》第3卷，人民出版社，1995，第504页。
③ Nicos Poulantzas, *State*, *Power*, *Socialism* (London：New Left Books, 1978), p.265.

组织也获得了空前的发展机遇，社会力量既不再对政治权力忍气吞声，也不再一味迷信经济权力，开始独立思考和体现自身的地位和影响，社会权力开始逐步壮大，社会自治的意识和能力也得到空前提升，置身其中的个体更在锻炼和提升中表现出相应的独立性和自主性。由此可见，遵循权力发展的基本规律，明显加快的权力社会化进程不仅证伪了各种教条主义的认知和思维，而且取得了更加广阔的发展空间。一方面，最终属于民众的政治权力逐步被分享，并在依靠民众和教育民众的平衡发展中，为权力社会化指明了正确方向，提供了政治保障，另一方面，仍要长期存在的经济权力既代表了与政治权力相对的社会因素，又为防范政治权力的异化培养了社会力量，壮大了制约力量。这样，这两种权力日益规范的运行与互动，必将继续催生和壮大公民素质不断提升的民众和自治能力日益提升的社会组织，进而在经济、政治和文化领域发挥越来越重要的作用，同时明确权力发展的大势，确保权力社会化进程的不可逆和可持续。

当然，在权力社会化进程中不断壮大的社会权力仅代表了正确方向和初步成果，而不意味着从此再无困难与反复，因为其社会性仍然处在较低程度，或仅有形式上的社会性，分享的主体仅为部分民众，距离其应有的公共性更有巨大的努力空间，更遑论对政治权力的有效制约。反观现实，无论立足人的能动性，还是鉴于传统社会的顽固惯性，社会主义社会仍无法迅速消除历史的消极影响，尤其当"资产阶级权利"仍然普遍存在时，各种长期存在的利益差别和社会矛盾自然不会迅速消除，也就意味着社会目前仍然无法完全自主，仍然需要国家延续其传统职能，发挥政治权力的整合与协调功能，以保障共同体的延续和成长。由此也说明，现实中的社会主义民主仍然是一种与国家紧密相连的政治制度，也即列宁一贯主张的，"民主是国家形式，是国家形态的一种。因此，它同任何国家一样，也是有组织有系统地对人们使用暴力，这是一方面。但另一方面，民主意味着在形式上承认公民一律平等，承认大家都有决定国家制度和管理国家的平等权利"。① 这样，随着社会发展，民主在形式上继续完善的同时，更应有实质上的显著进步，即民众不仅能平等参与政治生活，而且能理性

---

① 《列宁选集》第3卷，人民出版社，1995，第201页。

表达其政治主张，以其政治智慧推动和提升社会主义民主。然而，面对这样的要求，我们也无法否认，面对日益健全的民主制度和日益完善的民主形式，能够在按照民主的标准，在选举、决策、管理和监督中依法行使各自权利的民众仍然极其有限，因为民主的真谛不只是形式上的"多数人的统治"或"少数服从多数"，也不仅是每个人有权追逐自身利益的最大化，而应当是所有人都能以社会利益为重，实事求是地反思其诉求的合理性，并在自我批判中加以取舍，不断提升其自治能力，即"不待劝勉，不待逼迫，而能自置于规矩绳墨之间"[1]，以确保其政治参与能"献身于公众利益而不是追求个人利益"[2]。显然，相对于这样的标准，加上现实中不同领域的选举、决策、管理所需的专业知识和公共精神，这样的民众自然是寥若晨星，明显滞缓了我国的民主政治进程，同时也揭示了不断完善的民主制度并未快速促进民主政治的深层原因，以及民主政治创新发展的现实路径。

"如果我们的理论不但要有理论价值，而且要有现实解释力，那么我们选择的出发点必须是有理性基础的。"[3] 针对我国政治生态的现状，我们既无法在抱怨中消除历史传统的影响，也不应在民主理念深入人心的当下驻足不前，进而要求我们立足现实，探寻可行的民主形式。在"社会的多数人已具有广泛参与政治生活的条件，但尚不能达到对社会的全面的直接的管理"[4] 的当下，间接民主的必要性和可行性是显而易见的。立足宏观政治和权力运行的视角，相对于选举、决策与管理首尾相连、独立运行的特征，监督并不具有同样的独立性和实体性，而是以时间继起、空间并存的方式，普遍渗透到这三个环节，对其偏差进行纠正，引导其趋于规范。与此同时，相对于上述三个环节对资格、知识和能力等诸多方面的制度规定，监督则无这样或类似的要求，监督主体也无相应的心理负担，可以随时进行监督活动。这样，任何人都可以针对这三个环节进行监督，进

① 梁启超：《饮冰室合集之三》，中华书局，1936，第 52 页。
② 〔美〕埃尔斯特等：《宪政与民主——理性与社会变迁研究》，潘勤等译，三联书店，1997，第 375 页。
③ 〔英〕鲍伯·杰索普：《重构国家、重新引导国家权力》，何子英译，《求是学刊》2004年第 4 期。
④ 李景鹏：《权力政治学》，北京大学出版社，2008，第 14 页。

行否定性的批评或肯定性的建言，为提升权力运行的民主性与科学性贡献其智慧。不仅如此，已不再局限于形式规定、具有高远意境的民主对这三个环节的规定，也对监督产生了同样的规定，要求权力监督也必须在形式和内容两个方面遵循民主的标准，并贯穿和渗透到这三个环节之中，以落实民主对这些环节的综合规定。因此，当民主的高标准与监督的独特性相结合，"民主监督不再是语言上民主和监督的结合以及前者对后者的修饰，而是实践中民主对监督的综合规定和监督对民主的全面回应"。① 这样，民主监督的无准入条件和消极性特征既契合了我国的现实国情和亟待提升的公民素质，又使得现实中的权力运行不得不接受各方面的审视和评判，同时其规范性功能和现实针对性则能自始至终对选举、决策与管理进行纠偏和引导，使这三个环节不断接近和符合民主的综合规定和高远意境。②

当我们用这样的标准来规定政治生活时，民主监督不仅是权力社会化的阶段性结果，而且是权力持续社会化的不竭动力。因此，用内涵丰富、意境高远的民主监督来推动社会主义民主，不仅能以合乎国情的方式，为公民教育和中国特色社会主义民主政治提供现实平台，而且也是对马克思的政治理论及监督思想的继承和发展，自然应当成为一种普遍的政治行为，成为全社会充满活力和希望的日常行为。然而，反观我国的监督实践，民主监督显然已逐渐固化为一个约定俗成的专门概念和语言习惯，主要指民主党派在政协框架内发挥的主要职能，或以党内、企业、农村等为实施范围的政治行为。③ 这样，这一现状明显存在监督主体偏少、监督力量薄弱、监督范围狭窄等问题，必然排斥更多力量对权力运行的全方位关注，难以发挥其政治潜能和现实优势，自然也就不可避免地背离了民主的基本含义、民主监督的高远意境和民主进程明显加快的现实需求。因此，

---

① 吴永生：《监督模式的演进与民主监督的转型》，《理论探讨》2012 年第 5 期。

② 当然，对监督的着重强调，并不是质疑乃至否定选举、决策与管理在权力社会化与社会主义民主政治中的地位和作用，而是基于我国国情的现实选择，是多视角思考这几种政治行为与现实国情契合程度的必然要求。这样，权力监督越规范，就越能够提升民众素质、促进民主进程，选举、决策与管理的民主化程度自然会水涨船高。

③ 中央的政治文件、国家机关的文字材料和学界绝大多数的研究成果通常也是在这一层面上使用这个概念的，文献检索的结果也能够证明这一事实。

在权力社会化进程明显加快的背景下，将民主监督作为推动社会主义民主政治的突破口，显然是一种符合国情的理性抉择，进而要求民主监督及时进行转型，并平稳回归至应有的运行轨道，努力追求民主的高远意境。这种转型与归真，不仅要求在日益发达的技术支持下，将民主监督的主体和范围从约定俗成的有限规定，拓展到所有愿意监督权力的力量和所有需要监督的领域，而且始终坚持用民主的丰富内涵和高远意境为权力监督提供制度依据、道德标准和道义力量，进而以持续活力确保选举、决策与管理始终接受民主的引导和规范，共同推动社会主义民主政治。

显然，对照民主监督应有的规定性和广阔的发展空间，坚定推动民主监督的转型与归真，将对所有监督主体提出合乎民主规定的综合要求，即民主监督既是他们的权力（权利）及其实施监督的制度保障，又是其不可推卸的责任（义务）及其实施监督的行为规范。一方面，民主监督既体现了体制外监督主体身为社会主体的价值和尊严，也明确了他们作为公民不可推卸的道义担当。换而言之，民主监督能够显著改变大多数民众置身权力运行之外的传统，权力也就从曾经少数人的禁脔回归为民众不再敬畏而且可以发挥作用的社会关系。这就意味着，他们不仅要积极实施功利性监督，维护自身的正当权益，尊重他人的合理诉求，而且要主动克服"事不关己、高高挂起"的偏私心态，弘扬"天下兴亡、匹夫有责"的社会责任，以便在道义性监督中规范权力运行，提升社会利益。与此同时，他们还应主动关注各项制度的实施效果，以自身智慧和合理诉求为民主监督提供更多科学的政策建议，持续完善民主监督的制度环境，从而以良好的监督环境培育和平衡全社会关于权力的国家意志和社会意识，使权力在民主监督的规范下彰显其公共色彩和道德力量。这样，他们不仅能够理性看待经济权力的得失，自觉抵制其虚幻诱惑，对自身在选举、决策与管理中的非民主行为进行自我批判和自我纠正，而且可以对政治权力提出相应的批评或建议，使之能够更加主动地倾听和接纳民意，持续完善制度供给，并监督其在规范经济权力方面的应有担当。另一方面，对体制内监督主体而言，民主监督不仅意味着权力的规范化，而且意味着责任的制度化。他们既要以民主的手段，贯彻制度规定，顺畅民意表达，以尊重和支持其他主体的监督活动，又要以民主为目的，规范自身的监督行为，主动回应民意诉求，并为更为广泛的监督活动树立示范作用，否则不仅要面临普遍的道德谴责，甚至要承担相应的行政责任或法律责任。此外，他们还必须在积极回应民意的同时，加强制度供给，努力为民主监督提供更加精益的制度保障。这样，他们的主动担当不仅能及时回应民意，持续提升选举、决策与管理的民主化程度，而且也能自觉履行职责，加强对经济权力的监管，确保经济权力始终服务于社会主义的价值追求。显然，当所有监督主体立足各自的角色定位和自主空间，在嘉言懿行中实施民主监督，使监督始终秉持民主的诉求，让民主在监督中渐成现实，这不仅能够及时调适和完善国家与社会的关系，不断密切和改善政府与民众的关系，形成持续扩大的制度共识与社会资本，而且是对权力监督模式的不断完善和对权力社会化的积极顺应，是在中国特色社会主义制度框架内建设民主政治的理念创新和制度创新。而这一日益普遍的转型与归真既是对我国特有政治生态的顺势而为，能够在实至名归中成为社会主义民主政治的切入点和突破口，又能以其广泛深入的政治意义和社会影响，在行稳至远中平和而持续地释放其民主潜能，进而将国家"从统治社会、压制社会的力量变成社会本身的生命力"①，加快提升民众作为社会主体的地位和社会完全自主的能力。

---

① 《马克思恩格斯选集》第 3 卷，人民出版社，1995，第 95 页。在国家与社会关系日益明确的当下，的确存在国家社会化和社会国家化的互动趋势。但这种趋势并不是两者间简单的相互接近。如果说前者是一种无法扭转的客观趋势，那么后者显然是公共理性不断提升前提下的暂时现象，否则，就极易沦为哈贝马斯笔下的"再封建化"。

结束语

　　本书立足权力视角，思考了马克思政治理论的逻辑起点和内在结构，并以此分析了当今主要社会形态的权力现象和政治生活，进而描述了权力演进的基本轨迹，勾勒出权力发展的基本趋势及其对政治生活的基本规定。由此也不难看出，在权力的持续作用下，人类逐步褪去自然的色彩，烙下鲜明的社会印记；又是在权力的异化与分化中，走进充满坎坷与曲折的政治生活；而在生动丰富的政治生活中，又隐约看到权力辩证复归至更高阶段的端倪。当写作思路循此一路走来，作为结束语的这段文字虽然也是本书结构完整性的形式要件，却使其揭示的内容面临着更多的追问，尤其当思绪由历史逐步走进现实，前文显然不能满足读者的好奇心，即使结构完整性的借口也无法证明作者合理解释未来政治发展趋势的能力，更无法推卸自身的学术担当。因此，延续社会发展的基本轨迹，遵循本书的内在逻辑，仍有必要对未来的权力问题和政治生活做一大致展望，也算是对本书的价值做一并非刻意的强调。就此意义而言，本书的用意既在于马克思的权力范畴与政治理论，又不局限于此，因为失去了对现实的解释、借鉴和对未来的展望、引领，历史只是毫无价值的时间流逝，理论也只能是缺少担当的自我娱乐。因此，如果说本书立足马克思的理论主张，对人类政治生活的历史与现实进行了权力视角的解读，那么，这段结束语更应延续本书的思维进路，从现实展望可以预见的未来政治，对更加深刻的社会革命进行合乎逻辑的推演。

　　革命容易建设难。丹尼尔·贝尔曾用"革命的第二天"这一表述来形象比喻革命成功之后另一种不曾料想的困境，即"革命的设想依然使某些人为之迷醉，但真正的问题都出现在'革命的第二天'。那时，世俗世界将重新侵犯人的意识，人们将发现道德理想无法革除倔强的物质欲望和特权遗传。人们将发现革命的社会本身日趋官僚化，或被不断革命的动乱搅得一塌糊涂"。① 立足现实，回眸历史，社会主义建设的复杂性和艰巨性丝毫不逊于甚至远超社会主义革命，也远超经典作家的当初设想。尽管他们对建设中遭遇的问题有所预料，这些问题在现实中的顽固反复仍明显弱化了世人对马克思主义的信仰和对更高社会形态的信心。然而，人类历史并不会因此而止步。现实困境和未来发展不仅不能否定马克思的理论，而且明显凸显了他的深刻洞察力及其理论的解释力，即我们要回归马克思并不是因为他是没有错误的，而是因为他是无法回避的。所有的人沿着马克思开创的科学研究的路径前行，就会发现马克思总在我们的前面。仅就本书的主题而言，历史无疑会从不同角度展现权力的发展规律及其对政治生活的影响，也要求世人坚定地付诸行动。然而，在我国当下，即使不断完善的政治制度持续强调民众的社会主体地位及其政治权利，历史悠久的臣民意识仍蛰伏于人们的内心深处，并在不经意中反复侵蚀社会主义的制度堤坝，而政治制度予以确认的公民身份也难以将人们从经济权力和市民社会的泥淖中彻底解救出来，有人仍热衷于短视狭隘的利益纷争，醉心于日益丰裕的"幸福生活"。总之，旧有的意识形态并没有因旧制度的灭亡而消失，却在新的社会氛围中形成新的保守力量，时刻扯绊着我们的前行脚步，我们仍不得不面对各种无形而顽固的"敌人"。就此意义而言，社会主义革命的胜利的确"只是万里长征走完了第一步"②，在此基础上的社会主义建设仍需进行艰巨持久、全面彻底的社会革命，努力摆脱"以物的依赖性为基础的人的独立性"③，坚定追求能够体现人的类本质的自由个性。根据权力演进的内在机制和基本规律，这场革命仍然离不开政治权力的方向引领和经济权力的动力支持，但归根到底需要社会权力的准确定位和不懈努力，需要每个人对自身地位的理性把握和自觉担当。为

---

① 〔美〕丹尼尔·贝尔：《资本主义文化矛盾》，严蓓雯译，江苏人民出版社，2007，第75页。

② 《毛泽东著作选读》下册，人民出版社，1986，第666页。

③ 《马克思恩格斯全集》第30卷，人民出版社，1995，第107页。

此，我们应当牢记，当下最需要"抵抗的是金钱的暴政：财产/权力，而非权力本身"。① 因此，今天的政治生活尤其应当注重国家治理现代化建设，而非一成不变地延续统治的方式和比重。进而言之，即使在日益强调国家治理现代化的当下，也不应背离社会作为国家治理对象的内在要求，遗忘社会作为价值主体和日益凸显的治理主体的本质规定，更不应忘却国家最终消亡和社会完全自治的终极追求，进而要求国家始终牢记其工具理性，并赋予社会日益广阔的治理空间和成长舞台，而社会更应牢记其作为终极主体的地位和作用，努力彰显其勇敢担当和规范作为的无限潜能。这样，我们自然应当在自主自觉的自治中主宰自身命运，而非延续他治的传统，进而走出利己主义的藩篱和狭隘的个人算计，从生物性存在发展到社会性存在，从形式上的社会性存在跃升至实质上的社会性存在，因为经济权力能够在摧毁或征服一切中实行其普遍性，却无法实现自我革命和自我超越。经济权力的膨胀和扩张在于人，经济权力的祛魅和消除也在于人。只有在教训与锻炼中逐渐觉醒的人们才能够在自我反思和自我批判中，即通过利用资本来节制和消灭资本，追求更高目标，走向更高阶段。换而言之，我们应当在正视现实、即知即改的基础上，用资本的自我否定机制来体现和提升人的地位和价值，从而挣脱资本的羁绊，走向自由全面的彼岸。在此背景下，政治才会由少数人的职业和压迫众人的私器，逐步转变为众人之事和提升社会利益的公器，成为我们决定自身命运的日常事务。这样，人们不仅不会在政治生活中被同化为逐步丧失个性的同质性社会存在，而且会在整体和谐的社会中成为有益于社会又不丧失个性的社会成员。

立足现实，展望未来，随着不断发展的生产力对生活状态的持续改善，以及权力异化诱因的逐步消除，越来越多的人将会在反复的教训面前，逐渐走出传统意识形态的迷雾，坚定地追求其类本质，自然也就不再膜拜政治权力、迷恋经济权力，而是遵循个人的真实内心，以其自主的个人权力与合乎社会发展规律的方式，追求自身的正当利益，推动社会的健

① 〔美〕迈克尔·沃尔泽：《正义诸领域：为多元主义与平等一辩》，褚松燕译，译林出版社，2009，第374页。

康发展，同时社会权力也会彻底摒弃暴民群氓的盲动传统，兼顾与平衡个人和社会的利益诉求，以实现其自由全面的发展。这样，个人与他人、社会之间的利益矛盾将趋于消失，兼顾了个人和社会、回归其基本属性的权力也将失去强制分配利益的政治色彩，辩证地回归为公共权力，最终完成从规定人、压迫人的外在强制到发展人、完善人的社会媒介的全面质变，人类社会也由长期的自在性和基于外在强制的共同体，最终成长为更加自为的"自由人的联合体"。因此，立足本书的视角和结论，综合社会主义的百年实践，人们显然应当看到而且坚信，社会主义并不"仅仅是个好想法；它无可辩驳地是人类历史上最伟大的变革运动，这样一种运动对严重的挫折是比较习惯的。它意识到自己拥有无敌的力量，也意识到历史变动的神速和无常。即使它没有这样的意识，即使'晚期'资本主义实际上意味着一个漫长的与其说是接近尾声不如说是刚刚开始的过程，这种清醒的思想也绝不会改变人们的奋斗目标，这一目标无论此时此地能否实现，它依然具有真理价值"。① 换而言之，即使社会主义实践中遭遇的各种问题也无法掩盖其强大的生命力。因此，我们对中国特色社会主义的信心以及由此带来的平稳发展和巨大成就，不仅将继续惠及全体国民，而且会使"中国特色"凝聚成全球治理的"中国方案"，在全球范围内产生令人惊喜的示范功能。

随着时间的推移，权力演进的挫折与教训会逐渐淡出人们的记忆，但历史仍会变相地重现于现实与未来。当下的问题不会因为更多关注而拥有更多的解决方案，未来的问题也不会因为人类智慧的跃升而迎刃而解，权力引发的问题始终会以各种面相挑战人类的能力与担当。"世界上只有一种英雄主义：便是注视世界的真面目——并且爱世界。"② 人类的实践已反复证明，自由遐想者众而自觉行动者寡，理想最终只能沦为空想。因此，面对事关所有人的切身利益却又在相当长时间内难以摆脱异化困境的权力，世人既不能在权力真空中过活，又不能空守能动性而听之任之，而应始终铭记马克思对未来社会的展望和期许："那时哲学不仅在内部通过

---

① 〔英〕特里·伊格尔顿：《历史中的政治、哲学、爱欲》，马海良译，中国社会科学出版社，1999，第109页。

② 〔法〕罗曼·罗兰：《名人传》，傅雷译，译林出版社，2001，第133页。

自己的内容，而且在外部通过自己的表现，同自己时代的现实世界接触并相互作用"。① 这样，在规范的层面上，作为权力的主客体，世人既要自觉接受权力的塑造，又要在理性中努力担当，摆脱和超越其诱惑。而在当下，我们惟有秉持主体意识，正视现实与未来无法避免的困难，又坚信人类必将更加全面地认识和更加自觉地利用权力发展规律，进而以各自的智慧与担当，努力砥砺品质，为人类尽快走出政治的泥淖，为权力的辩证复归作出各自努力，毕竟只有正视，才能认识和理解规律；惟有担当，才能掌握人类自身的命运。为此，世人必须进行持续的自我反思、自我锻炼和自我教育。只有当这一行动从普遍匮乏成长为日常习惯时，世人才能具有身为公民的应有素质，与权力的祛魅化趋势相呼应，才能从敬畏政治权力、迷恋经济权力转变为客观审视和坦然面对权力，并能保持各自的品质和个性，才会作为一种值得期待、堪当重任的现实力量，理性地汲取历史智慧，坚定地走向未来。进而言之，只有当权力不再被迷信和崇拜，或者说常态地被评价乃至批判时，才能解除其中的垄断机制，实现其祛魅化，进而回归为平等、民主的社会关系。在此背景下，随着社会形态的递进、政治生活的式微和权力最终的辩证回归，当下的社会权力才能从"私人的私有权力"② 成长为公共权力或真正的社会权力。因此，马克思的以下主张不仅应作为其政治理论的最终结论，而且应作为人类社会的终极追求，转化为当下所有人的坚定信仰和执着行动："共产主义是对私有财产即人的自我异化的积极的扬弃，因而是通过人并且为了人而对人的本质的真正占有；因此，它是人向自身、也就是向社会的即合乎人性的人的复归，这种复归是完全的复归，是自觉实现并在以往发展的全部财富的范围内实现的复归。这种共产主义，作为完成了的自然主义，等于人道主义，而作为完成了的人道主义，等于自然主义，它是人和自然界之间、人和人之间的矛盾的真正解决，是存在和本质、对象化和自我确证、自由和必然、个体和类之间的斗争的真正解决"。③

---

① 《马克思恩格斯全集》第 1 卷，人民出版社，1995，第 220 页。
② 马克思：《资本论》第 1 卷，人民出版社，2004，第 156 页。
③ 《马克思恩格斯文集》第 1 卷，人民出版社，2009，第 185 页。

参考文献

一 经典文献

《邓小平文选》第 2 卷，人民出版社，1994。

《邓小平文选》第 3 卷，人民出版社，1993。

《建国以来毛泽东文稿》第 8 册，中央文献出版社，1993。

《列宁全集》第 1 卷，人民出版社，1984。

《列宁全集》第 18 卷，人民出版社，1986。

《列宁全集》第 20 卷，人民出版社，1989。

《列宁全集》第 33 卷，人民出版社，1985。

《列宁全集》第 34 卷，人民出版社，1985。

《列宁全集》第 37 卷，人民出版社，1986。

《列宁全集》第 40 卷，人民出版社，1986。

《列宁全集》第 41 卷，人民出版社，1986。

《列宁全集》第 55 卷，人民出版社，1990。

《列宁专题文集·论社会主义》，人民出版社，2009。

《列宁专题文集·论无产阶级政党》，人民出版社，2009。

《列宁选集》第 1 卷，人民出版社，1995。

《列宁选集》第 2 卷，人民出版社，1995。

《列宁选集》第 3 卷，人民出版社，1995。

《列宁选集》第 4 卷，人民出版社，1995。

《马克思恩格斯全集》第 1 卷，人民出版社，1956。

《马克思恩格斯全集》第 1 卷，人民出版社，1995。

《马克思恩格斯全集》第 2 卷，人民出版社，1957。

《马克思恩格斯全集》第 3 卷，人民出版社，1960。

《马克思恩格斯全集》第 3 卷，人民出版社，2002。

《马克思恩格斯全集》第 4 卷，人民出版社，1958。

《马克思恩格斯全集》第 5 卷，人民出版社，1958。

《马克思恩格斯全集》第 6 卷，人民出版社，1961。

《马克思恩格斯全集》第 7 卷，人民出版社，1959。

《马克思恩格斯全集》第 8 卷，人民出版社，1961。

《马克思恩格斯全集》第 9 卷，人民出版社，1961。

《马克思恩格斯全集》第 11 卷，人民出版社，1962。

《马克思恩格斯全集》第 12 卷，人民出版社，1962。

《马克思恩格斯全集》第 13 卷，人民出版社，1962。

《马克思恩格斯全集》第 16 卷，人民出版社，1964。

《马克思恩格斯全集》第 17 卷，人民出版社，1963。

《马克思恩格斯全集》第 18 卷，人民出版社，1964。

《马克思恩格斯全集》第 19 卷，人民出版社，1963。

《马克思恩格斯全集》第 19 卷，人民出版社，2006。

《马克思恩格斯全集》第 21 卷，人民出版社，1965。

《马克思恩格斯全集》第 22 卷，人民出版社，1965。

《马克思恩格斯全集》第 23 卷，人民出版社，1972。

《马克思恩格斯全集》第 25 卷，人民出版社，1974。

《马克思恩格斯全集》第 25 卷，人民出版社，2001。

《马克思恩格斯全集》第 27 卷，人民出版社，1995。

《马克思恩格斯全集》第 30 卷，人民出版社，1995。

《马克思恩格斯全集》第 31 卷，人民出版社，1972。

《马克思恩格斯全集》第 32 卷，人民出版社，1998。

《马克思恩格斯全集》第 36 卷，人民出版社，1975。

《马克思恩格斯全集》第 40 卷，人民出版社，1982。

《马克思恩格斯全集》第 42 卷，人民出版社，1979。

《马克思恩格斯全集》第 44 卷，人民出版社，2001。

《马克思恩格斯全集》第 45 卷，人民出版社，1985。

《马克思恩格斯全集》第 45 卷，人民出版社，2001。

《马克思恩格斯全集》第 46 卷上册，人民出版社，1979。

《马克思恩格斯全集》第 46 卷下册，人民出版社，1980。

《马克思恩格斯全集》第 46 卷，人民出版社，2003。

《马克思恩格斯全集》第 47 卷，人民出版社，1979。

《马克思恩格斯全集》第 47 卷，人民出版社，2004。

《马克思恩格斯全集》第 49 卷，人民出版社，1982。

《马克思恩格斯文集》第 1 卷，人民出版社，2009。

《马克思恩格斯文集》第 2 卷，人民出版社，2009。

《马克思恩格斯文集》第 4 卷，人民出版社，2009。

《马克思恩格斯文集》第 5 卷，人民出版社，2009。

《马克思恩格斯文集》第 7 卷，人民出版社，2009。

《马克思恩格斯文集》第 9 卷，人民出版社，2009。

《马克思恩格斯文集》第 10 卷，人民出版社，2009。

《马克思恩格斯选集》第 1 卷，人民出版社，1995。

《马克思恩格斯选集》第 2 卷，人民出版社，1995。

《马克思恩格斯选集》第 3 卷，人民出版社，1995。

《马克思恩格斯选集》第 4 卷，人民出版社，1995。

《马克思恩格斯〈资本论〉书信集》，人民出版社，1976。

《马克思古代社会史笔记》，人民出版社，1996。

马克思：《1844 年经济学哲学手稿》，人民出版社，2000。

马克思：《资本论》第 1 卷，人民出版社，2004。

马克思：《资本论》第 3 卷，人民出版社，2004。

《毛泽东文集》第 3 卷，人民出版社，1996。

《毛泽东文集》第 5 卷，人民出版社，1996。

《毛泽东文集》第 7 卷，人民出版社，1999。

《毛泽东文集》第 8 卷，人民出版社，1999。

《毛泽东选集》第 3 卷，人民出版社，1991。

《毛泽东选集》第 4 卷，人民出版社，1991。

《毛泽东著作选读》下册，人民出版社，1986。

《斯大林全集》第 12 卷，人民出版社，1955。

《斯大林选集》下卷，人民出版社，1979。

二 国外文献

〔澳〕J. 丹纳赫等：《理解福柯》，刘瑾译，百花文艺出版社，2002。

〔奥〕冯·米塞斯：《官僚体制·反资本主义的心态》，冯克利等译，新星出版社，2007。

〔奥〕威尔海姆·赖希：《法西斯主义群众心理学》，张峰译，重庆出版社，1997。

〔比利时〕厄内斯特·曼德尔：《权力与货币：马克思主义的官僚理论》，孟捷译，中央编译出版社，2002。

〔德〕奥斯瓦尔德·斯宾格勒：《西方的没落》，陈晓林译，黑龙江教育出版社，1988。

〔德〕弗兰茨·梅林：《马克思传》，樊集译，人民出版社，1965。

〔德〕哈贝马斯：《公共领域的结构转型》，曹卫东等译，学林出版社，1999。

〔美〕赫伯特·马尔库塞：《单向度的人》，刘继译，上海译文出版社，1989。

〔德〕黑格尔：《法哲学原理》，范扬等译，商务印书馆，1961。

〔德〕黑格尔：《逻辑学》上卷，杨一之译，商务印书馆，1966。

〔德〕黑格尔：《精神现象学》上册，贺麟等译，商务印书馆，1979。

〔德〕黑格尔：《小逻辑》，贺麟译，商务印书馆，1980。

〔德〕黑格尔：《哲学史讲演录》第 1 卷，贺麟等译，商务印书馆，1959。

〔德〕亨利希·库诺：《马克思的历史、社会和国家学说》，袁志英译，商务印书馆，1988。

〔德〕卡尔·施密特：《政治的概念》，刘宗申等译，上海人民出版社，2015。

〔德〕柯武刚等：《制度经济学：社会秩序与公共政策》，韩朝华译，商务印书馆，2004。

〔德〕马克斯·韦伯：《民族国家与经济政策》，甘阳等译，三联书店，1997。

〔德〕马克斯·韦伯：《新教伦理和资本主义精神》，李修建等译，九州出版社，2007。

〔德〕尤尔根·哈贝马斯：《重建历史唯物主义》，郭官义译，社会科学文献出版社，2000。

〔德〕尤尔根·哈贝马斯：《作为"意识形态"的技术与科学》，李黎等译，学林出版社，1999。

〔法〕德里达：《马克思的幽灵》，何一译，中国人民大学出版社，1999。

〔法〕雷吉娜·佩尔努：《法国资产阶级史》上册，康新文等译，上海译文出版社，1991。

〔法〕列菲弗尔：《论国家——从黑格尔到斯大林和毛泽东》，李青宜等译，重庆出版社，1988。

〔法〕罗曼·罗兰：《名人传》，傅雷译，译林出版社，2001。

〔法〕卢梭：《忏悔录》第2卷，黎星等译，人民文学出版社，1982。

〔法〕卢梭：《论人类不平等的起源和基础》，李常山译，商务印书馆，1962。

〔法〕卢梭：《社会契约论》，何兆武译，商务印书馆，1980。

〔法〕孟德斯鸠：《论法的精神》，张雁深译，商务印书馆，1961。

〔法〕米歇尔·福柯：《必须保卫社会》，钱翰译，上海人民出版社，1999。

〔法〕米歇尔·福柯：《疯癫与文明》，刘北成等译，三联书店，2003。

〔法〕米歇尔·福柯：《规训与处罚》，刘北成等译，三联书店，2003。

〔法〕米歇尔·福柯：《权力的眼睛》，严锋译，上海人民出版社，1997。

〔法〕米歇尔·福柯：《自我技术：福柯文选Ⅲ》，汪民安译，北京大学出版社，2015。

〔法〕莫里斯·迪韦尔热：《政治社会学——政治学要素》，杨祖功等译，华夏出版社，1987。

〔法〕托克维尔：《论美国的民主》，董果良译，商务印书馆，1988。

〔法〕托马斯·皮凯蒂：《21世纪资本论》，巴曙松等译，中信出版社，2014。

〔古罗马〕西塞罗：《论共和国论法律》，王焕生译，中国政法大学出版社，1997。

〔美〕埃尔斯特等：《宪政与民主——理性与社会变迁研究》，潘勤等译，三联书店，1997。

〔美〕安·兰德等：《自私的德性》，焦晓菊译，华夏出版社，2014。

〔美〕保罗·巴兰：《增长的政治经济学》，蔡中兴等译，商务印书馆，2000。

〔美〕保罗·肯尼迪：《大国的兴衰》，陈景彪译，中国经济出版社，1989。

〔美〕保罗·R.埃力克：《人类的天性：基因、文化与人类前景》，李向慈等译，金城出版社，2014。

〔美〕布林顿：《西方近代思想史》，王德昭译，华东师范大学出版社，2005。

〔美〕戴维·E.阿普特：《现代化的政治》，陈尧译，上海人民出版社，2011。

〔美〕大卫·施韦卡特：《超越资本主义》，宋萌荣译，社会科学文献出版社，2006。

〔美〕丹尼尔·贝尔：《资本主义文化矛盾》，严蓓雯译，江苏人民出版社，2007。

〔美〕丹尼斯·朗：《权力论》，陆震纶等译，中国社会科学出版社，2001。

〔美〕道格拉斯·诺斯：《经济史上的结构和变革》，厉以平译，商务印书馆，1992。

〔美〕弗朗西斯·福山：《政治秩序的起源：从前人类时代到法国大革命》，毛俊杰译，广西师范大学出版社，2012。

〔美〕弗雷德里克·C. 戴约：《经济起飞的新视角——亚洲新兴工业化实体的政治经济分析》，王燕然等译，中国社会科学出版社，1991。

〔美〕汉娜·阿伦特：《马克思与西方政治思想传统》，孙传钊译，江苏人民出版社，2007。

〔美〕卡尔·博格斯：《葛兰西的马克思主义》，伦敦，1976。

〔美〕凯尔森：《共产主义的法律理论》，王名扬译，中国法制出版社，2004。

〔美〕莱斯利·里普森：《政治学的重大问题：政治学导论》，刘晓等译，华夏出版社，2001。

〔美〕L. J. 宾克莱：《理想的冲突——西方社会中变化着的价值观念》，马元德等译，商务印书馆，1983。

〔英〕迈克尔·曼：《社会权力的来源》第 1 卷，刘北成等译，上海人民出版社，2002。

〔美〕迈克尔·帕伦蒂：《少数人的民主》，张萌译，北京大学出版社，2009。

〔美〕迈克尔·沃尔泽：《正义诸领域：为多元主义与平等一辩》，褚松燕译，译林出版社，2009。

〔美〕乔恩·埃尔斯特：《理解马克思》，何怀远等译，中国人民大学出版社，2008。

〔美〕乔·奥·赫茨勒：《乌托邦思想史》，张兆麟等译，商务印书馆，1990。

〔美〕塞缪尔·亨廷顿等：《文化的重要作用——价值观如何影响人类进步》，程克雄译，新华出版社，2002。

〔美〕史蒂文·卢克斯：《权力：一种激进的观点》，彭斌译，江苏人民出版社，2008。

〔美〕斯蒂芬·杨：《道德资本主义：协调公益与私利》，余彬译，上海三联书店，2010。

〔美〕斯塔夫里阿诺斯：《全球通史：从史前史到 21 世纪》，吴象婴等译，北京大学出版社，2012。

〔美〕特雷尔·卡弗：《马克思与恩格斯：学术思想关系》，姜海波等译，中国人民大学出版社，2008。

〔美〕西达·斯考切波：《国家与社会革命》，刘北成译，（台北）桂冠图书股份有限公司，1998。

〔美〕西里尔·E.布莱克等：《日本和俄国的现代化——一份进行比较的研究报告》，周师铭等译，商务印书馆，1984。

〔美〕悉尼·胡克：《对卡尔·马克思的理解》，徐崇温译，重庆出版社，1989。

〔美〕熊彼特：《资本主义、社会主义和民主主义》，绛枫译，商务印书馆，1979。

〔美〕亚当·普热沃尔斯基：《资本主义与社会民主》，丁韶彬译，中国人民大学出版社，2012。

〔美〕约翰·贝拉米·福斯特：《生态危机与资本主义》，耿建新译，上海译文出版社，2005。

〔美〕约翰·肯尼斯·加尔布雷斯：《权力的分析》，陶远华等译，河北人民出版社，1988。

〔美〕约翰·罗尔斯：《正义论》，何怀宏等译，中国社会科学出版社，1988。

〔日〕加藤节：《政治与人》，唐士其译，北京大学出版社，2003。

〔日〕新谷明生等：《苏联是社会主义国家吗?》，余以谦译，香港三联书店，1969。

〔瑞士〕雅各布·布克哈特：《意大利文艺复兴时期的文化》，何新译，商务印书馆，1979。

〔希〕尼科斯·波朗查斯：《政治权力与社会阶级》，叶林等译，中国社会科学出版社，1982。

〔意〕安东尼奥·葛兰西：《狱中札记》，曹雷雨等译，中国社会科学出版社，2000。

〔意〕德拉·沃尔佩：《卢梭和马克思》，赵培杰译，重庆出版社，1993。

〔意〕葛兰西：《葛兰西文选》，中共中央编译局国际共运史研究所编译，人民出版社，1992。

〔以色列〕S. N. 艾森斯塔德：《现代化：抗拒与变迁》，张旅平等译，中国人民大学出版社，1988。

〔以色列〕尤瓦尔·赫拉利：《人类简史：从动物到上帝》，林俊宏译，中信出版社，2014。

〔英〕阿兰·谢里登：《求真意志——密歇尔·福柯的心路历程》，尚志英等译，上海人民出版社，1997。

〔英〕爱德华·汤普森：《英国工人阶级的形成》，钱乘旦等译，译林出版社，2000。

〔英〕安东尼·吉登斯：《现代性与自我认同：现代晚期的自我与社会》，赵旭东等译，三联书店，1998。

〔英〕安格斯·麦迪森：《世界经济千年史》，伍晓鹰等译，北京大学出版社，2003。

〔英〕彼得·诺兰：《十字路口——疯狂资本主义的终结和人类的未来》，丁莹译，中信出版社，2011。

〔英〕伯特兰·罗素：《权力论：新社会分析》，吴友三译，商务印书馆，1991。

〔英〕布莱恩·巴利：《社会正义论》，曹海军译，江苏人民出版社，2007。

〔英〕戴维·麦克莱伦：《马克思思想导论》，郑一明等译，中国人民大学出版社，2008。

〔英〕戴维·麦克莱伦：《马克思以后的马克思主义》，李智译，中国人民大学出版社，2004。

〔英〕戴维·麦克莱伦：《马克思传》，王珍译，中国人民大学出版社，2008。

〔英〕弗里德利希·冯·哈耶克：《通往奴役之路》，王明毅等译，中国社会科学出版社，1997。

〔英〕柯尔：《社会主义思想史》第 1 卷，何瑞丰译，商务印书馆，1977。

〔英〕克里斯托弗·皮尔森：《新市场社会主义》，姜辉译，东方出版社，1999。

〔英〕拉尔夫·达仁道夫：《现代社会冲突》，林荣远译，中国社会科学出版社，2000。

〔英〕拉尔夫·密利本德：《马克思主义与政治学》，黄子都译，商务印书馆，1984。

〔英〕拉尔夫·密利本德：《资本主义社会的国家》，沈汉等译，商务印书馆，1997。

〔英〕莱姆克等：《马克思与福柯》，陈元等译，华东师范大学出版社，2007。

〔英〕里查德·道金斯：《自私的基因》，卢允中等译，吉林人民出版社，1998。

〔英〕罗素：《西方哲学史》上册，何兆武等译，商务印书馆，1963。

〔英〕马丁·雅克：《当中国统治世界：中国的崛起和西方世界的衰落》，张莉等译，中信出版社，2010。

〔英〕佩里·安德森：《西方马克思主义探讨》，高銛等译，人民出版社，1981。

〔英〕乔纳森·沃尔夫：《当今为什么还要研读马克思》，段忠桥译，高等教育出版社，2006。

〔英〕乔治·莱尔因：《重构历史唯物主义》，姜兴宏等译，中国社会科学出版社，1991。

〔英〕特里·伊格尔顿：《历史中的政治、哲学、爱欲》，马海良译，中国社会科学出版社，1999。

〔英〕特里·伊格尔顿：《马克思为什么是对的》，李扬等译，新星出版社，2011。

〔英〕W.H.B.考特：《简明英国经济史：1750年至1939年》，方廷钰等译，商务印书馆，1992。

〔英〕亚当·斯密：《道德情操论》，胡企林等译，商务印书馆，2009。

〔英〕亚当·斯密：《国富论》，张晓林等译，时代文艺出版社，2011。

〔英〕约翰·格莱德希尔：《权力及其伪装：关于政治的人类学视角》，赵旭东译，商务印书馆，2011。

〔埃及〕S. 阿明：《世界社会主义运动的谱系、现状与未来》，朱美荣译，《马克思主义研究》2015 年第 10 期。

〔意〕L. 科莱蒂：《〈卡尔·马克思早期著作〉导言》，张战生等译，《马克思主义研究参考资料》1985 年第 11 期。

〔印〕萨拉·萨卡：《当代资本主义危机的政治生态学批判》，申森译，《国外理论动态》2013 年第 2 期。

〔英〕鲍伯·杰索普：《重构国家、重新引导国家权力》，何子英译，《求是学刊》2004 年第 4 期。

〔英〕理查德·史密斯：《绿色资本主义：一个不成功的经济模式》，安桂芹译，《当代世界与社会主义》2013 年第 2 期。

D. Garland, *Punishment and Modern Society: A Study in Social Theory*, Oxford: Clarendon Press, 1990.

D. McLellan, *Karl Marx's Selected Writing*, Oxford: Oxford University Press, 1977.

F. List, *The National System of Political Economy*, New York: Longman, 1928.

H. Arendt, *On Violence*, London: Allen Lane, 1970.

Henri Lefebvre, *The Sociology of Marx*, New York: Random House, 1969.

Karl Kautsky, *The Class Struggle*, New York: W·W. Norton, 1971.

Jonathan Nitzan, Shimshon Bichler, *Capital as Power: A Study of Order and Creorder*, New York: Routledge, 2009.

J. Schumpeter, *Capitalism, Socialism and Democracy*, New York: Harper, 1942.

Lucio Colletti, *From Rousseau to Lenin*, New York: Monthly Review Press, 1972.

Marvin Perry, *Sources of the Western Tradition: Volume 1: From Ancient*

Times to the Enlightenment，Boston：Cengage Learning，1991.

Nicos Poulantzas，*State*，*Power*，*Socialism*，London：New Left Books，1978.

Rance P. L. Lee，"The Folklore of Corruption in HongKong," *Asian Survey*，No. 3，1981.

Shlomo Avineri，*The Social and Political Thought of Karl Marx*，Cambridge：Cambridge University Press，2003.

Talcott Parsons，"The Distribution of Power in American Society," *World Politics*，No. 10，1957.

三 国内著作

薄一波：《若干重大决策与事件的回顾》上卷，中共中央党校出版社，1991。

陈乐民等：《欧洲文明扩张史》，东方出版中心，1999。

陈越：《哲学与政治：阿尔都塞读本》，吉林人民出版社，2003。

杜小真选编《福柯集》，上海远东出版社，2003。

高放：《科学社会主义的理论与实践》，中国人民大学出版社，1994。

高清海：《人的"类生命"与"类哲学"》，吉林人民出版社，1998。

郭道晖：《社会权力与公民社会》，译林出版社，2009。

洪波：《法国政治制度变迁》，中国社会科学出版社，1993。

侯惠勤：《马克思的意识形态批判与当代中国》，中国社会科学出版社，2010。

黄炎培：《八十年来》，文史资料出版社，1982。

环球时报：《复兴之路》，人民日报出版社，2007。

江德兴：《马克思的现代社会发展理论》，东南大学出版社，1994。

江德兴等：《马克思社会化理论与政治权力的演变》，社会科学文献出版社，2005。

蒋孟引：《英国史》，中国社会科学出版社，1988。

郎咸平等：《资本主义精神和社会主义改革》，东方出版社，2012。

李景鹏：《权力政治学》，北京大学出版社，2008。

李秀林等：《辩证唯物主义和历史唯物主义原理》，中国人民大学出版社，2004。

厉以宁：《资本主义的起源》，商务印书馆，2004。

梁慧星：《民法总论》，法律出版社，1996。

梁启超：《饮冰室合集之三》，中华书局，1936。

梁启超：《饮冰室合集之十》，中华书局，1989。

梁启超：《饮冰室文集点校》，云南教育出版社，2001。

林德山：《渐进的社会革命：20世纪资本主义改良研究》，中央编译出版社，2008。

林尚立：《当代中国政治形态研究》，天津人民出版社，2000。

刘富起：《分权与制衡论评》，吉林大学出版社，1990。

潘吉星：《李约瑟文集》，辽宁科学技术出版社，1986。

邵腾：《资本的历史极限与社会主义》，上海大学出版社，2005。

《孙中山著作选编》下册，中华书局，2011。

王沪宁：《政治的逻辑——马克思主义政治学原理》，上海人民出版社，2004。

王惠岩：《政治学原理》，吉林大学出版社，1989。

王浦劬：《政治学基础》，北京大学出版社，2005。

王亚南：《中国官僚政治研究》，中国社会科学出版社，2005。

谢维扬：《中国早期国家》，浙江人民出版社，1995。

郁建兴：《马克思国家理论与现时代》，东方出版中心，2007。

张维为：《中国震撼：一个"文明型国家"的崛起》，上海人民出版社，2011。

赵长芬：《转型期党的社会凝聚力研究》，中国社会科学出版社，2017。

《政治学概论》编写组：《政治学概论》，高等教育出版社，人民出版社，2011。

中共中央马恩列斯著作编译局资料室：《巴枯宁言论》，三联书店，1978。

四 国内期刊

白刚：《西方政治思想传统中的马克思政治哲学》，《马克思主义研究》2010 年第 4 期。

鲍金：《论货币的社会权力——基于马克思货币理论的当代考察》，《马克思主义与现实》2016 年第 3 期。

陈炳辉：《福柯的权力观》，《厦门大学学报》（哲学社会科学版）2002 年第 4 期。

陈国新：《我国过渡时期社会基本矛盾新论》，《思想战线》1992 年第 5 期。

陈先达：《哲学中的问题与问题中的哲学》，《中国社会科学》2006 年第 2 期。

陈学明：《论中国道路对马克思主义阶级斗争理论的继承和发展》，《马克思主义研究》2015 年第 5 期。

陈志刚等：《现代性批判：权力和资本的不同视角——福柯与马克思现代性批判思想的比较》，《浙江社会科学》2015 年第 1 期。

陈周旺：《马克思国家学说的演进逻辑》，《中国人民大学学报》2012 年第 1 期。

丁晔：《只有社会主义道路才能摆脱依附与危机——访埃及著名经济学家萨米尔·阿明》，《马克思主义研究》2016 年第 3 期。

董宝训：《我国过渡时期的社会性质和主要矛盾再认识》，《文史哲》2001 年第 1 期。

冯振广等：《逻辑起点问题琐谈》，《河南社会科学》1996 年第 4 期。

丰子义：《全球化与资本的双重逻辑》，《北京大学学报》（哲学社会科学版）2009 年第 3 期。

高春芽：《在代表与排斥之间——西方现代国家建构视野中代议民主发展的路径与动力》，《政治学研究》2017 年第 1 期。

戈士国：《思想型权力：马克思意识形态概念的功能学解读》，《马克思主义研究》2010 年第 10 期。

管佩韦：《"五月流血周"年（1871 年 5 月 21~28 日）——保卫巴黎

公社的最后斗争》，《史学月刊》1983 年第 3 期。

郭道晖：《权力的多元化与社会化》，《法学研究》2001 年第 1 期。

郭忠华：《资源、权力与国家：解读吉登斯的后马克思主义国家观》，《中山大学学报》（社会科学版）2008 年第 4 期。

贺来：《论马克思实践哲学的政治意蕴》，《哲学研究》2007 年第 1 期。

胡贤鑫等：《财富权力与货币权力——马克思的财富理论及其警示意义》，《经济学家》2010 年第 10 期。

侯才：《马克思的自由观：自主活动——重读〈德意志意识形态〉》，《中国图书评论》2010 年第 8 期。

黄德海等：《权力：经济社会演进与发展的动力机制》，《北京科技大学学报》（社会科学版）2002 年第 3 期。

黄家驹：《试论过渡时期和社会主义社会的性质》，《学术研究》1979 年第 4 期。

黄少群：《评析建国初期社会性质问题讨论中的几个理论分歧点》，《教学与研究》1982 年第 3 期。

江德兴等：《重返马克思的制度视域——论马克思制度分析的一般框架》，《东南大学学报》（哲学社会科学版）2008 年第 1 期。

江德兴等：《实践范畴与马克思主义的总体逻辑》，《思想理论教育导刊》2008 年第 2 期。

景天魁：《社情人情与福利模式——对中国大陆社会福利模式探索历程的反思》，《探索与争鸣》2011 年第 6 期。

李海新：《权力观比较与马克思主义权力观的构建》，《江汉论坛》2005 年第 12 期。

李景鹏：《论权力分析在政治学研究中的地位》，《天津社会科学》1996 年第 3 期。

李淑梅：《超越对市民社会的直观理解与人类解放——马克思批判费尔巴哈哲学的社会政治取向》，《吉林大学社会科学学报》2016 年第 5 期。

李涛：《中华传统文化与中国特色社会主义道路选择》，《中州学刊》2017 年第 12 期。

李孝纯:《论马克思主义权力制约观》,《科学社会主义》2000 年第 2 期。

栗峥:《现代社会中的权力规训:福柯法律思想的关键词展开》,《社会科学战线》2011 年第 3 期。

聂锦芳:《马克思思想的起源及对其一生的影响》,《社会科学辑刊》2017 年第 3 期。

梁中堂:《一组处于马克思理论文献核心位置的文稿——纪念马克思"1857-1859 年文稿"产生 150 周年》,《兰州商学院学报》2010 年第 4 期。

林喆:《权力的分化及国家权力的社会化》,《政治与法律》2001 年第 2 期。

林钊:《权力、国家与现代民主批判——马克思与尼采政治哲学的一个比较》,《江汉论坛》2013 年第 3 期。

刘军:《从宏观统治权力到微观规训权力——马克思与福柯权力理论的当代对话》,《江海学刊》2013 年第 1 期。

刘军宁:《社会权力·政治权力·经济权力——关于三者关系的回顾与思考》,《改革》1988 年第 4 期。

刘临达:《论马克思新唯物主义中的权力观念》,《江苏社会科学》2017 年第 2 期。

刘书林:《不发达国家首先发生社会主义革命的历史必然性与中国特色社会主义道路自信》,《世界社会主义研究》2018 年第 3 期。

刘志洪:《自我扬弃:资本权力的"天命"——马克思的资本权力自我扬弃思想及其启示》,《教学与研究》2016 年第 4 期。

吕明:《马克思社会权力思想及其对中国法治建设的启示》,《江淮论坛》2007 年第 4 期。

吕普生:《西方交易民主反思:民主异化与当代危机》,《社会科学研究》2017 年第 4 期。

倪斐:《论独立监管机构的经济法主体地位——以马克思主义社会权力机构学说为视角》,《南京师大学报》(社会科学版)2014 年第 5 期。

倪斐:《马克思主义国家消亡学说中两大基本命题的逻辑论证》,《社会主义研究》2012 年第 4 期。

　　马国钧：《空想社会主义是社会不平等的产物》，《理论探讨》1987年第 2 期。

　　马积华：《社会主义社会是"过渡时期"吗?》，《社会科学》1980 年第 1 期。

　　马郑刚：《马克思对权力拜物教的批判及其启示》，《中共中央党校学报》2001 年第 1 期。

　　欧阳康等：《马克思民主思想及对当前中国民主建设的启示》，《马克思主义与现实》2009 年第 4 期。

　　欧阳英：《国家·阶级·和谐社会——重读马克思国家学说》，《学术研究》2011 年第 12 期。

　　任平：《论建设一个良序治理的差异性社会》，《马克思主义与现实》2009 年第 4 期。

　　荣剑：《马克思的国家与社会理论》，《中国社会科学》2001 年第 3 期。

　　社论：《无产阶级专政下进行革命的理论武器》，《红旗》1967 年第 10 期。

　　佘正荣：《主权国家的生态道德：抑制全球环境加速恶化的重要伦理前提》，《中国人民大学学报》2011 年第 3 期。

　　石镇平：《关于"小过渡""中过渡""大过渡"的辩证》，《当代经济研究》2010 年第 8 期。

　　谭培文：《马克思〈波拿巴雾月十八日〉中的意识形态理论及其当代意义》，《毛泽东邓小平理论研究》2010 年第 12 期。

　　童之伟：《再论法理学的更新》，《法学研究》1999 年第 2 期。

　　王东等：《从卢梭到马克思：政治哲学比较研究》，《教学与研究》2007 年第 6 期。

　　王浩斌：《阶级范畴与历史唯物主义的"物"概念》，《教学与研究》2009 年第 11 期。

　　王沪宁：《〈黑格尔法哲学批判〉和马克思主义政治学》，《政治学研究》1987 年第 5 期。

王国清：《马克思两种权力学说与财政分配》，《经济学家》1998 年第 4 期。

王加丰：《资本主义起源及现代经济发展初期的政治前提问题——兼谈中西前工业社会的性质》，《史学理论研究》1998 年第 2 期。

王任重：《实事求是的典范——纪念毛泽东诞辰 85 周年》，《中国青年》1978 年第 4 期。

王新生：《马克思超越政治正义的政治哲学》，《学术研究》2005 年第 3 期。

王小章：《国家、市民社会与公民权利——兼评我国近年来的市民社会话语》，《浙江大学学报》（人文社会科学版）2003 年第 5 期。

王亚南：《社会主义基本经济法则在我国过渡时期的经济总运动过程中究竟起什么作用?》，《经济研究》1955 年第 2 期。

王岩：《马克思的"市民社会"思想探析——兼论"市民社会"理论的现代意义》，《江海学刊》2000 年第 4 期。

吴荣顺：《马克思社会理论的逻辑》，《东南大学学报》（哲学社会科学版）2011 年第 1 期。

吴永生：《监督模式的演进与民主监督的转型》，《理论探讨》2012 年第 5 期。

吴永生：《论马克思政治理论的历史分期》，《河北师范大学学报》（哲学社会科学版）2012 年第 4 期。

吴永生：《论市民社会的双重角色：基于马克思和葛兰西的启示》，《齐鲁学刊》2012 年第 3 期。

吴永生：《马克思的权力演进理论和差异性社会的权力作为》，《苏州大学学报》（哲学社会科学版）2012 年第 2 期。

吴永生：《权力功能与权力监督刍议》，《新疆社会科学》2015 年第 2 期。

吴忠民：《马克思恩格斯公正思想初探》，《马克思主义研究》2001 年第 4 期。

吴倬等：《马克思政治哲学的价值诉求及其当代意义》，《教学与研究》2007 年第 2 期。

夏巍：《哈贝马斯对社会权力的二元诠释——从马克思存在论角度进行的一种解读》，《东岳论丛》2009 年第 7 期。

夏至：《中国没必要遵循美国的民主模式——与国际知名政治学者福山谈世界文明冲突与中国民主》，《商务周刊》2003 年第 7 期。

郗戈：《资本、权力与现代性：马克思与福柯的思想对话》，《哲学动态》2010 年第 12 期。

辛鸣：《治国理政的哲学境界》，《哲学研究》2017 年第 10 期。

辛向阳：《民主的辩证法：马克思主义创始人的民主思想》，《国外社会科学》2013 年第 4 期。

许涤新：《社会主义基本经济法则在我国过渡时期对资本主义和国家资本主义经济的影响和作用》，《经济研究》1955 年第 2 期。

徐剑雄：《论传统文化在中国特色社会主义理论体系发展中的作用》，《当代世界与社会主义》2011 年第 1 期。

徐显明：《公平正义：当代中国社会主义法治的价值追求》，《法学家》2006 年第 5 期。

徐兴恩等：《"重建个人所有制"的现代解读》，《马克思主义与现实》2001 年第 6 期。

薛伟江：《福柯的"微观权力论"与唯物史观之方法论比较——兼论唯物史观的后现代特征》，《哲学研究》2004 年第 3 期。

严强：《政治理论的范畴体系》，《江海学刊》2000 年第 4 期。

严钟奎：《我国现阶段究竟是过渡时期还是社会主义——与黄家驹同志商榷》，《学术研究》1979 年第 5 期。

叶麒麟：《臣民·群众·公民——个体政治角色变迁与中国现代国家成长》，《浙江社会科学》2011 年第 3 期。

尹红英等：《马克思主义公共权力变迁理论及其当代价值》，《学术论坛》2014 年第 12 期。

袁柏顺：《反腐败神话与廉洁转型——基于香港案例的研究》，《河南社会科学》2012 年第 10 期。

于建东：《马克思〈法兰西内战〉中的权力异化思想及其当代价值》，《伦理学研究》2015 年第 1 期。

郁建兴：《马克思的政治哲学遗产》，《中国社会科学》2006 年第 6 期。

郁建兴：《马克思主义政治理论：是否可能与何以可能》，《哲学研究》2000 年第 10 期。

臧峰宇：《马克思政治哲学的基本观念与当代启示》，《中国人民大学学报》2008 年第 4 期。

曾枝盛：《卢梭及其在马克思主义中的地位》，《马克思主义与现实》2012 年第 3 期。

张盾：《马克思的政治理论及其路径》，《中国社会科学》2006 年第 5 期。

张奎良：《马克思关于世界革命预言与现实反差原因初探》，《学术交流》2016 年第 7 期。

张维为：《在国际比较中解读中国道路》，《求是》2012 年第 21 期。

张维中：《资本、权力与政治期待》，《领导文萃》1999 年第 8 期。

张文喜：《政治哲学视阈中的国家治理之"道"》，《中国社会科学》2015 年第 7 期。

赵明：《试论人身依附关系和等级制的社会根源》，《史学理论研究》1996 年第 1 期。

赵汀阳：《天下秩序的未来性》，《探索与争鸣》2015 年第 11 期。

周凡：《重读葛兰西的霸权理论》，《马克思主义与现实》2005 年第 5 期。

周尚文：《马克思主义国家权力观与当代中国》，《科学社会主义》2008 年第 1 期。

周永坤：《一切为了人的自由与解放——马克思恩格斯权力配置思想研究》，《法制与社会发展》2006 年第 6 期。

五　其他资料

国务院国资委：《关于中央企业履行社会责任的指导意见》（国资发研究〔2008〕1 号），2007 年 12 月 29 日。

《建国以来重要文献选编》第 11 册，中央文献出版社，1995。

《建国以来重要文献选编》第 5 册，中央文献出版社，1993。

《三中全会以来重要文献选编》下册，人民出版社，1982。

《十二大以来重要文献选编》下，人民出版社，1988。

《十六大以来重要文献选编》上，中央文献出版社，2005。

习近平：《决胜全面建成小康社会　夺取新时代中国特色社会主义伟大胜利——在中国共产党第十九次全国代表大会上的报告》，人民出版社，2017。

《习近平谈治国理政》第 2 卷，外文出版社，2017。

后 记

　　2014 年初，经过五年多手不释卷、目不窥园的坚持，我最终在惶恐中通过了博士学位论文答辩。原以为两证到手，即可马放南山，以往的压力也会烟消云散。然而，无论是答辩时专家们的犀利追问，还是自忖仍需完善或深究的问题，都在不断撩拨我的思绪，督促我继续深化相关思考。尤其当越来越多的同行陆续出版博士学位论文，且不断产生新的研究成果时，这种氛围也要求我不能继续将博士学位论文束之高阁。然而，受限于出版经费，在该文基础上形成的书稿一度也只能进行时作时辍的修改。庆幸的是，2017 年以书稿获批的国家社科基金后期资助项目，不仅解决了出版经费问题，而且使我得以在良好环境中对其进行较为持续的完善，直至本书最终能如愿付梓。

　　多年来的苦读与其说证明了我的坚持，毋宁说暴露了我的愚钝以及专业基础的薄弱。我的第一学历仅为英语专科，又在农村中学任教长达 11 年，社会科学的功底自然是零散虚浮，更遑论系统化的治学能力。尽管我一直试图弥补这一不足，但仍感收效甚微，科研能力也未见有明显提升。显然，以这样的基础来研究本书涉及的内容，并要在浩如烟海的资料中完成一项不负专著之名的写作任务，其中的困难自然可想而知，即使大量付出和同行专家的精准点拨也不足以解决其中的所有问题，最终的结果也只能勉强示人。所以，即使在本书付梓之际，仍不免紧张乃至惶恐，毫无想象中的轻松和解脱。

　　经年累月的忧虑、迷茫、劳累和伤痛，加上举家在南京度日的生活压力，曾使得我身心疲惫，数次萌生退意。现在回想起来，其间若是缺少相关人士的理解、关爱和支持，我会不得不接受半途而废的难堪局面。为此，首先要真诚感谢东南大学的江德兴教授，硕博士阶段的两进师门，多年的耳提面命，尤其是先生严谨的治学之道、化知识为信仰与行动的坚定和从容，使我得以在此领域坚持到今日，更使我决意在此基础上继续前行。同时还要感谢东南大学的张祥浩教授、袁久红教授等，诸位老师的言传身教、释疑解惑和精准点拨，使我能够尽己所能地提高自己，坚定对所学之信仰。另外，必须铭记的还有相关领导、同行和朋友，尤其是江苏警官学院的王光森教授、鄢定友教授、徐程主任，东南大学的叶海涛教授，临沂大学的徐东升书记，淮阴师范学院的展伟院长，等等，他们的理解、鼓励和帮助使我免除了不少困惑和挫折，坚定了我继续前行的信心。同时，曹义恒和岳梦夏编辑极为专业的指导也使我少走了许多弯路。为此，我唯有以更加持续的投入、更为系统的研究和更多成熟的成果，不断提升自身，方能不负上述人士的关爱和支持。

图书在版编目（CIP）数据

权力范畴与马克思的政治理论／吴永生著. -- 北京：

社会科学文献出版社，2020.12

国家社科基金后期资助项目

ISBN 978-7-5201-7059-8

Ⅰ.①权…　Ⅱ.①吴…　Ⅲ.①马克思主义-政治理论

-研究　Ⅳ.①D0-0

中国版本图书馆 CIP 数据核字（2020）第 252798 号

·国家社科基金后期资助项目·

权力范畴与马克思的政治理论

著　　者／吴永生

出 版 人／王利民

责任编辑／岳梦夏

出　　版／社会科学文献出版社·政法传媒分社（010）59367156
　　　　　地址：北京市北三环中路甲 29 号院华龙大厦　邮编：100029
　　　　　网址：www.ssap.com.cn

发　　行／市场营销中心（010）59367081　59367083

印　　装／三河市龙林印务有限公司

规　　格／开　本：787mm×1092mm　1/16
　　　　　印　张：21.75　字　数：343 千字

版　　次／2020 年 12 月第 1 版　2020 年 12 月第 1 次印刷

书　　号／ISBN 978-7-5201-7059-8

定　　价／138.00 元